司法解释理解与适用丛书

最高人民法院
森林资源民事纠纷司法解释
理解与适用

最高人民法院环境资源审判庭　编著

人民法院出版社
PEOPLE'S COURT PRESS

图书在版编目（CIP）数据

最高人民法院森林资源民事纠纷司法解释理解与适用/最高人民法院环境资源审判庭编著. -- 北京 : 人民法院出版社, 2023.3
ISBN 978-7-5109-3703-3

Ⅰ. ①最… Ⅱ. ①最… Ⅲ. ①森林资源－民事纠纷－法律解释－中国②森林资源－民事纠纷－法律适用－中国
Ⅳ. ①D922.635

中国国家版本馆CIP数据核字(2023)第006677号

最高人民法院森林资源民事纠纷司法解释理解与适用
最高人民法院环境资源审判庭　**编著**

策划编辑　李安尼
责任编辑　刘晓宁　巩　雪
封面设计　王子莹
出版发行　人民法院出版社
地　　址　北京市东城区东交民巷27号（100745）
电　　话　（010）67550572（责任编辑）　67550558（发行部查询）
　　　　　　65223677（读者服务部）
客服QQ　2092078039
网　　址　http://www.courtbook.com.cn
E－mail　courtpress@sohu.com
印　　刷　天津嘉恒印务有限公司
经　　销　新华书店

开　　本　787毫米×1092毫米　1/16
字　　数　565千字
印　　张　35.75
版　　次　2023年3月第1版　2023年3月第1次印刷
书　　号　ISBN 978-7-5109-3703-3
定　　价　138.00元

最高人民法院
森林资源民事纠纷司法解释理解与适用
编辑委员会

前　言

党的十八大以来,以习近平同志为核心的党中央提出绿水青山就是金山银山等一系列重要理念，将生态文明建设纳入“五位一体”总体布局，明确建设生态文明是中华民族永续发展的千年大计，坚持山水林田湖草沙一体化保护和系统治理，持续深入打好蓝天、碧水、净土保卫战，生态环境保护发生历史性、转折性、全局性变化。

人民法院深入贯彻党中央推进生态文明建设重大决策部署，紧紧围绕新时代党和国家工作大局，充分发挥审判职能作用，着力构建具有中国特色和国际影响力的环境资源审判体系，服务保障经济社会发展全面绿色转型，不断满足人民群众优美生态环境需要，努力为建设人与自然和谐共生的中国式现代化提供有力司法服务。

深入贯彻习近平生态文明思想和习近平法治思想，充分认识司法服务保障生态文明建设的重大意义。习近平总书记多次阐述，经济发展不能以破坏生态为代价，生态本身就是经济，保护生态就是发展生产力。当前，我国生态文明建设已经进入实现生态环境改善由量变到质变的关键时期。各级人民法院坚持以习近平新时代中国特色社会主义思想为指导，完整准确全面贯彻新发展理念，持续深化改革创新，以更高的政治站位、更深的为民情怀、更广的国际视野，推动环境资源审判工作实现新跨越新发展。坚持以人民为中心，依法保护环境权益，将人民群众对美好生活的向往作为环境司法的出发点、落脚点，切实增进生态环境民生福祉。妥善协调生态环境保护和经济社会发展的辩证关系，切实强化最严格制度最严密法治的底线意识，协同推进人民富裕、国家强盛、中国美丽。

全面加强环境资源审判职能作用，以法治手段筑牢国家生态安全屏障。习近平总书记深刻指出，森林是水库、钱库、粮库、碳库，森林和草原对国家生态安全具有基础性、战略性作用，林草兴则生态兴。人民法院认真贯彻落实《民法典》绿色原则，妥善审理涉及森林、草原、湿地、滩涂等自然资源的案件，保障生态文明体制改革措施依法有序推进。积极推动生态环境法律适用规则体系化，统一环境司法裁判规则，充分发挥案例示范引领和规则补充作用。出台森林资源民事纠纷司法解释，推动森林资源的科学保护和合理利用，促进生态效益、经济效益、社会效益相统一；出台审理盗采矿产资源犯罪案件指导意见，依法严格追究盗采行为人非法采矿刑事责任和生态环境民事责任，提升惩治预防盗采矿产资源犯罪的司法能力水平；即将出台司法服务保障碳达峰碳中和目标指导意见，服务加快发展方式绿色转型，保障产业结构深度调整，推进完善碳排放交易机制，积极稳妥推进碳达峰碳中和。

不断深化生态环境保护公众参与，示范引领美丽中国建设全民行动。习近平总书记连续十年参加首都义务植树活动，强调这既是想为建设美丽中国出一份力，也是要推动在全社会特别是在青少年心中播撒生态文明的种子。生态系统保护和修复、生态环境根本改善，需要付出长期艰苦努力，必须锲而不舍、驰而不息。人民法院积极延伸审判职能，通过新媒体新技术运用，采取公开审判重大环境案件、发布环境司法白皮书和生态保护典型案例、设立司法保护基地和生态环境修复基地等形式，推动生态文明观念深入人心。坚持专业审判与公众参与相结合，注重发挥专家辅助人、人民陪审员在环境资源案件事实查明、评估鉴定等诉讼活动中的作用，依法保障公众对环境司法的知情权、参与权、监督权。充分发挥环境资源审判在政策形成和行为指引方面的引领作用，助力推进生态优先、节约集约、绿色低碳发展，积极倡导绿色消费，努力推动形成绿色低碳的生产方式和生活方式。

最高人民法院针对森林资源保护和利用的特点，积极回应环境资源审判实践中对丰富完善相关法律适用规则和保护修复措施的关切，在认真总结各地法院实践经验的基础上，经过反复调研论证和广泛征求意见，制定《最高人民法院关于审理森林资源民事纠纷案件适用法律若干问题的解释》，于 2022 年 4 月 25 日由最高人民法院审判委员会第 1869 次会议通过，自 2022 年 6 月 15 日起施行。本司法解释以服务保障森林资源的保护修复和可持续利用为目的，就森林资源民事案件受理、林地林木交易、林地承包经营、林业碳汇等新类型担保、公益林经营、森林生态环境损害修复和赔偿等问题予以了规范，指导人民法院树立正确审判理念，统一裁判规则，妥善审理森林资源民事纠纷案件，依法保护生态环境和当事人合法权益，努力促进人与自然和谐共生。

为使司法人员和社会各界更好地了解本司法解释出台的背景、意义，准确适用具体规则，我们组织部分从事生态环境审判司法实务、参与司法解释制定的同志共同编写本书，并就文稿进行了反复研究和多次修改，尽可能对审判实践的突出问题予以回应。本书的写作遵循了理论与实践相结合、时效性与针对性相结合、开放性与前瞻性相结合的原则，系统阐释了本司法解释的具体规定和适用要点，并对近年来司法实践中相关问题进行了详细的梳理、阐述。希望本书的出版能够为准确理解、正确适用司法解释提供参考，为更好地维护国家利益、社会公共利益和人民群众环境权益有所助益。本书代表了我们目前为止对森林资源保护和利用制度的理解与认识，疏漏之处在所难免。欢迎广大读者批评指正、提出宝贵意见，共同促进我国环境资源审判事业不断发展完善。

最高人民法院环境资源审判庭
2023 年 3 月

凡　例

一、法律、法规、规章和规范性文件名称中的“中华人民共和国”省略，其余一般不省略，例如，《中华人民共和国民法典》简称《民法典》；《中华人民共和国森林法实施条例》简称《森林法实施条例》。

二、叙述法律、法规、规章和规范性文件，必要时在名称前标明其制定机关和制定、修改年份。例如，2017 年《民事诉讼法》。但如无特别说明，2021 年《民事诉讼法》不再注明修改年份，一律简称《民事诉讼法》。

三、全文引用法律条文时，一个条文的各个款、项之间不分段、不分行。

四、对于本书以下出现较多的司法解释和规范性文件，使用缩略语：

1.《最高人民法院关于适用〈中华人民共和国民事诉讼法〉的解释》，简称《民事诉讼法司法解释》。

2.《最高人民法院关于适用〈中华人民共和国行政诉讼法〉的解释》，简称《行政诉讼法司法解释》。

3.《最高人民法院关于审理环境民事公益诉讼案件适用法律若干问题的解释》，简称《环境民事公益诉讼司法解释》。

4.《最高人民法院关于审理环境侵权责任纠纷案件适用法律若干问题的解释》，简称《环境侵权司法解释》。

5.《最高人民法院、最高人民检察院关于检察公益诉讼案件适用法律若干问题的解释》，简称《检察公益诉讼司法解释》。

6.《最高人民法院关于审理生态环境损害赔偿案件的若干规定（试行）》，简称《生态环境损害赔偿若干规定》。

7.《最高人民法院关于审理涉及农村土地承包纠纷案件适用法律问题的

解释》，简称《农村土地承包司法解释》。

8.《最高人民法院关于适用〈中华人民共和国民法典〉物权编的解释（一）》，简称《民法典物权编司法解释（一）》。

9.《最高人民法院关于适用〈中华人民共和国民法典〉有关担保制度的解释》，简称《民法典担保制度司法解释》。

10.《最高人民法院关于审理商品房买卖合同纠纷案件适用法律若干问题的解释》，简称《商品房买卖合同司法解释》。

11.《最高人民法院关于审理矿业权纠纷案件适用法律若干问题的解释》，简称《矿业权司法解释》。

12.《最高人民法院关于审理买卖合同纠纷案件适用法律问题的解释》，简称《买卖合同司法解释》。

13.《最高人民法院关于审理涉及国有土地使用权合同纠纷案件适用法律问题的解释》，简称《国有土地合同司法解释》。

14.《最高人民法院关于审理城镇房屋租赁合同纠纷案件具体应用法律若干问题的解释》，简称《房屋租赁合同司法解释》。

15.《最高人民法院关于适用〈中华人民共和国合同法〉若干问题的解释（一）》，简称1999年《合同法司法解释（一）》，已于2020年12月29日废止。

16.《最高人民法院关于适用〈中华人民共和国合同法〉若干问题的解释（二）》，简称2009年《合同法司法解释（二）》，已于2020年12月29日废止。

目　录

第一部分　司法解释全文

第二部分　司法解释及配套案例新闻发布材料

第三部分　条文理解与适用

第四部分　指导性案例和典型案例

指导性案例

森林资源民事纠纷典型案例

其他相关典型案例

第五部分　相关法律、行政法规与司法解释

第一部分　司法解释全文

最高人民法院
关于审理森林资源民事纠纷案件适用法律若干问题的解释

法释〔2022〕16号

（2022年4月25日最高人民法院审判委员会第1869次会议通过
2022年6月13日最高人民法院公告公布
自2022年6月15日起施行）

为妥善审理森林资源民事纠纷案件，依法保护生态环境和当事人合法权益，根据《中华人民共和国民法典》《中华人民共和国环境保护法》《中华人民共和国森林法》《中华人民共和国农村土地承包法》《中华人民共和国民事诉讼法》等法律规定，结合审判实践，制定本解释。

第一条　人民法院审理涉及森林、林木、林地等森林资源的民事纠纷案件，应当贯彻民法典绿色原则，尊重自然、尊重历史、尊重习惯，依法推动森林资源保护和利用的生态效益、经济效益、社会效益相统一，促进人与自然和谐共生。

第二条　当事人因下列行为，对林地、林木的物权归属、内容产生争议，依据民法典第二百三十四条的规定提起民事诉讼，请求确认权利的，人民法院应当依法受理：

（一）林地承包；

（二）林地承包经营权互换、转让；

（三）林地经营权流转；

（四）林木流转；

（五）林地、林木担保；

（六）林地、林木继承；

（七）其他引起林地、林木物权变动的行为。

当事人因对行政机关作出的林地、林木确权、登记行为产生争议，提起民事诉讼的，人民法院告知其依法通过行政复议、行政诉讼程序解决。

第三条 当事人以未办理批准、登记、备案、审查、审核等手续为由，主张林地承包、林地承包经营权互换或者转让、林地经营权流转、林木流转、森林资源担保等合同无效的，人民法院不予支持。

因前款原因，不能取得相关权利的当事人请求解除合同、由违约方承担违约责任的，人民法院依法予以支持。

第四条 当事人一方未依法经林权证等权利证书载明的共有人同意，擅自处分林地、林木，另一方主张取得相关权利的，人民法院不予支持。但符合民法典第三百一十一条关于善意取得规定的除外。

第五条 当事人以违反法律规定的民主议定程序为由，主张集体林地承包合同无效的，人民法院应予支持。但下列情形除外：

（一）合同订立时，法律、行政法规没有关于民主议定程序的强制性规定的；

（二）合同订立未经民主议定程序讨论决定，或者民主议定程序存在瑕疵，一审法庭辩论终结前已经依法补正的；

（三）承包方对村民会议或者村民代表会议决议进行了合理审查，不知道且不应当知道决议系伪造、变造，并已经对林地大量投入的。

第六条 家庭承包林地的承包方转让林地承包经营权未经发包方同意，或者受让方不是本集体经济组织成员，受让方主张取得林地承包经营权的，人民法院不予支持。但发包方无法定理由不同意或者拖延表态的除外。

第七条 当事人就同一集体林地订立多个经营权流转合同，在合同有效的情况下，受让方均主张取得林地经营权的，由具有下列情形的受让方取得：

（一）林地经营权已经依法登记的；

（二）林地经营权均未依法登记，争议发生前已经合法占有使用林地并大量投入的；

（三）无前两项规定情形，合同生效在先的。

未取得林地经营权的一方请求解除合同、由违约方承担违约责任的，人民法院依法予以支持。

第八条　家庭承包林地的承包方以林地经营权人擅自再流转林地经营权为由，请求解除林地经营权流转合同、收回林地的，人民法院应予支持。但林地经营权人能够证明林地经营权再流转已经承包方书面同意的除外。

第九条　本集体经济组织成员以其在同等条件下享有的优先权受到侵害为由，主张家庭承包林地经营权流转合同无效的，人民法院不予支持；其请求赔偿损失的，依法予以支持。

第十条　林地承包期内，因林地承包经营权互换、转让、继承等原因，承包方发生变动，林地经营权人请求新的承包方继续履行原林地经营权流转合同的，人民法院应予支持。但当事人另有约定的除外。

第十一条　林地经营权流转合同约定的流转期限超过承包期的剩余期限，或者林地经营权再流转合同约定的流转期限超过原林地经营权流转合同的剩余期限，林地经营权流转、再流转合同当事人主张超过部分无效的，人民法院不予支持。

第十二条　林地经营权流转合同约定的流转期限超过承包期的剩余期限，发包方主张超过部分的约定对其不具有法律约束力的，人民法院应予支持。但发包方对此知道或者应当知道的除外。

林地经营权再流转合同约定的流转期限超过原林地经营权流转合同的剩余期限，承包方主张超过部分的约定对其不具有法律约束力的，人民法院应予支持。但承包方对此知道或者应当知道的除外。

因前两款原因，致使林地经营权流转合同、再流转合同不能履行，当事人请求解除合同、由违约方承担违约责任的，人民法院依法予以支持。

第十三条　林地经营权流转合同终止时，对于林地经营权人种植的地上林木，按照下列情形处理：

（一）合同有约定的，按照约定处理，但该约定依据民法典第一百五十三条的规定应当认定无效的除外；

（二）合同没有约定或者约定不明，当事人协商一致延长合同期限至轮伐期或者其他合理期限届满，承包方请求由林地经营权人承担林地使用费的，对其合理部分予以支持；

（三）合同没有约定或者约定不明，当事人未能就延长合同期限协商一致，林地经营权人请求对林木价值进行补偿的，对其合理部分予以支持。

林地承包合同终止时，承包方种植的地上林木的处理，参照适用前款规定。

第十四条 人民法院对于当事人为利用公益林林地资源和森林景观资源开展林下经济、森林旅游、森林康养等经营活动订立的合同，应当综合考虑公益林生态区位保护要求、公益林生态功能及是否经科学论证的合理利用等因素，依法认定合同效力。

当事人仅以涉公益林为由主张经营合同无效的，人民法院不予支持。

第十五条 以林地经营权、林木所有权等法律、行政法规未禁止抵押的森林资源资产设定抵押，债务人不履行到期债务或者发生当事人约定的实现抵押权的情形，抵押权人与抵押人协议以抵押的森林资源资产折价，并据此请求接管经营抵押财产的，人民法院依法予以支持。

抵押权人与抵押人未就森林资源资产抵押权的实现方式达成协议，抵押权人依据民事诉讼法第二百零三条、第二百零四条的规定申请实现抵押权的，人民法院依法裁定拍卖、变卖抵押财产。

第十六条 以森林生态效益补偿收益、林业碳汇等提供担保，债务人不履行到期债务或者发生当事人约定的实现担保物权的情形，担保物权人请求就担保财产优先受偿的，人民法院依法予以支持。

第十七条 违反国家规定造成森林生态环境损害，生态环境能够修复的，国家规定的机关或者法律规定的组织依据民法典第一千二百三十四条的规定，请求侵权人在合理期限内以补种树木、恢复植被、恢复林地土壤性状、投放相应生物种群等方式承担修复责任的，人民法院依法予以支持。

人民法院判决侵权人承担修复责任的，可以同时确定其在期限内不履行修复义务时应承担的森林生态环境修复费用。

第十八条 人民法院判决侵权人承担森林生态环境修复责任的，可以根据鉴定意见，或者参考林业主管部门、林业调查规划设计单位、相关科研机构和人员出具的专业意见，合理确定森林生态环境修复方案，明确侵权人履行修复义务的具体要求。

第十九条　人民法院依据民法典第一千二百三十五条的规定确定侵权人承担的森林生态环境损害赔偿金额，应当综合考虑受损森林资源在调节气候、固碳增汇、保护生物多样性、涵养水源、保持水土、防风固沙等方面的生态环境服务功能，予以合理认定。

第二十条　当事人请求以认购经核证的林业碳汇方式替代履行森林生态环境损害赔偿责任的，人民法院可以综合考虑各方当事人意见、不同责任方式的合理性等因素，依法予以准许。

第二十一条　当事人请求以森林管护、野生动植物保护、社区服务等劳务方式替代履行森林生态环境损害赔偿责任的，人民法院可以综合考虑侵权人的代偿意愿、经济能力、劳动能力、赔偿金额、当地相应工资标准等因素，决定是否予以准许，并合理确定劳务代偿方案。

第二十二条　侵权人自愿交纳保证金作为履行森林生态环境修复义务担保的，在其不履行修复义务时，人民法院可以将保证金用于支付森林生态环境修复费用。

第二十三条　本解释自 2022 年 6 月 15 日起施行。施行前本院公布的司法解释与本解释不一致的，以本解释为准。

第二部分　司法解释及配套案例新闻发布材料

《最高人民法院关于审理森林资源民事纠纷案件适用法律若干问题的解释》新闻发布稿

最高人民法院党组成员、副院长 杨临萍

（2022 年 6 月 14 日）

各位记者朋友：

大家好！《最高人民法院关于审理森林资源民事纠纷案件适用法律若干问题的解释》（以下简称《解释》）已于 2022 年 4 月 25 日由最高人民法院审判委员会第 1869 次会议通过，今天正式发布。

党的十八大以来，以习近平同志为核心的党中央把生态文明建设作为关系中华民族永续发展的根本大计，坚持绿水青山就是金山银山的理念，开展了一系列根本性、开创性、长远性的工作，美丽中国建设迈出重要步伐，推动我国生态环境保护发生历史性、转折性、全局性变化。人民法院认真践行习近平生态文明思想和习近平法治思想，充分发挥审判职能作用，不断满足人民群众优美生态环境需要，努力把总书记的殷殷嘱托转化为司法护航美丽中国建设的生动实践。

森林作为与湿地、海洋并列的地球三大生态系统之一，在应对气候变化、保护生物多样性、水土保持、防风固沙等方面具有重要生态功能。森林、林木、林地以及依托其生存的野生动植物和微生物，是地球表面最重要的自然资源之一，也是维护国家生态安全的基本屏障。为加强对森林资源民事纠纷案件的审判指导，依法保护生态环境和当事人合法权益，最高人民法院制定《解释》。下面，我就《解释》的起草背景、指导思想和原则、主要内容作简要介绍说明。

一、《解释》的起草背景

习近平总书记深刻指出，森林和草原对国家生态安全具有基础性、战略性作用，林草兴则生态兴。中共中央、国务院《生态文明体制改革总体方案》明确，坚持节约资源和保护环境基本国策，以建设美丽中国为目标，以正确处理人与自然关系为核心，以解决生态环境领域突出问题为导向，保障国家生态安全，改善环境质量，提高资源利用效率。党的十九届六中全会要求，统筹推进“五位一体”总体布局，协调推进“四个全面”战略布局，协同推进人民富裕、国家强盛、中国美丽，为建设人与自然和谐共生的现代化提供了根本遵循。

近年来，我国生态文明领域立法进程不断加快。《民法典》构建了绿色原则和绿色条款的规范体系，《农村土地承包法》明确了农村集体土地所有权、承包权、经营权三权分置的制度规则，《森林法》确立了生态优先、保护优先、保育结合、可持续发展的原则。随着集体林权制度改革深化、自然资源资产产权制度改革推进，林地、林木交易日益增多，诉讼纠纷亦相应增加。除私益诉讼外，破坏森林资源引发的公益诉讼在生态环境保护案件中占相当比重。2019 年以来，全国各级法院审结涉及森林资源的一审案件 403 989 件，其中民事案件 268 180 件。如何服务保障生态文明体制改革措施依法有序推进，充分发挥市场机制在森林资源利用中的重要作用，有效解决森林资源保护中修复方案不够科学、损害赔偿不够全面等问题，成为各级人民法院面临的重要课题。

最高人民法院针对森林资源保护和利用的特点，积极回应环境资源审判实践中对丰富完善相关法律适用规则和保护修复措施的关切，在认真总结各地法院实践经验的基础上，经过反复调研论证和广泛征求意见，就森林资源民事案件受理、林地林木交易、林地承包经营、林业碳汇等新类型担保、公益林经营、森林生态环境损害修复和赔偿等问题予以规范，制定出台本《解释》，指导人民法院树立正确审判理念，统一裁判规则，依法妥善审理森林资源民事纠纷案件。

二、《解释》起草的指导思想和原则

《解释》起草过程中，我们坚持以习近平新时代中国特色社会主义思想为指导，深入贯彻习近平生态文明思想和习近平法治思想，紧紧围绕党和国家工作大局，着力完善生态环境法律适用规则体系，依法推动森林资源的科学保护和合理利用。

一是完整准确全面贯彻新发展理念，坚持保护和可持续利用森林资源。习近平总书记强调，要保持战略定力，站在人与自然和谐共生的高度来谋划经济社会发展。森林资源的开发利用不仅能带来经济效益，维护林区社会稳定，还具有巨大生态效益。司法审判应当找准统筹生态环境保护、经济社会发展和保障民生的平衡点，服务保障经济社会发展全面绿色转型。《解释》在第1条明确，人民法院应当依法推动森林资源保护和利用的生态效益、经济效益、社会效益相统一。在不同效益发生冲突时，坚持生态效益优先。

二是用最严格制度最严密法治保护森林生态环境，切实维护国家利益、社会公共利益和人民群众环境权益。坚持人民至上，落实良好生态环境是最普惠民生福祉原则，依法保障人民群众在健康、舒适、优美生态环境中生存发展的权利。坚持生态优先，推动将经济发展、人类活动控制在生态环境和自然资源可承载限度范围内。坚持系统观念，积极适用预防性、恢复性司法措施，统筹山水林田湖草沙系统治理目标。坚持最严密法治，综合运用环境公益诉讼、生态环境损害赔偿等制度，加大对破坏森林资源违法行为的惩治追责力度。

三是落实《民法典》绿色原则，促进资源节约与生态环境保护。森林资源作为一种公共产品，具有经济价值和生态价值。权利人享有权利的同时，应当遵循《民法典》绿色原则和绿色条款，遵守《环境保护法》《森林法》等法律法规关于生态环境保护的规定。《森林法》以规范促进森林资源可持续利用和发展，维护森林生态安全，推动生态文明建设和现代林业发展为立法目的。司法审判应当充分考量森林资源的生态功能价值，避免简单将其作为普通财产处理，切实维护环境正义和代际公平。

四是尊重自然、尊重历史、尊重习惯，推动森林资源科学合理利用。

《森林法》在立法目的、基本原则等规定中，充分肯定了尊重自然理念。涉森林资源案件的处理，在专业事实认定、责任承担方式、修复方案执行等方面，均应当遵循森林生长发育的自然规律。同时，我国山林权属政策经历了多次变革调整，司法审判应当尊重历史、照顾现实，妥善解决相关权益纠纷。在不违背法律和公序良俗的前提下，应当尊重森林资源保护和利用方面的乡规民约、地方习惯，合理适用习惯弥补成文法不足。

三、《解释》的主要内容

《解释》共23个条文，内容分为一般规定、林地承包经营、新类型案件、森林生态环境保护等四个部分法律适用问题。主要内容如下：

一是强化市场规则统一，明确林地林木交易及纠纷受理规则。中共中央、国务院《关于加快建设全国统一大市场的意见》提出，加快建设高效规范、公平竞争、充分开放的全国统一大市场，营造稳定公平透明可预期的营商环境。由于历史原因，林业政策及实践较为偏重行政管理，许多纠纷长期依赖行政调处，森林资源纠纷往往存在民事、行政法律关系相互交织的情形。《解释》第2条规定，当事人因作为物权变动原因的民事行为，对林地林木的物权归属、内容产生争议，依据《民法典》第234条规定行使物权确认请求权的，人民法院应当作为民事案件依法受理；同时明确，当事人因对行政机关作出的林地林木确权、登记行为产生争议，提起民事诉讼的，人民法院要告知其依法通过行政复议、行政诉讼程序解决。《解释》第3条规定，当事人以未办理批准、登记、备案、审查、审核等手续为由，主张林业经营合同无效的，人民法院不予支持；因此未能取得相关权利的当事人通过合同责任方式进行救济。

二是保障农村土地三权分置改革，细化林地承包经营规则。中共中央办公厅、国务院办公厅《关于引导农村土地经营权有序流转发展农业适度规模经营的意见》要求，坚持农村土地集体所有权，稳定农户承包权，放活土地经营权。《解释》在《民法典》《农村土地承包法》规定的基础上，根据林业生产经营特点进行了细化。《解释》第6条明确，家庭承包林地的承包方转让林地承包经营权未经发包方同意，或者受让方不是本集体经济组织成员，受让方主张取得林地承包经营权的，人民法院不予支持。但发包方无法定理由不同意或者拖延表态的除外。《解释》第10条规定，林地承包期内，因林地承包经营权互换、转让、继承等原因，承包方发生变动，林地经营权人请求新的承包方继续履行原林地经营权流转合同的，人民法院应予支持。

三是落实生态区位保护要求，明确公益林经营利用规则。《森林法》根据生态保护需要，将林地和林地上的森林划分为公益林和商品林。中共中央、国务院《关于全面推进集体林权制度改革的意见》明确，对商品林，农民可依法自主决定经营方向和经营模式，生产的木材自主销售；对公益林，在不破坏生态功能的前提下，可依法合理利用林地资源，开发林下种养业，利用森林景观发展森林旅游业等。《解释》第14条规定，对于当事人订立的公益林经营合同，人民法院应当进行特别审查，确保符合公益林生态区位保护要求和不影响公益林生态功能。鼓励经科学论证及严格遵守国家有关规定前提下，合理利用公益林林地资源和森林景观资源。

四是服务碳达峰碳中和目标实现，规范林业碳汇交易规则。《中共中央办公厅、国务院办公厅关于建立健全生态产品价值实现机制的意见》要求，健全碳排放权交易机制，探索碳汇权益交易试点。我国已将林业碳汇作为国家核证自愿减排量项目纳入碳排放权交易体系。《解释》第16条明确，对于以林业碳汇为客体的新类型担保，人民法院在坚持物权法定原则基础上，依法保护担保物权人的优先受偿权。第20条允许当事人通过认购经核证的林业碳汇方式，替代履行森林生态环境损害赔偿责任，明确人民法院可以综合考虑各方当事人意见、不同责任方式的合理性等因素，依法予以适用。

五是总结审判实践经验，丰富森林生态环境损害责任规则。《中共中央办公厅、国务院办公厅关于统筹推进自然资源资产产权制度改革的指导意见》要求，落实和完善生态环境损害赔偿制度，由责任人承担修复或赔偿责任。《解释》充分总结吸收环境资源司法实践成功经验，结合森林资源保护修复特点，于第17条明确违反国家规定造成森林生态环境损害，生态环境能够修复的，人民法院可以判令侵权人在合理期限内，以补种树木、恢复植被、恢复林地土壤性状、投放相应生物种群等方式承担修复责任；于第19条规定，人民法院确定侵权人承担的森林生态环境损害赔偿金额，应当综合考虑受损森林资源在调节气候、固碳增汇、保护生物多样性、涵养水源、保持水土、防风固沙等方面的生态环境服务功能，予以合理认定。

记者朋友们，习近平总书记在参加今年首都义务植树活动时指出，森林是水库、钱库、粮库、碳库。人民法院将认真贯彻落实习近平生态文明思想、习近平法治思想，以《解释》的出台为契机，完整准确全面贯彻新发展理念，不断强化守护绿水青山的职责使命，统筹推进森林、草原、河湖、湿地等自然生态协同保护治理，巩固增强生态系统碳汇能力，为努力建设人与自然和谐共生的美丽中国、共建清洁美丽世界作出更大贡献，以实际行动迎接党的二十大胜利召开！

谢谢大家！

《最高人民法院关于审理森林资源民事纠纷案件适用法律若干问题的解释》及配套典型案例新闻发布稿

最高人民法院环境资源审判庭庭长　刘竹梅

（2022 年 6 月 14 日）

各位记者朋友：

大家好！下面，由我来介绍此次配套《解释》发布的 10 个典型案例。该批案例体现了人民法院发挥环境资源审判职能作用，对森林资源保护和利用法律适用规则的有益探索及经验总结，涉及长江防护林保护、黑土区周边荒山治理、森林火灾防治、绿色金融等多方面内容。其特点和主要内容如下：

一是坚持生态优先，加强重点生态功能区和环境敏感区保护。国家支持重点生态功能区和生态脆弱地区森林资源的保护修复，着力维护森林生态系统健康稳定。人民法院秉持保护优先理念，切实提升重点地区森林生态系统质量和生态保护功能。

案例5重庆市人民检察院第二分院诉张某奉、赵某辉生态破坏民事公益诉讼案中，人民法院判令毁损三峡库区长江防护林的行为人，限期就地继续履行补植复绿、管护抚育义务，依法保障长江流域生态环境修复。

案例6黑龙江省穆棱市某村委会诉常某春林业承包合同纠纷案中，人民法院认定未履行合同约定的黑土区周边荒山治理、防治水土流失等主要义务的承包人构成根本违约，依法判令解除合同、返还土地并赔偿损失，有效避免黑土区生态环境损害扩大。

二是护航绿色发展，推动经济社会发展与生态环境保护相协调。习近平总书记深刻指出，经济发展不能以破坏生态为代价，生态本身就是经济，保护生态就是发展生产力。人民法院坚持可持续发展原则，依法惩处破坏森林资源违法行为，努力让人与自然和谐共生的生态文明生生不息、代代传承。

案例1云南省澜沧县人民检察院诉歪某毁林种茶刑事附带民事公益诉讼案中，被告人为追求短期经济利益，造成国有公益林大量毁坏。人民法院对附带民事公益诉讼积极促成调解，通过“刑罚+修复”的责任方式，有效维护了古茶林生存环境和当地群众长远利益。

案例3中国绿发会诉河南省新郑市某镇政府、新郑市某庄村委会等生态破坏民事公益诉讼案中，被告为建设工程项目，违法移栽古枣树造成其大面积死亡。人民法院根据专业意见，结合受损森林资源的生态环境服务功能，合理确定被告应承担的生态环境修复和赔偿责任，并责令其设立生态环境保护宣传、教育和警示基地。

三是依法保护产权，引导交易主体诚实守信、恪守绿色原则。人民法院贯彻落实《民法典》绿色原则，依法保护当事人合法权益，在尊重契约精神、促进统一市场和公平竞争的同时，注重对森林资源保护管理制度的维护，推动森林资源有序合理利用。

案例7杨某家诉贵州省安龙县某村二组等林业承包合同纠纷案中，人民法院认定双方对合同终止时地上林木处理的约定，未违反公益林保护、林木采伐等法律法规的规定，判令林地所有权人依约为经营期限届满的林业经营者，出具申请办理林木采伐许可的相关手续。

案例8安某堂等五十四人诉山西省五台县某界村委会及第三人郭某华、张某如确认林地承包合同效力纠纷案中，人民法院认定第三人未对法律规定的民主议定程序进行合理审查，不能认定为善意交易相对人。

四是注重生态修复，保障科学及时恢复森林生态系统功能。《森林法》明确，应当采取以自然恢复为主、自然恢复和人工修复相结合的措施，科学保护修复森林生态系统。人民法院秉持恢复性司法理念，立足森林环境要素特点，创新修复方式，着力促进生态环境功能及时有效修复。

案例2江苏省连云港经济技术开发区人民检察院诉仰某梅等三人森林失火刑事附带民事公益诉讼案中，人民法院依据林业部门出具的专业意见，制定详细修复方案作为判决附件，明确被告履行修复义务的具体要求，并准许被告自愿交纳保证金作为履行修复义务的担保。

案例4浙江省遂昌县人民检察院诉叶某成生态破坏民事公益诉讼案中，人民法院考虑到补植树苗有季节性要求，创新适用先予执行司法措施，责令被告根据专业修复意见，在适宜种植时间履行补植义务，最大限度保障了生态环境修复效果。

五是助推绿色金融，打通森林资源生态产品价值实现路径。人民法院落实国家绿色金融政策要求，依法支持金融创新，促进林业与银行业、保险业互惠共赢，为发挥市场机制作用、服务生态文明建设提供了有益司法样本。

案例9江西省某农商行诉陈某珍等五人森林资源借款担保合同纠纷案中，人民法院对林地林木抵押登记效力予以确认，依法保护担保物权人优先受偿权，鼓励和引导金融机构有序开展绿色信贷业务。

案例10湖北省某林业科技公司诉某财产保险公司森林保险合同纠纷案中，人民法院在查明森林火灾面积、损失程度及赔偿金额的基础上，依法支持林业经营者索赔请求，帮助其在灾后迅速恢复生产，有效增强市场主体投资信心。

谢谢大家！

《最高人民法院关于审理森林资源民事纠纷案件适用法律若干问题的解释》及配套典型案例发布会答记者问

问题1：森林在应对气候变化中发挥着重要作用。《解释》及配套典型案例从哪些方面体现了对实现碳达峰、碳中和目标的服务保障？

答：实现碳达峰、碳中和，是以习近平同志为核心的党中央统筹国内国际两个大局作出的重大战略决策，是着力解决资源环境约束突出问题、实现中华民族永续发展的必然选择，是构建人类命运共同体的庄严承诺。森林是陆地生态系统中最大的碳库。人民法院贯彻落实党中央做好碳达峰碳中和工作决策部署，制定出台《解释》明确森林资源保护和利用规则，对于加强生态文明建设、提升林草资源总量和质量、适应和减缓气候变化具有积极意义。

一是坚持可持续利用森林资源，巩固生态系统碳汇能力。持续强化国土空间规划和用途管控，严守生态保护红线，切实发挥现有森林、草原、湿地、海洋、土壤、冻土、岩溶等自然资源固碳作用。《解释》第14条在确保符合公益林生态区位保护要求和不影响公益林生态功能的前提下，鼓励对公益林林地资源和森林景观资源的科学合理利用。配套案例6明确，对于擅自改变林地用途、严重破坏林地生态环境等根本违约行为，人民法院可以依法判令解除合同、返还林地并赔偿损失。

二是加强森林生态环境保护修复，提升生态系统碳汇增量。着力服务生态保护修复重大工程，巩固退耕还林还草成果，助力增加森林面积和蓄积量。《解释》第17条至第21条通过灵活运用生态修复、损害赔偿、认购林业碳汇、劳务代偿等多种责任承担方式，推动受损森林生态环境有效恢复。尤其第19条，明确认定生态环境损害赔偿金额时，要充分考虑森林生态功能价值，切实加大破坏森林资源侵权行为成本。

三是依法支持绿色金融创新，助力绿色低碳循环经济发展。努力探索司法推动生态产品价值实现路径，加强对现代林业的金融支持，充分发挥市场机制作用，服务保障高质量发展。《解释》第16条在遵循《民法典》及相关法律规定基础上，明确依法保护以森林生态效益补偿收益、林业碳汇等新型权益提供的担保。配套案例9、案例10通过妥善处理森林资源借款担保、森林保险等绿色金融案件，保护林业经营者和金融机构合法权益，有效促进林业生态产品市场化。

问题2：《解释》规定，审理涉及森林资源的民事纠纷案件，应当贯彻《民法典》绿色原则。据我们了解，这是司法解释中第一次明确提出“绿色原则”。具体体现为《解释》哪些内容？

答：《民法典》第9条规定“民事主体从事民事活动，应当有利于节约资源、保护生态环境”，将绿色原则作为开展民事活动的基本准则。绿色原则写入《民法典》，开世界民事立法之先河，为世界生态文明建设提供了中国方案，具有鲜明的中国特色、实践特色、时代特色。坚持以绿色原则为引领，准确理解与适用《民法典》绿色条款，是环境资源审判的特色。《解释》多个条款体现了对绿色原则的贯彻落实：

一是在林地承包经营纠纷处理中，以节约资源、保护生态环境为重要遵循。《解释》第5条在维护法律规定的民主议定程序基础上，依法保护集体林地承包中已经对林地大量投入的善意相对人，避免社会资源浪费。《解释》第7条基于占有使用林地所形成的交易公示外观，将合法占有使用林地作为林地经营权重复处分的确权考量因素，明确在受让方均未依法办理登记手续的情形下，由争议发生前已经合法占有使用林地并大量投入的一方取得林地经营权，妥善解决因林地经营权流转产生的生态环境问题和纠纷。

二是在林业经营合同履行中，以避免资源浪费、环境污染和生态破坏为重要目标。林业生产周期长，承包期、经营期届满或者合同解除时，林木未到主伐期或未办理采伐许可的，不允许砍伐。《解释》第13条充分考虑林业经营特点，对于合同终止时地上林木的处理，规定有约定的从约定，但该约定依据《民法典》第153条的规定应当认定无效的除外；合同没有约定或者约定不明，当事人事后协商一致延长合同期限至轮伐期或者其他合理期限届满的，可以请求在延长的合同期限内，由继续使用林地的一方承担合理林地使用费；当事人未能就延长合同期限协商一致的，林木种植方有权请求对地上林木价值进行合理补偿。

三是在森林生态环境损害赔偿案件中，以严格追究环境污染、生态破坏侵权责任为基本要求。《解释》以第17条至第22条六个条款，进一步细化了《民法典》第1234条、第1235条关于生态环境修复责任和公益诉讼赔偿范围的有关规定，严格追究生态环境侵权人法律责任，引导社会公众合理利用自然资源和环境容量，协同推进经济社会高质量发展和生态环境高水平保护。

问题3：据了解，近些年，人民法院的环境资源审判不断创新且有了长足发展。《解释》对于环境资源审判的经验总结体现在哪些方面？

答：人民法院深入贯彻习近平生态文明思想和习近平法治思想，依法审理环境资源案件，完善审判体制机制，不断提升环境司法能力，探索积累了具有中国特色的生态环境司法保护经验。《解释》在总结司法实践经验基础上，将部分审判执行创新通过司法解释的形式予以固定。主要体现在以下方面：

一是明确补植复绿生态环境修复方式。《民法典》第1234条规定，违反国家规定造成生态环境损害，生态环境能够修复的，侵权人应当承担生态环境修复责任。《森林法》亦规定了补种树木及其代履行方式。各地法院在审判、执行中，对补植复绿责任方式进行了积极探索。对此，《解释》第17条予以肯定。此次配发的五个公益诉讼典型案例均采用了补种树木、恢复植被方式修复森林生态环境。

二是规范认购林业碳汇替代履行方式。我国正在建设全国统一的碳排放权交易市场，鼓励林业碳汇项目产生的减排量参与温室气体自愿减排交易。司法实践中，福建、贵州等多地已出现侵权人自愿通过认购林业碳汇方式，替代履行森林生态环境损害赔偿责任的案例。《解释》第20条对该种责任方式的适用予以了规范。

三是肯定劳务代偿责任承担方式。环境资源案件中，因侵权人不具备经济赔偿能力，或者生态环境损害赔偿、惩罚性赔偿金额较高，各地法院探索出巡山、护林、护鸟、环保法治宣传等劳务代偿的创新方式。《解释》第 21 条对此进行了规定，允许侵权人通过身体力行、现身说法的方式改过自新，同时也使当地居民、环境受益。人民法院在案件审理中，经综合考虑侵权人的代偿意愿、经济能力、劳动能力、赔偿金额、当地相应工资标准等因素，决定采用劳务代偿方式的，可以在判决中合理确定劳务代偿方案。如审理中不能确定的，也可以在执行中根据案件具体情况予以适用。

四是鼓励侵权人自愿交纳修复保证金。《解释》第 22 条规定的森林生态环境修复保证金，实质为一种保全措施，有利于确保补植复绿等修复责任得到落实，保障生态环境及时有效恢复。人民法院通过统筹刑事责任、民事责任和行政责任，引导侵权人从生态环境的“破坏者”转变为“修复者”，充分发挥环境资源审判的惩罚教育和示范引领功能。配套案例 2 中，被告自愿交纳生态环境损失赔偿金和补植修复保证金，人民法院确定在其不履行修复义务时，该保证金用于支付修复费用。

第三部分　条文理解与适用

为妥善审理森林资源民事纠纷案件，依法保护生态环境和当事人合法权益，根据《中华人民共和国民法典》《中华人民共和国环境保护法》《中华人民共和国森林法》《中华人民共和国农村土地承包法》《中华人民共和国民事诉讼法》等法律规定，结合审判实践，制定本解释。

【条文主旨】

引言部分是关于本司法解释制定目的和法律依据的规定。

【条文理解】

本司法解释的制定目的是贯彻习近平生态文明思想和习近平法治思想，完整准确全面贯彻新发展理念，落实“山水林田湖草沙”系统保护原则。解释条文均围绕此目的设置，旨在指导人民法院在审理涉及森林资源环境要素的民事纠纷案件中，树立正确审判理念，统一裁判规则，依法保护生态环境和当事人合法权益。解释依据的法律、行政法规较多，实体法方面主要为《民法典》《森林法》《农村土地承包法》《环境保护法》等，程序法方面主要为《民事诉讼法》，引言中对主要制定依据进行了列举。

一、解释的起草背景和过程

生态文明建设是中国特色社会主义事业的重要内容，关系人民福祉，关乎民族未来，事关“两个一百年”奋斗目标和中华民族伟大复兴中国梦的实现。党的十八大以来，以习近平同志为核心的党中央把生态文明建设摆在治国理政的突出位置，作为统筹推进“五位一体”总体布局和协调推进“四个全面”战略布局的重要内容，提出“绿水青山就是金山银山”等一系列重要理念，形成习近平生态文明思想，明确建设生态文明是中华民族永续发展的千年大计，提出统筹“山水林田湖草沙”系统治理目标。

习近平总书记在参加2022年3月30日首都义务植树活动时深刻指出，森林是水库、钱库、粮库、碳库，森林和草原对国家生态安全具有基础性、战略性作用，林草兴则生态兴。

森林是陆地生态系统的主体，在气候变化应对、生物多样性保护、水土保持、防风固沙等方面具有重要的生态功能。丰富的森林资源，是生态良好的重要标志，是经济社会发展的重要基础，也是美丽中国建设的重要内容。这决定了森林资源权益具有不同于其他物权和财产权的特殊性。林业生产周期长、投资见效慢、资源可再生。由于历史原因，林业政策及实践所确立的交易制度较为偏重行政管理，许多纠纷长期依赖行政调处。无论是国有还是集体森林资源，均存在市场化程度不足的问题，其流通均受诸多限制。

2008年6月，中共中央、国务院发布《关于全面推进集体林权制度改革的意见》（中发〔2008〕10号）明确，集体林权制度改革的主要任务在于明晰产权、勘界发证、放活经营权、落实处置权、保障收益权、落实责任。2014年11月，中共中央办公厅、国务院办公厅印发《关于引导农村土地经营权有序流转发展农业适度规模经营的意见》（中办发〔2014〕61号），对农村集体土地实行所有权、承包权、经营权“三权分置”，稳定承包权，放活经营权，引导土地经营权有序流转。2015年9月，中共中央、国务院印发《生态文明体制改革总体方案》要求：“完善集体林权制度，稳定承包权，拓展经营权能，健全林权抵押贷款和流转制度”“明确国有农场、林场和牧场土地所有者与使用者权能。全面建立覆盖各类全民所有自然资源资产的有偿出让制度”。2019年4月，中共中央办公厅、国务院办公厅印发《关于统筹推进自然资源资产产权制度改革的指导意见》，规定深入推进全民所有自然资源资产有偿使用制度改革，加快出台国有森林资源资产和草原资源资产有偿使用制度改革方案。2016年年底，国务院颁布《关于全民所有自然资源资产有偿使用制度改革的指导意见》（国发〔2016〕82号），要求建立国有森林资源有偿使用制度，研究制定国有林区、林场改革涉及的国有林地使用权有偿使用的具体办法。2021年4月，中共中央办公厅、国务院办公厅印发《关于建立健全生态产品价值实现机制的意见》，明确加快完善政府主导、企业和社会各界参与、市场化运作、可持续的生态产品价值实现路径，着力构建绿水青山转化为金山银山的政策制度体系。2022 年 3 月，中共中央、国务院发布《关于加快建设全国统一大市场的意见》要求，培育发展全国统一的生态环境市场，依托公共资源交易平台，建设全国统一的碳排放权交易市场。

随着农村集体土地“三权分置”改革的落实、集体林权改革的推进以及国有森林资源有偿使用制度的实施，林地、林木流转日益增多，诉讼纠纷亦相应大幅增加。除私益诉讼外，涉森林资源的公益诉讼在生态环境保护案件中占相当比重。由于审判理念及裁判规则不完善等原因，存在修复方案不够科学、损害价值认定未充分考虑森林生态功能价值等问题。近年来，《民法典》颁布施行，《农村土地承包法》及《森林法》相继修订，需要人民法院充分发挥审判职能作用，加强对涉森林资源民事纠纷案件的审判指导，保障生态文明建设及各项森林资源改革制度依法有序推进，保护森林生态环境和当事人合法权益。

本司法解释申请立项以来，由最高人民法院院领导带队，与国家林业和草原局（原国家林业局）相关负责同志共同赴四川开展联合调研，由最高人民法院环境资源审判庭领导带队先后赴全国人大环资委、司法部（原国务院法制办）、国家林草局、北京林业大学等相关单位走访。此外，还面向全国 32 个高级人民法院开展书面调研，并赴福建、广东、湖南、江西、内蒙古、黑龙江等地召开集中调研。在此基础上，形成征求意见稿两次征求最高人民法院各相关庭室、法律专家、各高级人民法院意见，并于 2019 年 1 月、2021 年 11 月两次书面征求全国人大及各相关部委意见。汇集各方意见并经环境资源审判庭专业法官会议多次讨论，于 2022 年 4 月 25 日由最高人民法院审判委员会第 1869 次会议通过。

二、解释的标题

本司法解释立项时的名称为《最高人民法院关于审理林权民事纠纷案件适用法律若干问题的解释》。征求意见中，全国人大常委会法工委、司法部等有关部门及专家多次建议不宜使用“林权”的概念，理由是其非法律概念，内涵与外延不明，且不足以涵盖本解释调整范围。在吸收各方意见基础上，解释名称修改为《最高人民法院关于审理森林资源民事纠纷案件适用法律若干问题的解释》。理由如下：

一是与《民法典》《森林法》关于森林等自然资源的表述保持一致。《民法典》《森林法》使用的是“森林”“森林资源”的概念。《森林法实施条例》第2条第1款界定，森林资源包括森林、林木、林地以及依托森林、林木、林地生存的野生动物、植物和微生物，此与本司法解释调整范围相符。《民法典》中唯一使用“林权”的条款系第333条第2款中的“林权证”，此处的林权仅指农村集体林地、林木的所有权和使用权，比本解释调整范围窄。《森林法》中唯一使用“林权”的条款系第62条中的“林权收储担保补助”“林权收储机构”，对应的是涉林抵押贷款、林农信用贷款等林业信贷，亦窄于本解释调整范围。林权系对林地所有权、林地使用权、林木所有权、林木使用权的简称，本司法解释规定内容除前述传统林业四权外，还包括林下资源采集权、森林景观利用权、森林生态效益补偿收益权、林业碳汇权益等新型权益，及森林生态环境损害赔偿、修复等。为名实相符，需要特别说明解释中的“林权”系采广义概念。

二是与绿色发展理念及《森林法》从木材管理、资源管理到生态保护的立法目的转变相符。我国现行《森林法》以“践行绿水青山就是金山银山理念，保护、培育和合理利用森林资源”为立法目的。在绿色发展理念下，包括林业碳汇权益、森林资源环境价值在内的森林资源生态价值备受关注，本司法解释中有相当条款对这些内容予以了规范。而“林权”的保护范围相对狭窄，不足以满足实践需求。根据原《林木和林地权属登记管理办法》第1条的界定，林权是对森林、林木和林地的所有权或者使用权的简称。“林权”一词虽然在中央文件及国家林草局的管理规范中长期使用，但主要是一个产权上的概念，强调的是森林资源的经济价值。而我国《森林法》经历了从木材管理、资源管理到生态保护三个阶段的不同立法目的转变，已经由林业法转变为生态保护法。此时再使用林权的概念，与新时代保护生态环境需求和理念有一定差距，亦不足以涵盖本司法解释中森林生态环境损害赔偿、修复等内容。

三是与日后制定涉草原、河湖、荒地、滩涂等系列自然资源司法保护文件在名称上相配套。“山水林田湖草沙”系统保护是习近平生态文明思想重要组成部分，最高人民法院将针对不同生态环境要素，适时出台相关司法解释或指导意见。而林权是林业生产中的特有简称，草原、河湖、沙冰等资源并没有相应的权属简称，无法在日后的资源类司法文件名称中沿用。从目前中央及自然资源部相关文件来看，对于森林、草原等自然资源均采用森林资源、草原资源的表述，可予借鉴。

四是参考了其他司法解释名称表述方式。森林资源保护需要统筹刑事责任、民事责任和行政责任。刑事责任方面，2000 年出台的《最高人民法院关于审理破坏森林资源刑事案件具体应用法律若干问题的解释》，名称采用的就是森林资源的表述。本司法解释与该解释保持一致。《民事案件案由规定》并非根据环境要素划分，与森林资源相关的案由仅有林业承包合同纠纷和林木折断、倾倒、果实坠落损害责任纠纷两个案由，其他涉及森林资源的民事纠纷案件分散于各类物权、合同、侵权纠纷及公益诉讼案件中。人民法院审理涉及森林、林木、林地等森林资源的民事纠纷案件，均可适用本司法解释规定。

五是充分考虑吸收了各方意见建议。本司法解释 2019 年 1 月第一次征求意见时，有意见提出“林权”并非法律概念，包含了多种性质不同的权利，内涵与外延不明，不宜笼统使用这一概念。2021 年 10 月第二次征求意见时，有意见提出建议对在司法解释中直接使用“林权”概念以及相关权利指向和在此基础上的制度设计作进一步研究；另有意见认为，在绿色发展理念下，包括林业碳汇权益、森林资源环境价值在内的森林资源的生态价值备受关注，有必要纳入法律保护的范围，而“林权”的保护范围相对狭窄，难以满足实践需求，且本司法解释第 17 条至第 22 条是关于森林生态环境保护及相关法律责任的规定，已超出了传统的“林权民事纠纷”范畴。我们在充分吸收各方意见基础上，最终对解释名称进行了修改。

三、解释的主要内容

本司法解释共 23 个条文，主要分为 4 个部分。第一部分为林地、林木交易法律适用问题，包括案件受理、未办理相关手续的合同效力、未经共有人同意处分等 3 个条款。第二部分为林地承包经营法律适用问题，包括民主议定程序、林地承包经营权转让、林地经营权重复处分、林地经营权再流转、侵害优先权的救济、承包方变动时林地经营权的处理、合同当事人主张经营权流转超期、非合同当事人主张经营权流转超期、合同终止时地上林木的处理等 9 个条款。需要说明的是，林地承包经营权作为与耕地承包经营权、草地承包经营权并列的三大土地承包经营权之一，许多问题在《农村土地承包司法解释》中已有规定，解释本部分对此不再重复规定，而是针对司法实践中存在法律适用争议的多发性问题和集体林权的特殊性问题进行规定。第三部分为新类型案件法律适用问题，包括公益林经营合同、森林资源资产抵押、新类型担保等 3 个条款。第四部分为森林生态环境保护法律适用问题，包括森林生态环境修复、修复义务具体要求、森林生态环境损害赔偿、认购林业碳汇、劳务代偿、修复保证金等 6 个条款。主要内容概述如下。

（一）强化市场规则统一，明确林地林木交易及纠纷受理规则

《中共中央、国务院关于加快建设全国统一大市场的意见》提出，加快建设高效规范、公平竞争、充分开放的全国统一大市场，营造稳定公平透明可预期的营商环境。由于历史原因，林业政策及实践较为偏重行政管理，许多纠纷长期依赖行政调处，森林资源纠纷往往存在民事、行政法律关系相互交织的情形。本司法解释针对实践中的多发性问题予以了明确。

1. 关于民事、行政案件的受理问题

依据《民法典》第 234 条规定，利害关系人对物权的归属、内容享有物权确认请求权。而《森林法》第 22 条规定，林木、林地所有权和使用权争议由县级以上人民政府依法处理，当事人对政府处理决定不服的可以起诉。司法实践中，因不能正确认识这两条之间的关系，要求当事人向行政机关反复确权的情形时有发生。依据《民法典物权编司法解释（一）》第 1 条及《国土资源部办公厅关于土地登记发证后提出的争议能否按权属争议处理问题的复函》（国土资厅函〔2007〕60 号）等规定，应当区分林地、林木物权归属或登记基础关系与行政确权、登记行为。行政机关已经对林地、林木所有权或者使用权作出了确权决定，或者森林资源已经登记发证，当事人在取得权利后的交易过程中产生的林地、林木归属和内容争议，属于发生在平等主体之间的民事纠纷。本解释第 2 条以两个条款，从正反两方面分别规定，当事人因作为物权变动原因的民事行为，对林地林

木的物权归属、内容产生争议，行使物权确认请求权的，人民法院应当作为民事案件依法受理；当事人因对行政机关作出的林地林木确权、登记行为产生争议，提起民事诉讼的，人民法院要告知其依法通过行政复议、行政诉讼程序解决。此处对受理强调了“依法”的要求，依法不应由人民法院直接受理的案件，或者不应当作为民事案件受理的案件，应告知当事人另寻他途解决。

2. 关于未办理相关手续的合同效力问题

林业经营相关手续既包括《农村土地承包法》规定的批准、登记、备案、审核、审查等，也包括《森林法》规定的林木采伐、运输许可等。实践中，动辄以森林资源流转违反相关管理性规定为由否定合同效力，将造成社会资源的极大浪费，不利于流转秩序的规范和交易安全的维护。依据《民法典》第 502 条及相关司法解释规定，本解释第 3 条明确，当事人以未办理批准、登记、备案、审查、审核等手续为由，主张林地承包、林地承包经营权互换或者转让、林地经营权流转、林木流转、森林资源担保等合同无效的，人民法院不予支持；因此未能取得相关权利的当事人，通过合同责任方式予以救济。

（二）保障农村土地“三权分置”改革，细化林地承包经营规则

《中共中央办公厅、国务院办公厅关于引导农村土地经营权有序流转发展农业适度规模经营的意见》要求，坚持农村土地集体所有权，稳定农户承包权，放活土地经营权。林业生产周期长、投资见效慢、资源可再生。本司法解释在《民法典》《农村土地承包法》相关规定基础上，根据林业生产经营特点进行了细化。

1. 关于违反民主议定程序的处理问题

民主议定原则系《农村土地承包法》规定的土地承包基本原则。该法第 19 条、第 20 条规定了家庭承包的原则和程序，第 52 条第 1 款规定了其他方式承包的特殊程序，违反前述强制性规定的合同，应依法认定无效。林地承包期长，可能跨越 1988 年施行的《村民委员会组织法（试行）》、1998 年施行的《村民委员会组织法》、2003 年施行的《农村土地承包法》等多个政策、法律变迁时期。不同历史时期签订的承包合同效力如何认

定，各地均感棘手。本解释第5条从鼓励交易角度出发，规定3种情形下可认定承包合同有效：一是合同订立时法律、行政法规没有关于民主议定程序的强制性规定的；二是合同订立未经民主议定程序讨论决定，或者民主议定程序存在瑕疵，但一审法庭辩论终结前已经依法补正的；三是承包方对村民会议或者村民代表会议决议进行了合理审查，且已经实际做了大量投入的。

2. 关于重复处分林地经营权的确权顺位问题

当事人就同一集体林地订立多重经营权流转合同，在合同均为有效的情况下，需要根据权利冲突的处理规则判定林地经营权的归属，而未能取得物权的一方则通过违约责任方式进行救济。本司法解释第7条规定了确定林地经营权归属的三种情形：一是在一方已经依法登记的情形下，根据物权登记的公示公信原则及《农村土地承包法》第41条规定，未经登记的林地经营权不得对抗善意第三人，此时由已经登记的一方取得林地经营权。二是均未依法登记的，将占有使用作为确权的第二顺位考虑因素。该占有应系在争议发生前的合法占有，且已经实际做了大量投入，争议发生后强行先占林地的不得作为确权依据。三是均未登记或交付的，因林地经营权流转采意思主义，依据《农村土地承包法》第41条、第53条规定，由合同生效在先的一方取得林地经营权。

3. 关于合同终止时地上林木的处理问题

根据《森林法》第20条确立的“谁造谁有”规则，植树造林为林木所有权的原始取得方式之一。但林木附着于土地之上，林地承包合同、林地经营权流转合同终止时，地上林木如何处理，实践中争议较大。林木生产周期长，承包期、经营期届满或合同解除时，林木未到主伐期或者未办理采伐许可证的，不允许砍伐。此时承包方、经营方通常不能将林地恢复到经营之前的状态，其应得收益还附着于林地上，无法彻底清走。借鉴《农村土地承包司法解释》第16条第1款规定，并参考相关域外立法，本司法解释第13条规定合同终止时地上林木按以下规则处理：一是合同有约定的，依照当事人的约定处理，此为首选方式。但该约定违反公益林保护等法律、行政法规的强制性规定，依据《民法典》第153条的规定应当认定无效的除外。二是合同没有约定或者约定不明，发包方、承包方、经营方事后协商一致延长合同期限至轮伐期或者其他合理期限届满的，可以请求在延长的合同期限内，由继续使用林地的承包方、经营方承担合理林地使用费。三是合同没有约定或者约定不明，且各方未能协商一致，发包方、承包方不同意延长合同期限的，承包方、经营方有权请求对其种植的地上林木价值进行合理补偿。

（三）落实生态区位保护要求，明确公益林经营利用规则

《森林法》第47条根据生态保护需要，将林地和林地上的森林划分为公益林和商品林。该法2019年修订前，各地对公益林能否开发利用及相关经营合同的效力等问题争议较大，实践中操作不一。《中共中央、国务院关于全面推进集体林权制度改革的意见》明确，对商品林，农民可依法自主决定经营方向和经营模式，生产的木材自主销售。对公益林，在不破坏生态功能的前提下，可依法合理利用林地资源，开发林下种养业，利用森林景观发展森林旅游业等。《水土保持法》《森林法实施条例》《自然保护区条例》《风景名胜区条例》《国家级公益林管理办法》等就公益林利用设定了诸多限制。2019年修订的《森林法》第49条第3款对合理利用公益林林地资源和森林景观资源，适度开展林下经济、森林旅游等予以肯定，但设定了科学论证、合理利用等前提条件，同时要求严格遵守国家有关规定。本解释第14条据此明确，对于当事人订立的公益林经营合同，人民法院应当进行特别审查，确保符合公益林生态区位保护要求和不影响公益林生态功能，当事人仅以涉公益林为由主张经营合同无效的，人民法院不予支持。鼓励在经科学论证及严格遵守国家有关规定前提下，合理利用公益林林地资源和森林景观资源。

（四）服务碳达峰碳中和目标实现，规范林业碳汇交易规则

《中共中央办公厅、国务院办公厅关于建立健全生态产品价值实现机制的意见》要求，健全碳排放权交易机制，探索碳汇权益交易试点。森林是陆地生态系统中最大的碳库，我国已将林业碳汇作为国家核证自愿减排量项目纳入碳排放权交易体系。规范林业碳汇交易规则，鼓励各行各业和社会公众采取多种方式参与温室气体自愿减排交易，对于促进林业生态产

品市场化，巩固提升森林生态系统碳汇能力，将“绿水青山”转变成“金山银山”，具有积极意义。

1. 关于林业碳汇担保问题

林业碳汇是一种以森林为载体的自然资源，是森林资源提供的生态服务产品。林业碳汇担保属于银行发展绿色信贷和碳金融趋势要求下的金融创新，实践中有收益权质押（以项目未来售碳收入作为质押担保）、应收账款质押（将其视为未来应收账款设立质押）、动产抵押（碳资产抵押）等不同做法。[①] 本司法解释第16条对以林业碳汇为客体的担保物权保护进行了原则性规定，鼓励实践探索，明确人民法院在坚持物权法定原则基础上，依法保护担保物权人的优先受偿权。

2. 关于认购林业碳汇的替代责任方式

《国务院办公厅关于完善集体林权制度的意见》明确，鼓励林业碳汇项目产生的减排量参与温室气体自愿减排交易，促进碳汇进入碳交易市场。司法实践中，多地均已出现侵权人通过自愿认购林业碳汇方式替代履行森林生态环境损害赔偿责任的案例，但存在交易机构非统一、公开市场，所购碳汇未经核证，交易完成后有再次对外转让变现风险等问题。本司法解释第20条依据《国家发展改革委温室气体自愿减排交易管理暂行办法》及《生态环境部碳排放权交易管理办法（试行）》等相关规定，在征求7个国家碳排放权交易试点地区高级人民法院及碳排放权交易机构意见的基础上，对通过认购林业碳汇方式替代履行生态环境损害责任进行了原则性规定。

（五）总结审判实践经验，丰富森林生态环境损害责任规则

《中共中央办公厅、国务院办公厅关于统筹推进自然资源资产产权制度改革的指导意见》要求，落实和完善生态环境损害赔偿制度，由责任人承担修复或赔偿责任。近年来，人民法院依法审理环境资源案件，不断完善审判体制机制，着力提升环境司法能力，探索积累了具有中国特色的生

① 参见张冬梅：《林业碳汇权融资担保的法律思考》，载《福建师范大学学报（哲学社会科学版）》2015年第1期；赵爽、窦琳：《林业碳汇权质押融资法律问题研究》，载《华北电力大学学报（社会科学版）》2019年第4期。

态环境司法保护经验。习近平总书记在2021年5月致世界环境司法大会的贺信中，充分肯定中国环境司法改革创新的有益经验。本解释在充分总结吸收实践经验基础上，结合森林资源保护修复特点，将部分审判执行创新通过司法解释的形式予以固定。

1. 关于森林生态环境损害的修复问题

（1）修复方式和修复费用。生态环境和资源保护诉讼以恢复生态环境功能为核心目标。《民法典》第1234条规定，违反国家规定造成生态环境损害，生态环境能够修复的，侵权人应当承担生态环境修复责任。《森林法》第74条、第76条、第81条亦规定了补种树木及其代履行方式。各地法院在审判、执行中，对补植复绿责任方式进行了积极探索。此外，还可以采取恢复林地土壤性状、投放相应生物种群等合理方式，恢复森林生态环境。本司法解释第17条第1款对前述修复方式予以肯定，并在第2款中依据《环境侵权司法解释》第14条等相关司法解释规定，明确人民法院可以同时确定侵权人不履行修复义务时应承担的生态环境修复费用。该费用由执行法院用于委托他人代履行。

（2）修复义务的具体要求。林木生长遵循自然规律。《森林法》第46条明确，应当采取以自然恢复为主、自然恢复和人工修复相结合的措施，科学保护修复森林生态系统。实践中，存在因生效裁判确定的森林生态环境修复义务不科学、不明确，造成履行、执行困难等问题。如盲目要求侵权人在非宜林地区、非宜林时节、种植不适宜当地的树种等，不仅难以达到生态修复效果，更易造成资源浪费。在司法鉴定费用较高，并非每个案件均能够进行鉴定的情况下，本解释第18条规定，确定修复方案时可以参考林业主管部门、林业调查规划设计单位、相关科研机构和人员出具的专业意见，确保修复方案的科学性和可操作性。经科学论证，人民法院可以在判项中明确履行修复义务的树种、树龄、地点、数量、存活率及完成时间等具体要求，并可附详细修复方案。同时，修复方案的确定绝不仅仅是简单补植树木，而是森林生态功能的恢复，对于修复效果应当组织有关部门验收，验收不合格的应当继续修复。对于补植的树种，可以根据当地实际情况进行选择，兼顾经济效益和社会效益。

（3）修复保证金。毁林开荒、非法占用林地、非法猎捕或杀害野生动物等破坏森林生态环境的行为，往往涉及民事责任、行政责任甚至刑事责任。许多侵权人愿意交纳一定数量的保证金作为履行森林生态环境修复义务的担保。这种保证金实质为一种保全措施，有利于确保补植复绿等修复责任得到落实，保障生态环境及时有效恢复。人民法院通过统筹刑事责任、民事责任和行政责任，将侵权人对承担森林生态修复责任的态度和交纳保证金等行为作为其具有悔过表现的认定依据，在处罚、量刑时予以考虑，引导侵权人从生态环境的“破坏者”转变为“修复者”，充分发挥环境资源审判的惩罚教育和示范引领功能。本司法解释第22条明确，侵权人不履行修复义务时，人民法院可以将其交纳的保证金用于支付森林生态环境修复费用。

2. 关于森林生态环境损害的赔偿问题

（1）赔偿金额的确定。《中共中央办公厅、国务院办公厅生态环境损害赔偿制度改革方案》对生态环境损害予以了界定。《中共中央办公厅、国务院办公厅关于统筹推进自然资源资产产权制度改革的指导意见》提出，要强化自然资源资产损害赔偿责任，全面落实公益诉讼和生态环境损害赔偿诉讼等法律制度，构建自然资源资产产权民事、行政、刑事案件协同审判机制。森林资源除经济价值之外，还具有重要的生态功能和价值，对这些功能的损害通常具有不可逆转的特点。由于审判理念未能及时更新以及生态价值鉴定难、鉴定贵等原因，一些法院在认定森林生态环境损害时，仅关注其经济价值，忽略了生态价值。而只有全面赔偿对自然资源造成的损害，才能真正落实《环境保护法》确立的“损害担责”原则，切实提高破坏森林资源的侵权行为成本。

依据《民法典》第1235条规定，生态环境侵权行为造成的森林资源生态价值损失包括期间服务功能损失、永久性功能损失等。本司法解释第19条明确，人民法院确定侵权人承担的森林生态环境损害赔偿金额，应当综合考虑受损森林资源在调节气候、固碳增汇、保护生物多样性、涵养水源、保持水土、防风固沙等方面的生态环境服务功能，予以合理认定。人民法院在司法鉴定、评估中，应当注意引导鉴定机构、专家充分考虑森林的生态价值和功能，查清生态环境损害结果后，依法进行处理。

（2）劳务代偿。环境资源案件中，因许多侵权人不具备经济赔偿能力，或者生态环境损害赔偿、惩罚性赔偿金额较高，各地法院探索出巡山、护林、护鸟等劳务代偿的创新裁判、执行方式。劳务代偿免除了侵权人过重的经济赔偿负担，通过身体力行、现身说法的方式，使侵权人改过自新，也使当地居民、环境受益。本司法解释第21条对此予以肯定。人民法院在案件审理中，经综合考虑侵权人的代偿意愿、经济能力、劳动能力、赔偿金额、当地相应工资标准等因素，决定采用劳务代偿方式的，可以在判决中合理确定劳务代偿方案。如审理中不能确定的，也可以在执行中根据案件具体情况予以适用。

【法条链接】

1.**《中华人民共和国民法典》**（2020年5月28日）

第二百五十条　森林、山岭、草原、荒地、滩涂等自然资源，属于国家所有，但是法律规定属于集体所有的除外。

第三百三十三条　土地承包经营权自土地承包经营权合同生效时设立。

登记机构应当向土地承包经营权人发放土地承包经营权证、林权证等证书，并登记造册，确认土地承包经营权。

2.**《中华人民共和国森林法》**（2019年12月28日修订）

第一条　为了践行绿水青山就是金山银山理念，保护、培育和合理利用森林资源，加快国土绿化，保障森林生态安全，建设生态文明，实现人与自然和谐共生，制定本法。

第六十二条　国家通过贴息、林权收储担保补助等措施，鼓励和引导金融机构开展涉林抵押贷款、林农信用贷款等符合林业特点的信贷业务，扶持林权收储机构进行市场化收储担保。

第八十三条　本法下列用语的含义是：

（一）森林，包括乔木林、竹林和国家特别规定的灌木林。按照用途可以分为防护林、特种用途林、用材林、经济林和能源林。

（二）林木，包括树木和竹子。

（三）林地，是指县级以上人民政府规划确定的用于发展林业的土地。

包括郁闭度 0.2 以上的乔木林地以及竹林地、灌木林地、疏林地、采伐迹地、火烧迹地、未成林造林地、苗圃地等。

3.**《中华人民共和国森林法实施条例》**（2018 年 3 月 19 日修订）

第二条 森林资源，包括森林、林木、林地以及依托森林、林木、林地生存的野生动物、植物和微生物。

森林，包括乔木林和竹林。

林木，包括树木和竹子。

林地，包括郁闭度 0.2 以上的乔木林地以及竹林地、灌木林地、疏林地、采伐迹地、火烧迹地、未成林造林地、苗圃地和县级以上人民政府规划的宜林地。

第一条　人民法院审理涉及森林、林木、林地等森林资源的民事纠纷案件，应当贯彻民法典绿色原则，尊重自然、尊重历史、尊重习惯，依法推动森林资源保护和利用的生态效益、经济效益、社会效益相统一，促进人与自然和谐共生。

【条文主旨】

本条是关于本司法解释适用范围和审判原则的规定。

【条文理解】

一、本解释的适用范围

本条前段规定了本司法解释的适用范围，人民法院审理涉及森林、林木、林地等森林资源的民事纠纷案件，适用本解释。森林资源作为一种公共产品，具有稀缺性、相互依存性、功能多样性、不可替代性、增值性等特殊属性。对于涉及森林资源的民事私益纠纷和民事公益诉讼案件，应当树立正确审判理念，依法予以妥善处理，有效保护生态环境和当事人合法权益。

（一）森林资源的界定

森林资源，根据《森林法》第 83 条及《森林法实施条例》第 2 条的解释，包括森林、林木、林地以及依托森林、林木、林地生存的野生动物、植物和微生物。其中，森林包括乔木林、竹林和国家特别规定的灌木林，按照用途可以分为防护林、特种用途林、用材林、经济林和能源林；林木包括树木和竹子；林地是指县级以上人民政府规划确定的用于发展林业的土地，包括郁闭度 0.2 以上的乔木林地以及竹林地、灌木林地、疏林地、采伐迹地、火烧迹地、未成林造林地、苗圃地等。根据第九次全国森林资源清查统计结果，我国森林覆盖率 22.96%，森林面积 2.2 亿公顷，森林蓄积 175.6 亿立方米，其中人工林面积 8003.1 万公顷；森林植被总生物量 188.02 亿吨，总碳储量 91.86 亿吨；年涵养水源量 6289.5 亿立方米，年固土量 87.48 亿吨，年滞尘量 61.58 亿吨，年吸收大气污染物量 0.4 亿吨，年固碳量 4.34 亿吨，年释氧量 10.29 亿吨。[①]

1. 国有森林资源

我国森林资源按所有权分为国有和集体所有。全国林地面积中，国有林地 13 081.45 万公顷，占 40.41%。全国森林面积中，国有林 8436.61 万公顷，占 38.66%。[②] 对国有森林资源，国家通过划拨林地设立国有森工局、国有林场、国有苗圃并授予其国有林地使用权，依法予以登记核发林权证。由于管理体制原因，国有森林资源纠纷多通过行政调处解决，进入法院的较少。2019 年修订的《森林法》第 16 条第 1 款规定，国家所有的林地和林地上的森林、林木可以依法确定给林业经营者使用。林业经营者依法取得的国有林地和林地上的森林、林木的使用权，经批准可以转让、出租、作价出资等。随着国有森林资源资产有偿使用制度改革试点的推进，日后国有森林资源纠纷将逐步增多。

2. 集体森林资源

全国林地面积中，集体林地 19 287.1 万公顷，占 59.59%。全国森林面积中，集体林 13 385.44 万公顷，占 61.34%。[③] 林业实践中，集体林地划分为自留山、责任山和统管山。自留山由集体经济组织无偿分配给农户，其林地使用权的登记期限为长期。责任山由农户与集体经济组织签订承包合同取得，其林地使用权的期限为承包期内。此外，还有一些林地是由集体统一经营管理的，未通过分山到户的方式实行承包经营，称为统管山。统管山的形成有历史和现实原因。许多地区将除国有林场以外的林地划为集体林地，而深山老林交通不便。国家实行公益林制度后，因公益林

---

① 国家林业和草原局：《中国森林资源报告 2014—2018》，中国林业出版社 2019 年版，第 5 页。

② 国家林业和草原局：《中国森林资源报告 2014—2018》，中国林业出版社 2019 年版，第 3～4 页。

③ 国家林业和草原局：《中国森林资源报告 2014—2018》，中国林业出版社 2019 年版，第 3～4 页。

不能砍伐，其经济效益受限。这些无人承包的山林便由集体统一经营管理，部分统管山由集体经济组织向社会投资者转让了林地使用权或者林地经营权，而其他方式承包的林地亦为集体统管林地。

（二）涉森林资源的民事案由

《民事案件案由规定》并非根据环境要素划分，涉及森林资源的民事纠纷案件分散于各类物权、合同、侵权纠纷及公益诉讼案件中。直接涉林的案由仅有两个，即林业承包合同纠纷和林木折断、倾倒、果实坠落损害责任纠纷。其他主要相关案由包括土地租赁合同纠纷、农业承包合同纠纷、土地承包经营权合同纠纷（具体分为土地承包经营权转让合同纠纷、土地承包经营权互换合同纠纷、土地经营权入股合同纠纷、土地经营权抵押合同纠纷、土地经营权出租合同纠纷）等私益诉讼，以及环境污染民事公益诉讼、生态破坏民事公益诉讼、生态环境损害赔偿诉讼等公益诉讼。人民法院审理涉及森林、林木、林地等森林资源的民事纠纷案件，均可适用本解释规定。

二、森林资源民事纠纷案件的审判理念和裁判原则

本条后段规定了森林资源民事纠纷案件的审判理念和裁判原则。森林资源权益兼具公益与私益的双重属性，权利人享有权利的同时，受到环境保护法律、行政法规中关于生态公益方面的诸多限制，并负有多种生态环境保护义务。目前对涉森林资源民事纠纷案件的审理，存在对森林资源生态功能价值关注不足的问题。因此，有必要转变审判理念，适用新时代环境司法裁判原则，依法服务保障森林资源的科学保护和合理利用。

（一）完整准确全面贯彻新发展理念，坚持保护和可持续利用森林资源

党的十八大以来，中国坚持创新、协调、绿色、开放、共享的新发展理念，全面加强生态环境保护工作，创造了令世人瞩目的生态奇迹。习近平总书记强调，要保持战略定力，站在人与自然和谐共生的高度来谋划经济社会发展，深刻指出在“五位一体”总体布局中，生态文明建设是其中一

位；在新时代坚持和发展中国特色社会主义的基本方略中，坚持人与自然和谐共生是其中一条；在新发展理念中，绿色是其中一项；在三大攻坚战中，污染防治是其中一战；在到本世纪中叶建成社会主义现代化强国目标中，美丽中国是其中一个。[①]

森林资源的开发利用具有“三种效益一体性”特点，不仅能带来经济效益，维护林区社会稳定，还有巨大生态效益。林业发展能够带来涵养水源、防风固沙、保持水土、改良土壤、净化空气以及固碳、应对气候变化等巨大生态效益，对生态文明建设具有积极促进作用。森林资源作为一种生产资料，林业发展还需要兼顾经济效益，以实现生态效益和经济效益之间的合理平衡。此外，林业发展能够改善林区职工、林农的生活条件和工作环境，维护林区的社会稳定，涉森林资源纠纷的解决不能忽视其民生和社会保障功能。

现代林业的基本特征之一是可持续林业，目标是建立不仅能永续生产木材和其他林产品，而且能持久保护生物多样性和改善生态状况的多种效益林业。森林的生态、经济和社会三大效益一体化的经营模式产生于德国。[②] 20 世纪 80 年代末，美国林业学家提出“新林业理论”和“森林生态系统经营理论”，把林业生产和森林保护融为一体，强调森林生态系统的多功能性，突出生态保护优先。[③] 1992 年联合国环境与发展大会对森林可持续经营理论予以肯定，大会通过的《关于所有类型森林的管理、保存和可持续开发的无法律约束力的全球协商一致意见权威性原则声明》中，世界各国达成的共识是“森林与所有环境与发展问题和机会有关，包括在可持续的基础上的社会经济发展的权利”，指出“森林资源和林地应以可持续的方式管理，以满足当代人和子孙后代在社会、经济、生态、文化和精神方面的需要，这些需要包括森林产品与服务功能。木材和木材产品、水、食物、饲料、药材、住所、就业、游憩、野生动物生境、景观多样性、碳沉降以及其他森林产品”，强调“各国政策和战略应当努力提供一

---

① 习近平：《努力建设人与自然和谐共生的现代化》，载《求是》2022 年第 11 期。

② 周伯煌：《森林资源物权价值饱和研究》，法律出版社 2016 年版，第 205~206 页。

③ 肖彦山：《森林法的产生与发展——以制度完善为中心考察》，中国政法大学出版社 2015 年版，第 162 页。

个框架，包括建立和加强各种体制、制定各种方案，以便于管理、保护和可持续地开发森林和林地”。

“森林可持续经营”理论和多维经营目标已成为包括美国、英国、德国、日本在内的大多数国家森林立法的基础，实现生态效益、经济效益、社会效益相统一成为21世纪森林法立法目标。[①]《德国联邦森林法》第1条明确，其立法目的在于：（1）鉴于森林的经济利用功能和森林对环境，特别是对自然环境的持续维护作用、对保护气候、涵养水源、净化空气、增加土壤肥力、美化景观、改善农业结构和基础设施以及对人们休养和游憩的作用，需要对森林进行保护，在需要的情况下扩大森林的面积并保障森林正常的持续经营；（2）促进林业经济发展；（3）寻求公众利益和森林所有者需求之间的平衡。《芬兰森林法》第1条明确，其立法目的是通过保证林业生产的可持续性，同时保持生物多样性，促进森林经济效益、生态效益和社会效益的可持续经营和利用。《瑞典森林法》第1条明确，森林是国家的一种资源，其管理应使森林提供有价值的产品、保护生物多样性，同时考虑其他公共利益。

我国《森林法》也经历了木材管理、资源管理、生态保护三个阶段的立法目的转变。1979年《森林法（试行）》以经济发展优先，1984年《森林法》转为环境保护优先，1998年《森林法》的立法目标没有发生变化，但增加了生态保护目标，这也成为此后历次修订的《森林法》的首要立法目标。2019年修订的《森林法》第1条将“践行绿水青山就是金山银山理念，保护、培育和合理利用森林资源，加快国土绿化，保障森林生态安全，建设生态文明，实现人与自然和谐共生”作为立法目的，第3条将“尊重自然、顺应自然，坚持生态优先、保护优先、保育结合、可持续发展的原则”作为基本原则，体现出立法追求森林生态价值的取向，同时也与森林资源开发利用中保护优先、合理利用的理念相符。

《环境保护法》第4条明确：“保护环境是国家的基本国策。国家采取有利于节约和循环利用资源、保护和改善环境、促进人与自然和谐的经

① 参见蔡守秋：《〈森林法〉修改的几个问题》，载《现代法学》2004年第26卷第5期；肖彦山：《森林法的产生与发展——以制度完善为中心考察》，中国政法大学出版社2015年版，第162页；周生贤：《中国林业的历史性转变》，中国林业出版社2002年版，第20页。

济、技术政策和措施，使经济社会发展与环境保护相协调。”经济社会发展与环境保护，孰先孰后，谁与谁协调，体现了不同的立法价值取向。根据《环境保护法》的规定，国家努力的方向是推动经济社会发展与生态环境保护相协调，追求的是经济社会发展全面绿色转型。

司法审判应当找准统筹生态环境保护、经济社会发展和保障民生的平衡点。本条解释明确，人民法院应当依法推动森林资源保护和利用的生态效益、经济效益、社会效益相统一。经济发展不能以破坏生态为代价，生态本身就是经济，保护生态就是发展生产力。在不同效益发生冲突时，应当坚持生态效益优先。同时亦需注意，我们不是仅强调人，也不是仅强调自然，而是追求人与自然和谐共生，是一种兼顾。

例如，本司法解释第18条规定的森林生态环境修复方案的确定，绝不仅仅是种树，更重要的是森林生态服务功能的恢复；选择补植树种时可以根据当地实际情况种植特定种类的经济林，兼顾经济效益和社会效益。本司法解释第19条规定的森林生态环境损害赔偿金额的认定，不能仅考虑森林的经济价值，更要评估其生态价值，有效解决因违法成本过低而无法有效惩戒破坏森林资源行为的问题。

又如，本司法解释配套典型案例1云南省澜沧县人民检察院诉歪某毁林种茶刑事附带民事公益诉讼案所涉的云南澜沧江畔景迈山，是中国著名古茶山之一，迄今已有1828年历史，被誉为“世界茶文化自然博物馆”。近年来，部分村民受利益驱使，非法侵占周边林地，毁林种茶，把茶树种植演变为对森林的破坏蚕食。然而，古茶树喜湿好肥，对生长环境的洁净度要求极高，需要纯天然的森林环境。破坏森林资源，不仅破坏了野生古茶树的生长环境，也打破了古茶山的生态平衡，最终损害的是当地群众及其子孙后代的长远利益。人民法院依法惩处破坏森林资源犯罪行为，对附带民事公益诉讼积极促成调解，通过“刑罚+修复”的责任方式，有效维护了古茶林生存环境和当地群众长远利益，努力让人与自然和谐共生的生态文明生生不息、代代传承。

配套典型案例3中国生物多样性保护与绿色发展基金会诉河南省新郑市某镇人民政府、新郑市某庄村民委员会等生态破坏民事公益诉讼案中，被告为建设新型社区及附属学校项目，本意是做好城市建设，但是其未能处理好发展和保护的关系，违法移栽古枣树造成其大面积死亡。人民法院根据专业意见，结合受损森林资源的生态环境服务功能，合理确定被告应承担的生态环境修复和赔偿责任，并责令其设立生态环境保护宣传、教育和警示基地，充分彰显了人民法院推动实现更高质量、更可持续发展的坚定决心，努力让绿色成为高质量发展的鲜明底色。

本条解释制定过程中，有观点建议增加“平等维护当事人合法权益，保障林业正常生产经营活动”的审判理念；还有意见提出应增加“从保护农户合法权益出发，从有利于社会和谐问题”的审判理念。前述意见均充分体现了坚持生态效益、经济效益、社会效益相统一的重要性。我们经研究认为，保护包括林农在内的当事人合法权益为本解释引文中关于“依法保护生态环境和当事人合法权益”的内容所涵盖，保障林业生产及社会和谐则为本条“依法推动森林资源保护和利用的生态效益、经济效益、社会效益相统一”的理念所涵盖，故未重复规定。

（二）用最严格制度最严密法治保护森林生态环境，切实维护国家利益、社会公共利益和人民群众环境权益

一是坚持人民至上，牢固树立以人民为中心的根本理念。党的二十大报告要求，增进民生福祉，提高人民生活品质。环境资源审判工作应当始终将人民群众对美好生活的向往作为根本出发点和落脚点，努力为人民群众提供更加优质高效的司法服务。落实良好生态环境是最普惠民生福祉原则，加大对群众反映强烈的环境问题治理力度，依法保障人民群众在健康、舒适、优美生态环境中生存发展的权利。积极创新工作方法，依法保障人民群众对环境司法的知情权、参与权和监督权，不断提升人民群众的获得感、幸福感、安全感。

二是坚持生态优先，推动实现人与自然和谐共生的美丽愿景。生态环境没有替代品，用之不觉，失之难存。习近平生态文明思想从“天人合一”等中国传统哲学思想中汲取了丰富的营养，自人类处理与生态环境关系的历史中总结了正反两方面的经验教训，确立人与自然和谐共生的理念，为我们描绘了望得见山、看得见水、记得住乡愁的美丽愿景。环境资源案件的审理，要坚持尊重自然、顺应自然、保护自然，像保护眼睛一样

保护生态环境，像爱护生命一样爱护生态环境的理念。本着节约优先、保护优先、自然恢复为主的原则，尽量减少人类活动对自然的干扰，还自然以宁静、和谐、美丽。

三是坚持绿色发展，准确把握发展与保护协同共生的辩证关系。习近平总书记指出，绿水青山就是金山银山。要充分认识到绿水青山既是自然财富、生态财富，又是社会财富、经济财富，准确把握发展经济与保护环境之间互为基础、互为目标、相互协调的关系，自觉在思想上行动上将两者统一起来。人民法院应当坚持协同推进的指导思想，不断创新审判执行方式，以保护生态环境促进经济发展，以保障经济发展反哺生态环境改善，促进良性互动，形成良性循环。统筹协调经济社会可持续发展与生态环境保护的关系，找准环境保护、经济发展与人民群众环境权益之间的平衡点，推动经济社会高质量发展和生态环境高水平保护。积极适用预防性、恢复性司法措施，灵活运用多种责任承担方式，促进受损生态环境及时有效恢复，推动将经济发展、人类活动控制在生态环境和自然资源可承载限度范围内。

四是坚持系统观念，严格遵循山水林田湖草沙系统保护的科学路径。习近平总书记指出，生态是统一的自然系统，是相互依存，紧密联系的有机链条。人的命脉在田，田的命脉在水，水的命脉在山，山的命脉在土，土的命脉在林和草。司法审判应当深刻领会习近平总书记关于生命共同体的重要论述，从系统工程和全局视野开拓司法参与环境治理的科学路径。注重提升生态系统质量和稳定性，以生态功能区、自然保护地、重点流域等为单位，统筹山水林田湖草沙系统治理目标，建立生态环境治理协调联动机制。结合各辖区的地域特点，按照生态系统的内在规律，确定系统保护的基本思路，研究有效对策，创新具体举措。充分考量针对特定环境要素的修复行为对生态环境整体造成的影响，最大限度运用近自然方法、生态化技术确定修复方案，不断提升环境修复的系统性、整体性、功能性和均衡性。

五是坚持最严密法治，切实强化生态红线不可触碰的法律底线意识。习近平总书记指出，要用最严格的制度、最严密的法治保护生态环境。涉森林等环境资源案件的审理，要准确适用刑事、民事、行政等法律责任，综合运用环境公益诉讼、生态环境损害赔偿、环境保护禁止令、环境侵权惩罚性赔偿等制度措施，加大对污染环境、破坏生态行为的惩治追责力度，统筹推进生态环境国内法治和涉外法治。健全完善行政执法与环境司法衔接机制，严厉惩治污染环境、破坏生态以及玩忽职守、滥用职权导致生态环境严重损害的犯罪行为，提升环境犯罪成本，震慑潜在环境危害者。正确运用法律解释规则和裁判方法，通过专门化的审判落实最严格的源头保护、损害赔偿和责任追究制度，着力解决生态环境修复难问题。

（三）落实《民法典》绿色原则，促进资源节约与生态环境保护

《民法典》第 9 条规定："民事主体从事民事活动，应当有利于节约资源、保护生态环境"，将绿色原则作为开展民事活动的基本准则。绿色原则写入《民法典》，开世界民事立法之先河，为世界生态文明建设提供了中国方案，具有鲜明的中国特色、实践特色、时代特色。坚持以绿色原则为引领，准确理解与适用《民法典》绿色条款，是环境资源审判的特色。

森林资源作为一种公共产品，具有经济价值和生态价值。权利人享有权利的同时，应当遵循《民法典》绿色原则和绿色条款，遵守《环境保护法》《森林法》等法律法规关于生态环境保护的规定。《森林法》以规范促进森林资源可持续利用和发展，维护森林生态安全，推动生态文明建设和现代林业发展为立法目的。司法审判应当充分考量森林资源的生态功能价值，避免简单将其作为普通财产处理，在尊重契约精神、促进统一市场和公平竞争的同时，注重对森林资源保护管理制度的维护，推动森林资源有序合理利用，切实维护环境正义和代际公平。

本司法解释第 1 条规定，审理涉及森林资源的民事纠纷案件，应当贯彻《民法典》绿色原则，这是司法解释中第一次明确提出"绿色原则"。解释多个条款体现了对绿色原则的贯彻落实。

一是在林地承包经营纠纷处理中，以节约资源、保护生态环境为重要遵循。本司法解释第 5 条在维护法律规定的民主议定程序基础上，依法保护集体林地承包中已经对林地大量投入的善意相对人，避免社会资源浪费。本司法解释第 7 条基于占有使用林地所形成的交易公示外观，将合法占有使用林地作为林地经营权重复处分的确权考量因素，明确在受让方未依法办理登记手续的情形下，由争议发生前已经合法占有使用林地并大量投入的一方取得林地经营权，妥善解决因林地经营权流转产生的生态环境

问题和纠纷。

二是在林业经营合同履行中，以避免资源浪费、环境污染和生态破坏为重要目标。林业生产周期长，承包期、经营期届满或者合同解除时，林木未到主伐期或未办理采伐许可的，不允许砍伐。本司法解释第13条充分考虑林业经营特点，对于合同终止时地上林木的处理，规定有约定的从约定，但该约定依据《民法典》第153条的规定应当认定无效的除外；合同没有约定或者约定不明，当事人事后协商一致延长合同期限至轮伐期或者其他合理期限届满的，可以请求在延长的合同期限内，由继续使用林地的一方承担合理林地使用费；当事人未能就延长合同期限协商一致的，林木种植方有权请求对地上林木价值进行合理补偿。

三是在森林生态环境损害赔偿案件中，以严格追究环境污染、生态破坏侵权责任为基本要求。本司法解释以第17条至第22条六个条款，进一步细化了《民法典》第1234条、第1235条关于生态环境修复责任和公益诉讼赔偿范围的有关规定，严格追究生态环境侵权人法律责任，引导社会公众合理利用自然资源和环境容量，协同推进经济社会高质量发展和生态环境高水平保护。

（四）尊重自然、尊重历史、尊重习惯，推动森林资源科学合理利用

1. 尊重自然理念

促进人与自然和谐共生是习近平生态文明思想的重要内涵，已写入新时代坚持和发展中国特色社会主义基本方略。尊重自然、顺应自然、保护自然的和谐共生新理念既传承了天地人和的中华民族优秀文化传统，又体现了当前中国所采取的绿色、可持续发展战略，与中国作为人口大国需要处理好人与资源生态的矛盾这一基本国情相适应。

德国推行以“近自然林业”理论为指导的现代林业经营管理战略，主张在森林生态系统自然兴衰的长期过程中，尽量减少人为的外力干预，采取的每项林业措施均应适应自然保护的要求，并与其他保护功能相协调，从而保障森林的多样性、稳定性、适应性、持续性和经济性。[①] 我国《森

① 李建勋、敖安强：《中德森林法比较研究》，载《林业经济问题》2008年第2期。

林法》在第1条立法目的中规定“实现人与自然和谐共生”，第3条基本原则中规定“保护、培育、利用森林资源应当尊重自然、顺应自然”，第46条规定“各级人民政府应当采取以自然恢复为主、自然恢复和人工修复相结合的措施，科学保护修复森林生态系统”，均充分肯定了尊重自然理念。涉森林资源民事纠纷案件的处理中，在专业事实认定、责任承担方式、修复方案执行等方面，均应符合森林生长发育的自然规律。

例如，本司法解释配套典型案例2江苏省连云港经济技术开发区人民检察院诉仰某梅等三人森林失火刑事附带民事公益诉讼案中，人民法院依据林业部门出具的专业意见，制定详细修复方案作为判决附件，明确被告在原地补植复绿的栽植品种、规格、数量、时间、养护期限和要求等，采取自然恢复和人工修复相结合措施，确保了森林修复的科学性、合理性和可操作性。典型案例4浙江省遂昌县人民检察院诉叶某成生态破坏环境民事公益诉讼先予执行案中，人民法院考虑到补植树苗的季节性要求和修复生态环境的紧迫性，认定本案符合法律规定的因情况紧急需要先予执行的情形，责令被告根据专业修复意见，在适宜种植时间及时先行履行补植义务，最大限度保障了树苗存活率和生长率，避免因诉讼程序导致生态环境修复延迟，促使森林生态环境功能及时有效恢复。

2. 尊重历史理念

我国山林权属政策经历了多次变革和调整，涉及1949年至1953年土地改革时期，1953年至1956年初级合作社时期，1956年至1978年高级合作社和人民公社时期（包括1962年“四固定”时期），1981年起的林业“三定”时期，2003年试点、2008年开展的新一轮集体林权制度改革时期，2007年原《物权法》施行后推进的不动产统一登记时期等。不同阶段形成的土地证、登记册、林权执照、林权证、新林权证、不动产权证书等山林权属书证，其法律效力、证明作用须结合当时的社会政治、法律、政策背景全面审查和认定。同时，由于林改政策多样性、林权证书内容登记不清、林权档案管理不科学等原因，实践中存在林权四至不清、边界不明，当事人有山没证、有证没山、一山二证、多山多证等情况。司法审判应当尊重历史、照顾现实，妥善解决历史遗留问题，依法保护当事人尤其是林农的合法权益。

3. 尊重习惯理念

森林资源是重要的生产资料和生活资料。在林区，尤其是南方集体林区，人均耕地极为有限，而林地面积较为广阔，林区农民长期以来“靠山吃山”，形成了依靠林业来维持和改善生活的传统。[①] 而我国林业政策更迭频繁，各地政策与习惯不一。在林农看来，某些涉林习惯传统文化意蕴浓厚，经过历史的考验和经验的积累，更切合地方实际并易于接受。[②]《民法典》第10条规定：“处理民事纠纷，应当依照法律；法律没有规定的，可以适用习惯，但是不得违背公序良俗。”人民法院应当在不违背法律和公序良俗的前提下，尊重森林资源保护和利用方面的乡规民约、地方习惯，合理适用习惯弥补成文法不足，促进两者之间的良性互动。

【法条链接】

1.**《中华人民共和国宪法》**（2018年3月11日修正）

第九条 矿藏、水流、森林、山岭、草原、荒地、滩涂等自然资源，都属于国家所有，即全民所有；由法律规定属于集体所有的森林和山岭、草原、荒地、滩涂除外。

国家保障自然资源的合理利用，保护珍贵的动物和植物。禁止任何组织或者个人用任何手段侵占或者破坏自然资源。

第二十六条 国家保护和改善生活环境和生态环境，防治污染和其他公害。

国家组织和鼓励植树造林，保护林木。

2.**《中华人民共和国民法典》**（2020年5月28日）

第九条 民事主体从事民事活动，应当有利于节约资源、保护生态环境。

第十条 处理民事纠纷，应当依照法律；法律没有规定的，可以适用习惯，但是不得违背公序良俗。

---

① 魏华：《“林地承包经营权抵押”辨析》，载《西北农林科技大学学报（社会科学版）》2011年第2期。

② 周伯煌：《森林资源物权价值饱和研究》，法律出版社2016年版，第200页。

3.《**中华人民共和国森林法**》（2019 年 12 月 28 日修订）

第一条　为了践行绿水青山就是金山银山理念，保护、培育和合理利用森林资源，加快国土绿化，保障森林生态安全，建设生态文明，实现人与自然和谐共生，制定本法。

第三条　保护、培育、利用森林资源应当尊重自然、顺应自然，坚持生态优先、保护优先、保育结合、可持续发展的原则。

第四十六条　各级人民政府应当采取以自然恢复为主、自然恢复和人工修复相结合的措施，科学保护修复森林生态系统。新造幼林地和其他应当封山育林的地方，由当地人民政府组织封山育林。

各级人民政府应当对国务院确定的坡耕地、严重沙化耕地、严重石漠化耕地、严重污染耕地等需要生态修复的耕地，有计划地组织实施退耕还林还草。

各级人民政府应当对自然因素等导致的荒废和受损山体、退化林地以及宜林荒山荒地荒滩，因地制宜实施森林生态修复工程，恢复植被。

4.《**中华人民共和国森林法实施条例**》（2018 年 3 月 19 日修订）

第二条　森林资源，包括森林、林木、林地以及依托森林、林木、林地生存的野生动物、植物和微生物。

森林，包括乔木林和竹林。

林木，包括树木和竹子。

林地，包括郁闭度 0.2 以上的乔木林地以及竹林地、灌木林地、疏林地、采伐迹地、火烧迹地、未成林造林地、苗圃地和县级以上人民政府规划的宜林地。

第二条　当事人因下列行为，对林地、林木的物权归属、内容产生争议，依据民法典第二百三十四条的规定提起民事诉讼，请求确认权利的，人民法院应当依法受理：

（一）林地承包；

（二）林地承包经营权互换、转让；

（三）林地经营权流转；

（四）林木流转；

（五）林地、林木担保；

（六）林地、林木继承；

（七）其他引起林地、林木物权变动的行为。

当事人因对行政机关作出的林地、林木确权、登记行为产生争议，提起民事诉讼的，人民法院告知其依法通过行政复议、行政诉讼程序解决。

【条文主旨】

本条是关于林地、林木的归属、内容争议案件受理的规定。

【条文理解】

由于历史原因，林业政策及实践较为偏重行政管理。长期的政企合一管理模式使得许多纠纷主要通过行政调处解决。森林资源纠纷往往存在民事、行政法律关系相互交织的情形，最为典型的是森林资源权属纠纷。从调研反映的情况来看，实践中存在林业部门不依法履行调处职责，行政裁决时同时具备调查权、追诉权、听证权和裁决权，在某些案件中既作为裁决者又是当事人一方等问题。随着国有林场、国有林区的政企分离改革，物权保护理念的深入人心以及依法治国实践的深化，日后通过司法最终解决的涉森林资源纠纷会越来越多。

《民法典》第234条规定了物权确认请求权，明确“因物权的归属、内容发生争议的，利害关系人可以请求确认权利”。《森林法》第22条规定了林木、林地权属争议的政府先行处理规则，规定“单位之间发生的林木、林地所有权和使用权争议，由县级以上人民政府依法处理。个人之间、个人与单位之间发生的林木所有权和林地使用权争议，由乡镇人民政府或者县级以上人民政府依法处理。当事人对有关人民政府的处理决定不服的，可以自接到处理决定通知之日起三十日内，向人民法院起诉。”司法实践中，由于不能正确认识该两条之间的关系，许多法院对林地、林木的归属、内容争议一概不予受理或者驳回起诉；在林地承包经营合同纠纷或林地、林木侵权纠纷等案件处理中，如一方当事人以林地、林木归属存在争议为由进行抗辩，便中止民事案件审理，要求当事人进行行政确权；在行政机关已经就森林资源权属作出确权决定后，一旦后续交易中发生林地、林木的归属、内容争议，仍要求当事人向行政机关反复确权。当事人对行政处理决定不服提起行政诉讼的，人民法院受行政裁判方式的限制，对于违法决定通常判决行政机关限期重作，而行政机关重新作出处理决定后，当事人仍不服的只能再次提起行政诉讼。如此循环往复，十年、二十年仍不能解决纠纷的案例时有发生，引发集体上访等社会不稳定因素。森林资源权属纠纷处理中的死循环问题，引起了理论和实务界的广泛关注，急切希望通过司法解释的方式予以解决。

一、森林等自然资源物权确认请求权的行使路径之争

《森林法》第22条虽规定林木、林地权属争议应由人民政府依法处理，但同时明确“当事人对有关人民政府的处理决定不服的，可以自接到处理决定通知之日起三十日内，向人民法院起诉”。该条中的“起诉”指的是民事诉讼，还是行政诉讼，立法并不明确，实践中存在争议。1984年制定《森林法》时，只有民事诉讼，并无行政诉讼，从历史解释来讲该条中的“诉讼”应指民事诉讼。最高人民法院曾在1987年《关于人民法院审理案件如何适用〈土地管理法〉第十三条〈森林法〉第十四条规定的批复》中明确：“《土地管理法》第十三条、《森林法》第十四条规定当事人

之间发生的土地、林木、林地所有权和使用权争议由县级以上人民政府处理，当事人对人民政府处理不服的，可以向人民法院起诉。此类案件虽经人民政府作过处理，但其性质仍属民事权益纠纷，人民法院审理此类案件仍应以原争议双方为诉讼当事人。”“此类案件依法起诉到人民法院的，由民事审判庭受理。”该批复因与1989年颁布的《行政诉讼法》相抵触，于1993年被废止。之后颁布施行的《农村土地承包法》及《农村土地承包经营纠纷调解仲裁法》均规定，因土地承包经营发生纠纷，当事人可以向农村土地承包仲裁机构申请仲裁，也可以直接向人民法院起诉。《农村土地承包司法解释》第1条明确，承包合同纠纷作为民事案件受理。

对于森林等自然资源的物权确认请求权究竟是通过民事诉讼还是行政诉讼行使的问题，理论与实务界存在以下三种不同观点：

第一种观点认为，应通过民事诉讼处理。理由在于：《森林法》并未规定人民政府依法处理后当事人不服起诉的，究竟是民事诉讼还是行政诉讼；林地及地上林木等不动产物权为民事权利，行政诉讼无法实现确权目的，平等主体之间的林权纠纷应属于民事诉讼的受案范围，不必迂回采取行政附带民事诉讼的方式。

第二种观点认为，应通过行政附带民事诉讼的方式处理。理由在于：人民法院在当事人提起的民事诉讼中无法对行政裁决的效力作出评判，易出现审判权与行政权的冲突，不利于纠纷的实质性解决；采取行政附带民事诉讼的方式可以一并解决行政裁决的合法性及林地、林木权属民事争议，避免民事诉讼与行政诉讼产生相互矛盾的处理结果。

第三种观点认为，应区分不同情况分别适用前两种方式处理。理由在于：根据《民法典物权编司法解释（一）》第1条之规定，若当事人仅因林地所有权登记行为之基础关系产生纠纷，如对转让、共有、赠与、抵押、继承等民事法律关系的效力有争议而请求确认所有权的，按民事案件受理；如既存在基础关系争议，又存在政府颁发登记证行政行为合法性争议的，则可在行政诉讼的同时一并处理民事纠纷。

二、物权归属或登记基础关系与登记行为的区分

行政登记只是对当事人民事法律行为的一种认可，并不创设新的权利

义务，当事人之间实体权利义务的变动，取决于自身的民事行为，而非行政机关的登记行为。①《民法典物权编司法解释（一）》第1条规定："因不动产物权的归属，以及作为不动产物权登记基础的买卖、赠与、抵押等产生争议，当事人提起民事诉讼的，应当依法受理。当事人已经在行政诉讼中申请一并解决上述民事争议，且人民法院一并审理的除外。"该条的实质是将物权归属或登记基础关系与登记行为相区分，使民事诉讼与行政诉讼各行其道、各司其职，无矛盾、衔接之担忧。

具体而言，（1）《民法典》第234条关于物权确认请求权的规定明确："因物权的归属、内容发生争议的，利害关系人可以请求确认权利。"故因不动产物权归属及其原因行为产生的争议为民事争议，通过民事诉讼解决，司法裁判后依民事裁判进行更正登记。（2）《民法典》第220条关于不动产更正登记和异议登记的规定明确，"权利人、利害关系人认为不动产登记簿记载的事项错误的，可以申请更正登记。不动产登记簿记载的权利人书面同意更正或者有证据证明登记确有错误的，登记机构应当予以更正。不动产登记簿记载的权利人不同意更正的，利害关系人可以申请异议登记。登记机构予以异议登记，申请人自异议登记之日起十五日内不提起诉讼的，异议登记失效。异议登记不当，造成权利人损害的，权利人可以向申请人请求损害赔偿。"据此，因登记行为错误或违法产生的争议为行政争议，通过行政诉讼解决，依法撤销、变更相关登记行为。（3）《行政诉讼法》第61条规定："在涉及行政许可、登记、征收、征用和行政机关对民事争议所作的裁决的行政诉讼中，当事人申请一并解决相关民事争议的，人民法院可以一并审理。在行政诉讼中，人民法院认为行政案件的审理需以民事诉讼的裁判为依据的，可以裁定中止行政诉讼。"当事人对是否提起行政附带民事诉讼有选择权，既可选择一并解决行政、民事争议，也可选择仅解决行政争议或者民事争议。行政案件的审理需要以民事诉讼裁判为依据的，还可以依法中止行政诉讼。

《民法典物权编司法解释（一）》第1条规定的适用范围包括林地及

---

① 张冬梅、林旭霞：《林权登记纠纷案件适用程序研究》，载《福建师范大学学报（哲学社会科学版）》2011年第6期。

地上林木等不动产物权，其目的在于理顺不动产登记与民事诉讼的关系，厘清在此问题上存在的“民行交叉”甚至“以行代民”的错误做法，解决司法实践中出现的“一个纠纷，两种诉讼，三级法院，十年审理，十八份裁判”问题。有意见认为，登记是物权设立的主要法定手段，对于不动产物权争议应当首先通过行政确权来解决，当事人对行政确权行为不服的，应当先提请行政复议，仍不服的方可提起行政诉讼；人民法院在受理不动产物权的归属争议、物权登记民事诉讼时应以行政机关的行政确权或者行政复议、行政诉讼为前提条件。这种观点正是该条解释所要依法纠正的观点，在原《物权法》已经实施多年后仍然存在这种观点，更加证明了该条解释的必要性。[①] 最高人民法院早在2010年《关于审理房屋登记案件若干问题的规定》第8条中便已确立前述观点，规定：“当事人以作为房屋登记行为基础的买卖、共有、赠与、抵押、婚姻、继承等民事法律关系无效或者应当撤销为由，对房屋登记行为提起行政诉讼的，人民法院应当告知当事人先行解决民事争议，民事争议处理期间不计算在行政诉讼起诉期限内；已经受理的，裁定中止诉讼。”《福建省高级人民法院关于林业民事审判若干问题的会议纪要》（闽高法〔2008〕361号）及《贵州省高级人民法院关于审理林权民事纠纷案件的指导意见》（黔高法〔2009〕41号）等地方高院指导性文件亦对林业民事诉讼案件和林业行政诉讼案件的区分标准进行了有益探索。

我们经研究认为，《民法典》系规范民事权利的基本法，本司法解释应当体现该法及《民法典物权编司法解释（一）》相关精神。采用前述第三种观点，在物权确认请求权的行使路径上赋予当事人以程序选择权：既可以根据《民法典》针对林地、林木归属及原因行为争议，以争议的平等相对方为被告，向人民法院提起民事诉讼；也可以根据《森林法》《行政诉讼法》针对森林资源行政确权决定及不予登记、错误登记行为，以确权机关或者登记机关为被告，向人民法院提起行政诉讼。民行交叉的森林资源权属纠纷处理，应当尊重当事人的程序选择权，允许其选择以民事诉讼

① 详见最高人民法院民事审判第一庭编著：《最高人民法院物权法司法解释（一）理解与适用》，人民法院出版社2016年版，第25~57页。

或者行政诉讼的方式提出不同的诉讼主张，从而充分保障当事人物权确认请求权的有效行使。

三、林地林木物权变动原因行为引发的争议

林地承包，林地承包经营权互换、转让，林地经营权流转，林木流转，林地、林木担保，继承等物权变动原因行为系林地、林木登记的基础行为，因这些行为产生的争议，是典型的民事争议，当事人提起民事诉讼的，人民法院应当依法受理。主要类型包括以下五种。

（一）林地承包经营权纠纷

根据《民法典》第324条的规定，土地承包经营权人对其承包经营的林地享有占有、使用和收益的权利，以从事林业生产。该条明确了林地承包经营权的用益物权属性。《农村土地承包法》第55条规定，因土地承包经营发生纠纷，当事人不愿协商、调解或者协商、调解不成的，可以向农村土地承包仲裁机构申请仲裁，也可以直接向人民法院起诉。《农村土地承包司法解释》第1条明确，承包合同纠纷及承包经营权互换、转让纠纷应当作为民事案件受理。据此，涉及林地承包经营权的民事纠纷，人民法院应当依法受理。

（二）林地经营权纠纷

对于集体土地，我国以家庭承包经营为主，其他方式承包经营为补充。虽然国家允许承包方进行土地承包经营权流转，但是长期以来，因政策及市场配置原因，林地承包经营权市场价值未得到充分发挥，流转并不活跃。当前，随着集体林权制度改革的深入推进，国家鼓励盘活农村资产，发挥土地的用益物权，所有权、承包权、经营权“三权分置”的市场模式正在形成。《农村土地承包司法解释》第1条明确，土地经营权流转纠纷应当作为民事案件受理。同时，随着国有森林资源有偿使用制度的建立以及国有林区的改革，通过租赁、特许经营等方式发展森林旅游、林下种养、森林康养等非木质产业，经营利用森林资源资产的行为不断增多。相关纠纷应当作为民事案件依法受理。

（三）林木流转纠纷

《森林法》第16条规定，国有林地经营者依法取得的森林、林木的使用权，经批准可以转让、出租、作价出资等；第17条规定，集体林地承包方可以依法采取出租（转包）、入股、转让等方式流转林木所有权和使用权；第18条规定，集体统管林的林木所有权和使用权，经本集体经济组织成员的村民会议2/3以上成员或者2/3以上村民代表同意并公示，可以通过招标、拍卖、公开协商等方式依法流转。实践中，林木（活立木）转让在森林资源流转中占有相当大的比例，但由于转让合同不规范或者违反法律关于林地用途、林木采伐和更新造林规定等原因，当事人就转让合同的效力和履行产生的纠纷时有发生。对此，人民法院应当作为民事案件予以受理。

（四）林地、林木担保纠纷

《中共中央、国务院关于全面推进集体林权制度改革的意见》规定，在不改变林地用途的前提下，林地承包经营权人可以将林地抵押。《中国银行业监督管理委员会、国家林业局关于林权抵押贷款的实施意见》（银监发〔2013〕32号）明确，可抵押林权具体包括用材林、经济林、薪炭林的林木所有权和使用权及相应林地使用权；用材林、经济林、薪炭林的采伐迹地、火烧迹地的林地使用权；国家规定可以抵押的其他森林、林木所有权、使用权和林地使用权。此外，森林生态效益补偿收益权、林业碳汇权益等新型权益还可以提供担保。就前述担保发生的纠纷，均可作为民事案件受理。

（五）林地、林木继承纠纷

《农村土地承包司法解释》第1条明确，承包经营权继承纠纷、土地经营权继承纠纷应当作为民事纠纷受理。因财产性森林资源权益的继承引发的纠纷，应当作为民事案件受理。

四、林地林木行政确权或登记争议

因行政机关对林地、林木所有权或者使用权所作的确权决定引发的争议，或者因登记机构拒绝登记、错误登记林地、林木登记行为引发的争议，属于行政争议，应当通过行政诉讼解决。同时根据《行政诉讼法》第61条的规定，在涉及行政许可、登记、征收、征用和行政机关对民事争议所作的裁决的行政诉讼中，当事人申请一并解决相关民事争议的，人民法院可以一并审理。在行政诉讼中，人民法院认为行政案件的审理需以民事诉讼的裁判为依据的，可以裁定中止行政诉讼。人民法院在当事人提起的民事诉讼中无法对行政确权决定等行政行为的效力作出评判，易出现审判权与行政权的冲突。采取行政附带民事诉讼的方式可以一并解决行政行为的合法性以及林权归属、内容等相关民事争议，实质性解决纠纷。

司法实践中有一个误区，认为只要是林地、林木的归属或内容发生争议，即属于《森林法》第22条规定的权属争议，须由人民政府先行处理。准确认识不动产登记的法律性质，需要正确区分不动产登记与行政确权之间的关系。在土地、林地、草原、滩涂等自然资源领域，根据法律规定，存在人民政府进行权属确认的程序。《土地管理法》《森林法》《草原法》等法律中关于“登记造册、核发证书”的规定，仅指人民政府为建立地籍簿而进行的登记发证行为，即关于自然资源所有权与使用权的“总登记”，非指《民法典》物权编中的不动产登记发证行为。根据原国家土地管理局印发的《土地登记规则》第2条第3款的解释，“土地登记分为初始土地登记和变更土地登记。初始土地登记又称总登记，是指在一定时间内，对辖区全部土地或者特定区域的土地进行的普遍登记；变更土地登记，是指初始土地登记以外的土地登记，包括土地使用权、所有权和土地他项权利设定登记，土地使用权、所有权和土地他项权利变更登记，名称、地址和土地用途变更登记，注销土地登记等”。政府对林地等自然资源进行登记造册、核发证书的前提之一，是不得存在权属争议，如有争议则须先行提请行政机关对存在争议的自然资源的所有权或者使用权进行确权，确权后方可凭确权文件进行登记。

关于颁证行为是否属于确权行为的问题，《最高人民法院行政审判庭关于行政机关颁发自然资源所有权或者使用权证的行为是否属于确认行政行为问题的答复》（〔2005〕行他字第4号）中明确，行政确认行为是指“当事人对自然资源的权属发生争议后，行政机关对争议的自然资源的所有权或者使用权所作的确权决定。有关土地等自然资源所有权或者使用权的初始登记，属于行政许可性质，不应包括在行政确认范畴之内”。可见，行政确权与不动产登记不可混为一谈，只有在初始登记过程中发生的权属争议适用《森林法》第22条规定，行政确权为法定前置程序。自然资源总登记后，因具体物权变动引发的纠纷不属于权属争议，并不要求行政确权前置。《国土资源部办公厅关于土地登记发证后提出的争议能否按权属争议处理问题的复函》（国土资厅函〔2007〕60号）明确：“土地权属争议是指土地登记前，土地权利利害关系人因土地所有权和使用权的归属而发生的争议。土地登记发证后已经明确了土地的所有权和使用权，土地登记发证后提出的争议不属于土地权属争议。”原国土资源部《土地权属争议调查处理办法》第14条第4项再次明确，农村土地承包经营权争议案件、土地侵权案件不作为土地权属争议案件受理。此处的土地，根据《土地管理法》第4条以及《农村土地承包法》第2条规定，包括林地。只有当事人之间的权属争议是因人民政府进行初始登记引起时，才能认为与行政确权有关，否则就不能要求行政确权前置；当事人取得权利后的交易过程中，登记机构所进行的登记发证行为不属于行政确权行为，因交易行为引发的林权归属、内容争议属于当事人之间的民事纠纷，应由人民法院主管。[①]

根据有关数据，集体所有林地中已确权面积达97%。实践中大多数自然资源确权决定是在初始登记前作出，但有少数情形系初始登记后因存在重复登记等原因又进行了二次确权。绝大多数林地、林木的物权归属、内容争议案件，不属于《森林法》第22条规定的权属争议案件，而属于民事案件。据此，本条解释以两个条款，从正反两方面分别规定，当事人因作为物权变动原因的民事行为，对林地林木的物权归属、内容产生争议，行使物权确认请求权的，人民法院应当作为民事案件依法受理；当事人因

① 参见最高人民法院民事审判第一庭编著：《最高人民法院物权法司法解释（一）理解与适用》，人民法院出版社2016年版，第25~57页。

对行政机关作出的林地林木确权、登记行为产生争议，提起民事诉讼的，人民法院要告知其依法通过行政复议、行政诉讼程序解决。此处对受理强调了“依法”的要求，依法不应由人民法院直接受理的案件，或者不应当作为民事案件受理的案件，应告知当事人另寻其他途径解决。

五、自然资源权属争议处理中的行政复议前置

《行政复议法》第30条第1款规定：“公民、法人或者其他组织认为行政机关的具体行政行为侵犯其已经依法取得的土地、矿藏、水流、森林、山岭、草原、荒地、滩涂、海域等自然资源的所有权或者使用权的，应当先申请行政复议；对行政复议决定不服的，可以依法向人民法院提起行政诉讼。”《最高人民法院关于适用〈行政复议法〉第三十条第一款有关问题的批复》（法释〔2003〕5号）明确：“公民、法人或者其他组织认为行政机关确认土地、矿藏、水流、森林、山岭、草原、荒地、滩涂、海域等自然资源的所有权或者使用权的具体行政行为，侵犯其已经依法取得的自然资源所有权或者使用权的，经行政复议后，才可以向人民法院提起行政诉讼，但法律另有规定的除外；对涉及自然资源所有权或者使用权的行政处罚、行政强制措施等其他具体行政行为提起行政诉讼的，不适用《行政复议法》第三十条第一款的规定。”

司法实践中存在两种观点。第一种观点认为，行政机关颁发土地、矿藏等自然资源所有权或者使用权证的行为，不属于确认所有权或者使用权的具体行政行为。公民、法人或者其他组织对行政机关颁发土地、矿藏等自然资源所有权或者使用权的行为不服，可以直接向人民法院提起诉讼。第二种观点认为，行政机关颁发土地、矿藏等自然资源所有权或者使用权证的行为，属于确认所有权或者使用权的具体行政行为。公民、法人或者其他组织对行政机关颁发土地、矿藏等自然资源所有权或者使用权证的行为不服，需行政复议后，才可向人民法院提起诉讼。

为此，《最高人民法院行政审判庭关于行政机关颁发自然资源所有权或者使用权证的行为是否属于确认行政行为问题的答复》（〔2005〕行他字第4号）明确：“最高人民法院法释〔2003〕5号批复中的‘确认’，是指当事人对自然资源的权属发生争议后，行政机关对争议的自然资源的所有

权或者使用权所作的确权决定。有关土地等自然资源所有权或者使用权的初始登记，属于行政许可性质，不应包括在行政确认范畴之内。据此，行政机关颁发自然资源所有权或者使用权证书的行为不属于复议前置的情形。”可见，当事人如对林地、林木的行政确权决定不服，依法应当先申请行政复议；对行政复议决定不服的，方可提起行政诉讼。当事人如对林地、林木的登记发证行为不服，则可以直接提起行政诉讼。

【审判实践中应注意的问题】

除本条第1款列举的林地、林木物权变动原因行为引发的争议外，以下纠纷也应当作为民事案件受理。

一、涉及森林资源的侵权纠纷

《森林法》第15条第2款规定，森林、林木、林地的所有者和使用者的合法权益受法律保护，任何组织和个人不得侵犯。《森林法实施条例》第15条规定，国家依法保护森林、林木和林地经营者的合法权益。任何单位和个人不得侵占经营者依法所有的林木和使用的林地。《农村土地承包司法解释》第1条明确，承包经营权侵权纠纷、土地经营权侵权纠纷应当作为民事纠纷受理。可见，林地经营权人对其经营范围内的森林资产所享有的合法财产权益亦受法律保护。因侵害前述权利而产生的侵权纠纷，应当作为民事案件受理。

二、林地征收补偿费用分配纠纷

《民法典》第243条第2款规定，征收集体所有的土地，应当依法及时足额支付土地补偿费、安置补助费以及农村村民住宅、其他地上附着物和青苗等的补偿费用，并安排被征地农民的社会保障费用，保障被征地农民的生活，维护被征地农民的合法权益。《农村土地承包司法解释》第1条明确，承包地征收补偿费用分配纠纷应当作为民事纠纷受理。尽管征收方案、征收补偿标准问题属行政争议处理范围，但林地征收补偿费用分配纠纷可以作为民事案件受理。

三、其他涉及森林资源的民事纠纷

森林资源权益具有复合性，所涉内容和争议较多。目前进行的国有林场改革、集体林权改革实施过程中，亦将不断出现新的纠纷。发生在平等主体之间的民事纠纷，均可依法作为民事案件处理。

【法条链接】

1.**《中华人民共和国民法典》**（2020年5月28日）

第二百二十条　权利人、利害关系人认为不动产登记簿记载的事项错误的，可以申请更正登记。不动产登记簿记载的权利人书面同意更正或者有证据证明登记确有错误的，登记机构应当予以更正。

不动产登记簿记载的权利人不同意更正的，利害关系人可以申请异议登记。登记机构予以异议登记，申请人自异议登记之日起十五日内不提起诉讼的，异议登记失效。异议登记不当，造成权利人损害的，权利人可以向申请人请求损害赔偿。

第二百三十四条　因物权的归属、内容发生争议的，利害关系人可以请求确认权利。

2.**《中华人民共和国森林法》**（2019年12月28日修订）

第二十二条　单位之间发生的林木、林地所有权和使用权争议，由县级以上人民政府依法处理。

个人之间、个人与单位之间发生的林木所有权和林地使用权争议，由乡镇人民政府或者县级以上人民政府依法处理。

当事人对有关人民政府的处理决定不服的，可以自接到处理决定通知之日起三十日内，向人民法院起诉。

在林木、林地权属争议解决前，除因森林防火、林业有害生物防治、国家重大基础设施建设等需要外，当事人任何一方不得砍伐有争议的林木或者改变林地现状。

3.**《中华人民共和国土地管理法》**（2019年8月26日修正）

第四条第三款　前款所称农用地是指直接用于农业生产的土地，包括耕地、林地、草地、农田水利用地、养殖水面等；建设用地是指建造建筑物、构筑物的土地，包括城乡住宅和公共设施用地、工矿用地、交通水利设施用地、旅游用地、军事设施用地等；未利用地是指农用地和建设用地以外的土地。

第十四条　土地所有权和使用权争议，由当事人协商解决；协商不成的，由人民政府处理。

单位之间的争议，由县级以上人民政府处理；个人之间、个人与单位之间的争议，由乡级人民政府或者县级以上人民政府处理。

当事人对有关人民政府的处理决定不服的，可以自接到处理决定通知之日起三十日内，向人民法院起诉。

在土地所有权和使用权争议解决前，任何一方不得改变土地利用现状。

4.**《中华人民共和国农村土地承包法》**（2018年12月29日修正）

第二条　本法所称农村土地，是指农民集体所有和国家所有依法由农民集体使用的耕地、林地、草地，以及其他依法用于农业的土地。

第五十五条　因土地承包经营发生纠纷的，双方当事人可以通过协商解决，也可以请求村民委员会、乡（镇）人民政府等调解解决。

当事人不愿协商、调解或者协商、调解不成的，可以向农村土地承包仲裁机构申请仲裁，也可以直接向人民法院起诉。

5.**《最高人民法院关于适用〈中华人民共和国民法典〉物权编的解释（一）》**（2020年12月29日）

第一条　因不动产物权的归属，以及作为不动产物权登记基础的买卖、赠与、抵押等产生争议，当事人提起民事诉讼的，应当依法受理。当事人已经在行政诉讼中申请一并解决上述民事争议，且人民法院一并审理的除外。

6.**《最高人民法院关于审理涉及农村土地承包纠纷案件适用法律问题的解释》**（2020年12月29日修正）

第一条　下列涉及农村土地承包民事纠纷，人民法院应当依法受理：

（一）承包合同纠纷；

（二）承包经营权侵权纠纷；

（三）土地经营权侵权纠纷；

（四）承包经营权互换、转让纠纷；

（五）土地经营权流转纠纷；

（六）承包地征收补偿费用分配纠纷；

（七）承包经营权继承纠纷；

（八）土地经营权继承纠纷。

农村集体经济组织成员因未实际取得土地承包经营权提起民事诉讼的，人民法院应当告知其向有关行政主管部门申请解决。

农村集体经济组织成员就用于分配的土地补偿费数额提起民事诉讼的，人民法院不予受理。

7.**《土地权属争议调查处理办法》**（2010年11月30日修订）

第十四条 下列案件不作为争议案件受理：

（一）土地侵权案件；

（二）行政区域边界争议案件；

（三）土地违法案件；

（四）农村土地承包经营权争议案件；

（五）其他不作为土地权属争议的案件。

8.**《国土资源部办公厅关于土地登记发证后提出的争议能否按权属争议处理问题的复函》**（2007年3月29日）

土地权属争议是指土地登记前，土地权利利害关系人因土地所有权和使用权的归属而发生的争议。土地登记发证后已经明确了土地的所有权和使用权，土地登记发证后提出的争议不属于土地权属争议。土地所有权、使用权依法登记后第三人对其结果提出异议的，利害关系人可根据《土地登记规则》的规定向原登记机关申请更正登记，也可向原登记机关的上级主管机关提出行政复议或直接向法院提起行政诉讼。《土地权属争议调查处理办法》（国土资源部令第17号）第二十条中的“人民政府颁发的确定土地权属的凭证”，是指初始土地登记完成前，争议土地原有的人民政府颁发的确定土地权属的凭证。

第三条　当事人以未办理批准、登记、备案、审查、审核等手续为由，主张林地承包、林地承包经营权互换或者转让、林地经营权流转、林木流转、森林资源担保等合同无效的，人民法院不予支持。

因前款原因，不能取得相关权利的当事人请求解除合同、由违约方承担违约责任的，人民法院依法予以支持。

【条文主旨】

本条是关于森林资源物权变动中合同效力与物权效力区分的规定。

【条文理解】

由于历史原因，林业政策及实践较为偏重行政管理，许多纠纷长期依赖行政调处，森林资源纠纷往往存在民事、行政法律关系相互交织的情形。林业经营相关手续既包括《农村土地承包法》规定的批准、登记、备案、审核、审查等，也包括《森林法》规定的林木采伐许可、林地占用审批等。实践中，动辄以森林资源流转违反相关管理性规定为由否定合同效力，将造成社会资源的极大浪费，不利于流转秩序的规范和交易安全的维护。本条解释对此予以了规范。

一、林业生产经营管理及相关手续

森林资源具有经济、社会和生态等方面的多种效益。随着集体林权制度改革的推进和国有森林资源资产产权制度改革的深化，林地、林木交易日益增多。这些改革在发展适度规模经营、推动现代林业建设和增加林农、林区职工收入等方面，发挥了积极作用。为规范林业生产经营活动，保障森林资源生态功能的发挥和永续利用，我国不断完善对森林资源的经营管理制度，相关管理规范散见于不同法律部门、不同效力层级的规范性文件中。

（一）森林资源权属的不动产统一登记

我国实行不动产统一登记制度，不动产登记由不动产所在地的登记机构办理，是不动产登记机构依法将不动产权利归属和其他法定事项记载于不动产登记簿的行为。统一登记的范围、登记机构和登记办法，由法律、行政法规规定。不动产登记的目的，主要是发挥登记的物权公示作用，保护公民和法人的不动产物权，维护交易安全。我国《不动产登记暂行条例》所规定的不动产，是指土地、海域以及房屋、林木等定着物。不动产物权登记坚持一体化登记原则，森林、林木等定着物通常应与其所依附的土地一并登记，保持权利主体一致。从现行法律、法规的规定来看，不动产登记主要由不动产所在地的县级以上人民政府的相关不动产管理部门负责。《森林法》还有关于森林资源登记的特殊规定，该法第 15 条第 1 款明确，林地和林地上的森林、林木的所有权、使用权，由不动产登记机构统一登记造册，核发证书。国务院确定的国家重点林区的森林、林木和林地，由国务院自然资源主管部门负责登记。

我国对农村土地承包实行自愿登记，林地承包经营权、林地经营权通过登记，取得对抗善意第三人的法律效力。相关不动产登记主要有四种：（1）林地承包经营权的确权登记。《农村土地承包法》第 24 条第 1 款规定，国家对耕地、林地和草地等实行统一登记，登记机构应当向承包方颁发土地承包经营权证或者林权证等证书，并登记造册，确认土地承包经营权。（2）林地承包经营权的互换、转让登记。《农村土地承包法》第 35 条规定，土地承包经营权互换、转让的，当事人可以向登记机构申请登记，未经登记，不得对抗善意第三人。据此，法律就承包林地的互换、转让采取登记对抗主义，即林地的互换、转让不以登记为生效要件，当事人之间订立的互换、转让合同生效时即发生移转林地承包经营权的效力；但是这种转让、互换只有经过登记，才能够产生对抗善意第三人的对世效力。（3）林地经营权的设立及担保登记。《农村土地承包法》第 41 条规定，土地经营权流转期限为 5 年以上的，当事人可以向登记机构申请土地经营权登记，未经登记不得对抗善意第三人；第 47 条规定，承包方用承包地的土地经营权或者受让方用通过流转取得的土地经营权向金融机构融资担保的，担保物权自融资担保合同生效时设立，当事人可以向登记机构申请登记，未经登记不得对抗善意第三人。（4）其他方式承包中的林地经营权登记。《农村土地承包法》第49条规定，以其他方式承包农村土地的，应当签订承包合同，承包方取得土地经营权；第53条规定，通过招标、拍卖、公开协商等方式承包农村土地，经依法登记取得权属证书的，可以依法采取出租、入股、抵押或者其他方式流转土地经营权。可见，当事人以其他方式承包的，若自己经营，则立法对于是否登记取得权属证书无强制性要求；但若对外流转其土地经营权的，则须首先依法登记取得权属证书，否则流转行为不能产生处分效力。

（二）森林资源经营中的行政审批

林地、林木等森林资源作为一种公共资源，其经营管理受到较多的限制。从《森林法》及《农村土地承包法》等规定来看，相关行政审批主要有以下五个方面。

1. 林地、林木流转审批

我国对国有森林资源和集体森林资源的流转采取了不同的管制措施。《森林法》第16条明确，国家所有的林地和林地上的森林、林木可以依法确定给林业经营者使用；林业经营者依法取得的国有林地和林地上的森林、林木的使用权，经批准可以转让、出租、作价出资等；林业经营者应当履行保护、培育森林资源的义务，保证国有森林资源稳定增长，提高森林生态功能。该法第17条及第18条分别规定了实行承包经营的集体林地及未实行承包经营、由农村集体经济组织统一经营的集体林地的林地经营权、林木所有权和使用权流转，此处仅强调依法流转，并未要求“经批准”。但对于发包方将农村土地发包给本集体经济组织以外的单位或者个人承包的，《农村土地承包法》第52条第1款规定应当事先经本集体经济组织成员的村民会议2/3以上成员或者2/3以上村民代表的同意，并报乡（镇）人民政府批准。2016年《国家林业局关于规范集体林权流转市场运行的意见》已明确，集体统一经营管理的林地经营权和林木所有权流转给本集体经济组织以外的单位或者个人的，要事先报乡（镇）人民政府批准。

2. 林地非农建设审批

我国要求严格依法开发利用森林资源，坚持林地林用原则，林地使用和流转中不得改变林地所有权、林地用途、公益林性质和林地保护等级。《农村土地承包法》第 11 条第 1 款明确，农村土地承包经营应当遵守法律、法规，保护土地资源的合理开发和可持续利用，未经依法批准不得将承包地用于非农建设。依据《森林法》第 52 条的规定，在林地上修筑直接为林业生产经营服务的工程设施，符合国家有关部门规定的标准的，由县级以上人民政府林业主管部门批准，不需要办理建设用地审批手续；超出标准需要占用林地的，则应当依法办理建设用地审批手续。需要临时使用林地的，依据《森林法》第 38 条的规定，应当经县级以上人民政府林业主管部门批准。同时，临时使用林地的期限一般不超过 2 年，不得在临时使用的林地上修建永久性建筑物；临时使用林地期满后 1 年内，用地单位或者个人应当恢复植被和林业生产条件。

3. 森林经营方案审批

为确保科学保护、培育、利用森林资源，森林经营方案的编制至关重要。《森林法》第 53 条要求国有林业企业事业单位应当编制森林经营方案，明确森林培育和管护的经营措施，报县级以上人民政府林业主管部门批准后实施；重点林区的森林经营方案由国务院林业主管部门批准后实施。对于非国有林业经营者，立法无强制要求，但国家支持、引导其编制森林经营方案。

4. 林木采伐审批

《森林法》规定了林木采伐许可制度，采伐林地上的林木应当申请采伐许可证。采伐许可证由县级以上人民政府林业主管部门核发；农村居民采伐自留山和个人承包集体林地上的林木，由县级人民政府林业主管部门或者其委托的乡镇人民政府核发采伐许可证。采伐林木应当按照采伐许可证的规定进行，并按照有关规定完成更新造林。采伐自然保护区以外的竹林，不需要申请采伐许可证，但应当符合林木采伐技术规程。农村居民采伐自留地和房前屋后个人所有的零星林木，不需要申请采伐许可证。非林地上的农田防护林、防风固沙林、护路林、护岸护堤林和城镇林木等的更新采伐，由有关主管部门按照有关规定管理。采挖移植林木按照采伐林木管理。

5. 承包林地调整审批

《农村土地承包法》第28条对发包方调整承包地进行了严格限制。承包期内，发包方原则上不得调整承包地。确因自然灾害严重毁损承包地等特殊情形，需要对个别农户之间的承包地进行适当调整的，仅限于耕地和草地，并不包括林地，且须经本集体经济组织成员的村民会议2/3以上成员或者2/3以上村民代表的同意，并报乡（镇）人民政府和县级人民政府农业农村、林业和草原等主管部门批准。承包合同中约定不得调整的，按照其约定。承包合同中违背承包方意愿或者违反法律、行政法规有关不得收回、调整承包地等强制性规定的约定，依据该法第58条的明确规定，当属无效。

（三）集体林地承包经营中的特殊手续

为落实保障农村集体土地“三权分置”改革，维护农村土地承包经营当事人的合法权益，促进农业、农村经济发展和农村社会和谐稳定，《农村土地承包法》就集体林地承包经营作出了系列特殊程序规定和制度设计。

1. 发包方同意或备案

林地承包经营权的转让须征得发包方同意，互换则需向发包方备案。同时，林地经营权的流转、再流转、融资担保，均须向发包方备案。具体而言，经发包方同意，承包方可以将全部或者部分的林地承包经营权转让给本集体经济组织的其他农户，由该农户同发包方确立新的承包关系，原承包方与发包方在该土地上的承包关系即行终止。承包方之间为方便耕种或者各自需要，可以对属于同一集体经济组织的林地的承包经营权进行互换，并向发包方备案。承包方可以自主决定依法采取出租（转包）、入股或者其他方式向他人流转林地经营权，并向发包方备案。受让方再流转土地经营权的，亦须经承包方书面同意，并向本集体经济组织备案。承包方可以用承包地的土地经营权向金融机构融资担保，并向发包方备案。受让方通过流转取得的土地经营权，经承包方书面同意并向发包方备案，亦可以向金融机构融资担保。

2. 承包方同意

林地经营权流转中，受让方对林地投资建设、再流转林地经营权、以林地经营权融资担保的，均应当经承包方同意。受让方征得承包方同意后，可以依法投资改良土壤，建设农业生产附属、配套设施，并按照合同约定对其投资部分获得合理补偿。受让方通过流转取得的林地经营权再流转及向金融机构融资担保的，须经承包方的书面同意。

3. 资格审查或项目审核

工商企业等社会资本通过流转取得林地经营权的，应当通过资格审查及项目审核。《农村土地承包法》在确立的土地经营权流转原则中明确，受让方须有农业经营能力或者资质。该法第45条第1款对社会资本通过流转取得土地经营权进行了规定，要求县级以上地方人民政府建立工商企业等社会资本通过流转取得土地经营权的资格审查、项目审核和风险防范制度。发包方将农村土地发包给本集体经济组织以外的单位或者个人承包的，依据该法第52条的规定，还应当对承包方的资信情况和经营能力进行审查，审查通过后再签订承包合同。国家林业和草原局正在制定工商企业等社会资本流转林地经营权的管理办法，明确相关具体规定。

二、未办理相关林业经营手续的合同效力

合同行为是一种契约行为，属于合同法调整的范围，所应坚持的基本原则是促进交易、鼓励竞争、诚实信用。因物之归属和物之利用而产生的民事法律关系是物权变动行为，属于物权法调整的范围，所应坚持的基本原则是定分止争、物尽其用。通常情况下，合同的生效与合同的成立时间是一致的，除非法律有特别规定或者合同另有约定，合同一经成立，只要在内容上不违背法律、行政法规的强制性规定和公序良俗，即可发生效力。①

（一）未办理登记手续的合同效力

《民法典》物权编第215条确立了合同效力和物权效力的区分原则，

① 参见最高人民法院民法典贯彻实施工作领导小组主编：《中华人民共和国民法典物权编理解与适用（上）》，人民法院出版社2020年版，第84页。

规定："当事人之间订立有关设立、变更、转让和消灭不动产物权的合同，除法律另有规定或者当事人另有约定外，自合同成立时生效；未办理物权登记的，不影响合同效力。"因合同行为导致不动产物权变动的场合，通常需要进行物权登记。对于合同效力与登记效力应严格加以区分，登记是物权变动的公示方法，而非对合同行为是否有效的评判依据。

《民法典》第331条规定，土地承包经营权人依法对其承包经营的耕地、林地、草地等享有占有、使用和收益的权利，有权从事种植业、林业、畜牧业等农业生产。关于土地承包经营合同的生效，《民法典》与《农村土地承包法》的规定是一致的，即承包合同自成立之日起生效，不以登记为生效要件。《农村土地承包法》第35条、第41条、第47条分别规定了土地承包经营权的互换、转让，土地经营权的流转，以及土地经营权的融资担保，当事人可以向登记机构申请登记，未经登记不得对抗善意第三人。上述规定进一步印证了向登记机构申请登记是当事人选择的对外公示行为，登记直接指向的是物权的变动，而非合同的效力。据此，合同是否有效应当依据法律行为的有效要件进行判断；当事人以未办理登记手续为由，主张相关互换、转让、流转、担保等林业经营合同无效的，人民法院不予支持。

（二）未办理批准手续的合同效力

《民法典》第502条关于合同生效时间的规定明确："依法成立的合同，自成立时生效，但是法律另有规定或者当事人另有约定的除外。依照法律、行政法规的规定，合同应当办理批准等手续的，依照其规定。未办理批准等手续影响合同生效的，不影响合同中履行报批等义务条款以及相关条款的效力。应当办理申请批准等手续的当事人未履行义务的，对方可以请求其承担违反该义务的责任。依照法律、行政法规的规定，合同的变更、转让、解除等情形应当办理批准等手续的，适用前款规定。"

关于未经批准的合同效力问题，一直是理论界与实务界关注的重点议题，存在无效说、有效说、未生效说等不同观点。无效说认为，法律、行政法规中关于合同应当办理行政审批的规定属于强制性规定，违反法律规定未经批准的后果，就是导致合同无效。有效说认为，审批的对象是权利的变动而不是作为其原因的合同，因而审批不影响合同效力，同时也认为关于审批的规定是管理性规定而非效力性规定，未经审批不必然导致合同无效。未生效说认为，对于法律、行政法规规定应当办理审批生效的合同，未经审批的，该合同属于条件未成就状态，属于未生效合同。自原《合同法》第44条第2款就此作出规定以来，最高人民法院相继出台相关司法解释或政策性文件对该问题作出专门规定。1999年《合同法司法解释（一）》第9条第1款明确，依照《合同法》第44条第2款的规定，法律、行政法规规定合同应当办理批准手续，或者办理批准、登记等手续才生效，在一审法庭辩论终结前当事人仍未办理批准手续的，或者仍未办理批准、登记等手续的，人民法院应当认定该合同未生效；法律、行政法规规定合同应当办理登记手续，但未规定登记后生效的，当事人未办理登记手续不影响合同的效力，合同标的物所有权及其他物权不能转移。多个司法解释均贯彻了这一观点，其中《矿业权司法解释》第6条规定，矿业权转让合同自依法成立之日起具有法律约束力；矿业权转让申请未经国土资源主管部门批准，受让人请求转让人办理矿业权变更登记手续的，人民法院不予支持；当事人仅以矿业权转让申请未经国土资源主管部门批准为由请求确认转让合同无效的，人民法院不予支持。该解释规定确立了合同未生效制度，区分合同未生效与合同无效，明确报批义务的独立性及法律效果等具体规则。依据《民法典》第502条第2款的规定，在批准是合同的法定生效条件情形下，未经批准的合同因欠缺法律规定的特别生效条件而未生效。

（三）未经发包方或承包方同意、备案的合同效力

林地承包经营权的转让，在程序上需要发包方同意；受让方通过流转取得的林地经营权进行再流转及融资担保的，则须经承包方的书面同意。发包方或承包方是否同意，涉及相关的林地、林木的处分权问题，对于欠缺此要件的合同效力，存在不同看法。《农村土地承包司法解释》第13条规定，承包方未经发包方同意，转让其土地承包经营权的，转让合同无效；但发包方无法定理由不同意或者拖延表态的除外。有观点认为，未经发包方同意的林地承包经营权转让合同即为无效过于绝对，应与《民法

典》第 597 条关于无权处分不影响合同效力的规定保持一致。还有观点认为，流通性和可处分性是用益物权的应有属性，在登记公示效力的规定下再将“经发包方同意”作为生效要件正当性不足，尤其是林地承包经营权的转让行为仅限于本集体经济组织内部，经发包方同意实无必要，应该取消这一程序要求。尽管处分权瑕疵对林地经营合同的效力影响问题存在争议，但欠缺处分权将直接影响相关物权的处分效力。本司法解释第 6 条即明确，家庭承包林地的承包方转让林地承包经营权未经发包方同意，或者受让方不是本集体经济组织成员，受让方主张取得林地承包经营权的，人民法院不予支持；但发包方无法定理由不同意或者拖延表态的除外。

林地承包经营权互换及林地经营权的流转、再流转、融资担保，均需要向发包方进行备案，目的是强化对林地承包经营权、林地经营权的监督管理。但备案非合同有效要件，通常认为其不对合同效力产生影响。《农村土地承包司法解释》第 14 条规定，承包方依法采取出租、入股或者其他方式流转土地经营权，发包方仅以该土地经营权流转合同未报其备案为由，请求确认合同无效的，不予支持。

（四）未办理审核、审查手续的合同效力

工商企业等社会资本参与流转林地经营权，依法需要通过资格审查和项目审核。参照适用于耕地和其他农业用地的《农村土地经营权流转管理办法》第 29 条的规定，县级以上地方人民政府对工商企业等社会资本流转土地经营权，依法建立分级资格审查和项目审核制度；审查审核通过的，受让主体与承包方签订土地经营权流转合同；未按规定提交审查审核申请或者审查审核未通过的，不得开展土地经营权流转活动。据此，未能通过资格审查或者项目审核的工商企业等社会资本，转让方无法与其签订林地经营权流转合同；即便已签订流转合同，也不得实际履行。该等合同属于《民法典》合同编第 580 条规定的在法律上不能履行的合同，应由当事人予以解除。

三、未能取得相关权利的合同救济

未办理批准、登记、备案、审核、审查等相关手续，不因此否定合

同效力，只涉及能否实现物权变动等合同目的以及合同在法律上能否履行的问题。当事人要求按无效合同处理的，人民法院不予支持。该种处理方式的优势在于受让方可以要求转让方依约办理相关林业经营手续，并在其拒不履行时要求其承担违约责任。否则，转让方动辄以未办理批准、登记等手续为由进行合同无效的恶意抗辩，不利于对诚信一方合法权益的保护。

依法成立的合同对于缔约双方当事人均具有法律约束力，负有批准、登记、备案等相关手续办理义务的一方，如未依约办理该手续致使合同目的不能实现，构成根本违约，对此另一方有权请求解除合同，并要求其承担违约责任。许多情形下，批准、登记、备案、审核、审查等手续是可以依法补办的，补办后符合相关权利变动要件的，权利人仍然可以实现合同目的。《民法典》第502条第2款将履行报批等义务条款及相关条款作为一种特殊的条款独立对待，即便合同整体因未办理法定的批准等手续而不生效，也不影响合同中履行报批等义务条款以及相关条款的效力。应当办理申请批准等手续的当事人未履行义务的，对方可以请求其承担违反该义务的合同责任。本条第2款据此明确，因前款原因，不能取得相关权利的当事人请求解除合同、由违约方承担违约责任的，人民法院依法予以支持。

【审判实践中应注意的问题】

实践中的一个突出问题是，把未生效合同认定为无效合同，或者虽认定为未生效，却按无效合同处理。这源于合同未生效在合同效力体系中的定位不明以及未生效合同与无效合同的概念混淆。

《民法典》颁布之前，由于缺乏对合同未生效的配套规范供给，导致司法实践中常常放弃认定合同未生效而选择合同无效，或者将合同未生效作为合同无效的论证理由。《民法典》第502条第2款在原《合同法》第44条第2款的基础上，丰富了合同未生效的法律构成及规范效果，这为合同未生效独立发挥规范功能奠定了规范基础。

未生效合同与无效合同，二者之间是有区别的。未生效合同是指合同已经成立但是尚未生效，是否生效取决于其欠缺的生效要件是否得以完备。如果欠缺的要件得以完备，该合同是能够生效的。无效合同则是指合同已经成立，但因其在内容和形式上违反了法律、行政法规的效力性强制性规定或者违背公序良俗，而不发生法律效力。该无效属于自始、当然、确定无效，合同效力不能补正。未生效合同属于合同效力的中间状态，当事人既不能基于有效合同提出履行合同主要权利义务的诉讼请求，也不能直接请求确认合同无效，只能基于合同未生效提出相应的诉讼请求。最高人民法院2019年印发的《全国法院民商事审判工作会议纪要》明确，无效合同从本质上来说是欠缺合同的有效要件，或者具有合同无效的法定事由，自始不发生法律效力。而未生效合同已具备合同的有效要件，对双方具有一定的拘束力，任何一方不得擅自撤回、解除、变更，但因欠缺法律、行政法规规定或当事人约定的特别生效条件，在该生效条件成就前，不能产生请求对方履行合同主要权利义务的法律效力。

【法条链接】

1.**《中华人民共和国民法典》**（2020年5月28日）

第二百一十五条 当事人之间订立有关设立、变更、转让和消灭不动产物权的合同，除法律另有规定或者当事人另有约定外，自合同成立时生效；未办理物权登记的，不影响合同效力。

第五百零二条 依法成立的合同，自成立时生效，但是法律另有规定或者当事人另有约定的除外。

依照法律、行政法规的规定，合同应当办理批准等手续的，依照其规定。未办理批准等手续影响合同生效的，不影响合同中履行报批等义务条款以及相关条款的效力。应当办理申请批准等手续的当事人未履行义务的，对方可以请求其承担违反该义务的责任。

依照法律、行政法规的规定，合同的变更、转让、解除等情形应当办理批准等手续的，适用前款规定。

第五百六十六条 合同解除后，尚未履行的，终止履行；已经履行的，根据履行情况和合同性质，当事人可以请求恢复原状或者采取其他补救措施，并有权请求赔偿损失。

合同因违约解除的，解除权人可以请求违约方承担违约责任，但是当事人另有约定的除外。

主合同解除后，担保人对债务人应当承担的民事责任仍应当承担担保责任，但是担保合同另有约定的除外。

第五百七十七条　当事人一方不履行合同义务或者履行合同义务不符合约定的，应当承担继续履行、采取补救措施或者赔偿损失等违约责任。

第五百九十七条　因出卖人未取得处分权致使标的物所有权不能转移的，买受人可以解除合同并请求出卖人承担违约责任。

法律、行政法规禁止或者限制转让的标的物，依照其规定。

2.**《中华人民共和国农村土地承包法》**（2018 年 12 月 29 日修正）

第二十四条　国家对耕地、林地和草地等实行统一登记，登记机构应当向承包方颁发土地承包经营权证或者林权证等证书，并登记造册，确认土地承包经营权。

土地承包经营权证或者林权证等证书应当将具有土地承包经营权的全部家庭成员列入。

登记机构除按规定收取证书工本费外，不得收取其他费用。

第二十八条　承包期内，发包方不得调整承包地。

承包期内，因自然灾害严重毁损承包地等特殊情形对个别农户之间承包的耕地和草地需要适当调整的，必须经本集体经济组织成员的村民会议三分之二以上成员或者三分之二以上村民代表的同意，并报乡（镇）人民政府和县级人民政府农业农村、林业和草原等主管部门批准。承包合同中约定不得调整的，按照其约定。

第三十三条　承包方之间为方便耕种或者各自需要，可以对属于同一集体经济组织的土地的土地承包经营权进行互换，并向发包方备案。

第三十四条　经发包方同意，承包方可以将全部或者部分的土地承包经营权转让给本集体经济组织的其他农户，由该农户同发包方确立新的承包关系，原承包方与发包方在该土地上的承包关系即行终止。

第三十五条　土地承包经营权互换、转让的，当事人可以向登记机构申请登记。未经登记，不得对抗善意第三人。

第三十六条 承包方可以自主决定依法采取出租（转包）、入股或者其他方式向他人流转土地经营权，并向发包方备案。

第三十八条 土地经营权流转应当遵循以下原则：

（一）依法、自愿、有偿，任何组织和个人不得强迫或者阻碍土地经营权流转；

（二）不得改变土地所有权的性质和土地的农业用途，不得破坏农业综合生产能力和农业生态环境；

（三）流转期限不得超过承包期的剩余期限；

（四）受让方须有农业经营能力或者资质；

（五）在同等条件下，本集体经济组织成员享有优先权。

第四十一条 土地经营权流转期限为五年以上的，当事人可以向登记机构申请土地经营权登记。未经登记，不得对抗善意第三人。

第四十五条 县级以上地方人民政府应当建立工商企业等社会资本通过流转取得土地经营权的资格审查、项目审核和风险防范制度。

工商企业等社会资本通过流转取得土地经营权的，本集体经济组织可以收取适量管理费用。

具体办法由国务院农业农村、林业和草原主管部门规定。

第四十六条 经承包方书面同意，并向本集体经济组织备案，受让方可以再流转土地经营权。

第四十七条 承包方可以用承包地的土地经营权向金融机构融资担保，并向发包方备案。受让方通过流转取得的土地经营权，经承包方书面同意并向发包方备案，可以向金融机构融资担保。

担保物权自融资担保合同生效时设立。当事人可以向登记机构申请登记；未经登记，不得对抗善意第三人。

实现担保物权时，担保物权人有权就土地经营权优先受偿。

土地经营权融资担保办法由国务院有关部门规定。

第五十二条 发包方将农村土地发包给本集体经济组织以外的单位或者个人承包，应当事先经本集体经济组织成员的村民会议三分之二以上成员或者三分之二以上村民代表的同意，并报乡（镇）人民政府批准。

由本集体经济组织以外的单位或者个人承包的，应当对承包方的资信情况和经营能力进行审查后，再签订承包合同。

第五十三条　通过招标、拍卖、公开协商等方式承包农村土地，经依法登记取得权属证书的，可以依法采取出租、入股、抵押或者其他方式流转土地经营权。

第五十九条　当事人一方不履行合同义务或者履行义务不符合约定的，应当依法承担违约责任。

3.**《中华人民共和国森林法》**（2019年12月28日修订）

第十五条　林地和林地上的森林、林木的所有权、使用权，由不动产登记机构统一登记造册，核发证书。国务院确定的国家重点林区（以下简称重点林区）的森林、林木和林地，由国务院自然资源主管部门负责登记。

森林、林木、林地的所有者和使用者的合法权益受法律保护，任何组织和个人不得侵犯。

森林、林木、林地的所有者和使用者应当依法保护和合理利用森林、林木、林地，不得非法改变林地用途和毁坏森林、林木、林地。

第十六条　国家所有的林地和林地上的森林、林木可以依法确定给林业经营者使用。林业经营者依法取得的国有林地和林地上的森林、林木的使用权，经批准可以转让、出租、作价出资等。具体办法由国务院制定。

林业经营者应当履行保护、培育森林资源的义务，保证国有森林资源稳定增长，提高森林生态功能。

第十七条　集体所有和国家所有依法由农民集体使用的林地（以下简称集体林地）实行承包经营的，承包方享有林地承包经营权和承包林地上的林木所有权，合同另有约定的从其约定。承包方可以依法采取出租（转包）、入股、转让等方式流转林地经营权、林木所有权和使用权。

第五十六条　采伐林地上的林木应当申请采伐许可证，并按照采伐许可证的规定进行采伐；采伐自然保护区以外的竹林，不需要申请采伐许可证，但应当符合林木采伐技术规程。

农村居民采伐自留地和房前屋后个人所有的零星林木，不需要申请采伐许可证。

非林地上的农田防护林、防风固沙林、护路林、护岸护堤林和城镇林木等的更新采伐，由有关主管部门按照有关规定管理。

采挖移植林木按照采伐林木管理。具体办法由国务院林业主管部门制定。

禁止伪造、变造、买卖、租借采伐许可证。

第四条 当事人一方未依法经林权证等权利证书载明的共有人同意，擅自处分林地、林木，另一方主张取得相关权利的，人民法院不予支持。但符合民法典第三百一十一条关于善意取得规定的除外。

【条文主旨】

本条是关于未经共有人同意处分林地、林木的处理的规定。

【条文理解】

农村土地的家庭承包以户为单位，林地承包经营权及地上林木所有权由农户家庭成员共同共有。其他方式承包的林地也可能因为合资经营、合作造林等情形而存在共有的情况。如何保护林权共有人的合法权益，并与交易安全维护和善意交易相对人保护之间进行合理平衡，是司法理论和实务界面临的一个重要课题。

一、我国集体林权制度的历史沿革

（一）《民法典》颁布前的政策及立法探索

林权，根据原国家林业局《林木和林地权属登记管理办法》第1条的界定，是对森林、林木和林地的所有权或者使用权的简称。2004年新版林权证登记栏中记载的四项权利登记事项，就是林地所有权、林地使用权、森林或林木所有权、森林或林木使用权等传统林业四权。我国集体林权制度改革大体经历了四个阶段的变革：一是土改时期的“分山分林到户”；二是农业合作化时期的“山林入社”；三是人民公社时期的“山林集体所有、统一经营”；四是改革开放初期的“林业三定”。改革开放以来，集体林权制度改革经历了以政策推动改革、将成熟的政策上升为法律、通过法律规范改革等不同发展阶段。

1. 第一阶段（1981 年至 2002 年）

1980 年 3 月公布的《中共中央、国务院关于保护森林发展林业若干问题的决定》将耕地家庭承包责任制沿用到林地，在全国部署稳定山权林权、划定自留山和确定林业生产责任制的“林业三定”工作，推动集体林权制度改革。1987 年 1 月 1 日起施行的原《民法通则》第 27 条、第 28 条明确，农村承包经营户的合法权益受法律保护；第 74 条规定，法律规定为集体所有的土地和森林、山岭、草原、荒地、滩涂等属于劳动群众集体所有，禁止任何组织或者个人侵占、哄抢、私分、破坏或者非法查封、扣押、冻结、没收。

2. 第二阶段（2003 年至 2014 年）

2003 年 3 月 1 日起施行的《农村土地承包法》第 3 条明确，国家实行农村土地承包经营制度，农村土地承包采取农村集体经济组织内部的家庭承包方式，不宜采取家庭承包方式的荒山、荒沟、荒丘、荒滩等农村土地，可以采取招标、拍卖、公开协商等方式承包；第 9 条、第 10 条和第 16 条规定，任何组织和个人不得侵犯承包双方的合法权益，承包方依法享有承包地使用、收益和土地承包经营权流转的权利。2007 年 10 月 1 日起施行的原《物权法》第 59 条构建了包括所有权、用益物权和担保物权在内的农地物权结构，并将土地承包经营权明确为用益物权。2008 年 6 月《中共中央、国务院关于全面推进集体林权制度改革的意见》要求，明晰产权、放活经营权、落实处置权、保障收益权，明确林地承包经营权人可依法对拥有的林地承包经营权和林木所有权进行转包、出租、转让、入股、抵押或作为出资、合作条件。

3. 第三阶段（2014 年至今）

2014 年 11 月，中共中央办公厅、国务院办公厅印发《关于引导农村土地经营权有序流转发展农业适度规模经营的意见》，对农村集体土地实行所有权、承包权、经营权“三权分置”，稳定承包权，放活经营权，引导土地经营权有序流转。2015 年 9 月，中共中央、国务院印发《生态文明体制改革总体方案》，要求完善集体林权制度，稳定承包权，拓展经营权能，健全林权抵押贷款和流转制度。2016 年 11 月国务院办公厅《关于完善集体林权制度的意见》和 2018 年 5 月原国家林草局《关于进一步放活集体林经营权的意见》明确了稳定集体林地承包关系、放活生产经营自主权、引导集体林适度规模经营的具体改革举措。2018 年修正的《农村土地承包法》以立法形式将“三权分置”作为一项制度固定下来，该法第 9 条规定，承包方承包土地后，享有土地承包经营权，可以自己经营，也可以保留土地承包权，流转其承包地的土地经营权，由他人经营。2019 年修订的《森林法》第 17 条、第 18 条进一步明确，集体所有和国家所有依法由农民集体使用的林地实行承包经营的，承包方享有林地承包经营权和承包林地上的林木所有权，可以依法流转林地经营权、林木所有权和使用权；未实行承包经营的集体林地以及林地上的林木，可以通过招标、拍卖、公开协商等方式依法流转林地经营权、林木所有权和使用权。

（二）《民法典》对集体林权制度的规范

2020 年 5 月颁布并于 2021 年 1 月 1 日起施行的《民法典》，在对《农村土地承包法》等相关立法吸收完善的基础上，规范了集体林权法律制度及林地、林木的保护和交易规则。

1. 林地所有权

农村集体经济组织作为集体林地所有权人，对集体林地享有占有、使用、收益和处分的权利。我国集体所有权以林地公有制为基础，集体利益是本集团成员的集体利益，每个成员在集体利益基础上实现个人利益。集体林地所有权负担着保障集体成员生存和集体福利的重任，并且该成员范围不仅包括现有的，也包括潜在的和未来的成员。集体林地所有权是林地承包经营权的前提，同时林地作为稀缺自然资源，与社会公共利益息息相关，保护公共利益须限制集体所有权的行使，在集体林地被承包经营之后其经营行为亦受一定限制，如实行林地用途管制、林地使用规划、林木采伐许可等。①

2. 林地承包经营权

土地承包经营权，根据《民法典》第 331 条的界定，是指土地承包经营权人为从事种植业、林业、畜牧业等农业生产，对其承包的集体所有或

① 韩松：《农民集体土地所有权的权能》，载《法学研究》2014 年第 6 期。

国家所有由农民集体使用的土地所享有的占有、使用、收益的权利。[①] 土地承包经营权主要包括三大类，即耕地承包经营权、林地承包经营权、草地承包经营权。林地承包经营权作为土地承包经营权的一种，在性质上属于用益物权，具有完备的权能体系和对世性的排他权。承包期内，承包集体林地的农户可以自主经营，也可以采取出租、入股或者其他方式向他人流转林地经营权，还可在自己经营的同时以林地经营权担保贷款。《农村土地承包法》第 16 条明确家庭承包的承包方是本集体经济组织的农户，故林地承包经营权的权利主体为承包经营集体林地的农户。林地承包经营权还具有成员权性质，《民法典》第 55 条明确农村承包经营户是指农村集体经济组织的成员，依法取得农村土地承包经营权，从事家庭承包经营；《农村土地承包法》第 5 条、第 20 条、第 21 条、第 32 条进一步规定农村集体经济组织成员有权依法承包由本集体经济组织发包的土地，土地承包应当依法召开本集体经济组织成员的村民会议讨论通过承包方案，权利人享有法定的优先权、续包权和继承权。

3. 林地经营权

根据《民法典》第 340 条的定义，土地经营权是指土地经营权人在合同约定的期限内占有农村土地，自主开展农业生产经营并取得收益的权利。此处的土地包括耕地、林地、草地。土地经营权为“三权分置”改革制度设计中，从土地承包经营权里分离出来的一种新的权利类型。家庭承包中，在不发生土地流转的情况下，承包方既承包又经营，其享有的是完整的土地承包经营权；承包方依法进行土地流转后，农户保留土地承包权，第三方取得土地经营权，承包权与经营权分置；承包方收回土地经营权后，其仍享有完整的土地承包经营权。通过招标、拍卖、公开协商等其他方式承包的，依据《民法典》第 342 条的规定，权利人取得土地经营权，经依法登记取得权属证书后可以依法流转。关于包括林地经营权在内的土地经营权的性质，《民法典》根据流转期限的长短作出了不同的制度安排，该法第 341 条规定：“流转期限为 5 年以上的土地经营权，自流转合

---

① 最高人民法院民法典贯彻实施工作领导小组主编：《中华人民共和国民法典物权编理解与适用（下）》，人民法院出版社 2020 年版，第 326 页。

同生效时设立。当事人可以向登记机构申请土地经营权登记；未经登记，不得对抗善意第三人。”据此，林地经营权流转期限为5年以上并经依法登记的，取得物权效力。未经登记的林地经营权能够对抗恶意的知情第三人，并受到《民法典》侵权责任编的保护，林地经营权人有权要求侵权人承担停止侵害、排除妨碍、消除危险、返还财产、恢复原状、赔偿损失等民事责任。①

二、擅自处分共有林地、林木的行为效力

承包地不仅是农户的生产资料，更是农村集体成员的重要生存保障和成员权利。家庭承包的林地承包经营权转让、互换，其他方式承包的林地经营权流转，林木流转，林地、林木担保等过程中，未依法经农户全体家庭成员或者合作经营、合资经营等林权共有人同意的处分行为效力如何认定，实践中争议较大，本条解释对此予以明确。

（一）共有财产的处分规则

根据《民法典》第297条的规定，共有是指多个权利主体对一物共同享有所有权。共有的主体称为共有人，客体称为共有财产或共有物。各共有人之间因财产共有形成的权利义务关系，称为共有关系。共有的基本特征体现在：第一，主体方面，同一不动产或者动产可由两个以上权利主体共同所有。第二，内容方面，各共有人对共有物的权利和义务，因共有的类型不同而有所不同。在按份共有中，各共有人按照份额享有权利、承担义务；在共同共有中，各共有人不分份额地享有权利及承担义务。当事人另有约定的，从其约定。第三，客体方面，共有的客体特定。物权意义的共有客体是物，集合物、独立物均可，但应是特定之物。按份共有中的份额是抽象份额，因此共有人的权利及于整个共有物。就集体林地而言，其共有产权形式具有两个特征：一是集体经济组织的内部成员对集体林享有完全平等、无差异的权利。二是集体经济组织行使各项权利必须以集体共同决定的方式作出。

① 黄薇主编：《中华人民共和国民法典释义（上）》，法律出版社2020年版，第673页。

1. 林地、林木的共同共有

农村土地的家庭承包以户为单位，家庭成员之间为共同共有，其重要特征之一是各共有人之间平等地对共有物享有权利和承担义务。根据《民法典》第299条的规定，共同共有是指两个或两个以上的民事主体，根据某种共同关系而对某项财产不分份额地共同享有权利并承担义务。共同共有的特征在于：共同共有基于夫妻关系、家庭关系等共同关系而产生，以共同关系的存在为前提；各共有人平等地对共有物享受权利和承担义务；关系存续期间内，共有财产不分份额，这是共同共有与按份共有的主要区别。关于共同共有的形式，我国学界普遍认为共同共有包括夫妻共有、家庭共有、遗产分割前的共有。其中，家庭共有财产是指家庭成员在家庭共同生活关系存续期间，共同创造、共同所得的财产。例如，家庭成员交给家庭的财产，家庭成员共同受赠的财产，以及在此基础上购置和积累起来的财产等。概言之，家庭共有财产是家庭成员的共同劳动收入和所得。家庭共有财产和家庭财产的概念是不同的。家庭财产是家庭成员共同所有和各自所有的财产的总和，包括家庭成员共同所有的财产、夫妻共有财产和夫妻个人财产、成年子女个人所有的财产、其他家庭成员各自所有的财产等。家庭共有财产则不包括家庭成员各自所有的财产。

2. 林地、林木的按份共有

林地、林木的按份共有多通过合资经营、合作造林等方式体现。通过签订合资经营合同、合作托管造林合同等形式，引入资金参与林业生产经营，各方根据合同约定，确定各自享有的权利份额。按份共有，亦称为分别共有，指共有所有权在量上分为份额，各共有人按照份额享有所有权。[①]根据《民法典》第298条的规定，按份共有人对共有的不动产或者动产按照其份额享有所有权。按份共有并非所有权的重合或并存，不存在多个所有权，按份共有人的权利也不局限于共有物的特定部分。换言之，按份共有中的“份”，不是具体的份额，不能与共有物特定部分一一对应，而是所有权的抽象份额。按份共有的起因可能包括：一是基于当事人的意思，例如，数人共同出资购买某物，共同受让所有权。二是基于法律规定。三

① 史尚宽：《物权法论》，中国政法大学出版社2000年版，第155页。

是共同共有变为按份共有，例如，继承财产分配之前为共同共有，但是后来可能形成按份共有。[①] 按份共有的份额是各共有人行使权利、承担义务的范围，权利人行使所有权权能时受到份额的限制，需要与其他共有人进行协调。

3. 共有林地、林木的处分规则

对于共有财产的处分，按份共有采多数决，共同共有采一致同意。根据《民法典》第301条的规定，处分共有的不动产或者动产以及对共有的不动产或者动产作重大修缮、变更性质或者用途的，应当经占份额2/3以上的按份共有人或者全体共同共有人同意，但是共有人之间另有约定的除外。从各地集体林权流转相关规定来看，共有林权流转的一个有效要件是取得其他共有人的同意，在办理林权变更登记时通常要求提供共有人的书面同意意见。如《山西省集体林权流转办法》第15条规定，合资经营、合作经营或者权属共有的林权流转，应当依法取得合资方、合作方或者权属共有方的书面同意。实践中，转让方家庭成员在外务工，三、五年后得知林权流转的事实，甚至恶意以此为由主张合同无效的现象时有发生，而此时受让方往往已长期投入，其合法权益如何保护，值得思考。另外，不排除转让方在未经其他家庭成员同意的情况下，擅自转让林权，此时如何保护善意林权共有人的利益，亦需要合理平衡。

（二）无权处分的行为效力

权利人未经其他共有人同意，擅自处分作为共有物的林地、林木，属于无权处分行为。各地法院在司法实践中，对于未经共有人同意处分林地、林木的处理规则进行了有益探索。《吉林省高级人民法院关于审理农村土地承包纠纷案件的若干意见》（吉高法〔2008〕244号）第5条规定，土地承包合同虽以农户代表人个人的名义签订，但土地承包经营权属于全体家庭成员按份共有；农户代表人未经其他家庭成员同意，将土地承包经营权流转给第三人，除非其他家庭成员有证据能够证明该流转行为违背其真实意思，并且在流转合同签订之日起一年内主张权利，否则即应认定流

---

① 王泽鉴：《民法物权（第一册）》，中国政法大学出版社2001年版，第324页。

转合同有效，其他家庭成员主张返还其承包经营权份额的，不予支持。《贵州省高级人民法院关于审理林权民事纠纷案件的指导意见》（黔高法〔2009〕41号）第16条规定，未经农户全部家庭成员同意所签订的林地承包经营权流转合同，其他成员要求确认合同无效的，人民法院应当予以支持。但具有下列情形之一的，一般不予支持：（1）流转合同签订人为《林权证》或者林权登记簿记载的林权权利人；（2）未依法登记取得《林权证》等证书的，流转合同签订人为原承包合同上签字的人；（3）流转合同签订之日起超过1年或者虽未超过1年，但已经实际进行大量投入的；（4）流转合同已向集体经济组织备案的；（5）其他家庭成员知道或者应当知道该流转事实之日起，在1年内未明确提出异议的。

无权处分，是指没有处分权而处分他人财产。传统民法理论区分了负担行为与处分行为，负担行为是指直接发生财产权移转或消灭效果的行为，处分行为则是指发生债法上给付义务效果的财产行为。负担行为表现为债权行为，发生的法律效果是债权的产生和变更。处分行为表现为物权行为和准物权行为，发生的法律效果是财产权利的产生和变更。①部分共有人擅自处分共同共有财产的行为，或者未达到2/3以上份额的部分共有人擅自处分按份共有财产的行为，均系无权处分的类型之一。具体而言，在共同共有的场合，部分共有人未经其他共有人同意处分共同共有财产的，皆构成无权处分。在按份共有的场合，占份额2/3以上的部分共有人未经其他共有人同意处分按份共有财产的，不构成无权处分；未达到2/3以上份额的部分共有人未经其他共有人同意处分按份共有财产的，则构成无权处分。②

关于无权处分订立的合同效力，我国理论界和实务界经历了从无效说、效力待定说再到有效说的演化过程。《民法典》编纂过程中，在物权编第215条确立了合同效力与物权变动的区分原则，在合同编删除了原《合同法》第51条关于"无处分权的人处分他人财产，经权利人追认或者无处分权的人订立合同后取得处分权的，该合同有效"的规定，并在第

---

① 张俊浩主编：《民法学原理》，中国政法大学出版社1997年版，第215~216页。

② 最高人民法院民事审判第二庭编著：《最高人民法院关于买卖合同司法解释理解与适用》，人民法院出版社2016年版，第71~72页。

597条规定："因出卖人未取得处分权致使标的物所有权不能转移的，买受人可以解除合同并请求出卖人承担违约责任。法律、行政法规禁止或者限制转让的标的物，依照其规定。"在买卖合同关系中，买卖合同是物权变动的原因行为，所有权移转是物权变动的结果。出卖人缔约时对标的物没有所有权或者处分权，并不影响该负担行为的效力，但物权变动处于效力待定的状态，能否发生物权变动的效果，取决于出卖人嗣后能否取得所有权或者处分权。因无权处分致使标的物所有权不能转移的，出卖人应当承担违约赔偿责任。[①] 因无权处分给物权人造成损害的，由行为人承担侵权责任。认可该类合同原则上有效，主要理由在于：第一，买卖当事人订立的合同只要不违反法律、行政法规的强制性规定以及不违背公序良俗，原则上均属有效，有利于交易的正常开展。第二，为保护善意买受人的利益，也应当认定处分他人之物所订立的合同有效，从而维护交易的安全。从善意的受让人角度而言，认定合同有效，其可以追究相对人的违约责任；若不认定有效，则只能主张缔约过失责任及信赖利益损失，不符合公平原则。第三，域外立法从维护市场秩序考虑，通常认为处分他人之物所订立的合同有效，此符合国际通例。

本条解释在吸收借鉴司法实践经验的基础上，依据《民法典》的最新规定，明确在物权效力认定上，林地、林木流转未依法经林权共有人同意，受让方主张取得相关权利的，除符合善意取得情形外，人民法院不予支持；在合同效力认定上，则适用《民法典》关于物权变动中合同效力与物权效力相区分的规定，原则上并不因无权处分而否定合同效力，交易相对人因此未能取得相关权利，要求解除合同、由违约方依法承担违约责任的，人民法院应予支持。

三、林地、林木交易中的善意取得

善意取得，是指行为人无权处分他人的财产，受让人取得该财产时出于善意，则受让人将依法即时取得对该财产的所有权或他物权的法律制

① 最高人民法院民事审判第二庭编著：《最高人民法院关于买卖合同司法解释理解与适用》，人民法院出版社2016年版，第69页。

度。善意取得制度的目的在于保护动产占有的公信力和不动产登记的公信力，保障交易安全，维护商品交易的正常秩序。在我国市场经济的发展过程中，一些制度尚不够完善，契约精神和诚信意识还有待进一步加强。《民法典》第311条将善意取得制度适用于不动产或者动产的交易领域，以最大限度保护善意第三人的合法权益，促进社会主义市场经济健康有序发展。

（一）善意取得的构成要件

《民法典》第311条规定："无处分权人将不动产或者动产转让给受让人的，所有权人有权追回；除法律另有规定外，符合下列情形的，受让人取得该不动产或者动产的所有权：（一）受让人受让该不动产或者动产时是善意；（二）以合理的价格转让；（三）转让的不动产或者动产依照法律规定应当登记的已经登记，不需要登记的已经交付给受让人。受让人依据前款规定取得不动产或者动产的所有权的，原所有权人有权向无处分权人请求损害赔偿。当事人善意取得其他物权的，参照适用前两款规定。"产生善意取得的法律效果，必须同时具备三项要件，否则不构成善意取得。

1. 受让人受让该财产时主观上须为善意

财产的善意取得以受让人的善意为条件，如果受让人具有恶意，则不得适用善意取得。[①] 善意，是指不知让与人无处分权，此项要件指的是受让人，与让与人是否善意无关。且受让人在受让时为善意即可，若其后知其为无权处分之物，仍适用善意取得之规定。至于其不知无处分权，是否出于过失固非所问，然依客观情势，在交易经验上，一般人皆可认定让与无让与人之权利者，即应认系恶意。[②]《民法典物权编司法解释（一）》第14条规定："受让人受让不动产或者动产时，不知道转让人无处分权，且无重大过失的，应当认定受让人为善意。真实权利人主张受让人不构成善意的，应当承担举证证明责任。"具体而言，关于善意的确定时间，通常认为证明受让人的善意应当限于财产受让时，即让与人交付财产时受让

---

① 最高人民法院物权法研究小组编著：《〈中华人民共和国物权法〉条文理解与适用》，人民法院出版社2007年版，第328页。

② 谢在全：《民法物权论（上）》，中国政法大学出版社1999年版，第229页。

人须为善意，至于以后是否为善意，则不影响善意取得的构成。关于善意的评判方法，采取推定的方法，即推定受让人是善意的，由真实权利人对受让人具有恶意进行举证；如果不能证明受让人为恶意，则应认定其为善意。

2. 转让财产的价格合理

基于公平原则的考虑，善意取得的适用应以有偿取得为前提，如果财产是无偿接收的，不能适用善意取得。合理，应当根据市场价格来判断，原则上应与市场交易价格相符。《民法典物权编司法解释（一）》第18条规定：“民法典第三百一十一条第一款第二项所称‘合理的价格’，应当根据转让标的物的性质、数量以及付款方式等具体情况，参考转让时交易地市场价格以及交易习惯等因素综合认定。”价格是否合理是衡量受让人在取得财产时是否善意的重要标准，可以作为判断受让人在受让该动产或不动产时是否知道转让人为无权处分人的依据之一。《民法典物权编司法解释（一）》第16条即规定：“受让人受让动产时，交易的对象、场所或者时机等不符合交易习惯的，应当认定受让人具有重大过失。”合理价格的认定需要结合个案具体进行衡量，首要考量因素为转让时交易地的市场价格，次要考量因素为转让标的物的性质、数量以及付款方式、交易习惯等。

3. 转让财产已经依法登记或交付

不同类型的财产，其法定公示方法有所不同。对于不动产物权而言，《民法典》第209条第1款明确其物权变动经依法登记发生效力，未经登记的不发生效力，法律另有规定的除外。对于动产物权而言，《民法典》第224条规定原则上自交付时发生效力。对于船舶、航空器和机动车等特殊动产的物权变动，《民法典》第225条规定未经登记的不得对抗善意第三人。对于此类立法并不强制登记的特殊动产，《民法典物权编司法解释（一）》第19条明确转让人将其交付给受让人的，应当认定符合《民法典》第311条第1款第3项善意取得的要件。林地承包经营中涉及的许多权利，立法并不强制要求登记，如林地承包经营权、林地经营权均自合同生效时设立，未经登记的不发生对抗善意第三人的效力。此与特殊动产的物权变动类似，可以参照适用相关规则。只要林地实际交付给交易相对人种植经营，其亦可主张善意取得。

（二）交易相对人的合理注意义务

《农村土地承包法》第24条第2款规定：“土地承包经营权证或者林权证等证书应当将具有土地承包经营权的全部家庭成员列入。”该条系《农村土地承包法》2018年修正时新增的规定，旨在保护妇女等共有人的合法权益。从实践情况看，目前尚无法做到实时更新因婚丧嫁娶等发生的家庭成员变更登记，仅登记户主或部分家庭成员的情形并不鲜见。本司法解释起草过程中，许多地方法院反映，由于农村家庭成员众多，其成员外出打工，居住分散，林地、林木处分中一概要求全部家庭成员签名同意并不现实。

为合理平衡善意林权共有人与善意交易相对人之间的利益，本条解释细化了对交易相对人是否构成善意的认定规则，明确交易相对人的合理注意义务系对林权证等证书载明的共有人情况进行审查。相对人在交易过程中，应当至少确保林地、林木的处分已经依法经过了权利证书载明的共有人同意，这是判断其是否为善意的重要标准之一。《民法典》第301条关于共有物处分的规定为立法明文规定，当事人对此知道或者应当知道。如果权利证书载明的部分共同共有人或者未达到2/3以上份额的按份共有人未在合同上签字或者事后追认，说明交易相对人未尽合理审查义务，不应认定为善意。将交易相对人的善意外化为依法经权利证书载明的共有人同意，有利于鼓励交易，增强市场主体信心，建立健康有序的交易秩序，同时鼓励集体林地承包经营户的家庭成员及时办理林权登记，以维护其自身的合法权益。

【审判实践中应注意的问题】

一、关于户主表见代表行为的效力

尽管《农村土地承包法》第24条第2款要求林权证应当将全部家庭成员列入，但目前林地、林木登记尚不完善，实践中通常仅记载户主姓名。根据《民法典》第 504 条关于越权代表订立的合同效力规定，法人的法定代表人或者非法人组织的负责人超越权限订立的合同，除相对人知道或者应当知道其超越权限外，该代表行为有效，订立的合同对法人或者非法人组织发生效力。户主是农村承包经营户的负责人，其未经其他家庭共有人同意订立的林地、林木处分合同，对于善意相对人而言是有效的，该合同对于农村承包经营户整体具有法律约束力。此类处分行为在物权效力上，只要依法进行了登记或交付，且符合《民法典》第 311 条规定的其他要件，相对人亦可主张善意取得。

二、关于合同效力对善意取得构成的影响

善意取得的适用要求无权处分人订立的合同应为合法有效。合同行为是物权变动的原因，如其原因为非法，自不能发生善意取得的法律后果。《民法典物权编司法解释（一）》第 20 条明确，转让合同被认定无效或者被撤销，受让人主张依据《民法典》第 311 条规定取得所有权的，不予支持。故适用善意取得规则前，应当首先对无权处分合同的效力进行认定，在合同有效的前提下才有继续审查善意取得构成要件的空间。交易相对人与无权处分人恶意串通，损害其他林权共有人合法权益的，不得主张善意取得。

【法条链接】

1.**《中华人民共和国民法典》**（2020 年 5 月 28 日）

第二百零九条　不动产物权的设立、变更、转让和消灭，经依法登记，发生效力；未经登记，不发生效力，但是法律另有规定的除外。

依法属于国家所有的自然资源，所有权可以不登记。

第三百零一条　处分共有的不动产或者动产以及对共有的不动产或者动产作重大修缮、变更性质或者用途的，应当经占份额三分之二以上的按份共有人或者全体共同共有人同意，但是共有人之间另有约定的除外。

第三百一十一条　无处分权人将不动产或者动产转让给受让人的，所有权人有权追回；除法律另有规定外，符合下列情形的，受让人取得该不

动产或者动产的所有权：

（一）受让人受让该不动产或者动产时是善意；

（二）以合理的价格转让；

（三）转让的不动产或者动产依照法律规定应当登记的已经登记，不需要登记的已经交付给受让人。

受让人依据前款规定取得不动产或者动产的所有权的，原所有权人有权向无处分权人请求损害赔偿。

当事人善意取得其他物权的，参照适用前两款规定。

第五百零四条 法人的法定代表人或者非法人组织的负责人超越权限订立的合同，除相对人知道或者应当知道其超越权限外，该代表行为有效，订立的合同对法人或者非法人组织发生效力。

2.**《中华人民共和国农村土地承包法》**（2018年12月29日修正）

第十六条 家庭承包的承包方是本集体经济组织的农户。

农户内家庭成员依法平等享有承包土地的各项权益。

第二十四条 国家对耕地、林地和草地等实行统一登记，登记机构应当向承包方颁发土地承包经营权证或者林权证等证书，并登记造册，确认土地承包经营权。

土地承包经营权证或者林权证等证书应当将具有土地承包经营权的全部家庭成员列入。

登记机构除按规定收取证书工本费外，不得收取其他费用。

第五条　当事人以违反法律规定的民主议定程序为由，主张集体林地承包合同无效的，人民法院应予支持。但下列情形除外：

（一）合同订立时，法律、行政法规没有关于民主议定程序的强制性规定的；

（二）合同订立未经民主议定程序讨论决定，或者民主议定程序存在瑕疵，一审法庭辩论终结前已经依法补正的；

（三）承包方对村民会议或者村民代表会议决议进行了合理审查，不知道且不应当知道决议系伪造、变造，并已经对林地大量投入的。

【条文主旨】

本条是关于集体林地承包合同订立违反民主议定程序的处理的规定。

【条文理解】

民主议定原则是《农村土地承包法》规定的集体土地承包基本原则。为坚持农村土地集体所有权的根本地位，保护农户承包的基本权益，引导土地经营权有序流转，以“村民自治”为核心的民主议定程序应运而生，并逐步在法律中予以明确。

一、集体林地承包中的民主议定程序

林地承包经营权作为与耕地承包经营权、草地承包经营权并列的三大土地承包经营权之一，应当遵循土地承包经营的一般规则。《农村土地承包法》《村民委员会组织法》等法律规定了家庭承包的原则和程序，以及以其他方式承包农村土地的特殊程序，其中民主议定程序是两种承包方式之下均需履行的重要程序。民主议定程序，是指农村集体经济组织内部涉及村民重大利益的事项，必须经由村民会议或村民代表会议集体决策、多数通过方可实施的程序规则。

（一）民主议定程序的制度价值

农村集体成员通过民主决策参与集体所有权的行使，以实现其收益权，体现了农民参与民主议定的自益属性，属于实体性权利。民主议定是一种民主管理权，是农民在集体决议过程中所行使的表决权，是实现农村公共事务管理权益、推动农村发展的途径，因此民主议定也是共益权，属于程序性权利。[①] 总体而言，民主议定属于具有综合属性的权利，其核心在于保障村民自治。林地承包合同主要涉及村民集体利益，按照我国所有制制度，集体所有制作为林地、林木等农村集体经济组织财产的主要所有制形式，应当在突出集体经济组织成员的身份要素的同时，依法保障村民自治的权利。

农村村民自治是实现农村基层民主的重要形式。村民通过村民会议、村民代表会议等民主议定形式，对涉及村集体和村民利益的重大事项进行决策，是村民自治的核心内容。实践中，经常出现农村集体经济组织和村干部未经民主决策，擅自对一些涉及村民利益的重大事项作出决定的情况，并以村集体名义签订相应的合同，侵害村民合法权益，激发村内矛盾。[②] 因此，有必要从程序上设置严格的条件，规制农村集体经济组织和村干部滥用职权的行为，最大程度上维护农民基于集体所有制及其衍生的自治权所享有的权益。

（二）民主议定程序的立法沿革

林地承包周期较长，因承包合同引发的纠纷往往发生在合同履行数年甚至数十年之后。而有关民主议定程序的法律规定经历了时代的变迁，需要对不同时期《村民委员会组织法》《农村土地承包法》等法律、政策中的相关规定进行梳理。

---

① 王雷：《农民集体成员权、农民集体决议与乡村治理体系的健全》，载《中国法学》2019年第2期。

② 匡俊：《论违反村集体民主议定原则的合同效力——基于北大法宝上128个案例的分析》，载《法大研究生》2017年第1辑。

1. 村民自治的基础：村民委员会的诞生（1986 年之前）

民主议定原则是我国农村村民自治制度的重要组成部分，是农村基层民主建设的重要环节。1986 年之前，作为农村基层自治组织的村民委员会尚在形成之中，村民自治制度以此为基点逐步形成，此后方有民主议定存在的空间。1982 年 12 月通过的《宪法》正式确立村民委员会这一农村自治组织形式，并明确了村民自治的基本方向。其后紧接着发布的一系列文件通知，确定乡以下主要根据自治原则，建立群众性自治组织。①

2. 民主议定的萌芽：概括性规定的出现（1986 年至 1988 年）

1986 年 4 月公布施行的原《最高人民法院关于审理农村承包合同纠纷案件若干问题的意见》第 2 条规定，审理农村承包合同纠纷案件，首先要审查合同是否有效，违背民主议定原则的应确认合同无效；承包合同被确认无效后，对产生的财产问题应当依照法律、政策合理解决；有过错的一方应当赔偿对方因此而遭受的经济损失；如果双方都有过错，各自承担相应的责任。在原《村民委员会组织法（试行）》试行之前，并没有关于民主议定程序的法律强制性规定，民主议定的方式、范畴、人数等均没有具体规范要求。

3. 民主议定的雏形：村民会议的产生（1988 年至 1998 年）

1988 年 6 月 1 日起施行的原《村民委员会组织法（试行）》明确，村民委员会是村民自我管理、自我教育、自我服务的基层群众性自治组织，并对村民委员会和村民会议的组织形式和职权等作了相应的规定，标志着村民自治制度开始走向规范化和法制化。该法第 17 条“村民委员会办理本村的公共事务和公益事业所需的费用，经村民会议讨论决定，可以向本村经济组织或者村民筹集。收支账目应当按期公布，接受村民和本村经济组织的监督”之规定，是村集体民主议定的雏形。涉及全体村民和集体利益的事项由村民会议集体讨论决定，这也是实现村民自治、村民行使自治权的根本途径和方式。但在当时的农村实践中，村民及村干部的法律意识不足，对于一些重大事项可能并未适用民主议定原则处理，而只由村干部

① 匡俊：《论违反村集体民主议定原则的合同效力——基于北大法宝上 128 个案例的分析》，载《法大研究生》2017 年第 1 辑。

讨论决定。

4. 民主议定的发展：村民会议的规范化（1998年至2003年）

1998年11月4日正式施行的《村民委员会组织法》在原《村民委员会组织法（试行）》的基础上，对村民委员会的性质、地位、职责、产生方式、组织机构、工作方式及村民会议的权力、组织形式等进一步作了全面而具体的规定，明确村民委员会实行民主选举、民主决策、民主管理、民主监督。该法第9条对须经村民会议民主议定的事项予以明确，使民主议定原则得以细化。期间，1999年6月28日公布的原《最高人民法院关于审理农业承包合同纠纷案件若干问题的规定（试行）》第25条规定，发包方违背集体经济组织成员大会或者成员代表大会决议，越权发包的，应当认定该承包合同为无效合同，并根据当事人的过错，确定其应承担的相应责任；自承包合同签订之日起超过1年，或者虽未超过1年，但承包人已实际做了大量的投入的，对原告方要求确认该承包合同无效或者要求终止该承包合同的，人民法院不予支持；但可根据实际情况，依照公平原则，对该承包合同的有关内容进行适当调整。根据该规定，违反民主议定程序的承包合同原则上当属无效，民主议定规则日臻成熟。

5. 民主议定的完善：内容的明确（2003年至2010年）

2003年3月1日起施行的《农村土地承包法》规定，家庭承包的承包方案需要经本集体经济组织成员的村民会议2/3以上成员或者2/3以上村民代表的同意；以其他方式承包时，发包方将农村土地发包给本集体经济组织以外的单位或者个人承包的，应当事先经本集体经济组织成员的村民会议2/3以上成员或者2/3以上村民代表的同意。由此确定了民主议定程序的形式、人数、程序等完整规则。

6. 民主议定的成熟：内容的丰富（2010年至今）

2010年修订的《村民委员会组织法》根据市场经济发展进程中农村社会出现的新情况和新问题，在第24条对须经民主议定的事项作出相应修改和完善，增加了一些情形，明确须经民主议定的土地承包方案不限于村民的承包方案，而是所有土地承包方案。其后，《村民委员会组织法》和《农村土地承包法》几经修订，但立法关于土地承包经营必须遵循的民主议定程序规定，分别与2003年和2010年的规定基本相同。

二、违反民主议定程序对林地承包合同效力的影响

按照现行法律规定，民主议定是签订农村集体土地承包合同的必经程序，违反该程序订立的合同，效力如何认定，理论和实务中均存在分歧。本司法解释起草过程中，集体林地承包的民主议定程序是其中一个重点、难点问题，需要在充分考虑理论争鸣和实务分歧的基础上，结合立法沿革和实践情况，确立相关处理规则。

（一）理论和实务界的不同观点

关于农村土地承包中民主议定程序的法律规范性质及违反该规范的后果，理论界和实务界的观点不尽相同。

第一种观点认为，有关民主议定程序的法律规定属于效力性强制性规定，当事人违反该规定订立的承包合同当属无效。在无效的观点之下，有学者梳理了司法观点的演变过程，主要以 1986 年原《最高人民法院关于审理农村承包合同纠纷案件若干问题的意见》、1999 年原《最高人民法院关于审理农业承包合同纠纷案件若干问题的规定（试行）》确立的 1 年胜诉期和实际大量投入标准以及 2008 年前述司法解释的废止作为界限，产生了绝对无效、相对无效和无效为主的观点。①

第二种观点认为，《农村土地承包法》第 52 条是对法定代表人的代表权进行限制的组织规范，而不是行为规范。效力性规定和管理性规定是对强制性规定所作的区分，强制性规定、任意性规定本身属于行为规范范畴。未经民主议定程序对外发包应当按照《民法典》第 504 条规定，对代表行为的效力作出认定。法律一经公布，推定所有人都应当知晓并遵守。未经民主议定程序对外发包，往往也意味合同相对人不是善意的，因此，一般情况下应当认定合同无效。

第三种观点认为，民主议定程序是关于村民自治组织内部管理运作的规定，属于管理性规定，违反该规定订立的承包合同并不必然无效。其中

① 参见赵明非：《未经民主议定程序的土地承包合同效力之反思》，载《三峡大学学报（人文社会科学版）》2016 年第 38 卷第 5 期。

有学者提出，应当从民主议定程序的本质出发，基于无权处分和表见代表的基本法理，认定此类合同为可撤销合同，进而从平衡集体经济组织成员和承包方利益的角度或者从判断抽象合同利益、具体合同利益的角度等认定可撤销的情形。①

第四种观点认为，违反民主议定程序的承包合同应当认定为效力待定合同，理论界对于法律效力性与管理性规定的二元划分法不能准确界定违反民主议定原则的法律效力特性，难以有效规范裁判，故应区分不同情形认定合同效力。②

（二）违反民主议定程序的合同效力

1. 原则上应认定承包合同无效

《农村土地承包法》第 19 条、第 20 条规定了家庭承包的原则和程序，第 52 条第 1 款规定了其他方式承包的特殊程序。从法律规范来看，对民主议定程序的用语为“必须”“应当”等，体现出该程序的强制性。当事人对此属于知道或者应当知道，违反民主议定原则的行为损害了村集体利益，与一般的无权处分合同仍有一定区别，故本条解释从合同效力的角度进行规定，明确当事人以违反法律规定的民主议定程序为由，主张集体林地承包合同无效的，人民法院应予支持。主要考虑因素如下：

第一，在家庭承包中保障农村集体经济组织成员平等行使成员权。家庭承包是对集体所有的土地或者国家所有交由集体使用的土地在集体经济组织内部的分配，对于集体经济组织成员资格的确认和分配方案都需要在集体内部进行民主协商确定后再行实施。在统一组织发包时，集体经济组织成员依法平等行使承包土地的权利，同时有自愿放弃的权利。农村集体经济组织从本质上是自治性团体法人，应当遵循团体自治的基本原则。土地的经营管理者应当依照所有权人的集体意愿行事，对重大承包事项必须经过民主讨论并获得法定人数的村民同意。承包方案的确定应当依法经本

---

① 参见赵明非：《未经民主议定程序的土地承包合同效力之反思》，载《三峡大学学报（人文社会科学版）》2016 年第 38 卷第 5 期。

② 参见成大辉、于朝晖：《试论民主议定原则在涉林合同纠纷案件中的适用》，载福建法院网，网址：https：//fjfy. fjcourt. gov. cn/index. shtml，最后访问日期：2022 年 7 月 9 日。

集体经济组织成员的村民会议2/3以上成员或者2/3以上村民代表的同意，也就是必须经过大多数集体成员的表决通过才能实施，否则会导致土地承包方案无效。[①]

第二，在其他方式承包中保障农村集体经济组织成员的集体利益。集体经济组织以外的单位和个人承包经营荒山、荒沟、荒丘、荒滩等“四荒”土地，在一定意义上挤占了集体经济组织农民的生存空间。[②] 尤其林地承包期限较长，在30~70年，对村民的影响更加深远。实践中，个别村干部以权谋私、“暗箱”操作，以合法形式掩盖非法目的，借集体林权制度改革之机或者投资建设乡村公路、自来水改造、闭路电视安装等公益事业之时，违规转让林地、林木，导致一些林地、林木的转让和承包合同不规范，合同价格不符合市场价值，损害村民利益、引发矛盾纠纷。[③] 为充分保障集体利益，避免承包以后产生纠纷，发包给集体经济组织成员以外的单位或个人之前，应当取得法定人数的本集体经济组织成员同意。实务案例中，有观点从民主议定程序涉及重大社会公共利益角度出发来考察承包合同的效力。如最高人民法院（2015）民申字第2760号民事裁定认为，《村民委员会组织法》第24条所规定的集体土地承包问题，涉及重大社会公共利益，再审申请人主张该条款不是效力性强制条款，“四荒”土地可以直接通过拍卖实施承包，不需要经过村民会议讨论，没有法律依据。

第三，在集体重大财产权益处置中设定必要的程序规制。农村土地承包过程中，涉及不同村民或集体经济组织的利益，时常发生利益难以平衡和协调的问题。从程序正义的角度看，民主决策程序确保了承包活动依法公平、公正、公开、透明开展，通过民主表态、民主抉择程序来解决冲突，虽然难以兼顾所有人的利益，但却能在程序上实现大多数人的正义。同时，森林等自然资源的合理开发利用还涉及社会公共利益。依据《土地管理法》规定，国家鼓励单位和个人按照土地利用总体规划，在保护和改

---

① 参见高圣平、王天燕、吴昭军：《〈中华人民共和国农村土地承包法〉条文理解与适用》，人民法院出版社2019年版，第309页。

② 何宝玉主编：《中华人民共和国农村土地承包法释义》，中国民主法制出版社2019年版，第130页。

③ 祝昌霖、林锦斌：《集体林权制度改革中审理林业民事案件的若干问题分析》，载《福建政法管理干部学院学报》2009年第3期。

善生态环境、防止水土流失和土地荒漠化的前提下，开发未利用的土地，禁止采取毁坏森林等方式开发利用土地。实践中，一些村民委员会成员或村干部为了一己私利擅自发包，对承包方开发的真实意图不加考察，对开发方案、资信情况、经营能力不严格审核，导致宜林荒山荒地未能得到合理开发利用，甚至造成生态环境破坏的严重后果。民主议定程序则为土地的合理有序利用提供了相应的程序保障，确保承包方案符合村民的整体经济利益和长远生态环境权益。

2. 对于违反民主议定程序的理解

第一，民主议定的范畴为土地承包方案。一般而言，土地承包方案属于整体性的一揽子方案，包括承包范围、期限、价款等合同涉及的主要条款。对于家庭承包，由于集体经济组织成员享有平等的承包权利，承包方案通常不会具体到每个集体经济组织成员。因此，只要是依据经民主议定程序表决通过的承包方案向本集体经济组织成员发包的，即使某个农户的土地承包合同没有经过表决程序，仍应当认定承包合同的订立依法进行了民主议定，未违反该法定程序。[①] 对于其他方式承包，因为是发包给集体经济组织成员以外的单位或个人，承包方的身份、资质等对于承包合同的履行均有重要影响，因此民主议定的承包方案中一般应当涉及承包方的具体情况。

第二，民主议定的会议形式和决议条件。民主议定程序要求的会议形式为村民会议或村民代表会议，形成决议的条件为经本集体经济组织成员的村民会议 2/3 以上成员或者 2/3 以上村民代表的同意。《村民委员会组织法》对两种形式的会议召开条件、人员组成、决议事项、决议程序等作出了规定。具体而言，村民会议由本村 18 周岁以上的村民组成，由村民委员会召集，且应当提前 10 天通知村民；召开村民会议，应当有本村 18 周岁以上村民的过半数，或者本村 2/3 以上的户的代表参加，村民会议所作决定应当经到会人员的过半数通过，但法律对召开村民会议及作出决定另有规定的依照其规定；经村民会议讨论决定方可办理的事项包括土地承包方

① 参见高圣平、王天燕、吴昭军：《〈中华人民共和国农村土地承包法〉条文理解与适用》，人民法院出版社 2019 年版。可同步参考书中案例：郝某某与平遥县朱某村民委员会农业承包合同纠纷案，（2015）晋中中法商终字第 96 号民事判决书。

案、村民会议认为应当由村民会议讨论决定的涉及村民利益的其他事项等。村民代表会议在人数较多或者居住分散的村设立，由村民委员会成员和村民代表组成；村民代表应当占村民代表会议组成人员的4/5以上，妇女村民代表应当占村民代表会议组成人员的1/3以上，村民代表由村民按每5户至15户推选一人，或者由各村民小组推选若干人；村民代表会议由村民委员会召集，有2/3以上的组成人员参加方可召开，所作决定应当经2/3以上村民代表同意；决议事项包括村民会议授权的土地承包方案等。

第三，林地承包合同的主要条款应当与经民主议定的承包方案一致。林地承包方案虽经民主议定程序讨论通过，但所订立的承包合同的面积、价格、期限等主要条款实质违反民主议定决议内容的，应视为承包合同违反法律规定的民主议定程序。反之，如果承包合同条款未实质违反民主议定程序讨论决定内容的，则并不因此否定合同效力。

第四，违反民主议定程序与其他合同无效事由的区分。本条中“违反法律规定”是指违反《农村土地承包法》《村民委员会组织法》等关于民主议定程序的规定。《民法典》第154条规定，行为人与相对人恶意串通，损害他人合法权益的民事法律行为无效。《农村土地承包法》第58条、第60条规定，承包合同中违背承包方意愿或者违反法律、行政法规有关不得收回、调整承包地等强制性规定的约定无效；任何组织和个人强迫进行土地承包经营权互换、转让或者土地经营权流转的，该互换、转让或者流转无效。适用中，应当注意区分违反民主议定程序与其他法定无效事由之间的区别与交叉，即使经过民主议定程序，但存在其他法定无效情形的，订立的林地承包合同仍应依法宣告无效。例如，对于村民会议决定明显与法律政策规定相抵触，或限制、剥夺村民或农户法定权益的，不予支持。[①]

三、林地承包合同有效的例外情形

由于早期法律规定不明确、农村集体经济组织管理不规范、村民法律

---

① 参见江苏省高级人民法院课题组、李后龙、王松、徐洁：《当前审理农村土地承包经营权纠纷应当正确把握的若干原则——兼论农村土地承包经营权制度的过去、现在和未来》，载《法律适用》2017年第1期。

意识不足、监管制度不完善等多方面原因，[①] 实践中未经民主议定程序发包的集体林地客观存在。部分地区至今仍存在村民会议难以召集、村民会议记录不规范、承包合同签订不规范等问题。在承包方对林地大量投入，且村民多年无异议的情况下，由于村民委员会换届或者土地征收、开发等经济利益驱动等原因，发包方以违反民主议定程序为由撕毁合同的案例时有发生。如果简单认定承包合同无效，有悖诚实信用原则，此时需要合理平衡村集体利益和善意承包方合法权益之间的关系。本条解释从鼓励交易角度出发，结合实践中的具体情况，尽可能减少因违反民主议定程序而导致集体林地承包合同无效的情形发生，规定下列三种情形下对当事人的合同无效主张不予支持。

（一）合同订立时，法律、行政法规没有关于民主议定程序的强制性规定的

如前所述，民主议定程序的规范化经历了萌芽、发展、完善等过程，不同历史时期的法律对于民主议定程序的规定不尽相同，要求渐次严格。根据法不溯及既往的基本原则，如果合同订立时，《土地管理法》[②]《农村土地承包法》《村民委员会组织法》等法律、行政法规没有关于民主议定程序的强制性规定的，并不因此否定合同效力。效力评判的时间标准为缔约行为时法，法律依据为法律和行政法规的强制性规定。林地承包合同时间跨度长，不同历史时期对民主议定程序的要求不同，应当区分不同阶段、不同情况对林地承包合同的效力进行审查。

1. 1998 年《村民委员会组织法》施行之前

《村民委员会组织法（试行）》实施之前，我国法律并无有关民主议定程序的法律规定。1988 年 6 月 1 日，《村民委员会组织法（试行）》施行。该法第 11 条第 2 款规定：涉及全村村民利益的问题，村民委员会必须提请村民会议讨论决定。由于相关规定比较原则，尚不具体针对承包方案

① 参见龚军伟、王惠敏：《未经民主议定程序的集体建设用地使用权流转合同效力及其救济路径探析——以广东省旧村改造为背景》，载《河南司法警官职业学院学报》2021 年第 3 期。

② 《土地管理法》关于集体建设用地的出租、转让规定了民主议定程序，但因与本司法解释规定的集体林地承包无直接关系，故不展开论述。

要求经过民主议定程序。在此阶段，村民委员会等村民自治组织正在形成之中，村民会议的议事规则尚不完善，法律、行政法规尚无关于民主议定程序的强制性规定。因此，这一阶段订立的林地承包合同虽然未经民主议定程序讨论决定，但只要合同内容未违反当时法律的禁止性规定，未损害村集体和村民利益的，原则上应认定合同有效。适用中需注意，如前所述，由于1986年原《最高人民法院关于审理农村承包合同纠纷案件若干问题的意见》第2条有关违背民主议定原则的农村承包合同应当确认无效的规定现已被废止，对于该意见废止前签订的合同，要结合当时的法律、行政法规规定和历史情况对合同效力作出妥善认定。

2. 1998年《村民委员会组织法》施行之后至2003年《农村土地承包法》施行之前

1998年11月4日公布施行的《村民委员会组织法》第19条对涉及村民利益的事项进行了界定，明确“村民的承包经营方案”必须由村民委员会提请村民会议讨论决定，方可办理。该阶段订立的集体林地承包合同，如违反民主议定原则，一般应认定合同无效，但实践中对民主议定程序的要求还不是很严格、很绝对。例如，对于《村民委员会组织法》第19条中的“村民”如何理解，实践中存在争议。对于本村村民，当然可以包含在“村民”范畴之内，将林地承包给本村村民须经民主议定程序商议，不存在疑问。但对于外村村民，并不当然包含在该条文义范围之内，因为外村村民承包其他村的林地时并不是以村民的身份，也不因其是农民而享有相关成员权，其与城镇居民等农村集体经济组织之外的人员无异。而将林地发包给本集体经济组织以外的单位或者个人，1998年《村民委员会组织法》并未规定须村民会议讨论。1999年原《最高人民法院关于审理农业承包合同纠纷案件若干问题的规定（试行）》第25条即规定，发包方违背民主议定程序越权发包的，原则上应认定承包合同无效，但合同订立超过1年或者虽未超过1年但大量投入的例外情形下有效。

3. 2003年《农村土地承包法》施行之后

2003年3月1日起施行的《农村土地承包法》在第二章家庭承包中规定了家庭承包的原则和程序，在第三章其他方式的承包中规定了本集体经济组织以外单位或个人承包的特殊程序，均明确强调民主议定原则。据此，林地承包合同主要条款涉及的承包方案须经民主表决方为有效。1998年《村民委员会组织法》规定了村民会议和村民代表会议的议事规则，包括议定事项、召集方式、人数要求、表决程序等。此后，2010年修订、2018年修正的《村民委员会组织法》及2009年、2018年修正的《农村土地承包法》对农村土地承包的民主议定程序进行了细化，有关民主议定程序的规定不断完善。从这一阶段开始，林地承包合同未经法律规定的民主议定程序讨论决定的，当属无效。需要注意的是，其他方式的承包中，《农村土地承包法》第52条仅对将农村土地发包给本集体经济组织以外的单位或者个人承包有民主议定程序要求，对于发包给本集体经济组织成员则仅受该法第48条关于应通过招标、拍卖、公开协商等方式承包的限制，而无民主议定程序的强制性规定。

（二）合同订立未经民主议定程序讨论决定，或者民主议定程序存在瑕疵，一审法庭辩论终结前已经依法补正的

村民自治实践中，由于许多地区村民的法律意识不强，承包合同签订操作不规范，可能出现民主议定程序存在瑕疵甚至事先未经民主议定程序讨论决定，但实际上承包合同的内容并不违反大多数集体成员意志的情形。为保护村民自治的实质性和交易的稳定性，应当允许集体经济组织在一审法庭辩论终结前对民主议定程序进行补正。

1. 允许补正的原因

民主议定程序主要是从程序上保障村民自治权的实现，该程序涉及林地承包合同订立的代表权问题，如果存在瑕疵，但能够在一审法庭辩论终结前依法补正的，应尽可能维护合同效力。在有些农村地区，法治尚不健全，农民法律意识有待提高，在村民会议的召开、参会人员的召集、会议决定的签字等方面存在瑕疵的情况客观存在。很多情况下，尽管村民会议或者村民代表会议的形式不尽符合法律要求，但村民真实意思是同意开发利用林地及相关林地承包方案、合同的，许多村民可能直到诉讼阶段才知道民主议定程序存在瑕疵。此时应当允许对程序上存在的问题进行补正，以保障集体经济组织成员意志的正确、真实表达。

2. 允许补正的情形

允许补正的情况较为宽泛，包括但不限于：发包未召开村民会议或者村民代表会议，仅由村民委员会讨论通过并签字认可，或由村干部讨论同意的；村民会议或者村民代表会议的记录或决议存在由他人代签名，甚至没有签名的；村民会议或者村民代表会议召开的人数未达到《村民委员会组织法》规定的；村民会议或者村民代表会议未能按照法律规定提前通知，导致部分村民未能参加表决的。前述情形尽管不符合《村民委员会组织法》和《农村土地承包法》的规定，但如果大多数农村集体经济组织成员知悉且认可承包事项，收取了承包利益的，应当允许其依法补正民主议定程序。

3. 补正的方式

民主议定程序的补正应当严格依据《村民委员会组织法》和《农村土地承包法》的规定进行。对于未召开村民会议或者村民代表会议的，应当依法正式召集会议表决通过林地承包方案，否则民主议定程序将形同虚设。对于已经召开了村民会议或者村民代表会议，只是会议记录或决议存在代签名、未签名情形的，可以由该部分村民补充签字。如果承包方案已经法定人数同意，未签名、代签名的仅是不同意的少数人员，则可以不再补签。

（三）承包方对村民会议或者村民代表会议决议进行了合理审查，不知道且不应当知道决议系伪造、变造，并已经对林地大量投入的

承包方作为合同相对方，除了对民主议定程序的决议过程和结果材料进行形式审查外，对决议的真实性往往无从知晓。实践中，存在村民委员会或者相关负责人伪造、变造村民会议或者村民代表会议决议等情形，如果对合同相对方课以过于严苛的实质审查义务，不利于善意交易人利益的保护，此时需要在村民自治和合同信赖利益之间进行平衡。

1. 林地承包中的越权代表行为

林地承包存在越权代表的情形，其典型是林地承包合同的订立虽经过民主议定程序，但合同主要条款与民主议定的内容不相符，如价格、面积、期限等略有出入，或者民主议定确定需经招投标而未招投标等，这些

都可能损害村民集体利益。有观点认为，民主议定原则实质上是林地承包合同签订主体的代表权问题，应考虑其产生效力影响的法理基础，将发包方不遵守内部民主议定程序的风险外部化，分配给承包方，实践中可能会产生发包方恶意做无效抗辩的问题。《民法典》第 61 条第 3 款规定："法人章程或者法人权力机构对法定代表人代表权的限制，不得对抗善意相对人。"该法第 504 条规定："法人的法定代表人或者非法人组织的负责人超越权限订立的合同，除相对人知道或者应当知道其超越权限外，该代表行为有效，订立的合同对法人或者非法人组织发生效力。"据此，对于林地承包中的越权代表行为，需要根据案件具体情况进行判定，承包方对越权代表不知道或者不应当知道的，应当依法保护善意交易相对人的利益。

本司法解释起草过程中，有意见指出《村民委员会组织法》规定的处置集体重大财产利益时的民主决策程序，以及《农村土地承包法》规定的民主议定程序，是为了确保承包活动依法公平、公正开展，如果仅因为承包方有实际投入而忽视程序正义，支持当事人明知违反法律规定而恶意缔结合同的行为，不符合法治精神，不利于对公民守法观念的教育，在农村会起到负面示范效应。也有意见提出，在司法实践中，争议通常由于林地征用等多种原因带来较大经济效益的情况所引发，此时可能距离承包合同签订已数十年时间，承包方在此期间已有巨大投入，不论是集体经济组织还是其成员均无异议，不应在几十年后单纯以未经民主议定程序为由否定合同效力。经研究，本条解释依据《民法典》关于表见代表行为对善意相对人有效的规定，并设定认定合同有效的重要前提条件是承包方对村民会议或者村民代表会议决议进行了合理审查，不知道且不应当知道决议系伪造、变造，同时要求已经对林地大量投入。

2. 善意承包方的合理审查义务

民主议定原则及程序系《农村土地承包法》和《村民委员会组织法》的强制性规定，当事人对此属知道或者应当知道，不得以此作为善意的抗辩。交易相对人在承包时，应当杜绝侥幸心理，按照法律规定对村民会议或者村民代表会议决议进行合理审查，审慎履行对法定特别程序的注意义务，依法订立和履行涉及集体林地的合同。实践中存在村民委员会或相关负责人伪造、变造村民会议或者村民代表会议决议等情形，如果善意承包方已经对决议进行了合理审查，应认为其已尽审慎注意义务。

善意承包方的认定，可以参考《民法典担保制度司法解释》第 7 条有关善意相对人对公司对外担保决议的合理审查规定。该条明确，善意是指相对人在订立担保合同时不知道且不应当知道法定代表人超越权限；相对人有证据证明已对公司决议进行了合理审查，人民法院应当认定其构成善意，但是公司有证据证明相对人知道或者应当知道决议系伪造、变造的除外。集体林地承包中的善意承包方，应当符合客观和主观两方面要件。

客观上，承包方应当依法对村民会议或者村民代表会议决议进行了合理审查。在合理审查的标准上，承包方应当审查民主议定决议是否为适格的决议，即形式、人数、程序是否符合法律规定。如果决议存在明显瑕疵，应当要求村民委员会等作出合理解释并依法补正。如果承包方不是农村集体经济组织成员，难以要求其对内部决策的真实过程详细了解，其审查应为形式审查，不能苛求其进行实质审查。如承包方是本集体经济组织成员，则应当结合民主议定与签订合同的时间远近、该名村民的参与程度、决策过程的公开透明度等具体情况，对其审查标准提出更高的要求。

主观上，承包方不知道或者不应当知道民主议定决议系伪造、变造的。对于主观上不知道或不应当知道发包方存在越权代表行为，其实质无权订立林地承包合同的判断，一般从反向进行，也即除非能够证明承包方明知或应当知道决议是伪造、变造的，才能否定主观善意。有证据证明承包方知道或者应当知道决议系伪造、变造的，不能认为其已尽合理审查义务，亦不能认定其系善意交易相对人。

3. 大量投入的认定

农村为熟人社会，在善意承包方长期大量投入和使用林地而无人异议的情况下，应当对善意相对人的合法权利和信赖利益予以保护。“大量投入”的认定应以能否形成交易外观为标准，根据个案情况予以评判，具体可结合当地经济发展的水平、林地林木的实际投入产出、承包经营行为的公开程度等因素予以评判。原《最高人民法院关于审理农业承包合同纠纷案件若干问题的规定（试行）》第 25 条将越权发包时，承包合同签订之日起超过 1 年，或者虽未超过 1 年但承包方已实际做了大量的投入的，作为认定合同有效的例外。吸收该条规定内容，本条解释将大量投入作为第三种情形下认定合同有效的要件之一，对民主议定程序的合理审查及对林地的大量投入，两者缺一不可。

【法条链接】

1.**《中华人民共和国民法典》**（2020年5月28日）

第一百五十三条 违反法律、行政法规的强制性规定的民事法律行为无效。但是，该强制性规定不导致该民事法律行为无效的除外。

违背公序良俗的民事法律行为无效。

第五百零四条 法人的法定代表人或者非法人组织的负责人超越权限订立的合同，除相对人知道或者应当知道其超越权限外，该代表行为有效，订立的合同对法人或者非法人组织发生效力。

2.**《中华人民共和国村民委员会组织法》**（2018年12月29日修正）

第二十四条 涉及村民利益的下列事项，经村民会议讨论决定方可办理：

……

（四）土地承包经营方案；

……

（九）村民会议认为应当由村民会议讨论决定的涉及村民利益的其他事项。

村民会议可以授权村民代表会议讨论决定前款规定的事项。

法律对讨论决定村集体经济组织财产和成员权益的事项另有规定的，依照其规定。

3.**《中华人民共和国农村土地承包法》**（2018年12月29日修正）

第十九条 土地承包应当遵循以下原则：

（一）按照规定统一组织承包时，本集体经济组织成员依法平等地行使承包土地的权利，也可以自愿放弃承包土地的权利；

（二）民主协商，公平合理；

（三）承包方案应当按照本法第十三的规定，依法经本集体经济组织成员的村民会议三分之二以上成员或者三分之二以上村民代表的同意；

（四）承包程序合法。

第二十条　土地承包应当按照以下程序进行：

（一）本集体经济组织成员的村民会议选举产生承包工作小组；

（二）承包工作小组依照法律、法规的规定拟订并公布承包方案；

（三）依法召开本集体经济组织成员的村民会议，讨论通过承包方案；

（四）公开组织实施承包方案；

（五）签订承包合同。

第五十二条　发包方将农村土地发包给本集体经济组织以外的单位或者个人承包，应当事先经本集体经济组织成员的村民会议三分之二以上成员或者三分之二以上村民代表的同意，并报乡（镇）人民政府批准。

由本集体经济组织以外的单位或者个人承包的，应当对承包方的资信情况和经营能力进行审查后，再签订承包合同。

4.《最高人民法院关于适用〈中华人民共和国民法典〉有关担保制度的解释》（2020 年 12 月 31 日）

第七条　公司的法定代表人违反公司法关于公司对外担保决议程序的规定，超越权限代表公司与相对人订立担保合同，人民法院应当依照民法典第六十一条和第五百零四条等规定处理：

（一）相对人善意的，担保合同对公司发生效力；相对人请求公司承担担保责任的，人民法院应予支持。

（二）相对人非善意的，担保合同对公司不发生效力；相对人请求公司承担赔偿责任的，参照适用本解释第十七条的有关规定。

法定代表人超越权限提供担保造成公司损失，公司请求法定代表人承担赔偿责任的，人民法院应予支持。

第一款所称善意，是指相对人在订立担保合同时不知道且不应当知道法定代表人超越权限。相对人有证据证明已对公司决议进行了合理审查，人民法院应当认定其构成善意，但是公司有证据证明相对人知道或者应当知道决议系伪造、变造的除外。

第六条　家庭承包林地的承包方转让林地承包经营权未经发包方同意，或者受让方不是本集体经济组织成员，受让方主张取得林地承包经营权的，人民法院不予支持。但发包方无法定理由不同意或者拖延表态的除外。

【条文主旨】

本条是关于家庭承包林地的承包经营权转让的规定。

【条文理解】

根据“三权分置”改革的制度设计及修正后的《农村土地承包法》，土地承包经营权成为家庭承包中的特有概念，其他方式承包取得的权利为土地经营权；承包方承包土地后，享有土地承包经营权，可以自己经营，也可以保留土地承包权，流转其承包地的土地经营权，由他人经营。出于稳定承包权，放活经营权的目的，2018年《农村土地承包法》区分了土地承包经营权和土地经营权的不同交易方式，前者为土地承包经营权互换、转让，后者则为土地经营权流转。

一、林地承包经营权的交易方式

（一）集体林地流转的政策变迁

农村集体林地交易受到的限制较多，但中央政策鼓励依法有序流转，以保障农户的收益权和处置权，解放和发展林业生产力，促进传统林业向现代林业转变。从我国集体林地流转的政策变迁来看，先后有承包地使用权流转、土地承包经营权流转、土地经营权流转等不同方式。

2001年12月30日，中共中央下发《关于做好农户承包地使用权流转工作的通知》（中发〔2001〕18号），指出在稳定家庭承包经营制度的基础上，允许土地使用权合理流转，是农业发展的客观要求，也符合党的一贯政策，明确农户承包地使用权流转要在长期稳定家庭承包经营制度的前提下进行，必须坚持依法、自愿、有偿的原则。2004 年 4 月 30 日，国务院办公厅下发《关于妥善解决当前农村土地承包纠纷的紧急通知》（国办发明电〔2004〕21 号），强调流转土地承包经营权是农民享有的法定权利，任何组织和个人不得侵犯和剥夺。

2008 年 6 月 8 日，中共中央、国务院出台《关于全面推进集体林权制度改革的意见》（中发〔2008〕10 号），规定在不改变林地用途的前提下，林地承包经营权人可依法对拥有的林地承包经营权和林木所有权进行转包、出租、转让、入股、抵押或作为出资、合作条件，对其承包的林地、林木可依法开发利用。2008 年 10 月 15 日，中共中央发布《关于推进农村改革发展若干重大问题的决定》（中发〔2008〕16 号），提出要加强土地承包经营权流转管理和服务，建立健全土地承包经营权流转市场，按照依法自愿有偿原则，允许农民以转包、出租、互换、转让、股份合作等形式流转土地承包经营权，发展多种形式的适度规模经营。2014 年 11 月 20 日，中共中央办公厅、国务院办公厅印发《关于引导农村土地经营权有序流转发展农业适度规模经营的意见》，明确规范引导农村土地经营权有序流转，鼓励承包农户依法采取转包、出租、互换、转让及入股等方式流转承包地；在同等条件下，本集体经济组织成员享有土地流转优先权，以转让方式流转承包地的，原则上应在本集体经济组织成员之间进行，且需经发包方同意。2016 年 10 月，中共中央办公厅、国务院办公厅印发的《关于完善农村土地所有权承包权经营权分置办法的意见》提出，在完善“三权分置”办法过程中，要充分维护承包农户使用、流转、抵押、退出承包地等各项权能。承包农户有权占有、使用承包地，依法依规建设必要的农业生产、附属、配套设施，自主组织生产经营和处置产品并获得收益；有权通过转让、互换、出租（转包）、入股或其他方式流转承包地并获得收益，任何组织和个人不得强迫或限制其流转土地；有权依法依规就承包土地经营权设定抵押、自愿有偿退出承包地，具备条件的可以因保护承包地获得相关补贴；承包土地被征收的，承包农户有权依法获得相应补偿，符合条件的有权获得社会保障费用等；不得违法调整农户承包地，不得以退出土地承包权作为农民进城落户的条件。同时，要依法维护经营主体从事农业生产所需的各项权利，使土地资源得到更有效合理的利用。经营主体有权使用流转土地自主从事农业生产经营并获得相应收益，经承包农户同意，可依法依规改良土壤、提升地力，建设农业生产、附属、配套设施，并依照流转合同约定获得合理补偿，有权在流转合同到期后按照同等条件优先续租承包土地；经营主体再流转土地经营权或依法依规设定抵押，须经承包农户或其委托代理人书面同意，并向农民集体书面备案；流转土地被征收的，地上附着物及青苗补偿费应按照流转合同约定确定其归属；支持新型经营主体提升地力、改善农业生产条件、依法依规开展土地经营权抵押融资；鼓励采用土地股份合作、土地托管、代耕代种等多种经营方式，探索更多放活土地经营权的有效途径。

（二）林地承包经营权、林地经营权的不同流转方式

《民法典》第 330 条明确，农村集体经济组织实行家庭承包经营为基础、统分结合的双层经营体制；农民集体所有和国家所有由农民集体使用的耕地、林地、草地以及其他用于农业的土地，依法实行土地承包经营制度。《农村土地承包法》第 2 条规定，本法所称农村土地，是指农民集体所有和国家所有依法由农民集体使用的耕地、林地、草地，以及其他依法用于农业的土地。《森林法》第 17 条规定，集体所有和国家所有依法由农民集体使用的林地实行承包经营的，承包方享有林地承包经营权和承包林地上的林木所有权，合同另有约定的从其约定。根据农村土地“三权分置”改革要求，农村土地集体所有权是土地承包权的前提，农户享有承包经营权是集体所有的具体实现形式；在土地流转中，农户承包经营权派生出土地经营权。虽然土地经营权是由土地承包经营权派生而出，但两者的流转方式有所不同。

林地承包经营权作为土地承包经营权的一种，其流转限于转让、互换两种方式。《民法典》第 334 条规定，土地承包经营权人依照法律规定，有权将土地承包经营权互换、转让；未经依法批准，不得将承包地用于非农建设。《农村土地承包法》第 17 条规定：“承包方享有下列权利：（一）依法享有承包地使用、收益的权利，有权自主组织生产经营和处置产品；

(二) 依法互换、转让土地承包经营权；(三) 依法流转土地经营权；(四) 承包地被依法征收、征用、占用的，有权依法获得相应的补偿；(五) 法律、行政法规规定的其他权利。”《民法典》及2018年修正的《农村土地承包法》没有再采取“土地承包经营权流转”的表述，而将之称为土地承包经营权的互换、转让，“流转”一词仅在土地经营权交易的场合中使用。

林地经营权作为林地流转中从承包经营权派生而出的权利，其流转方式包括出租（转包）、入股、抵押或者其他方式。《民法典》在第339条土地经营权的流转中规定，土地承包经营权人可以自主决定依法采取出租、入股或者其他方式向他人流转土地经营权；在第342条其他方式承包的土地经营权流转中规定，通过招标、拍卖、公开协商等方式承包农村土地，经依法登记取得权属证书的，可以依法采取出租、入股、抵押或者其他方式流转土地经营权。《农村土地承包法》第47条第1款规定，承包方可以用承包地的土地经营权向金融机构融资担保，并向发包方备案；受让方通过流转取得的土地经营权，经承包方书面同意并向发包方备案，可以向金融机构融资担保。《森林法》第17条规定，集体林地的承包方可以依法采取出租（转包）、入股、转让等方式流转林地经营权、林木所有权和使用权；第18条规定，未实行承包经营的集体林地以及林地上的林木，由农村集体经济组织统一经营；经本集体经济组织成员的村民会议2/3以上成员或者2/3以上村民代表同意并公示，可以通过招标、拍卖、公开协商等方式依法流转林地经营权、林木所有权和使用权。

二、林地承包经营权转让的有效要件

《农村土地承包法》第34条明确，经发包方同意，承包方可以将全部或者部分的土地承包经营权转让给本集体经济组织的其他农户，由该农户同发包方确立新的承包关系，原承包方与发包方在该土地上的承包关系即行终止。从该法的规定来看，土地承包经营权的互换和转让虽均系在同一集体经济组织的农户之间进行，但互换是土地承包经营权内容、位置的调整，而转让则是土地承包经营权主体的变更和原承包关系的终止。林地承包经营权是林农的基本生产资料和生活资料，为坚持以家庭承包经营为基础、统分结合的双层经营体制，维护农村社会和谐稳定，避免出现因无限制地转让而造成农村土地集中于少部分人的圈地情况发生，需要对林地承包经营权转让的条件加以必要限制。本条解释在法律规定的基础上，对家庭承包林地的林地承包经营权转让规则予以了细化。

（一）主体要件：受让方须是本集体经济组织的其他农户

农村基本经营制度的根本是农村土地农民集体所有，其基础是农户享有土地承包权。在家庭联产承包经营体制和“三权分置”模式下，土地承包经营权被赋予强烈的身份属性，其性质属于成员权范畴，只有农村集体经济组织的成员才可以成为土地承包经营权的权利主体。[①] 2016年中共中央办公厅、国务院办公厅《关于完善农村土地所有权承包权经营权分置办法的意见》明确，承包农户转让土地承包权的，应在本集体经济组织内进行，并经农民集体同意；农村集体土地由作为本集体经济组织成员的农民家庭承包，不论经营权如何流转，集体土地承包权都属于农民家庭。任何组织和个人都不能取代农民家庭的土地承包地位，都不能非法剥夺和限制农户的土地承包权。

2018年《农村土地承包法》修正时，对有关土地承包经营权转让的规则做了两个方面的改动。一是删除了原第41条对转让方的条件限制，即“承包方有稳定的非农职业或者有稳定的收入来源”，是否转让由土地承包经营权人依法自主决定。二是将受让方由“其他从事农业生产经营的农户”缩限为“本集体经济组织的其他农户”，进而形成了现在的第34条，对土地承包经营权转让中的受让方提出了严格的身份要求，必须是本集体经济组织成员。需要向本集体经济组织以外的单位或者个人流转土地的，应当依法通过土地经营权流转的方式进行，以确保土地承包权稳定在农户手中。

修正后的《农村土地承包法》第34条对土地承包经营权转让的受让方须为“本集体经济组织的其他农户”的限制，为法律的强制性规定。同

① 参见崔文星：《土地经营权流转规则的解释论》，载《河南财经政法大学学报》2020年第6期。

时，依据该法第5条第1款关于“农村集体经济组织成员有权依法承包由本集体经济组织发包的农村土地”以及第16条第1款关于“家庭承包的承包方是本集体经济组织的农户”的规定，承包本集体经济组织发包的农村土地系村民的法定成员权，法律对作为承包方农户的身份进行了明确限定。违反前述规定，将承包地转让给本集体经济组织以外的农户，将实质减少村集体的承包地，影响村民成员权的行使和土地承包经营权的稳定。本条解释据此明确，家庭承包林地的承包方转让林地承包经营权时，受让方不是本集体经济组织成员的，对其有关取得林地承包经营权的主张，人民法院不予支持。将林地承包经营权转让给本集体经济组织以外的单位或者个人，不能发生林地承包经营权转让的法律后果，该处分行为当属无效。需要注意的是，根据合同效力与物权效力的区分原则，处分行为无效并不当然否定合同效力，受让人因不符合身份要件而无法实际取得林地承包经营权的，其与转让人之间的权利义务关系通过合同责任解决。合同双方对于合同目的不能实现均有过错的，应当各自承担相应的损失和责任。

（二）程序要件：须经林地发包方同意

林地承包经营权的互换和转让，相同点在于均需在同一集体经济组织的农户之间进行，不同点在于互换仅需向发包方备案即可，而转让则须经发包方同意。农村土地归农民集体所有，集体经济组织对承包地具有发包、调整、监督、收回等各项权利。对于农户将林地承包经营权转让给本集体经济组织其他成员的行为，发包方有权利进行监督，特别是如转让后涉及征收征用、擅自改变林地用途、毁林开垦等情况而引发纠纷时，发包方的审查监督将为相关事实查明产生积极作用。

土地承包经营权转让的法律后果，根据《农村土地承包法》第34条规定，系由受让的农户与发包方确立新的承包关系，原承包方与发包方在该土地上的承包关系即行终止。可见，林地承包权转让的实质是承包合同权利义务的概括转让，转让完成后，原林地承包方退出合同关系，由受让方替代其法律地位。《民法典》第555条规定，当事人一方经对方同意，可以将自己在合同中的权利和义务一并转让给第三人。发包方同意因涉及林地的处分权问题，而成为林地承包经营权转让的效力要件。《农村土地承包司法解释》第 13 条规定，承包方未经发包方同意，转让其土地承包经营权的，转让合同无效；但发包方无法定理由不同意或者拖延表态的除外。

本条解释起草过程中，有意见认为，未经发包方同意的转让合同即为无效过于绝对，应与《民法典》第 597 条关于无权处分不影响合同效力的规定保持一致。未经发包方同意的林地承包经营权转让合同，只要不存在《民法典》规定的无效情形，在转让双方之间应是有效的；一方不履行或者不能履行，另一方可以要求其承担违约责任。然而，该转让合同如未经发包方同意，对发包方不发生法律效力，不发生重新确立承包关系的法律后果。受让方主张取得林地承包经营权的，人民法院不予支持。

关于发包方同意的判定。依据《农村土地承包法》第 34 条的规定，土地承包经营权转让后，受让方与发包方确立新的土地承包关系。一方面，林地承包经营权的受让方与发包方重新签订林地承包合同，当然说明发包方已经同意转让。另一方面，林地承包经营权是用益物权，而用益物权的后续转让一般无须受让人与原出让人重新确立新的基础交易关系。如采矿权人转让采矿权后，受让人无须与自然资源主管部门重新签订新的采矿权出让合同，自然资源主管部门只需就是否同意授予受让人采矿权进行审批即可。故此，发包方同意有多种方式，既可以明确表示同意，也可以以行为表示同意；既可以事先同意，也可以事后追认，具体由人民法院根据不同案件具体情况予以判定。

（三）但书规定：发包方无法定理由不同意或者拖延表态

林地承包方自主组织生产经营和依法转让林地承包经营权的权利受法律保护。依据《农村土地承包法》第 57 条的规定，发包方有干涉承包方依法享有的生产经营自主权、强迫或者阻碍承包方进行土地承包经营权的转让、假借少数服从多数强迫承包方放弃或者变更土地承包经营权等侵害土地承包经营权行为的，承包方有权请求其承担停止侵害、排除妨碍、消除危险、返还财产、恢复原状、赔偿损失等民事责任。本条解释的但书规定沿用了《农村土地承包司法解释》第 13 条中的表述，主要是对林地承包经营权转让中程序要件的限制。

1. 法定理由的认定

从鼓励流转、促进森林资源物尽其用的角度考虑，应当对发包方的林地所有权在流转中的权能进行一定限制，其不同意承包方转让林地承包经营权的，须有法定的理由。《农村土地承包法》第 38 条规定：“土地经营权流转应当遵循以下原则：（一）依法、自愿、有偿，任何组织和个人不得强迫或者阻碍土地经营权流转；（二）不得改变土地所有权的性质和土地的农业用途，不得破坏农业综合生产能力和农业生态环境；（三）流转期限不得超过承包期的剩余期限；（四）受让方须有农业经营能力或者资质；（五）在同等条件下，本集体经济组织成员享有优先权。”虽然该条规制的是土地经营权，但其是在 2009 年《农村土地承包法》第 33 条有关土地承包经营权流转原则规定的基础上修订而来。结合前述规定及《农村土地承包法》《森林法》其他相关规定，发包方不同意承包方转让林地承包经营权的法定理由主要包括以下几点。

（1）违反依法、自愿、有偿原则。林地承包经营权转让作为物权变动的原因行为之一，本质上为合同行为，遵循《民法典》有关自愿原则、公平原则、诚信原则、守法与公序良俗原则、绿色原则等民事法律行为的基本原则，以及合同编关于交易行为的一般规定。对于违反依法、自愿、有偿原则的林地承包经营权转让行为，发包方有权拒绝同意。林地承包经营权转让违反守法与公序良俗原则的，依据《民法典》第 153 条关于“违反法律、行政法规的强制性规定的民事法律行为无效。但是，该强制性规定不导致该民事法律行为无效的除外”之规定，属于无效行为。林地承包经营权转让违反有偿原则的，依据《民法典》第 151 条关于“一方利用对方处于危困状态、缺乏判断能力等情形，致使民事法律行为成立时显失公平的，受损害方有权请求人民法院或者仲裁机构予以撤销”之规定，可依法予以撤销。林地承包经营权转让违反自愿原则的，依据《民法典》第 150 条关于“一方或者第三人以胁迫手段，使对方在违背真实意思的情况下实施的民事法律行为，受胁迫方有权请求人民法院或者仲裁机构予以撤销”之规定，属于可撤销行为，但林地承包有其特殊性。《农村土地承包法》第 60 条明确规定，任何组织和个人强迫进行土地承包经营权互换、转让或者土地经营权流转的，该互换、转让或者流转无效；第 57 条、第 65 条对发包方、国家机关及其工作人员强迫或者阻碍土地承包经营权互换、转让的法律责任进行了规定。据此，强迫进行林地承包经营权转让的行为，应当依法认定为无效行为，而非由当事人自主行使撤销权。

（2）擅自改变林地的所有权性质或者林业用途。2016年《中共中央办公厅、国务院办公厅关于完善农村土地所有权承包权经营权分置办法的意见》在基本原则中指出，坚持和完善农村基本经营制度，坚持农村土地集体所有，坚持家庭经营基础性地位，坚持稳定土地承包关系，不能把农村土地集体所有制改垮了，不能把耕地改少了，不能把粮食生产能力改弱了，不能把农民利益损害了。《土地管理法》第4条规定，国家实行土地用途管制制度，使用土地的单位和个人必须严格按照土地利用总体规划确定的用途使用土地。《农村土地承包法》第63条规定，承包方、土地经营权人违法将承包地用于非农建设的，由县级以上地方人民政府有关主管部门依法予以处罚；承包方给承包地造成永久性损害的，发包方有权制止，并有权要求赔偿由此造成的损失。《森林法》的规定更为细致，该法第14条规定，森林资源属于国家所有，由法律规定属于集体所有的除外；第15条规定，森林、林木、林地的所有者和使用者应当依法保护和合理利用森林、林木、林地，不得非法改变林地用途和毁坏森林、林木、林地；第68条规定，破坏森林资源造成生态环境损害的，县级以上人民政府自然资源主管部门、林业主管部门可以依法向人民法院提起诉讼，对侵权人提出损害赔偿要求；第73条规定，违反本法规定，未经县级以上人民政府林业主管部门审核同意，擅自改变林地用途的，由县级以上人民政府林业主管部门责令限期恢复植被和林业生产条件，可以处恢复植被和林业生产条件所需费用3倍以下的罚款。此外，还需要遵守国家关于公益林保护的规定。可见，不得改变林地所有权的性质和林地的农业用途，不得破坏林业生产条件和生态环境，是法律关于森林资源保护和利用的明确要求。林地承包经营权转让中，如违反前述规定，发包方应当依法纠正并报请有关部门查处。

（3）转让期限超过承包期的剩余期限。林地承包经营权作为用益物权，具有期限性。《民法典》第332条第1款明确，耕地的承包期为30年，草地的承包期为30年至50年，林地的承包期为30年至70年。《农村土地承包法》第21条在前述规定的基础上，于第2款规定，前款规定的耕地承包期届满后再延长30年，草地、林地承包期届满后依照前款规定相应延长。林地承包经营权的延长，涉及新一轮的承包方案确定，应当依法召开村民会议或者村民代表会议讨论决定。故此，承包方在承包期内转让林地承包经营权的，转让期限原则上不应超过承包期的剩余期限。如若超过剩余承包期，而发包方同意的，应当履行或补正民主议定程序，经本集体经济组织成员的村民会议2/3以上成员或者2/3以上村民代表的同意方可办理。

（4）受让方不是本集体经济组织其他农户。如前所述，林地承包经营权转让的主体要件是受让方须为本集体经济组织的其他农户。据此，发包方必然要对受让人的集体成员身份及是否具备相应的农业经营能力等进行审查。不符合前述条件的，发包方可以依法不同意该林地承包经营权的转让。

2. 拖延表态的认定

实践中，发包方阻碍林地承包经营权转让，既可能采取无法定理由明确拒绝同意的积极行为方式，也可能采取无故拖延表态的消极行为方式。基于消极行为在法律上的举证和认定困难，本条解释起草过程中，原拟设定一个时间限制做为合理的同意期，超过此期限仍不表态同意的，视为同意转让。根据征求意见情况，经研究，本条但书规定中删除了有关同意期的规定，其考虑在于：一是在未有明确法律依据的情况下，由司法解释规定发包方的同意期及默示视为同意，缺乏上位法及法理依据；二是当前我国农村地区存在发展差异较大、信息不对称的现实情况，设定1个月或者更长的固定期限，其合理性值得商榷；三是不明确时间限制，可以为法官结合个案情况进行裁量预留空间。

三、林地承包经营权转让中无效行为的转化

林地承包经营权转让因涉及稳定承包权问题，受到主体要件和程序要件的双重限制，受让方不是本集体经济组织成员或者转让未经发包方同意的，该转让行为不能发生林地承包经营权变动的物权效力。而林地经营权流转则无前述限制，从放活经营权、鼓励交易角度出发，可以根据“无效

法律行为的转化”原理，给予不符合林地承包经营权转让法定要件的当事人一定救济途径，尽可能促成相关流转合同的有效和履行。

（一）无效法律行为转化的原理

违反效力性强制性规定而无效是对合同效力进行控制的规则之一，但不是有关合同效力判断的全部规则，其与效力待定、未生效、可撤销以及其他合同无效规定之间属于并列而非包含关系。被宣告无效或被撤销的法律行为不发生法律效力，只是指不发生当事人希望发生的法律后果，即造成当事人在法律行为中规定的产生、变更或终止民事权利义务的意图不能得以实现，但并不是不发生任何法律后果。[①] 如果一个完全无效的法律行为具备另一法律行为的要件，而且当事人知道此行为无效也愿意另一行为有效的，则可以作为另一法律行为而生效。像这样把一个无效的法律行为转变为一个有效的行为，称为无效法律行为的转化。[②] 大陆法系及英美法系均认可无效法律行为的转化。《意大利民法典》第1424条规定，如果当事人知道契约无效，在当事人力求达到的目的时，则应当推定使无效契约得以产生包括实质要件和形式要件在内的另一个契约的效力是当事人所希望的。《德国民法典》第140条规定，无效的法律行为若具备另一法律行为的要件，并可认定当事人如知其无效即有意为此另一法律行为者，则此一法律行为为有效。

（二）林地承包经营权转让向林地经营权流转的转化

林地经营权流转的法律要件与林地承包经营权转让有所不同，整体上更为宽松。依据《农村土地承包法》的规定，家庭承包林地的林地经营权流转有两个要件：一是本集体经济组织成员享有优先权；二是向发包方备案。家庭承包林地的林地经营权再流转时，除前述两个要件外，还需要经承包方书面同意。从放活经营权、鼓励交易角度出发，如果林地承包经营权转让不符合法定要件，尤其是法律关于受让方须为本集体经济组织其他

---

① 江平：《民法学（第二版）》，中国政法大学出版社2011年版，第146页。

② ［德］卡尔·拉伦茨：《德国民法通论（下）》，王晓晔等译，法律出版社2003年版，第646页。

农户的主体限制，而合同当事人请求按照林地经营权流转合同继续履行的，人民法院可以依法予以支持。实践中，许多农户不清楚集体林地流转的政策法律变迁，仍以为林地承包经营权可以向本集体经济组织之外的其他从事农业生产经营的农户进行转让，其签订的合同虽然名为林地承包经营权转让，但实为林地经营权流转。此时双方可以按照林地经营权流转合同及其法定要件继续履行，而不宜轻易否定流转行为的效力。

【法条链接】

1.**《中华人民共和国民法典》**（2020 年 5 月 28 日）

第三百三十四条　土地承包经营权人依照法律规定，有权将土地承包经营权互换、转让。未经依法批准，不得将承包地用于非农建设。

第三百三十五条　土地承包经营权互换、转让的，当事人可以向登记机构申请登记；未经登记，不得对抗善意第三人。

2.**《中华人民共和国农村土地承包法》**（2018 年 12 月 29 日修正）

第十六条　家庭承包的承包方是本集体经济组织的农户。

农户内家庭成员依法平等享有承包土地的各项权益。

第三十四条　经发包方同意，承包方可以将全部或者部分的土地承包经营权转让给本集体经济组织的其他农户，由该农户同发包方确立新的承包关系，原承包方与发包方在该土地上的承包关系即行终止。

第六十条　任何组织和个人强迫进行土地承包经营权互换、转让或者土地经营权流转的，该互换、转让或者流转无效。

第六十五条　国家机关及其工作人员有利用职权干涉农村土地承包经营，变更、解除承包经营合同，干涉承包经营当事人依法享有的生产经营自主权，强迫、阻碍承包经营当事人进行土地承包经营权互换、转让或者土地经营权流转等侵害土地承包经营权、土地经营权的行为，给承包经营当事人造成损失的，应当承担损害赔偿等责任；情节严重的，由上级机关或者所在单位给予直接责任人员处分；构成犯罪的，依法追究刑事责任。

3.**《中华人民共和国森林法》**（2019 年 12 月 28 日修订）

第十四条　森林资源属于国家所有，由法律规定属于集体所有的除外。

国家所有的森林资源的所有权由国务院代表国家行使。国务院可以授权国务院自然资源主管部门统一履行国有森林资源所有者职责。

第十五条 林地和林地上的森林、林木的所有权、使用权，由不动产登记机构统一登记造册，核发证书。国务院确定的国家重点林区（以下简称重点林区）的森林、林木和林地，由国务院自然资源主管部门负责登记。

森林、林木、林地的所有者和使用者的合法权益受法律保护，任何组织和个人不得侵犯。

森林、林木、林地的所有者和使用者应当依法保护和合理利用森林、林木、林地，不得非法改变林地用途和毁坏森林、林木、林地。

第十七条 集体所有和国家所有依法由农民集体使用的林地（以下简称集体林地）实行承包经营的，承包方享有林地承包经营权和承包林地上的林木所有权，合同另有约定的从其约定。承包方可以依法采取出租（转包）、入股、转让等方式流转林地经营权、林木所有权和使用权。

4.《最高人民法院关于审理涉及农村土地承包纠纷案件适用法律问题的解释》（2020年12月29日修正）

第十三条 承包方未经发包方同意，转让其土地承包经营权的，转让合同无效。但发包方无法定理由不同意或者拖延表态的除外。

第七条　**当事人就同一集体林地订立多个经营权流转合同，在合同有效的情况下，受让方均主张取得林地经营权的，由具有下列情形的受让方取得：**

（一）林地经营权已经依法登记的；

（二）林地经营权均未依法登记，争议发生前已经合法占有使用林地并大量投入的；

（三）无前两项规定情形，合同生效在先的。

未取得林地经营权的一方请求解除合同、由违约方承担违约责任的，人民法院依法予以支持。

【条文主旨】

本条是关于林地经营权重复处分的处理的规定。

【条文理解】

一、重复处分林地经营权的合同效力

林地经营权流转过程中，可能因为原权利人“一权二转”而引发权利冲突。该类冲突如何处理，首先涉及合同效力与物权效力的区分原则以及无权处分行为的效力问题。

（一）合同效力与物权效力的区分原则

民法理论上有负担行为与处分行为之分。负担行为即债权行为，其法律效果是债权的产生和变更。处分行为即物权行为和准物权行为，其法律效果是财产权利的产生和变更。区分两者的主要意义有两方面：一是处分行为之有效以处分人具有处分权为要件，而负担行为则不以负担义务者有

处分权为必要；二是处分行为适用优先次序原则，而负担行为则无次序关系。[①]《民法典》物权编第 215 条确立了合同效力和物权效力的区分原则，该条规定：“当事人之间订立有关设立、变更、转让和消灭不动产物权的合同，除法律另有规定或者当事人另有约定外，自合同成立时生效；未办理物权登记的，不影响合同效力。”该条将物权变动的原因与结果区分开来，合同是物权变动的原因行为，物权的设立、变更、转让和消灭是物权变动之结果。合同归《民法典》合同编调整，物权变动归物权编规制。

（二）无权处分订立的合同效力

关于无权处分合同的效力，在原《物权法》颁布之前较为流行的观点为效力待定说。原《合同法》第 132 条第 1 款规定：“出卖的标的物，应当属于出卖人所有或者出卖人有权处分”；第 51 条规定：“无处分权的人处分他人财产，经权利人追认或者无处分权的人订立合同后取得处分权的，该合同有效。”最高人民法院主流观点认为，无权处分人将财产出卖给他人，所有权人可根据原《物权法》第 106 条第 1 款关于“无处分权人将不动产或者动产转让给受让人的，所有权人有权追回”之规定追回财产，该权利属于物权请求权，其效力强于普通债权，根本无须过问买卖合同是否有效。只是发生善意取得之场合，则另当别论。[②] 效力待定说混淆了负担行为与处分行为，未能妥善解决所有权安全与交易安全的平衡问题。

为了修正原《合同法》第 51 条，2009 年《合同法司法解释（二）》第 15 条规定：“出卖人就同一标的物订立多重买卖合同，合同均不具有合同法第五十二条规定的无效情形，买受人因不能按照合同约定取得标的物所有权，请求追究出卖人违约责任的，人民法院应予支持。”2003 年《商品房买卖合同司法解释》第 8 条规定：“具有下列情形之一，导致商品房买卖合同目的不能实现的，无法取得房屋的买受人可以请求解除合同、返还已付购房款及利息、赔偿损失，并可以请求出卖人承担不超过已付购房

---

① 王泽鉴：《民法学说与判例研究（第五册）》，中国政法大学出版社 1998 年版，第 47 页。

② 最高人民法院民事审判第二庭编著：《最高人民法院关于买卖合同司法解释理解与适用》，人民法院出版社 2016 年版，第 80 页。

款一倍的赔偿责任：（一）商品房买卖合同订立后，出卖人未告知买受人又将该房屋抵押给第三人；（二）商品房买卖合同订立后，出卖人又将该房屋出卖给第三人。”《矿业权司法解释》第 11 条规定：“矿业权转让合同依法成立后、自然资源主管部门批准前，矿业权人又将矿业权转让给第三人并经自然资源主管部门批准、登记，受让人请求解除转让合同、返还已付转让款及利息，并由矿业权人承担违约责任的，人民法院应予支持。”2012 年《买卖合同司法解释》第 3 条进一步明确：“当事人一方以出卖人在缔约时对标的物没有所有权或者处分权为由主张合同无效的，人民法院不予支持。出卖人因未取得所有权或者处分权致使标的物所有权不能转移，买受人要求出卖人承担违约责任或者要求解除合同并主张损害赔偿的，人民法院应予支持。”该规定符合国际立法通例，旨在依据原《物权法》第 15 条确立的区分原则，理顺原《合同法》第 51 条与第 132 条之间的关系。在买卖合同关系中，买卖合同是物权变动的原因行为，所有权移转是物权变动的结果。出卖人缔约时对标的物没有所有权或者处分权，并不影响该负担行为的效力，但物权变动处于效力待定的状态，能否发生物权变动的效果，取决于出卖人嗣后能否取得所有权或者处分权。因无权处分致使标的物所有权不能转移的，出卖人应当承担违约赔偿责任。

《民法典》编纂过程中采纳了上述观点，删除原《合同法》第 51 条规定内容，于合同编第 597 条明确：“因出卖人未取得处分权致使标的物所有权不能转移的，买受人可以解除合同并请求出卖人承担违约责任。法律、行政法规禁止或者限制转让的标的物，依照其规定。”据此，在无其他法定无效事由情形下，应认定无权处分订立的合同为有效合同，因无权处分导致合同不能履行的后果是违约责任，因无权处分给物权人造成损害的后果是侵权责任。

二、林地经营权流转中重复处分的确权规则

当事人就同一集体林地订立多重经营权流转合同，在合同均为有效的情况下，需要根据权利冲突的处理规则判定林地经营权的归属，而未能取得权利的一方则通过违约责任方式进行救济。

（一）确权顺位的考量因素

因不同权利的性质、生效要件、行业特点、价值取向等方面的区别，司法解释中确定的确权顺位考量因素不尽相同且各有侧重。

《农村土地承包司法解释》在“三、其他方式承包纠纷的处理”中第19条规定：“发包方就同一土地签订两个以上承包合同，承包方均主张取得土地经营权的，按照下列情形，分别处理：（一）已经依法登记的承包方，取得土地经营权；（二）均未依法登记的，生效在先合同的承包方取得土地经营权；（三）依前两项规定无法确定的，已经根据承包合同合法占有使用承包地的人取得土地经营权，但争议发生后一方强行先占承包地的行为和事实，不得作为确定土地经营权的依据。”该条适用于其他方式承包的土地经营权的重复设立，将依法登记作为第一顺位确权考量因素，合同生效时间作为第二顺位考量因素，合法占有使用为第三顺位考量因素。

《国有土地合同司法解释》第9条规定：“土地使用权人作为转让方就同一出让土地使用权订立数个转让合同，在转让合同有效的情况下，受让方均要求履行合同的，按照以下情形分别处理：（一）已经办理土地使用权变更登记手续的受让方，请求转让方履行交付土地等合同义务的，应予支持；（二）均未办理土地使用权变更登记手续，已先行合法占有投资开发土地的受让方请求转让方履行土地使用权变更登记等合同义务的，应予支持；（三）均未办理土地使用权变更登记手续，又未合法占有投资开发土地，先行支付土地转让款的受让方请求转让方履行交付土地和办理土地使用权变更登记等合同义务的，应予支持；（四）合同均未履行，依法成立在先的合同受让方请求履行合同的，应予支持。未能取得土地使用权的受让方请求解除合同、赔偿损失的，依照民法典的有关规定处理。”该条适用于国有土地使用权的重复转让，将依法登记作为第一顺位确权考量因素，合法占有投资开发土地作为第二顺位考量因素，支付土地转让款作为第三顺位考量因素，合同成立时间则为第四顺位考量因素。

《房屋租赁合同司法解释》第5条规定：“出租人就同一房屋订立数份租赁合同，在合同均有效的情况下，承租人均主张履行合同的，人民法院按照下列顺序确定履行合同的承租人：（一）已经合法占有租赁房屋的；（二）已经办理登记备案手续的；（三）合同成立在先的。不能取得租赁房屋的承租人请求解除合同、赔偿损失的，依照民法典的有关规定处理。”该条可参照适用于不动产的重复租赁，将经合法占有作为第一顺位确权考量因素，办理登记备案手续作为第二顺位考量因素，合同成立在先作为第三顺位考量因素。

（二）林地经营权冲突中的确权顺位

2018 年修正的《农村土地承包法》第 41 条规定：“土地经营权流转期限为五年以上的，当事人可以向登记机构申请土地经营权登记。未经登记，不得对抗善意第三人。”《民法典》第 341 条规定：“流转期限为五年以上的土地经营权，自流转合同生效时设立。当事人可以向登记机构申请土地经营权登记；未经登记，不得对抗善意第三人。”据此，家庭承包的林地经营权区分为物权与债权两种不同性质的权利，流转期限在 5 年以上，依法办理林地经营权登记的，受让方取得物权性质的林地经营权；流转期限为 5 年以下或者未经登记的，受让方取得的系债权性质的林地经营权，不得对抗善意第三人。① 其他方式承包的林地经营权虽未做此区分，但从《农村土地承包法》第 53 条“通过招标、拍卖、公开协商等方式承包农村土地，经依法登记取得权属证书的，可以依法采取出租、入股、抵押或者其他方式流转土地经营权”的规定关于出租、入股、抵押等流转方式来看，流转中受让方所取得的权利可能为物权，亦可能为债权。

《民法典》第 333 条第 1 款规定：“土地承包经营权自土地承包经营权合同生效时设立。”《农村土地承包法》第 23 条规定：“承包合同自成立之日起生效。承包方自承包合同生效时取得土地承包经营权。”《农村土地承包法》第 49 条规定：“以其他方式承包农村土地的，应当签订承包合同，承包方取得土地经营权。”据此，林地承包经营权、林地经营权的设立采意思主义，自林地承包合同生效时设立。同时，根据物权登记的公示公信

① 详见黄薇主编：《中华人民共和国农村土地承包法释义》，法律出版社 2019 年版，第 178～181 页。

原则及《农村土地承包法》第41条的规定，未经登记的林地经营权不得对抗善意第三人。

解释起草过程中，对于依法登记、合同生效时间、善意占有使用三者之间如何确定权利顺位的问题，存在不同观点和意见。如果一方合同生效时间在先，而另一方已经善意占有、使用林地并主张善意取得的，是否仍以合同生效时间为优先，值得考虑。同时有意见提出，过分看重合同生效时间，不能排除当事人倒签合同争夺林地承包经营权、林地经营权的情形，不利于善意交易相对人合法权益的保护。在综合考虑各方意见基础上，本条解释根据林业经营特点，规定了林地经营权冲突处理的三种情形：

一是一方已经依法登记的情形。根据《农村土地承包法》第41条关于未经登记不得对抗善意第三人之规定，已经依法登记的一方取得的为物权属性的林地经营权。根据物权的优先性以及物权登记的公示公信原则，应当由已经登记的一方取得林地经营权。

二是均未依法登记的，将占有使用作为确权的第二顺位考虑因素。该占有应系在争议发生前的合法、善意占有，且已经实际做了大量投入，争议发生后强行先占林地的不得作为确权依据。理由在于：首先，均未依法登记情形下，争议各方的权利属性皆为债权。一方已经合法占有使用林地的，鉴于该方交易有一定公示外观，由实际履行的一方继续履行林地流转合同亦可以避免资源的浪费，符合《民法典》确立的绿色原则。其次，林业经营具有其特殊性，林木成材时间往往较长，为避免善意交易相对人长期大量投入后，承包方与他人串通倒签合同争夺相关利益，需要一定公示外观对善意交易人予以保护。最后，《民法典》第311条规定："无处分权人将不动产或者动产转让给受让人的，所有权人有权追回；除法律另有规定外，符合下列情形的，受让人取得该不动产或者动产的所有权：（一）受让人受让该不动产或者动产时是善意；（二）以合理的价格转让；（三）转让的不动产或者动产依照法律规定应当登记的已经登记，不需要登记的已经交付给受让人。受让人依据前款规定取得不动产或者动产的所有权的，原所有权人有权向无处分权人请求损害赔偿。当事人善意取得其他物权的，参照适用前两款规定。"据此，转让的不动产依照法律规定不需要登记的，已经交付且符合其他善意取得要件的受让人可主张善意取得。可见对林地经营权这类不要求强制登记的权利，法律更为强调交付要件。

三是均未登记或交付的，即合同均未实际履行的，因林地经营权流转采意思主义，依据《民法典》第341条及《农村土地承包法》第41条、第53条规定，由合同生效在先的一方取得林地经营权。

三、林地承包经营中其他相关冲突的处理

林地承包经营中，除林地经营权流转外，林地承包、林地承包经营权互换或者转让、林木流转、林地林木担保等场合均可能出现权利冲突。相关冲突的处理不宜“一刀切”，更不宜以登记为唯一、绝对的考量因素，而需依据《民法典》《农村土地承包法》等相关规定，针对不同权利的属性及生效要件进行细化分析。

（一）一山多证的处理

实践中，存在重复处分林权且均办理了登记手续的情况。一山多证，即林权的重复登记，系林权改革中的历史遗留问题。历次森林权属政策的变革和调整、利益格局的变化所引发的权属确认、登记争议，是林权纠纷的主要类型之一。对于重复发证的林地应当如何处理物权冲突，存在三种观点：

第一种观点认为，由登记在先的一方取得林地承包经营权、林地经营权。理由在于：《国土资源部办公厅关于土地登记发证后提出的争议能否按权属争议处理问题的复函》（国土资厅函〔2007〕60号）明确：“土地权属争议是指土地登记前，土地权利利害关系人因土地所有权和使用权的归属而发生的争议。土地登记发证后已经明确了土地的所有权和使用权，土地登记发证后提出的争议不属于土地权属争议。”原国土资源部《土地权属争议调查处理办法》第14条亦规定，农村土地承包经营权争议案件不作为争议案件受理。据此，已经登记发证的林地承包经营权、林地经营权，相关权利归属争议不再属于林地权属争议，无须人民政府先行处理。根据物权登记的公示公信原则以及登记在先、权利在先的冲突处理规则，应当由登记在先的一方取得权利。

第二种观点认为，应告知权利人依法提请人民政府先行处理林地权属争议。理由在于：《森林法》第 22 条规定：“单位之间发生的林木、林地所有权和使用权争议，由县级以上人民政府依法处理。个人之间、个人与单位之间发生的林木所有权和林地使用权争议，由乡镇人民政府或者县级以上人民政府依法处理。当事人对有关人民政府的处理决定不服的，可以自接到处理决定通知之日起三十日内，向人民法院起诉。在林木、林地权属争议解决前，除因森林防火、林业有害生物防治、国家重大基础设施建设等需要外，当事人任何一方不得砍伐有争议的林木或者改变林地现状。”据此，山林权属的重复登记应首先由人民政府依法裁决。

第三种观点认为，应当区分不同情形分别适用前两种方案，由登记在先的一方取得林地承包经营权或者林地经营权；登记时间相同的，告知权利人依法提请人民政府先行处理林地权属争议。

我们经研究认为，一山多证为历史遗留问题，原因复杂，不宜简单根据登记在先、权利在先的规则处理。原林业部《林木林地权属争议处理办法》第 11 条即规定：“当事人对同一起林权争议都能够出具合法凭证的，应当协商解决；经协商不能解决的，由当事人共同的人民政府按照双方各半的原则，并结合实际情况确定其权属。”同时，《民法典物权编司法解释（一）》第 2 条规定：“当事人有证据证明不动产登记簿的记载与真实权利状态不符、其为该不动产物权的真实权利人，请求确认其享有物权的，应予支持。”可见，物权登记即便在先，亦不具有绝对的不可推翻的效力，争议相对方如能就真实权利状态和基础法律关系进行举证，其物权确认请求权是可以得到支持的。鉴于土地主管部门已经明确登记发证后提出的争议不属于土地权属争议，尤其农村土地承包经营权争议案件不作为土地权属争议案件受理，要求当事人申请行政确权裁决存在制度障碍，且不利于纠纷的实质解决。

林地的重复发证，实质为不动产重复登记，属登记错误的一种。当事人可以针对该错误登记行为提起行政诉讼。同时，《民法典》第 220 条规定：“权利人、利害关系人认为不动产登记簿记载的事项错误的，可以申请更正登记。不动产登记簿记载的权利人书面同意更正或者有证据证明登记确有错误的，登记机构应当予以更正。不动产登记簿记载的权利人不同意更正的，利害关系人可以申请异议登记。登记机构予以异议登记，申请人自异议登记之日起十五日内不提起诉讼的，异议登记失效。异议登记不当，造成权利人损害的，权利人可以向申请人请求损害赔偿。”该法第222条第2款规定：“因登记错误，造成他人损害的，登记机构应当承担赔偿责任。登记机构赔偿后，可以向造成登记错误的人追偿。”《民法典物权编司法解释（一）》第1条规定：“因不动产物权的归属，以及作为不动产物权登记基础的买卖、赠与、抵押等产生争议，当事人提起民事诉讼的，应当依法受理。当事人已经在行政诉讼中申请一并解决上述民事争议，且人民法院一并审理的除外。”该司法解释第2条规定：“当事人有证据证明不动产登记簿的记载与真实权利状态不符、其为该不动产物权的真实权利人，请求确认其享有物权的，应予支持。”该司法解释第3条规定：“异议登记因民法典第二百二十条第二款规定的事由失效后，当事人提起民事诉讼，请求确认物权归属的，应当依法受理。异议登记失效不影响人民法院对案件的实体审理。”据此，人民法院在当事人提起的确权民事诉讼或者行政附带民事诉讼中，可以根据基础法律关系，依法判定林地承包经营权、林地经营权的归属。

（二）林木重复转让的处理

尚未砍伐的地上林木为林地附属物，属于不动产。林业生产实践中普遍存在租地造林的情况，同一林地上的林地使用权人与林木所有权人常处于不一致的状态。林木所有权的取得与变动，应适用《民法典》第209条第1款关于“不动产物权的设立、变更、转让和消灭，经依法登记，发生效力；未经登记，不发生效力，但是法律另有规定的除外”的一般规定，而不应简单套用《民法典》第335条关于土地承包经营权互换、转让未经登记不得对抗善意第三人的特殊规定。重复处分林木时，在买卖合同均有效的情况下，应由依法登记的一方取得林木所有权，未经登记者仅享有合同权利。

已经砍伐的林木在《森林法》中称为木材，为普通动产。适用《民法典》第224条关于“动产物权的设立和转让，自交付时发生效力，但是法律另有规定的除外”以及《买卖合同司法解释》第6条关于“出卖人就同一普通动产订立多重买卖合同，在买卖合同均有效的情况下，买受人均要求实际履行合同的，应当按照以下情形分别处理：（一）先行受领交付的买受人请求确认所有权已经转移的，人民法院应予支持；（二）均未受领交付，先行支付价款的买受人请求出卖人履行交付标的物等合同义务的，人民法院应予支持；（三）均未受领交付，也未支付价款，依法成立在先合同的买受人请求出卖人履行交付标的物等合同义务的，人民法院应予支持”的规定进行处理。

（三）林地、林木重复抵押的处理

重复抵押为法所允许。是否接受重复抵押，由债权人、抵押权人根据抵押财产价值和相关风险自主决定。抵押权实现时，相关清偿顺序适用《民法典》第414条关于“同一财产向两个以上债权人抵押的，拍卖、变卖抵押财产所得的价款依照下列规定清偿：（一）抵押权已经登记的，按照登记的时间先后确定清偿顺序；（二）抵押权已经登记的先于未登记的受偿；（三）抵押权未登记的，按照债权比例清偿。其他可以登记的担保物权，清偿顺序参照适用前款规定”之规定解决。

四、不能取得相关权利的合同救济

当事人就同一集体林地订立多个经营权流转合同，在合同均为有效情况下，其合同权利受法律保护。未取得林地经营权的一方，因合同目的不能实现，可以依法主张违约救济。

具体有两种救济方式：一是选择继续履行合同并主张违约责任；二是选择解除合同并主张赔偿损失。《民法典》第577条规定：“当事人一方不履行合同义务或者履行合同义务不符合约定的，应当承担继续履行、采取补救措施或者赔偿损失等违约责任。”据此，学界通说认为，违约责任主要包括强制履行、损害赔偿、违约金责任、定金责任等。违约场合中，首要救济方式是要求违约方承担违约责任。在具备继续履行的条件下，可以要求违约方强制履行，并承担赔偿损失等其他责任。在守约方不愿意继续履行合同，或者合同不具备履行条件，例如在法律上或者事实上不能够履行的，则可以主张解除合同并要求赔偿损失。解除合同是违约救济的一种，但不属于违约责任，其并未规定在《民法典》合同编第八章违约责任里，而是规定在第七章合同的权利义务终止中，故将两者并列。同时，根据《民法典》第566条关于“合同解除后，尚未履行的，终止履行；已经履行的，根据履行情况和合同性质，当事人可以请求恢复原状或者采取其他补救措施，并有权请求赔偿损失。合同因违约解除的，解除权人可以请求违约方承担违约责任，但是当事人另有约定的除外。主合同解除后，担保人对债务人应当承担的民事责任仍应当承担担保责任，但是担保合同另有约定的除外”之规定，即便合同因违约而解除，解除权人仍有权请求违约方承担违约责任，但当事人另有约定的除外。

【审判实践中应注意的问题】

一、关于恶意串通争夺林地经营权行为的效力认定

《民法典》第146条规定：“行为人与相对人以虚假的意思表示实施的民事法律行为无效。以虚假的意思表示隐藏的民事法律行为的效力，依照有关法律规定处理”；第154条规定：“行为人与相对人恶意串通，损害他人合法权益的民事法律行为无效。”据此，虚假表示、恶意串通的民事法律行为当属无效。如果转让方与第三人恶意串通，另行订立流转合同并通过办理登记、倒签生效日期、强先交付使用等方式，试图争夺林地经营权的，应根据前述规则处理。本条解释关于重复处分确权规则的规定，适用于争议双方持有的林地经营权流转合同均为有效的情形。只有在合同有效情形下，才有权利冲突判定规则的适用空间，否则应按合同无效规则处理。

二、关于未能取得权利的一方主张合同救济是否以相对方存在过错为前提

林地、林木相关权利重复处分的场合，“一地二包”“一权二转”等行为本身即说明转让方是有过错的。合同责任为严格责任，而非过错责任。在受让方持有的合同为有效的情形下，已经排除了双方恶意串通、损害他

人合法利益的情况。因未能实际履行导致不能实现合同目的的一方，可以依法请求违约方按照合同关于违约责任的约定，承担法律责任。本条解释第 2 款对于承担合同责任的主体未表述为“合同相对方”，而是采用了“违约方”的表述，就是强调该等责任的适用以违反合同约定为前提。受让方明知转让方重复处分仍然签订合同的，能否相应减轻转让方的合同责任，由人民法院根据个案具体情况酌情处理。

【法条链接】

1.《**中华人民共和国民法典**》（2020 年 5 月 28 日）

第二百零九条 不动产物权的设立、变更、转让和消灭，经依法登记，发生效力；未经登记，不发生效力，但是法律另有规定的除外。

依法属于国家所有的自然资源，所有权可以不登记。

第三百一十一条 无处分权人将不动产或者动产转让给受让人的，所有权人有权追回；除法律另有规定外，符合下列情形的，受让人取得该不动产或者动产的所有权：

（一）受让人受让该不动产或者动产时是善意；

（二）以合理的价格转让；

（三）转让的不动产或者动产依照法律规定应当登记的已经登记，不需要登记的已经交付给受让人。

受让人依据前款规定取得不动产或者动产的所有权的，原所有权人有权向无处分权人请求损害赔偿。

当事人善意取得其他物权的，参照适用前两款规定。

第三百三十三条 土地承包经营权自土地承包经营权合同生效时设立。

登记机构应当向土地承包经营权人发放土地承包经营权证、林权证等证书，并登记造册，确认土地承包经营权。

第三百三十五条 土地承包经营权互换、转让的，当事人可以向登记机构申请登记；未经登记，不得对抗善意第三人。

2.《**中华人民共和国农村土地承包法**》（2018 年 12 月 29 日修正）

第二十三条　承包合同自成立之日起生效。承包方自承包合同生效时取得土地承包经营权。

第三十五条　土地承包经营权互换、转让的，当事人可以向登记机构申请登记。未经登记，不得对抗善意第三人。

第四十一条　土地经营权流转期限为五年以上的，当事人可以向登记机构申请土地经营权登记。未经登记，不得对抗善意第三人。

第四十九条　以其他方式承包农村土地的，应当签订承包合同，承包方取得土地经营权。当事人的权利和义务、承包期限等，由双方协商确定。以招标、拍卖方式承包的，承包费通过公开竞标、竞价确定；以公开协商等方式承包的，承包费由双方议定。

第五十三条　通过招标、拍卖、公开协商等方式承包农村土地，经依法登记取得权属证书的，可以依法采取出租、入股、抵押或者其他方式流转土地经营权。

3.《**最高人民法院关于审理涉及农村土地承包纠纷案件适用法律问题的解释**》（2020 年 12 月 29 日修正）

第十九条　发包方就同一土地签订两个以上承包合同，承包方均主张取得土地经营权的，按照下列情形，分别处理：

（一）已经依法登记的承包方，取得土地经营权；

（二）均未依法登记的，生效在先合同的承包方取得土地经营权；

（三）依前两项规定无法确定的，已经根据承包合同合法占有使用承包地的人取得土地经营权，但争议发生后一方强行先占承包地的行为和事实，不得作为确定土地经营权的依据。

4.《**最高人民法院关于审理涉及国有土地使用权合同纠纷案件适用法律问题的解释**》（2020 年 12 月 29 日修正）

第九条　土地使用权人作为转让方就同一出让土地使用权订立数个转让合同，在转让合同有效的情况下，受让方均要求履行合同的，按照以下情形分别处理：

（一）已经办理土地使用权变更登记手续的受让方，请求转让方履行交付土地等合同义务的，应予支持；

（二）均未办理土地使用权变更登记手续，已先行合法占有投资开发土地的受让方请求转让方履行土地使用权变更登记等合同义务的，应予支持；

（三）均未办理土地使用权变更登记手续，又未合法占有投资开发土地，先行支付土地转让款的受让方请求转让方履行交付土地和办理土地使用权变更登记等合同义务的，应予支持；

（四）合同均未履行，依法成立在先的合同受让方请求履行合同的，应予支持。

未能取得土地使用权的受让方请求解除合同、赔偿损失的，依照民法典的有关规定处理。

5.《最高人民法院关于审理城镇房屋租赁合同纠纷案件具体应用法律若干问题的解释》（2020年12月29日修正）

第五条　出租人就同一房屋订立数份租赁合同，在合同均有效的情况下，承租人均主张履行合同的，人民法院按照下列顺序确定履行合同的承租人：

（一）已经合法占有租赁房屋的；

（二）已经办理登记备案手续的；

（三）合同成立在先的。

不能取得租赁房屋的承租人请求解除合同、赔偿损失的，依照民法典的有关规定处理。

第八条 家庭承包林地的承包方以林地经营权人擅自再流转林地经营权为由，请求解除林地经营权流转合同、收回林地的，人民法院应予支持。但林地经营权人能够证明林地经营权再流转已经承包方书面同意的除外。

【条文主旨】

本条是关于家庭承包的林地经营权再流转的规定。

【条文理解】

土地流转和适度规模经营是发展现代农业的必由之路，有利于优化土地资源配置和提高劳动生产率、保障粮食安全和主要农产品供给、促进农业技术推广应用和农业增效、农民增收。“三权分置”改革中的放活经营权，即指在坚持集体所有权、稳定承包权的基础上，规范引导农村土地经营权有序流转、发展农业适度规模经营。《民法典》第339条、第342条分别规定了家庭承包的土地经营权流转及其他方式承包的土地经营权流转规则，明确：土地承包经营权人可以自主决定依法采取出租、入股或者其他方式向他人流转土地经营权；通过招标、拍卖、公开协商等方式承包农村土地，经依法登记取得权属证书的，可以依法采取出租、入股、抵押或者其他方式流转土地经营权。《农村土地承包法》对土地经营权的流转原则和规则进行了更为细致的规定。本条解释据此对家庭承包的林地经营权再流转规则予以了规定。

一、家庭承包的林地经营权流转方式

《农村土地承包法》第37条明确：“土地经营权人有权在合同约定的期限内占有农村土地，自主开展农业生产经营并取得收益。”这其中的一个重要方式便是依法、自愿、有偿流转其土地经营权。土地经营权流转

后，承包方与发包方的承包关系并不发生改变，双方享有的权利和承担的义务不变。根据《民法典》第339条及《农村土地承包法》第36条的规定，家庭承包的林地经营权流转方式主要有出租（转包）、入股或者其他方式。

（一）出租（转包）

出租（转包），根据农业农村部2021年1月发布的《农村土地经营权流转管理办法》[①] 第14条第2款的界定，是指承包方将部分或者全部土地经营权，租赁给他人从事农业生产经营。其中，出租，是指承包方将部分或全部土地经营权以一定期限租赁给他人从事农业生产经营；出租后原土地承包关系不变，原承包方继续履行原土地承包合同规定的权利和义务；承租方按出租时约定的条件对承包方负责。转包，是指承包方将部分或全部土地经营权以一定期限转给同一集体经济组织的其他农户从事农业生产经营；转包后原土地承包关系不变，原承包方继续履行原土地承包合同规定的权利和义务；接包方按转包时约定的条件对转包方负责；承包方将土地交他人代耕不足1年的除外。出租和转包的共同点在于：承包地流转后，承包农户仍然保有土地承包经营权、受让方仅取得一定期间内占有、使用承包地的权利。二者的区别在于受让方的不同：转包的对象仅限于本集体经济组织的其他农户，而出租的对象则没有这一限制。

需注意的是，《农村土地承包法》第36条规定土地经营权流转的方式之一为“出租（转包）”，而《民法典》第339条仅规定为“出租”，二者用语不尽一致。从学理上考究，出租和转包这两种方式能否并存，存在争议；[②] 从规范层面上考究，也存在不同的表述。例如，原《物权法》第128条规定：“土地承包经营权人依照农村土地承包法的规定，有权将土地承包经营权采取转包、互换、转让等方式流转”，该条采用了“转包”的

① 该办法自2021年3月1日起施行。原农业部2005年1月19日发布的《农村土地承包经营权流转管理办法》（农业部令第47号）同时废止。根据其第34条的规定，该办法仅适用于农民集体所有和国家所有依法由农民集体使用的耕地和其他用于农业的土地，并不适用于林地、草地。但实践中，相关规则可以参照适用。

② 详见高圣平、王天雁、吴昭军：《〈中华人民共和国农村土地承包法〉条文理解与适用》，人民法院出版社2019年版，第212页。

表述，未规定“出租”方式。2014 年《中共中央办公厅、国务院办公厅关于引导农村土地经营权有序流转发展农业适度规模经营的意见》第三部分“规范引导农村土地经营权有序流转”中第（五）项“鼓励创新土地流转形式”中明确：“鼓励承包农户依法采取转包、出租、互换、转让及入股等方式流转承包地”，同时列举了“转包”及“出租”方式。2015 年《国务院办公厅关于引导农村产权流转交易市场健康发展的意见》中明确：“以家庭承包方式承包的耕地、草地、养殖水面等经营权，可以采取出租、入股等方式流转交易”，此处采用的是“出租”的表述。2016 年《中共中央办公厅、国务院办公厅关于完善农村土地所有权承包权经营权分置办法的意见》在“严格保护农户承包权”中明确，承包农户“有权通过转让、互换、出租（转包）、入股或其他方式流转承包地并获得收益”。2009 年《农村土地承包法》第 37 条明确：“土地承包经营权采取转包、出租、互换、转让或者其他方式流转，当事人双方应当签订书面合同。”而 2018 年修正后的《农村土地承包法》第 36 条明确：“承包方可以自主决定依法采取出租（转包）、入股或者其他方式向他人流转土地经营权，并向发包方备案。”由此可见，不论在理论界还是法律法规条文表述上，就“转包”与“出租”的关系尚未达成一致。我们认为，转包与出租的含义基本相同，从词语的内涵而言，出租的内涵大于转包的内涵，也即转包为出租的一种特殊形式。虽然《民法典》第 393 条未明确规定转包，但鉴于 2018 年《农村土地承包法》第 36 条已有明确规定，因此转包仍应为土地经营权流转方式之一。

（二）入股

入股，根据《农村土地经营权流转管理办法》第 14 条第 3 款的界定，是指承包方将部分或者全部土地经营权作价出资，成为公司、合作经济组织等股东或者成员，并用于农业生产经营。入股既有合同形式的合作生产，亦可采取公司形式。前者并不以林地经营权作为对公司的出资，亦不发生物权变动；后者则将林地经营权转移至公司名下，出资人获得相应的股权作为对价。施行“三权分置”改革之前，原农业部 2005 年 1 月发布的《农村土地承包经营权流转管理办法》[①] 曾区分家庭承包和其他方式承包中的不同入股方式，该办法规定："实行家庭承包方式的承包方之间为发展农业经济，将土地承包经营权作为股权，自愿联合从事农业合作生产经营；其他承包方式的承包方将土地承包经营权量化为股权，入股组成股份公司或者合作社等，从事农业生产经营。"2018年《农村土地承包法》修正后，已经将其他方式承包取得的土地承包经营权重构为土地经营权。依据《农村土地经营权流转管理办法》第16条的规定，承包方自愿将土地经营权入股公司发展农业产业化经营的，可以采取优先股等方式降低承包方风险；公司解散时入股土地应当退回原承包方。

（三）其他方式

林地经营权流转的其他方式，是指与出租（转包）、入股效果相同的其他流转方式。基于此，此处的"其他方式"应当不包括"转让、互换"等产生移转土地承包经营权效果的流转方式，也不包括"抵押"等产生创设他物权效果的流转方式。[②]《中共中央办公厅、国务院办公厅关于完善农村土地所有权承包权经营权分置办法的意见》指出："鼓励采用土地股份合作、土地托管、代耕代种等多种经营方式，探索更多放活土地经营权的有效途径。"结合承包地流转交易的实践，常见的土地经营权流转的其他方式有以下几种。

1. 代耕代种

代耕或代种，是指承包人在不改变与农村集体经济组织的承包关系的状况下，以支付一定对价为条件，委托他人或集体经济组织在其承包土地上进行耕种的行为。代耕适用于耕地场合，林地主要为代种。代耕代种是土地权利人基于其意志所产生的农地利用关系的变动，自应属于土地经营权流转的一种方式。《农村土地承包法》第40条第3款还规定，承包方将土地交由他人代耕不超过1年的，可以不签订书面合同。

---

① 该办法已被农业农村部2021年1月发布的《农村土地经营权流转管理办法》所废止。

② 最高人民法院民法典贯彻实施工作领导小组主编：《中华人民共和国民法典物权编理解与适用（下）》，人民法院出版社2020年版，第698页。

2. 土地托管

土地托管是近年来农村土地流转中出现的一种创新模式，是指部分不愿意耕种或者无能力耕种的承包农户将承包地委托给种植大户或合作经济组织，由其代为耕种管理。这种承包地流转方式与转包、出租不同，是一种委托经营的方式，实践中有“半托”型、“全托”型、承租型、入股型等不同的土地托管模式。通过规模化的土地托管，有利于实现土地的集约化经营，便于机械化耕作及现代化的农业生产管理。

3. 土地信托

农村土地信托流转是一项与农村土地制度、与农民切身利益密切相关的制度创新，是在坚持集体所有权和土地承包关系稳定不变的前提下，土地承包经营权人在一定期限内依法、自愿地以信托方式将承包地委托给有经营意愿及经营能力的企业或个人进行经营。受托人在不改变“农地农用”的前提下，利用其专业规划和技术，依据自己的意志并以自己的名义独立对信托土地进行经营管理或处分。在扣除经营费用和约定报酬后，土地收益归农地承包权人或其指定的受益人所有。在信托期限届满、出现法定或者约定解除事由时，土地经营权回归承包农户。土地信托解决了“有地无力种，有力无地种”的矛盾局面，对于提高土地利用率，增加农户收益具有积极意义。

二、家庭承包的林地经营权流转规则

《中共中央办公厅、国务院办公厅关于引导农村土地经营权有序流转发展农业适度规模经营的意见》要求，坚持依法、自愿、有偿，以农民为主体，政府扶持引导，市场配置资源，土地经营权流转不得违背承包农户意愿、不得损害农民权益、不得改变土地用途、不得破坏农业综合生产能力和农业生态环境。《农村土地承包法》通过明确林地经营权流转的原则和具体规则，以系列制度设计保障林地经营权的依法有序流转。

（一）林地经营权流转规则

依据《农村土地承包法》第 38 条的规定，家庭承包的土地经营权流转遵循五项原则：一是依法、自愿、有偿，任何组织和个人不得强迫或者阻碍土地经营权流转；二是不得改变土地所有权的性质和土地的农业用途，不得破坏农业综合生产能力和农业生态环境；三是流转期限不得超过承包期的剩余期限；四是受让方须有农业经营能力或者资质；五是在同等条件下，本集体经济组织成员享有优先权。此外，依据该法第 36 条的规定，流转土地经营权还需要向发包方备案。

1. 依法、自愿、有偿流转

土地经营权流转本质上属于民事法律关系，遵守《民法典》规定的平等原则、自愿原则、公平原则、诚信原则、守法与公序良俗原则、绿色原则等民事主体从事民事活动的基本准则。《农村土地承包法》第 10 条规定："国家保护承包方依法、自愿、有偿流转土地经营权，保护土地经营权人的合法权益，任何组织和个人不得侵犯。"《农村土地经营权流转管理办法》第 2 条规定："土地经营权流转应当坚持农村土地农民集体所有、农户家庭承包经营的基本制度，保持农村土地承包关系稳定并长久不变，遵循依法、自愿、有偿原则，任何组织和个人不得强迫或者阻碍承包方流转土地经营权。"可见，法律和行政立法均将依法、自愿、有偿作为土地经营权流转的基本原则。林地承包经营权的权利主体是承包方，承包方可以自主决定依法采取出租（转包）、入股或者其他方式向他人流转林地经营权，包括发包方在内的任何组织和个人均不得强迫或者阻碍土地经营权流转。没有农户的同意，农村集体经济组织无权以任何方式决定流转农户的承包地，更不能以少数服从多数的名义，将整村整组农户的承包地集中对外招商经营等。根据《农村土地承包法》第 57 条、第 65 条的规定，发包方有干涉承包方依法享有的生产经营自主权、强迫或者阻碍承包方进行土地经营权流转等行为的，应当承担停止侵害、排除妨碍、消除危险、返还财产、恢复原状、赔偿损失等民事责任。国家机关及其工作人员有利用职权强迫、阻碍承包经营当事人进行土地经营权流转，给承包经营当事人造成损失的，应当承担损害赔偿等责任；情节严重的，由上级机关或者所在单位给予直接责任人员处分；构成犯罪的，依法追究刑事责任。

2. 林地林用

林地承包经营以"林地林用"为基本原则，林地经营权流转不得改变林地的集体所有权性质和林地用途，不得破坏林业生产条件和生态环境。

《森林法》第16条第2款要求，林业经营者应当履行保护、培育森林资源的义务，保证国有森林资源稳定增长，提高森林生态功能。《农村土地经营权流转管理办法》第3条规定，土地经营权流转不得损害农村集体经济组织和利害关系人的合法权益，不得破坏农业综合生产能力和农业生态环境，不得改变承包土地的所有权性质及其农业用途，确保农地农用，优先用于粮食生产，制止耕地“非农化”、防止耕地“非粮化”。依据《农村土地承包法》的规定，农村土地承包后，土地的所有权性质不变。农村土地承包经营应当遵守法律、法规，保护土地资源的合理开发和可持续利用，未经依法批准不得将承包地用于非农建设；承包方有义务维持土地的农业用途，未经依法批准不得用于非农建设，同时须依法保护和合理利用土地，不得给土地造成永久性损害。国家鼓励增加对土地的投入，培肥地力，提高农业生产能力；经承包方同意，受让方可以依法投资改良土壤，建设农业生产附属、配套设施，并按照合同约定对其投资部分获得合理补偿。上述规定与我国农村土地施行集体所有制、国家坚持18亿亩耕地红线等土地用途管理制度以及绿色发展理念是一脉相承的。违反该原则需要依法承担合同责任，甚至行政责任、刑事责任。土地经营权流转的当事人双方应当签订书面流转合同，流转土地的用途是合同主要条款之一。承包方不得单方解除土地经营权流转合同，但受让方擅自改变土地的农业用途、弃耕抛荒连续2年以上、给土地造成严重损害或者严重破坏土地生态环境或者其他严重违约行为的除外。前述情形下，如果承包方在合理期限内不解除土地经营权流转合同的，发包方亦有权要求终止土地经营权流转合同，此处突破了合同相对性原则。承包方给承包地造成永久性损害的，发包方有权制止，并有权要求赔偿由此造成的损失。土地经营权人亦应当对土地和土地生态环境造成的损害予以赔偿。与此同时，承包方、土地经营权人违法将承包地用于非农建设的，由县级以上地方人民政府有关主管部门依法予以处罚；违反土地管理法规，非法征用、占用土地，构成犯罪的，依法追究刑事责任。

3. 限期流转

依据《民法典》第332条及《农村土地承包法》第21条的规定，林地的承包期为30年至70年。根据《民法典》第340条对土地经营权的定义，是指土地经营权人有权在合同约定的期限内占有农村土地，自主开展农业生产经营并取得收益的权利。林地经营权流转的期限及其他具体条件，由流转双方在法律规定的范围内平等协商确定，通过订立流转合同的方式明确双方权利义务。根据“三权分置”的权利体系，林地经营权是从林地承包经营权中派生出来的，林地承包经营权有期限限制，林地经营权自然应当受制于该期限，流转期限不得超过承包期的剩余期限。

4. 经营能力及资质管理

林地经营权的受让方须有相应的林业经营能力或者资质。构建农村土地经营权流转制度的目的是对农村土地资源进行优化配置，提高农村土地利用效率，进而提高农业收益及增加农民收入。以此出发，必须对受让人的经营能力和资质有必要的限制，以避免农用地流转至无经营能力的主体之手，因而造成土地闲置、浪费等现象。《农村土地承包法》第 45 条规定，县级以上地方人民政府应当建立工商企业等社会资本通过流转取得土地经营权的资格审查、项目审核和风险防范制度。工商企业等社会资本通过流转取得土地经营权的，本集体经济组织可以收取适量管理费用。《农村土地经营权流转管理办法》第 9 条进一步规定，土地经营权流转的受让方应当为具有农业经营能力或者资质的组织和个人。

5. 本集体经济组织成员享有优先权

不同于林地承包经营权的转让、互换仅限于同一集体经济组织成员之间，林地经营权流转的受让人既可以是本集体经济组织的其他农户，也可以是本集体经济组织之外的单位或者个人。《农村土地承包法》第 38 条明确，当承包方将其林地经营权流转给非集体经济组织成员时，本集体经济组织的其他成员在同等条件下享有优先受让的权利，此为法定优先权。《农村土地经营权流转管理办法》第 9 条亦有类似规定。

6. 向发包方备案

《农村土地承包法》第 36 条要求流转土地经营权须向发包方备案，但并不要求经发包方同意，后者是林地承包经营权转让的要件。发包方作为农村集体林地的所有权人，对林地的流转利用具有监督管理的权利。根据《农村土地经营权流转管理办法》第五章有关流转管理的规定，发包方对承包方流转土地经营权、受让方再流转土地经营权以及承包方、受让方利用土地经营权融资担保的，应当办理备案，并报告乡（镇）人民政府农村土地承包管理部门。前述关于林地用途管理的部分已述及，对于承包方给承包林地造成永久性损害的，发包方有权制止，并有权要求赔偿由此造成的损失；对于林地经营权受让方的严重违约行为，如果承包方在合理期限内不解除林地经营权流转合同的，发包方有权要求终止林地经营权流转合同，林地经营权人应当对林地和林地生态环境造成的损害予以赔偿。

需要注意的是，该备案仅是事后备案性质，而非土地经营权流转的效力性强制性规定。正因如此，《民法典》第 339 条仅规定“土地承包经营权人可以自主决定依法采取出租、入股或者其他方式向他人流转土地经营权”，而没有再将备案作为流转或再流转的条件写进立法。[①]《农村土地承包司法解释》第 14 条明确：“承包方依法采取出租、入股或者其他方式流转土地经营权，发包方仅以该土地经营权流转合同未报其备案为由，请求确认合同无效的，不予支持。”本司法解释第 3 条亦规定：“当事人以未办理批准、登记、备案、审查、审核等手续为由，主张林地承包、林地承包经营权互换或者转让、林地经营权流转、林木流转、森林资源担保等合同无效的，人民法院不予支持。因前款原因，不能取得相关权利的当事人请求解除合同、由违约方承担违约责任的，人民法院依法予以支持。”根据中央“放活经营权”的改革要求，当事人以未经发包方同意或者备案为由，主张家庭承包的林地经营权流转合同无效的，人民法院不予支持。

本条解释原拟规定家庭承包的林地经营权流转规则，包括林地经营权的流转规则及再流转规则两部分。征求意见中，有专家提出林地经营权流转规则的规定与本司法解释第 3 条合同效力与物权效力区分的规则存在重复，故将相关内容移入第 3 条，本条仅保留关于家庭承包的林地经营权再流转规则的规定。

（二）林地经营权再流转规则

林地经营权的再流转，是指林地经营权人以出租（转包）、入股或者

① 最高人民法院民法典贯彻实施工作领导小组主编：《中华人民共和国民法典物权编理解与适用（下）》，人民法院出版社 2020 年版，第 699 页。

其他方式，将其享有的林地经营权向他人再次进行流转的行为。在“三权分置”权利体系下，家庭承包中土地经营权的流转流程为：(1) 集体经济组织（集体所有权，发包）；(2) 本集体经济组织成员（土地承包经营权，承包）；(3) 本集体经济组织成员或本集体经济组织之外的其他主体（土地经营权，流转）；(4) 本集体经济组织成员或本集体经济组织之外的其他主体（土地经营权，再流转）。其他方式承包则跳过第 (1) 个和第 (2) 个环节，直接从第 (3) 个环节开始，本集体经济组织成员或本集体经济组织之外的其他主体通过招标、拍卖、公开协商等方式承包“四荒地”进而取得土地经营权，经依法登记取得权属证书后可以依法流转、再流转土地经营权。

1. 林地经营权再流转规则的探索及完善

2016 年 10 月《中共中央办公厅、国务院办公厅关于完善农村土地所有权承包权经营权分置办法的意见》指出，经营主体再流转土地经营权或依法依规设定抵押，须经承包农户或其委托代理人书面同意，并向农民集体书面备案；承包农户流转出土地经营权的，不应妨碍经营主体行使合法权利。《农村土地承包法》修正前，一些地方林业规定对林地经营权的再流转规则进行了探索。《安徽省林权管理条例》第 25 条规定：“以转包、租赁方式取得林权的流入方再流转林权的，应当经原流出方同意。在同等条件下，原流出方有优先权。采取转让方式再流转的，还应当报发包方备案。农村集体经济组织以外的单位和个人流转森林、林木和林地规模达到五百亩以上，且生产经营时间不足五年再流转的，应当报所在地县级人民政府林业行政主管部门备案。”《龙泉市林地经营权流转证登记管理办法（试行）》第 16 条规定：“林地经营权流转证发生再流转，申请转移登记的，除需提供第十条规定材料外，还需征得原林地承包人同意，并要求三方到场签字确认。”

本条解释起草过程中，原拟借鉴前述文件，规定以转包、租赁方式取得林地经营权的流入方再流转林地经营权的，应当经原流出方同意。征求意见中，许多地方法院提出，限制过严不利于经营权的流转，建议改为通知。最高人民法院内部亦有意见认为，未经原流出方同意的合同无效，没有国家层面的法律法规作为依据。还有意见认为，经营方取得的权利不是物权，不具备处分物权进行再流转的权利。

2018 年修正的《农村土地承包法》第 46 条肯定林地经营权可以依法进行再流转，明确："经承包方书面同意，并向本集体经济组织备案，受让方可以再流转土地经营权。""再流转"本质上是"流转"的一种特殊形态，因此土地经营权流转的一般规则应当适用于土地经营权再流转的情形。林地经营权再流转时，首先应当遵循《农村土地承包法》第 38 条规定的土地经营权流转的一般原则，其次需要遵守《农村土地承包法》第 46 条有关土地经营权再流转的特殊规定。

2. 林地经营权再流转的特殊要件

家庭承包的林地经营权再流转中，有三个要件需要重点关注：一是本集体经济组织成员享有优先权；二是经承包方书面同意；三是向本集体经济组织备案。

其中，本集体经济组织成员享有林地流转的优先权及需向本集体经济组织备案两个要件，与林地经营权的流转相同。侵害集体成员的林地流转优先权的，适用本司法解释第 9 条的规定进行救济，即本集体经济组织成员以其在同等条件下享有的优先权受到侵害为由，主张家庭承包林地经营权流转合同无效的，人民法院不予支持；其请求赔偿损失的，依法予以支持。未向发包方备案的，则适用本司法解释第 3 条的规定。

经承包方书面同意是林地经营权再流转的一个特殊要件。林地经营权的流转仅需要向发包方备案，而再流转除此以外，特别强调须经承包方书面同意。农村土地承包经营制度的基本目的是保证农村稳定、农业发展和农民的合法权益。"三权分置"的政策目的是"落实集体所有权、稳定农户承包权、放活土地经营权"。从法律角度考察，林地承包经营权是用益物权，承包方是用益物权人，承包方流转林地经营权的，其与发包方的承包关系并不发生改变。因此，在林地经营权再流转交易中，必须保证作为用益物权主体的承包方的合法权益，保障其监督管理权。《森林法》第 19 条第 2 款规定，受让方违反法律规定或者合同约定造成森林、林木、林地严重毁坏的，发包方或者承包方有权收回林地经营权。《农村土地承包法》亦对林地经营方严重违约时承包方的合同权利进行了规定。

3. 未经承包方书面同意对再流转合同效力的影响

林地经营权人再流转林地经营权，应当征得承包方的书面同意，否则将构成“擅自再流转”。实践中，林地经营权人未征得承包方同意而再流转林地经营权的情况，可以细分为两种：一是虽然事先未征得承包方同意，但承包方知悉再流转情况并予以事后追认；二是事先未征得承包方同意，且承包方事后亦不予认可。

关于承包方书面同意对于再流转合同的效力影响问题，也即承包方书面同意是否构成再流转合同的生效要件，我们认为，答案是否定的。林地经营权再流转合同能否取得承包方同意，涉及的是处分权问题，参照《民法典》第 597 条规定精神，不应影响合同效力。再流转类似于转租。《民法典》第 716 条规定：“承租人经出租人同意，可以将租赁物转租给第三人。承租人转租的，承租人与出租人之间的租赁合同继续有效；第三人造成租赁物损失的，承租人应当赔偿损失。承租人未经出租人同意转租的，出租人可以解除合同。”据此，本条解释规定未经承包方书面同意，擅自再流转林地经营权的，承包方有权请求解除流转合同、收回林地。适用中，应当注意以下两点：

第一，从字面意思看，本条规定林地经营权人擅自再流转林地经营权的，承包方可以请求人民法院解除林地经营权流转合同、收回林地，而未规定承包方可以据此请求确认再流转合同无效。无论从民法法理，还是立法规定来看，合同的解除与合同的无效均属不同的概念，不可相互混淆。毕竟，合同解除以其有效为前提，无效合同不存在解除问题。

第二，本条规定承包方请求解除的合同是“林地经营权流转合同”，而非“林地经营权再流转合同”。在林地经营权流转、再流转交易中，承包方与林地经营权人之间订立的是林地经营权流转合同，而林地经营权人与次受让人之间订立的是林地经营权再流转合同。基于合同的相对性，合同的解除权人一般为合同当事人。因此，在林地经营权人擅自再流转林地经营权的情况下，承包方能够主张解除的系其作为当事人的林地经营权流转合同，并请求收回林地。一旦该请求得到支持，则林地经营权人与次受让人订立的林地经营权再流转合同将因失去作为标的物的林地，而出现履行不能的情况，此时合同双方只能选择解除合同并依据合同约定进行清算。

三、但书规定

本条解释将“林地经营权人能够证明林地经营权再流转已经承包方书面同意的除外”作为承包方行使合同解除权的例外。据此，虽然林地经营权人擅自再流转林地的法律效果是承包方（农户）有权请求解除合同、收回林地，但是如果林地经营权人能够证明再流转已依法经承包方书面同意的，可以以此作为抗辩理由。

（一）关于本条但书的表述

起草过程中，本条解释原表述为“家庭承包林地的经营权人有证据证明林地经营权再流转时已经承包方书面同意，承包方以经营权人擅自再流转林地经营权为由请求解除林地经营权流转合同、收回林地的，人民法院不予支持”。征求意见时，有意见提出，建议将第二句修改为“承包方除受让方违反法律规定或者合同约定造成森林、林木、林地严重毁坏的情形之外，事后对再流转不予认可并请求收回林地的，人民法院不予支持”，理由是基于《森林法》第19条第2款关于“受让方违反法律规定或者合同约定造成森林、林木、林地严重毁坏的，发包方或者承包方有权收回林地经营权”的规定。还有意见认为，“三权分置”改革以放活经营权为基本导向，目前的表述可能不当限制林地经营权的再流转。在吸收各方意见的基础上，本条解释最终采取了“原则规定+但书”的表述方式。其目的在于，从放活经营权角度出发，提示经营权人在流转中注意依法取得承包方的书面同意材料，避免擅自流转情形及其不利后果的发生。

（二）关于书面同意的形式

书面同意，是指以书面的方式作出同意的意思表示。根据《民法典》第469条之规定，书面形式一般与口头形式相对应，包括合同书、信件、电报、电传、传真等可以有形地表现所载内容的形式，以电子数据交换、电子邮件等方式能够有形地表现所载内容，并可以随时调取查用的数据电文，也可以视为书面形式。换言之，书面形式可以理解为以纸质或电子形式作出的同意。承包方“书面同意”具体表现，既可以为承包方在林地经营权人再流转其林地经营权时，单独出具书面的同意文件；也可以为承包方在林地经营权流转合同中事先进行概括同意；还可以由承包方在林地经营权再流转合同中作为当事人或鉴证人签章，或在该合同中明确表示同意。

【审判实践中应注意的问题】

一、关于林地经营权"流转"与"再流转"的区分

从文义解释的角度，"流转"与"再流转"含义并不相同。从规范体系角度考察，相关立法表述也不尽一致。《民法典》第339九条、第341条规定了"流转"，但该法未规定"再流转"。2018年修正的《农村土地承包法》第36条、第38条、第39条等条款规定了"流转"，第46条规定了"再流转"规则。本司法解释也区分了"流转"与"再流转"并予以分别表述。我们认为，一般而言，集体经济组织成员（农户）取得土地承包经营权之后，通过出租（转包）、入股或者其他方式向他人流转土地经营权的过程，[①] 是为"流转"；该"他人"取得土地经营权后，再以出租（转包）、入股或者其他方式向他人流转土地经营权的过程，[②] 是为"再流转"。需要注意的是，再流转是流转的一种，需要遵循立法有关林地经营权流转的一般规则，以及林地经营权再流转的特殊规定。

二、关于林地经营权流转的生效与登记

《农村土地承包法》第41条规定："土地经营权流转期限为五年以上的，当事人可以向登记机构申请土地经营权登记。未经登记，不得对抗善意第三人。"《民法典》第341条进一步规定："流转期限为五年以上的土地经营权，自流转合同生效时设立。当事人可以向登记机构申请土地经营权登记；未经登记，不得对抗善意第三人。"从该条的规定看，法律明确

① 参见《农村土地承包法》第36条。
② 参见《农村土地承包法》第46条。

流转5年以上期限的土地经营权自流转合同生效时设立，登记并非流转合同的有效要件，亦非作为流转标的的土地经营权的设立要件，登记仅具有对抗效力。当事人可以自愿进行林地经营权登记，经依法登记，该林地经营权取得对抗善意第三人的物权对世效力。

【法条链接】

1.**《中华人民共和国农村土地承包法》**（2018年12月29日修正）

第三十六条　承包方可以自主决定依法采取出租（转包）、入股或者其他方式向他人流转土地经营权，并向发包方备案。

第三十八条　土地经营权流转应当遵循以下原则：

（一）依法、自愿、有偿，任何组织和个人不得强迫或者阻碍土地经营权流转；

（二）不得改变土地所有权的性质和土地的农业用途，不得破坏农业综合生产能力和农业生态环境；

（三）流转期限不得超过承包期的剩余期限；

（四）受让方须有农业经营能力或者资质；

（五）在同等条件下，本集体经济组织成员享有优先权。

第四十六条　经承包方书面同意，并向本集体经济组织备案，受让方可以再流转土地经营权。

2.**《中华人民共和国民法典》**（2020年5月28日）

第三百三十九条　土地承包经营权人可以自主决定依法采取出租、入股或者其他方式向他人流转土地经营权。

第三百四十一条　流转期限为五年以上的土地经营权，自流转合同生效时设立。当事人可以向登记机构申请土地经营权登记；未经登记，不得对抗善意第三人。

第三百四十二条　通过招标、拍卖、公开协商等方式承包农村土地，经依法登记取得权属证书的，可以依法采取出租、入股、抵押或者其他方式流转土地经营权。

第五百九十七条　因出卖人未取得处分权致使标的物所有权不能转移

的，买受人可以解除合同并请求出卖人承担违约责任。

法律、行政法规禁止或者限制转让的标的物，依照其规定。

第七百一十六条 承租人经出租人同意，可以将租赁物转租给第三人。承租人转租的，承租人与出租人之间的租赁合同继续有效；第三人造成租赁物损失的，承租人应当赔偿损失。

承租人未经出租人同意转租的，出租人可以解除合同。

3.**《最高人民法院关于审理涉及农村土地承包纠纷案件适用法律问题的解释》**（2020 年 12 月 29 日修正）

第十一条 土地经营权流转中，本集体经济组织成员在流转价款、流转期限等主要内容相同的条件下主张优先权的，应予支持。但下列情形除外：

（一）在书面公示的合理期限内未提出优先权主张的；

（二）未经书面公示，在本集体经济组织以外的人开始使用承包地两个月内未提出优先权主张的。

第十四条 承包方依法采取出租、入股或者其他方式流转土地经营权，发包方仅以该土地经营权流转合同未报其备案为由，请求确认合同无效的，不予支持。

第九条　本集体经济组织成员以其在同等条件下享有的优先权受到侵害为由，主张家庭承包林地经营权流转合同无效的，人民法院不予支持；其请求赔偿损失的，依法予以支持。

【条文主旨】

本条是关于林地经营权流转中妨害本集体经济组织成员优先权的法律后果及权利救济途径的规定。

【条文理解】

《农村土地承包法》第38条第5项将本集体经济组织成员在同等条件下享有优先权作为家庭承包土地的土地经营权流转原则之一。《农村土地承包司法解释》第11条进一步明确了本集体经济组织成员优先权的行使及例外规定。本条解释在上述法律和司法解释规定的基础上，参照《民法典》第728条关于侵害承租人优先购买权的法律后果的规定，明确了林地经营权流转时，本集体经济组织成员的优先权受到侵害的法律后果及权利救济途径。

一、优先权的相关理论

（一）优先权的概念和类型

优先权，传统民法理论称为优先购买权，是指特定人依法律规定或约定而享有的，于出卖人出卖其标的物给第三人时，得以同等条件优先于他人而购买的权利。优先权制度旨在维护生存和安全价值，维护和稳定既有经济秩序，充分发挥财产的使用效能。虽然从理论上讲，优先权包括法定优先权和约定优先权。但大多数情况下，优先权是基于法律规定而产生的，以实现法律对特定当事人权益的保护。作为现代民法中的一项重要制度，为各国民法普遍接受。

我国现行法律、行政法规、司法解释等规定了诸多类型的优先购买权。概括而言，根据《民法典》《公司法》《合伙企业法》《农村土地承包法》等法律法规的规定，我国目前共有十类法定优先购买权：一是按份共有人对其他按份共有人的共有份额的优先购买权；二是房屋承租人对租赁房屋的优先购买权；三是职务技术成果完成人对单位拥有的职务技术成果的优先购买权；四是委托开发合同中的委托人对研究开发人的专利申请权的优先购买权；五是合伙企业的合伙人对其他合伙人的财产份额的优先购买权；六是有限责任公司的股东对其他股东股权的优先购买权；七是市县人民政府对国有土地使用权的优先购买权；八是国有文物收藏单位对珍贵文物的优先购买权；九是我国企业或其他经济组织对外资企业清算处理财产的优先购买权；十是本集体经济组织成员对其他成员流转的土地经营权的优先购买权。

（二）优先权的性质

法学界关于优先购买权性质的争论由来已久，学者们提出了请求权说、物权说、形成权说等不同观点。

1. 请求权说

主张优先购买权应理解为优先缔约请求权，是权利人请求出卖人与自己订立买卖合同的权利。请求权须借助相对人的意思才可以实现权利目的，优先购买权作为请求权，其实现须依赖出卖人的协助。

2. 物权说

该学说包括物权说和准物权说两种观点。物权说认为，优先购买权是一项物权，具有对抗效力。准物权说认为，优先购买权是准物权，法律赋予其优先效力和追及效力体现出其具有物权的某种属性，可适用物权的相关法律规定。在持物权说观点的学者看来，优先购买权是法律为了保护特定人的利益而创设的权利，明确该权利为物权从而具有物权的对抗效力，才能真正实现对特定人保护的立法目的。

3. 形成权说

该学说包括附条件形成权说和形成权说两种观点。附条件形成权说认为，优先购买权人得依一方之意思，形成以义务人（出卖人）出卖与第三人同等条件为内容之契约，无须义务人之承诺。唯此项形成权附有停止条件，须义务人出卖标的物于第三人时，始得行使。[①] 形成权说则认为，优先购买权的内涵与形成权一致，是仅凭优先购买权人一方的意思表示，即可使权利或法律关系产生、变更或消灭的权利。

我们认为，优先购买权的性质为形成权，因该权利系出于保护特定法律关系中特定人的利益或特定社会利益的需要而设，优先购买权人可以依其单方意思，形成义务人出卖给第三人同样条件为内容的契约，而无须义务人的承诺。

虽然请求权说、物权说的观点具有一定的道理，但因优先购买权是基于法律对特定人利益的保护、以保障权利人买得某种特定物品而创设，如将优先购买权定性为请求权，则在权利人有意愿在同等条件下优先购买时，相对人如以各种理由拒绝签约，优先购买权实则未得到完整的保护，丧失了优先权的制度功能。此外，法律虽赋予了优先购买权人以优先效力，但不宜仅以该优先效力与物权的权能（优先效力）存在重合之处，即反推优先购买权为物权，是否具有优先效力并不能反映一项权利的法律性质，亦与物权法定原则的要求不符。

（三）林地经营权流转中的优先权

本条解释规定的优先权，其法律依据是《农村土地承包法》第 38 条第 5 项，指家庭承包林地的林地经营权流转中，本集体经济组织成员享有的优先受让林地经营权的权利。本条规定的优先权，具有如下四个特点。

1. 具有中国特色

本条规定的优先权，是国外民法没有规定的优先权类型，也是具有中国特色的优先权。我国实行土地归国家和集体所有的制度，法律规定了特有的土地承包经营权及其在流转中分离出来的土地经营权，因而建立在该权利之上的优先权也是我国所特有的。

---

① 王泽鉴：《民法学说与判例研究（第一册）》，中国政法大学出版社 2005 年版，第 184 页。

2. 权利主体特定且人数众多

本条规定的优先权，除具有权利主体特定这一优先权共有特征外，因农村集体经济组织成员众多，因此，本条规定的优先权的权利主体人数众多。而传统优先权的权利人以一人为常态，以数人为例外，但权利人的人数鲜少像本条规定的优先权人的人数这样多。

3. 优先权行使的结果不同

根据《农村土地承包法》等相关法律规定，家庭承包的林地承包经营权在流转中，分离成林地承包权和林地经营权。其中林地承包权稳定在林农手中，而林地经营权则予以放活。从林地经营权的流转方式来看，有出租（转包）、入股或者其他方式。传统民法中优先权的行使结果，是优先权人与出卖人形成买卖合同，优先权人基于双方之间的买卖合同从而取得标的物的所有权。而本条规定的优先权，其权利行使结果是权利人与相对人形成林地经营权流转合同，优先权人取得一定期限的家庭承包林地的经营权，而非取得林地的所有权。

4. 权利设定目的特殊

本条规定的优先权，系为了保护森林资源，促进物尽其用。根据法律规定，农村土地除属于国家所有的以外，都属于本集体经济组织的农民集体所有。在林地经营权需要流转时，规定本集体经济组织的成员享有优先权，不仅可以保护本集体经济组织成员的土地权利，激发本集体经济组织成员的劳动力和创造力，且有利于农村的稳定、和谐。

二、本集体经济组织成员优先权的行使

（一）行使条件

根据本条解释规定，本集体组织成员优先权的行使，应满足如下两个条件。

1. 存在拟将林地经营权流转给本集体经济组织成员以外的单位或个人的行为

林地承包方存在流转其依法享有的家庭承包林地经营权的行为，是本集体经济组织成员优先权得以取得和行使的前提和基础。再流转属于流转

的一种方式，亦应遵循《农村土地承包法》第 38 条规定的林地经营权流转原则。这里的流转行为，应当是流转方以收取合理价款作为对价的方式转移林地经营权。该流转行为应已经现实发生，即林地经营权流转方与本集体经济组织成员之外的第三人订立了林地经营权转让合同。

2. 本集体经济组织成员须以同等条件受让

此处的“同等条件”是相对于第三人而言的受让条件的“同等”。本集体经济组织成员以同等条件受让，是其优先权得以取得和行使的实质要件，也是法律对本集体经济组织成员行使优先权所规定的限制性条件。优先权制度是以利益衡量为原则而成立的一种制度，“同等条件”的行使要件是其主要的利益衡量机制。此种限制规定尊重了流转方依法享有的权益，不至于因优先权的行使而使流转方遭受损失；同时，使优先权的设立不至于剥夺其他人的受让机会，因为其他受让人仍然可以参与购买，如果优先权人不能提供同等条件，则第三人可受让林地经营权。

关于同等条件的认定，理论上存在不同观点。从同等条件范围角度，有绝对同等说和相对同等说。绝对同等说认为，本集体经济组织成员受让林地经营权的条件约定与第三人合同约定的条件完全一致；相对同等说认为，不需要受让条件完全相同，只要价格、支付方式等主要合同条件相同即可构成同等条件。从同等条件内容角度，有观点认为，同等条件主要是指价格的同一，如果流转方基于某种特殊原因给予了第三人较为优惠的价格，而这些特殊原因能够以金钱方式计算，则应折合成金钱后加入转让价格中；如果不能以金钱计算，那么应以市场价格确定同等条件。另有观点认为，同等条件即为同等价格，当事人原来在合同中有明确约定的条件，可以成为同等条件的组成部分，但约定不得违反法律规定。我们认为，法律之所对优先权的行使附加了“同等条件”的限制，其目的是维护出让人的权益，使出让人不致因优先权的行使而遭受损失，这是法律对出让人的处分权和优先权之间的利益平衡考量。因此，从维护出让人的利益出发，相对同等条件说更为合理。条件相同，并不要求两份合同内容完全一样，而是指流转价格、支付方式、流转期限等主要内容相同，对于其他交易条件并不要求完全相同。审判实践中，应重点把握价款和期限这两项内容。只要价款不比流转方拟流转的价款低，期限不比流转方拟流转的期限短，优先权人主张优先权的，应予支持。

（二）行使期限

无论是《农村土地承包法》第38条、《农村土地承包司法解释》第11条，还是本条解释规定，均没有对优先权人行使权利的期限作出明确规定。也就是说，本集体经济组织的成员已经知悉有人要流转林地经营权时，应该在多长的时间内提出优先权的要求？换言之，流转方在通知了本集体经济组织成员之后，如果本集体经济组织成员没有提出优先权要求，多长时间可以流转给本集体经济组织以外的单位或个人？由于法律和司法解释对此未作规定，在解释上宜认为是“合理期限”。在流转方履行了通知义务后，在合理期限内本集体经济组织成员没有提出要求流转给本人的，或者流转的价款低于通知的价款，流转的期限短于通知的期限的，流转方可以将林地经营权流转给本集体经济组织成员以外的第三人。审判实践中，何为“合理期限”要根据案件的具体情况决定。我国是一个统一的多民族国家，幅员辽阔，各地情况千差万别，统一规定一个时间难度较大。为了实现个案公正，法律和司法解释对土地经营权流转中优先权行使的期限不作规定，符合我国的国情。

（三）行使限制

《农村土地承包司法解释》第11条规定：“土地经营权流转中，本集体经济组织成员在流转价款、流转期限等主要内容相同的条件下主张优先权的，应予支持。但下列情形除外：（一）在书面公示的合理期限内未提出优先权主张的；（二）未经书面公示，在本集体经济组织以外的人开始使用承包地两个月内未提出优先权主张的。”上述司法解释对于土地经营权流转中，本集体经济组织成员不能行使优先权的例外情形作出规定。总体而言，本集体经济组织成员优先权的行使限制，主要包括以下两方面情形。

1. 在书面公示的合理期限内未提出优先权主张

流转方在流转林地经营权时有义务通知本集体经济组织的成员，以便让成员决定是否行使优先权。但是，法律或司法解释并未对通知的方式作出规定。通常情况下，通知方式包括两种：一是挨家挨户通知，但这种方式耗时长、成本高。二是通过公示的方式通知，这种方式较为经济便利。但公示时应当注意地点和形式，以确保本集体经济组织成员能够知悉该通知的具体内容，如在村民委员会办公所在地以书面的方式公示。此外，要给予本集体经济组织成员以合理期限，让其决定是否行使优先权。至于期限是否合理，需根据具体情况决定。在本集体经济组织成员知晓某户要流转林地经营权时，如果成员在书面公示的合理期限内提出优先权主张的，其权利应该得到保护。相反，如果本集体经济组织成员在书面公示的合理期限内未提出优先权主张的，视为其对优先权的放弃。

2. 未经书面公示，在本集体经济组织以外的人开始使用承包地 2 个月后提出优先权主张

如果流转方流转林地经营权时没有履行通知义务，那么本集体经济组织成员有权要求行使优先权。但是，为了维护交易的安全稳定，平衡优先权人和第三人的利益，有必要对本集体经济组织成员优先权的行使施以一定的期限限制。《农村土地承包司法解释》第 11 条规定了 2 个月的期限，如果本集体经济组织以外的人已经实际使用林地，那么本集体经济组织成员就应该知晓该情况。如果在长达 2 个月的时间内都不提出优先权主张，则表明本集体经济组织成员已经放弃了优先权，默许了本集体经济组织以外的人对该林地进行经营。考虑到此时受让方已经在林地上有一定的投入，如果再允许本集体经济组织成员行使优先权，对本集体经济组织以外的交易第三人而言不公平，不利于维护林地经营权流转关系以及社会关系的稳定。

三、流转方与第三人订立的家庭承包林地经营权流转合同的效力

在林地经营权的流转方未尽通知义务而与第三人订立林地经营权流转合同的场合，优先权人一经行使权利，即可与流转方形成林地经营权流转合同关系。因此，优先购买权的行使，会在流转方、第三人、优先权人之间成立两份受让条件相同的林地经营权流转合同，形成“一物二卖”的局面。此时，对于优先权人与流转方之间的合同，基于法律的明确规定，该合同依法有效。但是，对于流转方与第三人订立的合同的效力，理论上存

在不同的主张：一是无效说，即主张流转方与第三人之间的转让合同无效。二是效力待定说，认为在优先权人未放弃权利的情况下，流转方流转林地经营权的行为，与欠缺处分权而为的民事行为类似，应类推适用无权处分的规定。三是可撤销说，认为尽管流转方未尽通知义务即与第三人签订合同，但该程序上的缺陷并不影响流转方的实体权利，该合同应纳入可撤销合同的范畴，在优先权人主张撤销前，流转方与第三人订立的合同有效。

我们认为，上述观点均有不当之处，流转方与第三人间合同的效力不受优先权行使的影响。第一，针对无效说，因本集体经济组织成员的优先权仅具有债权效力，而不是具有可以对抗第三人的物权效力，故优先权的行使并不影响流转方与第三人之间订立的合同效力。认定该合同无效，不仅浪费缔约成本，给无辜的第三人带来风险，且与《民法典》绿色原则，即避免动辄宣告合同无效，减少因合同无效所导致的资源浪费，维护交易秩序的立法导向不符。同时还会使“同等条件”失去依托，导致优先权的行使失去前提条件。此外，如果认为合同无效，则第三人只能请求缔约过失责任和赔偿信赖利益损失，合同中约定的违约金条款因失效而无法主张；如果合同有效，则第三人可以请求流转方承担违约责任，就此而言，认定合同无效对第三人的权利保护不周。第二，针对效力待定说，虽然法律规定了特定人享有在同等条件下优先于他人购买的权利，但是就出让人而言，优先购买权是设定在其标的物上的一种负担，但此种负担只是限制其自由选择受让方的权利，而不影响其占有、使用、收益和处分的权能，并不存在流转方欠缺处分权的情形。此外，根据《民法典》第 597 条的规定，应区分负担行为和处分行为，即使流转方构成无权处分，其与第三人订立的设定权利转让负担的流转合同本身的效力不因未取得处分权而受影响。第三，针对可撤销说，撤销权的行使应当具有明确的法律依据，根据现有法律规定，流转方在未尽通知义务的情况下与第三人订立流转合同，并不构成法定的可撤销事由。此外，合同撤销后第三人仅能请求信赖利益损失，无法主张违约损害赔偿，不利于对第三人利益的保护。

在认定流转方与第三人间合同的效力时，应在坚持合同相对性原则基础上，结合优先权的性质予以综合考量，在保护优先权与尊重当事人意志、民事主体平等以及市场化配置资源之间寻求适当的平衡。第一，根据合同相对性原则，合同只在合同当事人之间成立和生效，非合同当事人的行为一般不影响合同的效力。就流转方与第三人订立的流转合同而言，只要双方之间意思表示真实并达成合意，且无虚高定价排除优先权人行使权利的恶意，即应认定为有效，优先权的行使并不影响流转方与第三人订立的合同的效力。第二，从利益平衡角度而言，肯定流转方与第三人之间合同的效力，在优先权人行使优先权的场合，第三人可以因其与流转方订立的合同无法得到履行而向流转方主张违约损害赔偿责任，从而更好地保护第三人的利益。第三，符合优先权制度的立法理念与价值判断。本条解释起草过程中，参考了《民法典》第728条关于妨害承租人优先购买权行使的法律后果的规定。对于妨害承租人优先购买权的法律后果，原《最高人民法院关于贯彻执行〈中华人民共和国民法通则〉若干问题的意见（试行）》第118条规定，出卖人与第三人订立的买卖合同无效。其后，2009年《房屋租赁合同司法解释》第21条明确优先权的行使并不影响出租人与第三人间合同的效力。《民法典》第728条总结和吸收了2009年《房屋租赁合同司法解释》第21条的规定，再次明确对此问题的态度。承租人的优先购买权和本条解释规定的本集体经济组织成员优先权，在本质上均属于优先权，其权利性质相同。因此，明确流转方与第三人间合同的效力不受优先权行使的影响，符合优先权制度的立法理念与价值判断。

四、妨害本集体经济组织成员优先权的损害赔偿责任

优先权是法律赋予本集体组织成员的权利，流转方妨害本集体经济组织成员行使优先权，是针对本集体经济组织成员优先权的侵权行为，应承担侵权损害赔偿责任。

（一）损害赔偿责任成立的基础

出让人实施妨害本集体经济组织成员优先权行使的行为，是损害赔偿责任成立的基础。流转方妨害本集体经济组织成员优先权，多体现为在将林地经营权流转给第三人时未履行对本集体经济组织成员的通知义务。包括未通知、未于合理期限通知以及未完全通知等情形；或者优先权人未能

获得合理的决策和准备时间、未能及时有效表达优先受让意愿、表达后仍然被剥夺优先受让机会等情形。这里需要强调的是，未完全通知，是指流转方虽然在合理期限内将欲流转林地经营权的情况通知了本集体经济组织成员，但通知内容不完整、不准确，尤其是作为合同主要内容的价格条件、支付方式、转让期限等重要内容并未如实、完整通知，可能对本集体经济组织成员是否行使优先购买权产生影响。此外，流转方的妨害行为，亦包括与第三人恶意串通，订立“阴阳合同”，迫使本集体经济组织成员放弃优先权等。审判实践中，应根据具体情况，结合流转方行为的目的、行为内容等进行综合判断。

（二）损害赔偿责任的认定

本条解释规定并未明确本集体经济组织成员优先权被侵害后，可以请求出让人赔偿何种损失。我们认为，可以将优先权得以实现作为参考，来评估本集体经济组织成员因此遭受的损失。如因流转方的妨害行为导致本集体经济组织成员未能行使其优先权，从而丧失了以与第三人同等条件下受让林地经营权的机会，包括本集体经济组织成员在优先权受到侵害后，不能享有直接从流转方处受让林地经营权而必须支付的额外费用，如另行寻找、受让林地经营权而支出必要费用。再如本集体经济组织成员优先权实现的可得利益损失。概言之，对于损害赔偿责任的认定，不能简单地推定每个优先权人应当获得同样标准的赔偿。司法实践中，应当综合考量优先权人是否原本即有受让林地经营权的计划、出让人妨害优先权行使的具体情形、优先权人提出主张的时间、原因和强烈程度等多重因素，结合具体案情予以综合分析判断流转方应承担的赔偿责任。

【审判实践中应注意的问题】

一、关于流转方的通知义务

根据《农村土地承包法》第38条第5项的规定，本集体经济组织的成员对林地经营权的流转享有优先权。本集体经济组织成员享有权利，必然是林地经营权流转方承担的义务，该义务具体包括：（1）在准备流转林地经营权给本集体经济组织成员以外的第三人时，负有通知本集体经济组织成员的义务。为了便于操作，流转方最好在与本集体经济组织成员之外的单位或个人合同条件落实时，先通知本集体经济组织的成员是否行使优先权，而后决定是否有必要继续交易，以节省成本。通知本集体经济组织的成员时，应该告诉准备流转的价款、期限等流转条件。（2）在本集体经济组织成员明确表示要求行使优先权时，流转方应该将林地经营权流转给提出要求的优先权人。

二、关于二个以上本集体组织成员主张行使优先权的处理

如前所述，本条解释规定的本集体经济组织成员优先权具有权利主体特定且人数众多的特点。如遇两个以上本集体经济组织成员均主张行使优先权的场合，应如何处理？我们认为，此时应该赋予流转方以选择权，由流转方决定其林地经营权的受让对象。理由在于：（1）法律和本司法解释对本集体经济组织成员有二人以上要求行使优先权如何处理，没有规定。因此，当这种情况出现时，不应该给出让人增加义务负担，而应充分尊重当事人的意思自治，保障出让人选择合同相对方的自由。（2）由于流转的权利主体是林地承包经营权或者林地经营权的权利人，在二人以上都具备优先权的情况下，赋予流转方以选择的权利，一方面保护了流转方的利益，另一方面也没有损害本集体经济组织成员的权利。

三、关于本集体经济组织成员两种优先权的区分

《农村土地承包法》规定了两种优先权：一是本集体经济组织成员在家庭承包土地的土地经营权流转中的优先权。即本条解释规定的优先权，相关规则由《农村土地承包法》第 38 条第 5 项、《农村土地承包司法解释》第 11 条予以规范。二是本集体经济组织成员在其他方式承包中的优先承包权。《农村土地承包法》第 51 条规定，以其他方式承包农村土地，在同等条件下，本集体经济组织成员享有优先承包权。《农村土地承包司法解释》第 18 条规定，其他方式承包土地时，本集体经济组织成员在承包费、承包期限等主要内容相同的条件下主张优先承包的，应予支持。但

在发包方将农村土地发包给本集体经济组织以外的组织或者个人，已经法律规定的民主议定程序通过，并由乡（镇）人民政府批准后主张优先承包的，不予支持。需要注意的是，其他方式承包中的优先承包权并不适用于流转情形，故林地经营权流转时的优先权规定仅适用于家庭承包林地。

【法条链接】

1.**《中华人民共和国农村土地承包法》**（2018 年 12 月 29 日修正）

第九条 承包方承包土地后，享有土地承包经营权，可以自己经营，也可以保留土地承包权，流转其承包地的土地经营权，由他人经营。

第三十六条 承包方可以自主决定依法采取出租（转包）、入股或者其他方式向他人流转土地经营权，并向发包方备案。

第三十八条 土地经营权流转应当遵循以下原则：

（一）依法、自愿、有偿，任何组织和个人不得强迫或者阻碍土地经营权流转；

（二）不得改变土地所有权的性质和土地的农业用途，不得破坏农业综合生产能力和农业生态环境；

（三）流转期限不得超过承包期的剩余期限；

（四）受让方须有农业经营能力或者资质；

（五）在同等条件下，本集体经济组织成员享有优先权。

2.**《中华人民共和国民法典》**（2020 年 5 月 28 日）

第七百二十六条 出租人出卖租赁房屋的，应当在出卖之前的合理期限内通知承租人，承租人享有以同等条件优先购买的权利；但是，房屋按份共有人行使优先购买权或者出租人将房屋出卖给近亲属的除外。

出租人履行通知义务后，承租人在十五日内未明确表示购买的，视为承租人放弃优先购买权。

第七百二十八条 出租人未通知承租人或者有其他妨害承租人行使优先购买权情形的，承租人可以请求出租人承担赔偿责任。但是，出租人与第三人订立的房屋买卖合同的效力不受影响。

3.《最高人民法院关于审理涉及农村土地承包纠纷案件适用法律问题的解释》（2020 年 12 月 29 日修正）

第十一条　土地经营权流转中，本集体经济组织成员在流转价款、流转期限等主要内容相同的条件下主张优先权的，应予支持。但下列情形除外：

（一）在书面公示的合理期限内未提出优先权主张的；

（二）未经书面公示，在本集体经济组织以外的人开始使用承包地两个月内未提出优先权主张的。

第十条　林地承包期内，因林地承包经营权互换、转让、继承等原因，承包方发生变动，林地经营权人请求新的承包方继续履行原林地经营权流转合同的，人民法院应予支持。但当事人另有约定的除外。

【条文主旨】

本条是关于承包方发生变动时林地经营权的处理规定。

【条文理解】

2014《年中共中央办公厅、国务院办公厅关于引导农村土地经营权有序流转发展农业适度规模经营的意见》要求，坚持农村土地集体所有权，稳定农户承包权，放活土地经营权。依据《民法典》第332条、《农村土地承包法》第21条的规定，林地的承包期为30年至70年，且承包期届满后依照该法定期限相应延长。林地承包期较长，林地经营权由承包方流转给第三人后，承包方在经营期内发生变动的情形不在少数。本条解释对此种情形下林地经营权流转合同的效力和履行予以了规范。

一、林地承包方发生变动的原因

根据《民法典》及《农村土地承包法》等法律的规定，在承包期内，林地承包方可能因为林地承包经营权的互换、转让、继承以及承包方自愿交回林地等原因而发生变动。

（一）林地承包经营权互换

林地承包经营权互换，是指林地承包经营权人将自己的林地承包经营权交换给他人行使，自己行使从他人处换来的林地承包经营权。[①] 农村承

① 参见黄薇主编：《中华人民共和国农村土地承包法释义》，法律出版社2019年版，第141页。

包土地互换历史已久，自家庭联产承包责任制实施后，集体经济组织成员内部自发的、分散的、平等公平的承包地互换就长期存在。其优势在于，农户基于土地承包经营需要考虑，通过互换使承包的细碎土地连片，方便进行集中生产、扩大经营规模。因此，也得到了政策和法律的肯定。2014年《中共中央办公厅、国务院办公厅关于引导农村土地经营权有序流转发展农业适度规模经营的意见》提出，鼓励农民在自愿前提下采取互换土地方式解决承包地细碎化问题。《农村土地承包法》第33条、第35条规定，承包方之间为方便耕种或者各自需要，可以对属于同一集体经济组织的土地的土地承包经营权进行互换，并向发包方备案；土地承包经营权互换的，当事人可以向登记机构申请登记，未经登记不得对抗善意第三人。林地承包经营权的互换有以下四个特点。

1. 互换的主体为同一农村集体经济组织的农户

在“三权分置”制度框架下，基于“稳定农户承包权”的需要，土地承包经营权被赋予严格的身份属性，其取得和享有以相应主体具有本集体经济组织成员身份为前提。互换承包地实质上是林地承包经营权主体的变更，故互换主体必须属于同一农村集体经济组织，不同集体经济组织的成员之间不能进行林地承包经营权互换，否则不能发生变更林地承包经营权的物权效力。

2. 互换的客体为林地承包经营权，性质为物权处分行为

依据2018年修正的《农村土地承包法》第49条的规定，采取其他方式承包取得的不再是土地承包经营权，而是土地经营权。故该法施行后通过其他方式承包的土地与家庭承包的土地之间，因其所涉的权利性质不同，不能互换。该类互换往往也不符合互换的主体要件。

3. 互换的特殊程序要求为向发包方即农村集体经济组织备案

互换主体严格限定在同一集体经济组织内部，不会对林地所有权发生影响，故林地承包经营权互换无须经发包方同意，仅需备案以便于管理。需要注意的是，备案或登记并非互换合同的生效要件，未办理备案或登记手续的，依据本司法解释第3条的规定，并不否定互换合同的效力。法律对土地承包经营权互换采登记对抗主义而非登记生效主义，互换合同经依法成立即生效，未经登记的，不影响物权变动的效力，只不过受让人取得

的物权不能对抗善意第三人。根据物权优于债权原则，此处的善意第三人是指对林地依法享有相应物权的第三人，仅享有债权的第三人不应包括在内。

4. 互换的法律后果为互换双方取得对方的林地承包经营权

我国农村土地施行集体所有制。不同于普通的“以物换物”交易标的为交易物的所有权，农村土地承包经营权互换交易，互换的仍然是土地承包经营权，是土地承包经营权在同一集体经济组织之内互相交换的一种易货交易，实质上是将土地承包经营权终局性地转让于他人之时又于他人之处受让土地承包经营权的两种处分行为的叠加。[①] 互换双方主体互相取得原来对方享有的林地承包经营权，同时互换双方与发包方原有的承包法律关系也因承包地的变更而发生变化。林地承包经营权互换合同生效后，承包方以失去其林地承包经营权为代价，取得对方享有的林地承包经营权。

（二）林地承包经营权转让

林地承包经营权转让，是指林地承包经营权人将其拥有的未到期的林地承包经营权以一定的方式和条件转移给他人的行为。[②] 根据《民法典》第334条、《农村土地承包法》第17条的规定，承包方享有依法转让土地承包经营权的权利。承包人转让林地承包经营权，可以全部转让，也可以部分转让。转让后，未经依法批准，不得将承包地用于非农建设。随着工业化和农村城镇化进程加快，一部分农民可能在城市找到稳定的工作或者有稳定的收入来源，不再依赖承包地作为生存保障，愿意将全部或者部分土地承包经营权彻底转让给其他人。为维护进城落户农民的合法权益，充分发挥农村土地效用，避免土地被撂荒闲置，《农村土地承包法》第27条、第34条明确，承包期内，承包农户进城落户的，引导支持其按照自愿有偿原则依法在本集体经济组织内转让土地承包经营权或者将承包地交回发包方，也可以鼓励其流转土地经营权；经发包方同意，承包方可以将全部或者部分的土地承包经营权转让给本集体经济组织的其他农户，由该农

---

① 朱广新：《土地承包权与经营权分离的政策意蕴与法制完善》，载《法学》2015年第11期。

② 参见黄薇主编：《中华人民共和国民法典释义（上）》，法律出版社2020年版，第665页。

户同发包方确立新的承包关系，原承包方与发包方在该土地上的承包关系即行终止。林地承包经营权的转让具有以下三个特点。

1. 转让的主体是同一农村集体经济组织的农户

前已述及，林地承包经营权具有成员权性质。《中共中央办公厅、国务院办公厅关于引导农村土地经营权有序流转发展农业适度规模经营的意见》指出，以转让方式流转承包地的，原则上应在本集体经济组织成员之间进行。《农村土地承包法》第34条明确，土地承包经营权转让的受让方须为本集体经济组织的其他农户。本司法解释第6条据此规定，家庭承包林地的承包方转让林地承包经营权，受让方不是本集体经济组织成员，其主张取得林地承包经营权的，人民法院不予支持。

2. 转让的客体是林地承包经营权，性质为物权处分行为，且须经发包方同意

转让后，承包方彻底失去土地承包经营权。因此，国家对土地承包经营权转让程序采取了比互换更为严格的态度，要求必须经作为林地所有权人的发包方同意。《农村土地承包司法解释》第13条规定，承包方未经发包方同意，转让其土地承包经营权的，转让合同无效；但发包方无法定理由不同意或者拖延表态的除外。本司法解释第6条亦规定，家庭承包林地的承包方转让林地承包经营权未经发包方同意，受让方主张取得林地承包经营权的，人民法院原则上不予支持。

3. 转让的法律后果为承包方不再享有作为转让标的的林地承包经营权，该物权由受让方取得

转让合同既终结了发包方与承包方之间的林地承包合同，又在发包方与受让方之间建立了新的承包关系。根据《民法典》第335条及《农村土地承包法》第35条的规定，林地承包经营权转让合同经依法成立即生效，未经登记的，不影响转让合同的效力。转让经依法登记，取得对抗善意第三人的对世效力。

（三）林地承包经营权继承

林地承包经营权的继承，是指林地的承包人死亡后，其继承人享有在承包期内继续承包的权利。《农村土地承包法》第32条规定："承包人应

得的承包收益，依照继承法的规定继承。林地承包的承包人死亡，其继承人可以在承包期内继续承包。”可见，对于以家庭承包方式取得的土地承包经营权能否继承的问题，现行法律进行了区分处理：林地承包经营权可以继承；耕地、草地等其他家庭承包土地的承包经营权不发生继承，但承包期间取得的收益可以作为遗产继承。这主要基于两方面考虑：一是土地承包经营权具有身份属性和保障农民基本生活的社会功能。如果允许一般的承包经营权可以继承，则非集体经济组织的人可能依据继承关系获得土地承包经营权。在承包方的继承人也是本集体经济组织成员且已经承包了一份土地的情况下，其可能因继承而获得两份承包地。在我国农村人多地少、人地矛盾较为突出的现状下，有失公平。当然，承包人依法获得的承包收益，属于公民的私有财产，依照《民法典》的规定可以继承。二是相较于其他农村土地，林地具有投资周期长、见效慢、收益期间长等特殊性。在 30 年至 70 年的法定承包期内，如果承包人死亡而不允许林地继承，将对承包方的收益造成损害，还可能引发乱砍滥伐的情况，既不利于鼓励林地承包，也不利于维护农村的发展稳定。[①]《农村土地承包司法解释》第 23 条第 1 款即规定：“林地家庭承包中，承包方的继承人请求在承包期内继续承包的，应予支持。”

需要注意的是，承包农户个别家庭成员的死亡并不发生林地承包经营权继承，只有在因家庭成员全部死亡而导致承包方消亡的场合才存在继承的问题。《农村土地承包法》第 16 条规定：“家庭承包的承包方是本集体经济组织的农户。农户内家庭成员依法平等享有承包土地的各项权益。”该法第 24 条第 2 款规定：“土地承包经营权证或者林权证等证书应当将具有土地承包经营权的全部家庭成员列入。”据此，在林地家庭承包中，承包主体是农户，而非农户中的某一特定成员。部分家庭成员死亡，并不导致农户的消亡，此时不发生林地承包经营权的继承，而应由家庭中的其他成员继续承包，此时被继承人应得的承包收益由其继承人依法继承。在农户消亡时，原承包主体归于消灭，林地承包经营权依法予以继承，无论继

① 最高人民法院民事审判第一庭编著：《最高人民法院农村土地承包纠纷案件司法解释理解与适用》，人民法院出版社 2015 年版，第 259~260 页。

承人是不是本集体经济组织成员，在承包期内均可以继续承包，直至承包期满。①

（四）承包方自愿交回林地后，发包方另行发包

承包地交回是指合法取得农村集体土地承包经营权的农户，按照自愿原则将承包林地交还给发包方，并获得相应补偿的行为。《农村土地承包法》允许承包方自愿交回承包林地。该法第 30 条规定："承包期内，承包方可以自愿将承包地交回发包方。承包方自愿交回承包地的，可以获得合理补偿，但是应当提前半年以书面形式通知发包方。承包方在承包期内交回承包地的，在承包期内不得再要求承包土地。"农户交回承包地，意味着其在承包期内放弃了林地承包经营权，从性质上看是一种典型的物权处分行为。与林地承包经营权转让一样，法律规定承包地交回及补偿制度，也是基于推进城镇化进程、促进土地资源合理利用、推动现代农业发展的考虑。关于承包地交回，需要重点把握以下四点。

1. 承包地交回以承包方自愿为原则

土地是农民的基本生产生活资料，承包方在承包期内自愿交回承包地的情况较少，通常是在其已有稳定的非农职业或者收入来源时才可能自愿将承包地交回发包方。基于林业生产经营的特殊性考虑，《农村土地承包法》对承包林地的收回和调整进行了严格限制。依据该法第 27 条、第 31 条的规定，承包期内，发包方不得收回承包地；国家保护进城农户的土地承包经营权；不得以退出土地承包经营权作为农户进城落户的条件。承包期内，妇女结婚，在新居住地未取得承包地的，发包方不得收回其原承包地；妇女离婚或者丧偶，仍在原居住地生活或者不在原居住地生活但在新居住地未取得承包地的，发包方不得收回其原承包地。虽然 2009 年《农村土地承包法》第 26 条第 3 款曾规定"承包期内，承包方全家迁入设区的市，转为非农业户口的，应当将承包的耕地和草地交回发包方。承包方不交回的，发包方可以收回承包的耕地和草地"，但 2018 年修正后的《农

---

① 参见何宝玉主编：《中华人民共和国农村土地承包法释义》，中国民主法制出版社 2019 年版，第 87 页。

村土地承包法》未再就发包方有权收回承包地的情形作出规定，这也体现了法律对强行收回承包地的审慎态度。同时，依据《农村土地承包法》第28条的规定，承包期内，发包方不得调整承包地。承包合同中约定不得调整的，按照其约定。承包期内，因自然灾害严重毁损承包地等特殊情形对个别农户之间承包的耕地和草地需要适当调整的，必须经本集体经济组织成员的村民会议2/3以上成员或者2/3以上村民代表的同意，并报乡（镇）人民政府和县级人民政府农业农村、林业和草原等主管部门批准。需要注意的是，特殊情形下的承包地调整限于耕地和草地，意味着林地仍不允许调整。

关于发包方违法收回或调整承包林地的行为效力问题。《农村土地承包法》第58条明确，承包合同中违背承包方意愿或者违反法律、行政法规有关不得收回、调整承包地等强制性规定的约定无效。《农村土地承包司法解释》第5条、第6条第1款进一步规定，承包合同中有关收回、调整承包地的约定违反《农村土地承包法》第27条、第28条、第31条规定的，应当认定该约定无效。因发包方违法收回、调整承包地，或者因发包方收回承包方弃耕、撂荒的承包地产生的纠纷，按照下列情形，分别处理：（1）发包方未将承包地另行发包，承包方请求返还承包地的，应予支持；（2）发包方已将承包地另行发包给第三人，承包方以发包方和第三人为共同被告，请求确认其所签订的承包合同无效、返还承包地并赔偿损失的，应予支持。但属于承包方弃耕、撂荒情形的，对其赔偿损失的诉讼请求，不予支持。

2. 承包方可以获得合理补偿

林地承包经营权属于用益物权，对农户而言具有相当的经济价值，甚至是其安身立命的根本。农户一旦交回承包地，在承包期内即完全丧失了林地承包经营权，从公平原则出发，应当对其予以补偿。很多农户在交回承包地前已经对土地进行了改良投入，比如修建了引水、排水等附属设施，这些投入对后续承包户也有使用价值，亦应予以补偿。《农村土地承包法》第27条第4款规定，承包期内，承包方交回承包地或者发包方依法收回承包地时，承包方对其在承包地上投入而提高土地生产能力的，有权获得相应的补偿；第30条规定，承包方自愿交回承包地的，可以获得合理补偿。《农村土地承包司法解释》第16条第2款规定，对提高土地生产能力的投入，对方当事人请求承包方给予相应补偿的，应予支持。有偿原则有利于鼓励已对土地没有耕作需求的承包方积极自愿交回承包地，避免土地撂荒闲置，提高土地利用效率。

3. 应当提前半年以书面形式通知发包方

农户交回承包地的，根据《农村土地承包法》第30条的规定，应当提前半年以书面形式通知发包方。之所以设定严格的程序要求，一方面是给予发包方合理准备期限，便于其组织协调补偿及另行发包事宜，避免承包方随时交回土地造成闲置。另一方面则为确保农户交回承包地是出于自愿和慎重考虑，为其土地承包经营权提供有效保障。《农村土地承包司法解释》第10条明确，承包方交回承包地不符合《农村土地承包法》第30条规定程序的，不得认定其为自愿交回。

4. 承包方在承包期内不得再要求承包土地

农户在承包期内自愿交回承包林地，其法律后果是在该承包期内丧失林地承包经营权，在承包期内不得再要求承包土地。发包方依法收回和承包方依法、自愿交回的土地，依据《农村土地承包法》第29条的规定，应当用于调整承包土地或者承包给新增人口。集体经济组织重新发包后，土地的承包方发生变更。原承包方交回承包地后，确实因为特殊情况失去非农职业或者其他收入来源而需要耕种土地的，应当通过土地流转等方式解决。① 需要注意的是，承包方交回承包地并非永久性丧失了承包土地的权利，只要其家庭成员仍然享有集体经济组织的成员身份，在新一轮土地承包时，该农户依然享有承包经营土地的权利。

二、承包方变动时林地经营权的处理规则

林地经营期限较长，林地经营权由承包方流转给第三人后，在经营期内，承包方由于林地承包经营权互换、转让、继承、自愿交回后另行发包等原因而发生变动的，将导致林地经营权流转合同关系中的一方当事人变更。为贯彻“放活经营权”的政策要求，妥善处理承包方变动对林地经营

---

① 黄薇主编：《中华人民共和国农村土地承包法释义》，法律出版社2019年版，第134页。

权的影响问题，依法保障林地经营权人的合法权益，本条解释确立了承包方变动不影响林地经营权的裁判规则。

（一）土地经营权性质之争

对土地经营权性质的界定，直接决定对该权利的保护方式和力度。《民法典》及《农村土地承包法》对此均未明确予以回应，理论界争议较大，大致可归纳为三种观点。

1. 债权说

债权人认为：（1）土地利用关系在不同形式之间的稳定性存在差异，而《民法典》鼓励土地经营权流转的用意至为明显，债权说更符合立法原意。（2）根据体系解释，承包方以出租（转包）方式所产生的土地经营权应当认定为债权。而承包方以入股或者其他方式所派生的土地经营权，与出租（转包）方式相当，应当作同样解释。[①]（3）法律赋予部分土地经营权以登记能力，是为了对其进行物权化保护，但物权化不等同于物权。（4）为了稳定土地利用关系，克服债权保护之不足，可以参照适用“买卖不破租赁”规则，赋予其物权化保护。

2. 物权说

物权说认为：（1）将土地经营权定位为债权，最大的弱点是受债的相对性的限制，而物权说可以克服这一弱点。（2）在利用土地经营权融资方面，把土地经营权作为债权，在设立担保方面不够顺畅。（3）《民法典》第342条允许将“四荒”土地经营权进行抵押，意味着将此类土地经营权定性和定位为物权。为达到统一审视和规整土地经营权的体系化要求，以物权进行界定理由更为充分。[②]（4）《民法典》第341条表现出《民法典》将流转期限5年以上的土地经营权界定为物权的明显意图。[③]

3. 折中说

折中说认为，按照债权与物权二分的基本体系，构建以租赁为主的债

---

① 高圣平：《农村土地承包法修改后的承包地法权配置》，载《法学研究》2019年第5期。

② 崔建远：《中国民法典释评·物权编（下卷）》，中国人民大学出版社2020年版，第140~142页。

③ 孙宪忠、朱广新主编：《民法典评注·物权编（3）》，中国法制出版社2020年版，第120页。

权性土地经营权与物权性土地经营权，来实现对土地经营权的法律塑造，可以为相关权利主体提供多元的制度选择。[①] 从《民法典》第 341 条和《农村土地承包法》第 41 条的规定来看，流转期限在 5 年以下的土地经营权属于债权；流转期限在 5 年以上则属于用益物权，但是未经登记不得对抗善意第三人。立法部门似更倾向于折中说，认为法律不宜简单规定土地经营权的性质，应当赋予当事人选择权：当事人希望获得长期稳定保障的，可以就土地经营权申请登记，登记后即可以对抗善意第三人；当事人不希望获得长期的土地经营权的，根据双方合同约定行使权利义务即可。[②]

（二）一个结论，两种解释

在本条解释起草过程中，经反复研究认为，无论将土地经营权界定为物权还是债权，从“三权分置”框架下放活土地经营权的基本精神看，应当赋予流转受让方更有保障的土地经营权，特别是对于承包期、投资收益周期相对更长的林地而言。基于此，在承包方发生变动的情况下，原则上不应当影响林地经营权人享有的林地经营权，即林地经营权流转合同的效力不受影响，应当继续履行。而关于林地经营权的不同定性，只是对该结论在解释路径上产生影响：如果林地经营权被界定为用益物权，则其具有对世效力；如果林地经营权被界定为债权，则可以参照适用“买卖不破租赁”规则；两种解释路径均可得出林地经营权不因承包方变化而受影响的结论。

1. 作为物权的解释路径：物权的对世效力

在林地经营权被界定为用益物权的情形下，可区分两种情况分析：如果林地经营权按照《民法典》第 341 条和《农村土地承包法》第 41 条的规定进行了登记，则具有了绝对对抗效力，林地经营权人可基于此对抗新的承包方，新的承包方应当继续履行原林地经营权流转合同。如果林地经营权未被登记，其仍具有物权的对世效力，只是不能对抗善意第三人。根据《农村土地承包法》第 16 条第 1 款有关“家庭承包的承包方是本集体

---

① 孙宪忠、朱广新主编：《民法典评注·物权编（3）》，中国法制出版社 2020 年版，第 115 页。

② 黄薇主编：《中华人民共和国民法典释义（上）》，法律出版社 2020 年版，第 672~673 页。

经济组织的农户”的规定，新的承包方也必须是本集体经济组织的农户，故对于林地经营权人实际经营林地的情况，新的承包方是知道或者应当知道的。既然新的承包方不属于善意第三人，故不能对抗林地经营权，其应当继续履行原林地经营权流转合同。

2. 作为债权的解释路径：参照适用买卖不破租赁规则

（1）买卖不破租赁规则。根据《民法典》第725条的规定，租赁物在承租人按照租赁合同占有期限内发生所有权变动的，不影响租赁合同的效力。《越南民法典》第729条亦规定，在土地使用权租赁期内，经有权国家机关批准，出租方仍有权向他人转让土地使用权，但必须通知承租方，以便承租方向土地使用权受让方履行义务；承租方仍有权继续承租土地，直到租赁合同规定的租赁期限届满为止。此即买卖不破租赁规则，实质是赋予租赁权以物权化保护。此处的“买卖”应作广义理解，不限于出租人出售租赁物的行为，还包括赠与、遗赠、互易、将租赁物作为合伙投资等涉及租赁物所有权变动的情况。

租赁权是基于租赁合同产生的债权，原则上不具有对世性。但根据《民法典》第725条的规定，承租人依据租赁合同占有租赁物期限内，承租人对租赁物的占有使用可以对抗第三人，即使是该租赁物所有权人或享有其他物权的人也不例外。① 之所以赋予租赁权以物权化保护，初衷在于保护弱势承租人阶层之生存利益，“因为居住为人生之基本需要，屋价高昂，购买不易，承租人多属经济上弱者，实有特别保护之必要”。② 如果所有权的受让人可不受租赁契约约束，事实上相当于赋予让与人即出租人片面享有租赁契约终止权，也使得听由让与人与受让人共同侵害承租人之债权，对财产秩序将产生破坏。③

为保护承租人利益和维护交易秩序，我国通说从“法定契约承受”观点出发，对“买卖不破租赁”进行解释，认为这种租赁合同权利义务的继

---

① 石宏主编：《〈中华人民共和国民法典〉释解与适用（合同编·上册）》，人民法院出版社2020年版，第484页。

② 黄凤龙：《“买卖不破租赁”与承租人保护——以对〈合同法〉第229条的理解为中心》，载《中外法学》2013年第3期。

③ 陈鸣：《“买卖不破租赁”的司法续造及其局限性——兼论〈民法典·合同编〉中租赁合同对抗规则的重构》，载《西部法学评论》2017年第1期。

受具有法定性，不需要承租人与受让人另行订立租赁合同。即在承租人依据租赁合同占有租赁物后所有权发生变动的“先租后卖”情形下，受让人直接继受原出租人在租赁合同中的权利义务，成为原租赁合同的当事人，而原出租人则脱离租赁合同。当然，根据《民法典》第546条第1款的规定，“债权人转让债权，未通知债务人的，该转让对债务人不发生效力”。故若出租人没有将所有权变动的事项通知承租人，承租人向原出租人支付租金的效力及于受让人，受让人只能基于不当得利向原出租人主张权利。

关于买卖不破租赁规则，《房屋租赁合同司法解释》第14条针对除外情形作了进一步规定：“租赁房屋在承租人按照租赁合同占有期限内发生所有权变动，承租人请求房屋受让人继续履行原租赁合同的，人民法院应予支持。但租赁房屋具有下列情形或者当事人另有约定的除外：（一）房屋在出租前已设立抵押权，因抵押权人实现抵押权发生所有权变动的；（二）房屋在出租前已被人民法院依法查封的。”该条解释规定了两种法定除外情形：第一种法定除外情形即为“抵押不破租赁”规则的反向规定，根据《民法典》第405条的规定，“抵押权设立前，抵押财产已经出租并转移占有的，原租赁关系不受该抵押权的影响”。第二种法定除外情形的规定理由在于，查封是人民法院依法采取的财产保全措施，其目的是通过查封物的流转或使用，保障生效判决的执行。故依法查封后出租的房屋，人民法院对其强制执行导致所有权变动的，不受租赁关系的限制。除上述法定除外情形外，租赁合同的当事人也可以对买卖不破租赁规则作出排除适用的约定。虽然买卖不破租赁是承租人享有的法定权利，但承租人可以自由决定是否行使。如果承租人自愿放弃该权利，则应从其约定，这也是意思自治及合同自由原则的体现。

需要注意的是，关于买卖不破租赁规则的表述，《民法典》第725条对原《合同法》作了实质性修改，即将“租赁物在租赁期间发生所有权变动”修改为“租赁物在承租人按照租赁合同占有期间内发生所有权变动”，目的在于使买卖不破租赁规则中租赁的时间点显形化，以解决租赁合同的真实签订时间难以确定、实践中大量存在倒签租赁合同以损害受让人利益问题。这一改动也间接对租赁物受让人提出了一个新的要求，即在签订买卖合同之前调查了解租赁物的实际占有、使用情况，否则其权利可能被在先占有、使用的租赁期限所限制。[①]

（2）参照适用理由。根据《民法典》第339条、《农村土地承包法》第36条的规定，林地经营权主要通过出租、入股或者其他方式流转。从实践看，以出租方式流转林地经营权最为普遍。林地经营权出租，是指在不改变林地承包经营关系基础上，作为物权人的承包方将部分或全部林地以一定期限租赁给他人从事林业生产经营，承租方获得对林地的占有、使用、收益，并向承包方履行交付租金等合同义务的行为。而根据《民法典》合同编关于租赁合同的规定，租赁是指作为物权人的出租人将租赁物交付承租人使用、收益，承租人支付租金的行为。在将林地经营权界定为债权的情况下，其与林地经营权出租在性质、功能、法律构造上都非常相似。此外，为使流转受让方的土地经营权更有保障，亦有赋予林地经营权以物权化保护之必要，故可以参照买卖不破租赁规则解决承包方变动时林地经营权的处理问题。

（三）承包方变动不影响林地经营权的适用规则

关于承包方变动时林地经营权的处理问题，本条解释明确承包方变动不影响经营权流转合同的效力及履行，适用中应注意以下四个方面。

1. 林地承包经营权的主体发生了变动

如前所述，根据《农村土地承包法》的规定，林地承包经营权可能因互换、转让、继承等原因而发生变动。这些变动虽然形式不一，但有一个共同点，即在林地所有权人不变的情况下发生了承包主体的变动，原承包方不再享有对林地的承包经营权，新的承包经营权人获得了对原有林地的承包经营权。

2. 林地承包经营权变动发生在林地承包期内

如果在订立林地经营权流转合同之前，林地承包经营权已经发生了变动，则该林地经营权流转合同可能因流转方无处分权而导致无法实际履行。如果在林地经营权流转合同履行完毕后才发生林地承包经营权变动，

---

① 石宏主编：《〈中华人民共和国民法典〉释解与适用（合同编·上册）》，人民法院出版社2020年版，第485页。

则该变动不会对原林地经营权流转关系产生影响。

3. 林地承包经营权变动不影响林地经营权流转合同的效力和履行

林地经营权流转合同的效力，是指该合同对林地的承包经营权人与林地经营权人的法律约束力。林地承包经营权变动不影响林地经营权流转合同的效力，意味着承包方发生变动后，原林地承包经营权人与林地经营权人之间的经营权流转合同并不因此而终止，原承包方的合同权利义务由新的承包方概括继受，经营权人有权要求新的承包方继续履行原林地经营权流转合同，新的承包方不得以自己未与经营权人签订合同为由拒绝履行。林地经营权流转合同权利义务的继受具有法定性，不需要新的承包方与经营权人另行订立林地经营权流转合同。

4. 本条解释为任意性规范，当事人可以约定排除适用

虽然承包方变动不影响林地经营权的规则赋予了林地经营权人在承包方发生变动时，按照原流转合同的约定对林地继续占用、使用、收益的权利，但基于意思自治和自由处分原则，林地经营权人可以在自愿的前提下放弃该项权利，从而与原承包方形成排除该规则适用的合意。如果在签订林地经营权流转合同时作此约定，可以视为附条件的林地经营权流转合同，这与租赁合同中当事人约定排除买卖不破租赁规则的适用是同一道理。实践中，作为理性人的经营方基于租金、合同期限等合同条件和实际利益考虑，会在权衡利弊后作出相应的选择。如果当事人约定排除该规则的适用，则在承包方发生变动后，林地经营权人无权要求新的承包方继续履行原林地经营权流转合同。这也是本条解释中但书规定的主要内容。本条解释在借鉴《房屋租赁合同司法解释》第 14 条但书规定的基础上，考虑到林地承包经营权不得流转给非本集体经济组织成员，抵押、查封的客体通常为林地经营权，故在但书中仅规定了当事人另有约定的情形。

【审判实践中应注意的问题】

一、关于承包方发生变动时对经营方的通知义务

《民法典》第 546 条第 1 款规定：“债权人转让债权，未通知债务人

的，该转让对债务人不发生效力。”在林地经营权流转合同履行期内，原承包方将承包地交由林地经营权人使用和收益，履行了主要合同义务。承包方变动，从法律行为性质上看，属于债权人转让债权的行为，故有《民法典》第546条第1款适用的空间。据此，承包方因林地承包经营权的互换、转让、继承等原因发生变动，原承包方未通知林地经营权人的，该变动对林地经营权人不发生效力，林地经营权人有权拒绝新承包方的履行请求。林地经营权人向原承包方履行支付租金等合同义务后，债权消灭，新承包方只能基于不当得利向原承包方主张权利。需要注意的是，债权转让通知制度的目的是保护债务人，是否通知并不影响新承包方依法取得林地承包经营权。

二、关于林地经营权流转合同约定的流转期限超过原承包合同剩余期限的处理

《农村土地承包法》第38条规定，家庭承包中土地经营权的流转期限不得超过承包期的剩余期限。林地经营权流转合同约定的流转期限超过原承包合同剩余期限情形下，应当如何处理，该问题与本条解释关于“承包期内”的限制密切相关，具体涉及两方面内容。

（一）林地经营权流转合同的效力问题

对于林地经营权流转合同约定的流转期限超出承包期剩余期限的部分，因承包方没有相应的林地承包经营权，故其对超过部分进行的林地经营权流转属于无权处分。关于无权处分的合同效力，《民法典》删除了原《合同法》第51条关于经权利人追认或者取得处分权后合同有效的规定，并在第597条第1款作出“因出卖人未取得处分权致使标的物所有权不能转移的，买受人可以解除合同并请求出卖人承担违约责任”的规定，实际上是肯定了无权处分的合同效力。据此，林地经营权流转合同约定的流转期限超出承包期剩余期限的，该流转合同应为有效。如果原承包方到期后继续承包林地，则相关约定在合同当事人之间当然有效；如果原承包方到期后没有继续承包，新的承包方承包后不受原承包方与林地经营权人之间的合同约束，林地经营权人希望继续经营的，应当与新的承包方协商一

致。对此，本司法解释第 11 条规定，林地经营权流转合同约定的流转期限超过承包期的剩余期限，林地经营权流转合同当事人主张超过部分无效的，人民法院不予支持。本司法解释第 12 条第 1 款规定，林地经营权流转合同约定的流转期限超过承包期的剩余期限，发包方主张超过部分的约定对其不具有法律约束力的，人民法院应予支持，但发包方对此知道或者应当知道的除外。由于本条与本司法解释第 11 条、第 12 条规定的超期情形存在一定交叉，故在本条中增加了“林地承包期内”的限定。

（二）林地经营权流转合同的履行及违约问题

承前所述，对于林地经营权流转合同约定的流转期限超出承包期剩余期限的部分，承包方无权处分，故在发包方未作同意表示的情形下，超出期限部分无法履行。参照《民法典》第 597 条第 1 款规定，林地经营权人可以要求解除合同并请求承包方依法承担违约责任。不过，在林地经营权流转合同签订前，受让方基于注意义务，应当调查了解林地的剩余承包期限。如果林地经营权人未尽合理注意义务而签订合同，那么根据《民法典》第 592 条第 2 款关于“当事人一方违约造成对方损失，对方对损失的发生有过错的，可以减少相应的损失赔偿额”的规定，应该考虑双方过错合理分担责任。

【法条链接】

1.**《中华人民共和国民法典》**（2020 年 5 月 28 日）

第七百二十五条　租赁物在承租人按照租赁合同占有期限内发生所有权变动的，不影响租赁合同的效力。

2.**《中华人民共和国农村土地承包法》**（2018 年 12 月 29 日修正）

第九条　承包方承包土地后，享有土地承包经营权，可以自己经营，也可以保留土地承包权，流转其承包地的土地经营权，由他人经营。

第二十七条　承包期内，发包方不得收回承包地。

国家保护进城农户的土地承包经营权。不得以退出土地承包经营权作为农户进城落户的条件。

承包期内，承包农户进城落户的，引导支持其按照自愿有偿原则依法在本集体经济组织内转让土地承包经营权或者将承包地交回发包方，也可以鼓励其流转土地经营权。

承包期内，承包方交回承包地或者发包方依法收回承包地时，承包方对其在承包地上投入而提高土地生产能力的，有权获得相应的补偿。

第二十八条 承包期内，发包方不得调整承包地。

承包期内，因自然灾害严重毁损承包地等特殊情形对个别农户之间承包的耕地和草地需要适当调整的，必须经本集体经济组织成员的村民会议三分之二以上成员或者三分之二以上村民代表的同意，并报乡（镇）人民政府和县级人民政府农业农村、林业和草原等主管部门批准。承包合同中约定不得调整的，按照其约定。

第三十条 承包期内，承包方可以自愿将承包地交回发包方。承包方自愿交回承包地的，可以获得合理补偿，但是应当提前半年以书面形式通知发包方。承包方在承包期内交回承包地的，在承包期内不得再要求承包土地。

3.**《最高人民法院关于审理城镇房屋租赁合同纠纷案件具体应用法律若干问题的解释》**（2020年12月23日修正）

第十四条 租赁房屋在承租人按照租赁合同占有期限内发生所有权变动，承租人请求房屋受让人继续履行原租赁合同的，人民法院应予支持。但租赁房屋具有下列情形或者当事人另有约定的除外：

（一）房屋在出租前已设立抵押权，因抵押权人实现抵押权发生所有权变动的；

（二）房屋在出租前已被人民法院依法查封的。

第十一条　林地经营权流转合同约定的流转期限超过承包期的剩余期限，或者林地经营权再流转合同约定的流转期限超过原林地经营权流转合同的剩余期限，林地经营权流转、再流转合同当事人主张超过部分无效的，人民法院不予支持。

【条文主旨】

本条是关于林地经营权流转、再流转合同的当事人主张超期部分约定无效的处理规定。

【条文理解】

一、林地经营权的流转及再流转

（一）林地经营权

土地经营权，是农村土地“三权分置”之下新设的一种权利类型。其概念最初现于 2014 年 11 月 20 日中共中央办公厅、国务院办公厅印发的《关于引导农村土地经营权有序流转发展农业适度规模经营的意见》，至 2018 年 12 月修正《农村土地承包法》、2021 年 1 月施行《民法典》，土地经营权逐渐获得法律层面上的立法表达。所谓农村土地“三权分置”，在法律上的表述应为“土地所有权—土地承包经营权—土地经营权”，且实践中与“两权”分离并行不悖。“土地集体所有权与承包经营权是承包地处于未流转状态的一组权利，是两权分离。土地集体所有权与土地承包权、土地经营权是承包地处于流转状态的一组权利，是三权分置。”[①] 前述

① 时任全国人民代表大会农业与农村委员会副主任委员刘振伟 2017 年 10 月 31 日在第十二届全国人民代表大会常务委员会第三十次会议上作的《关于〈中华人民共和国农村土地承包法修正案（草案）〉的说明》。

表述中的土地承包经营权与土地承包权实为同义语。农户承包权与土地经营权的设立并非将土地承包经营权分为两种权利，而是土地承包经营权中派生出土地经营权。[①]《农村土地承包法》中亦仅有一处使用了“土地承包权”的表述，系该法第9条规定的派生出土地经营权之后的土地承包经营权的简称，并不表明承包地产权结构中还存在一个土地承包权。据此，承包地的产权结构表现为“（集体）土地所有权+（承包农户）土地承包经营权+（经营主体）土地经营权”三权构成，而非土地所有权、土地承包经营权、土地承包权、土地经营权四权构成。

《农村土地承包法》第37条、《民法典》第340条对土地经营权的含义进行了相同的界定，即土地经营权人有权在合同约定的期限内占有农村土地，自主开展农业生产经营并取得收益。《农村土地承包法》第2条对其调整的农村土地的范围作出了界定，“本法所称农村土地，是指农民集体所有和国家所有依法由农民集体使用的耕地、林地、草地，以及其他依法用于农业的土地”。《森林法》第83条、《森林法实施条例》第2条则对林地的含义予以明确，“林地，是指县级以上人民政府规划确定的用于发展林业的土地。包括郁闭度0.2以上的乔木林地以及竹林地、灌木林地、疏林地、采伐迹地、火烧迹地、未成林造林地、苗圃地等”。需要注意的是，2018年修正的《农村土地承包法》不再将以其他方式承包农村土地时承包方取得的权利规定为土地承包经营权，该法第49条明确此种情况下承包方取得土地经营权。

根据前述规定，林地经营权的含义可以相应地界定为林地经营权人在合同约定的期限内占有林地，自主开展林业生产经营并取得收益的权利。其权利主体是一般民事主体，不受集体经济组织成员资格或者身份的限制；其权利客体是林地，且主要是集体林地，[②] 包括实行承包经营和未实行承包经营的集体林地，涵盖了林地经营权在林地承包经营权之上和在集

① 参见蔡立东、姜楠：《农地三权分置的法实现》，载《中国社会科学》2017年第5期。

② 根据《森林法》第17条的规定，集体林地是指集体所有和国家所有依法由农民集体使用的林地。除集体林地外，还有国家所有的林地，如国有林场，根据《森林法》第16条的规定，可以依法确定给林业经营者使用，林业经营者依法取得的国有林地和林地上的森林、林木的使用权，经批准可以转让、出租、作价出资等，具体办法由国务院制定。

体林地所有权之上设定的两种情形；其权利内容为占有林地、自主开展林业生产经营并取得收益，具体包括林地占有权、林地使用权、林地收益权和林地处分权，其中林地经营权人的处分权主要表现为林地经营权的再流转或者依法依规设定抵押等权利负担。尤其需要注意的是，林地经营权是一种受期限限制的权利，林地经营权人仅在“合同约定的期限内”享有权利。

关于林地经营权的性质认定，学理界素有争论，主要有物权说、债权说、总括权利说、“两权”说、物权化债权说等五种观点。其中，物权说认为，土地经营权是土地承包经营权人设定的、对其享有用益物权之农地占有、使用及收益的权利，其本质为权利人对土地承包经营权人享有权利之土地的用益。将土地经营权塑造成一种物权性质的财产权，实现经营权的法定化。土地经营权不承载社会保障功能，而是通过市场机制在土地承包经营权这一用益物权之上设定的纯粹财产权。[①] 债权说认为，经营权人与承包权人是一种债权法律关系，更多地受合同法约束，经营权的本权是基于土地流转合同意定原因而产生的，因而其本权是债权，为意定本权，而不是物权。[②] 总括权利说认为，土地经营权并非具体化的单一权利，而是包括土地承包经营权在内的各种农地使用权的总称。[③] “两权”说认为，土地经营权的性质因承包地流转形式不同而存在差异，其中转让、互换产生土地承包经营权的让渡，具有物权性质，而转包、出租不产生土地承包经营权的让渡，具有债权性质。[④] 物权化债权说认为，土地经营权作为土地经营者依法取得的实际经营他人承包集体土地的权利，并非与土地所有权、土地承包权一样具有物权属性，而是对他人承包土地的债权型利用权。[⑤] 现行法律框架下，土地经营权在《民法典》物权编用益物权分编之

---

① 参见蔡立东、姜楠：《农地三权分置的法实现》，载《中国社会科学》2017 年第 5 期。

② 参见吴兴国：《承包权与经营权分离框架下债权性流转经营权人保护研究》，载《江淮论坛》2014 年第 5 期。

③ 参见高飞：《农村土地“三权分置”的法理阐释与制度意蕴》，载《中国法学》2016 年第 3 期。

④ 参见孙中华：《关于农村土地“三权分置”有关政策法律性问题的思考》，载《农业部管理干部学院学报》2015 年第 1 期。

⑤ 参见温世扬、吴昊：《集体土地“三权分置”的法律意蕴与制度供给》，载《华东政法大学学报》2017 年第 3 期。

中予以规定，《农村土地承包法》第41条区分流转期限规定了土地经营权登记制度，明确“土地经营权流转期限为五年以上的，当事人可以向登记机构申请土地经营权登记。未经登记，不得对抗善意第三人”。根据立法机关的解释，法律不宜简单规定土地经营权的性质，应当赋予当事人选择权：当事人希望获得长期稳定保障的，可以就土地经营权申请登记，登记后取得物权的排他效力、优先效力；当事人不希望获得长期的土地经营权的，双方根据合同约定行使权利义务，这种债权性质的土地经营权同样受到法律保护。①

（二）林地经营权的流转

《国家林业和草原局关于进一步放活集体林经营权的意见》（林改发〔2018〕47号）中明确，推行集体林地“三权分置”运行机制，是深入推进集体林权制度改革的重要内容。其中，放活林地经营权是核心要义。而林地经营权的流转则为放活经营权的具体举措之一。

《农村土地承包法》第9条规定，承包方承包土地后，享有土地承包经营权，可以自己经营，也可以保留土地承包权，流转其承包地的土地经营权，由他人经营。《国家林业局关于规范集体林权流转市场运行的意见》（林改发〔2016〕100号）明确，集体林权流转是指在不改变林地所有权和林地用途的前提下，林权权利人将其拥有的集体林地经营权（包括集体统一经营的林地经营权和林地承包经营权）、林木所有权、林木使用权依法全部或者部分转移给他人的行为，不包括依法征收致使林地经营权发生转移的情形。《中共中央办公厅、国务院办公厅关于完善农村土地所有权承包权经营权分置办法的意见》明确，农村土地集体所有权是土地承包权的前提，农户享有承包经营权是集体所有的具体实现形式，在土地流转中，农户承包经营权派生出土地经营权。有观点认为，作为派生于土地承包经营权的新型权利，土地经营权仅在发生承包地流转关系之时，才有生成的必要，无承包地流转关系，则权利表现形式仅有土地承包经营权，土

① 黄薇主编：《中华人民共和国农村土地承包法释义》，法律出版社2019年版，第178~181页。

地经营权隐而不彰。[①] 事实上，流转并非严格意义上的法律术语，不是所有的承包地流转关系均表达为土地经营权，不同的流转方式存在法律效果上的差异。例如，以互换、转让方式流转承包地不发生“三权分置”问题，以出租、转包、入股方式流转承包地的结果是使经营主体取得土地经营权，以抵押方式流转承包地在抵押权实现时发生“三权分置”问题。[②]

1. 家庭承包经营林地的林地经营权流转

2016 年 7 月《国家林业局关于规范集体林权流转市场运行的意见》明确，集体林权可通过转包、出租、互换、转让、入股、抵押或作为出资、合作条件及法律法规允许的其他方式流转。2016 年 11 月《国务院办公厅关于完善集体林权制度的意见》明确，鼓励和引导农户采取转包、出租、入股等方式流转林地经营权和林木所有权，发展林业适度规模经营。2018 年修正的《农村土地承包法》第 36 条规定，承包方可以自主决定依法采取出租（转包）、入股或者其他方式向他人流转土地经营权，并向发包方备案；第 47 条第 1 款规定，承包方可以用承包地的土地经营权向金融机构融资担保，并向发包方备案；受让方通过流转取得的土地经营权，经承包方书面同意并向发包方备案，可以向金融机构融资担保。2019 年修订的《森林法》第 17 条将集体所有和国家所有依法由农民集体使用的林地并称为集体林地，明确集体林地实行承包经营的，承包方享有林地承包经营权和承包林地上的林木所有权，合同另有约定的从其约定；承包方可以依法采取出租（转包）、入股、转让等方式流转林地经营权、林木所有权和使用权。据此，实行家庭承包经营的林地，其林地经营权的流转方式有出租（转包）、入股、抵押或者其他方式。值得注意的是，从 2018 年《农村土地承包法》修改情况看，该法第 36 条将不发生流转土地经营权的转让、互换等方式予以删除，同时在体例上将土地经营权与土地承包经营权的保护和互换、转让分属两节予以规定。《民法典》第 339 条关于流转土地经营权方式的规定，与《农村土地承包法》第 36 条的规定一致。可见，转

---

① 参见高圣平、王天雁、吴昭军：《〈中华人民共和国农村土地承包法〉条文理解与适用》，人民法院出版社 2019 年版，第 145 页。

② 参见朱广新：《土地承包权与经营权分离的政策意蕴与法制完善》，载《法学》2015 年第 11 期；李国强：《论农地流转中“三权分置”的法律关系》，载《法律科学》2015 年第 6 期。

让、互换成为林地承包经营权流转的特有方式，而不是林地经营权的流转方式。

2. 集体统一经营林地的林地经营权流转

集体林地有实行承包经营和未实行承包经营两种。部分未实行承包经营的集体林地，由农村集体经济组织统一经营，相关林地经营权亦可以依法进行流转。2003 年 6 月《中共中央、国务院关于加快林业发展的决定》提出，对目前仍由集体统一经营管理的山林，要区别对待，分类指导，积极探索有效的经营形式；凡群众比较满意、经营状况良好的股份合作林场、联办林场等，要继续保持经营形式的稳定，并不断完善；对其他集中连片的有林地，可采取“分股不分山、分利不分林”的形式，将产权逐步明晰到个人；对零星分散的有林地，可将林木所有权和林地使用权合理作价后，转让给个人经营；对宜林荒山荒地，可直接采取分包到户、招标、拍卖等形式确定经营主体，也可以由集体统一组织开发后，再以适当方式确定经营主体；对造林难度大的宜林荒山荒地，可通过公开招标的方式，将一定期限的使用权无偿转让给有能力的单位或个人开发经营，但必须限期绿化；不管采取哪种形式，都要经过本集体经济组织成员的民主决策，集体经济组织内部的成员享有优先经营权。2016 年 7 月《国家林业局关于规范集体林权流转市场运行的意见》明确，集体统一经营管理的林地经营权和林木所有权流转的，流转方案应在本集体经济组织内提前公示，依法经本集体经济组织成员同意，采取招标、拍卖或公开协商等方式流转；流转给本集体经济组织以外的单位或者个人的，要事先报乡（镇）人民政府批准，签订合同前应当对流入方的资信情况和经营能力进行审查；通过招标、拍卖、公开协商等方式取得的林地承包经营权，须经依法登记取得林权证或不动产权证书，方可依法采取转让、出租、入股、抵押等方式流转。2018 年修正的《农村土地承包法》第 48 条、第 49 条、第 53 条规定，不宜采取家庭承包方式的荒山、荒沟、荒丘、荒滩等农村土地，通过招标、拍卖、公开协商等方式承包；以其他方式承包农村土地的，应当签订承包合同，承包方取得土地经营权；经依法登记取得权属证书的，可以依法采取出租、入股、抵押或者其他方式流转土地经营权。2019 年修订的《森林法》第 18 条明确了集体统一经营的林地经营权、林木所有权和使用权的流转程序和方式，规定“未实行承包经营的集体林地以及林地上的林木，由农村集体经济组织统一经营。经本集体经济组织成员的村民会议三分之二以上成员或者三分之二以上村民代表同意并公示，可以通过招标、拍卖、公开协商等方式依法流转林地经营权、林木所有权和使用权”。据此，经民主议定程序和公示，农村集体经济组织统一经营的林地经营权可以通过招标、拍卖、公开协商等方法流转。与前述实行家庭承包经营的集体林地不同，该等林地经营权的设定并非源于承包方的林地承包经营权，而是直接源于集体林地所有权；其流转方法为招标、拍卖、公开协商等，可由集体作为土地所有人与经营主体直接依据林地经营权流转合同设定林地经营权。① 承包方依法登记取得权属证书后，可以采取出租、入股、抵押或者其他方式对外流转其土地经营权。

（三）林地经营权的再流转

再流转，系林地经营权人处分其林地经营权的行为，其具体方式与流转一致，包括出租（转包）、入股、抵押或者其他方式。在实行“三权分置”、放活林地经营权背景下，林地经营权的权利主体不要求具有特定的身份，具有林业生产能力的自然人、法人、非法人组织均无不可。林地经营权不具有人身专属性，不属于依性质不得转让的权利，可以根据经营需要再次流转其林地经营权，以实现经营效益的最大化。2016 年 7 月《国家林业局关于规范集体林权流转市场运行的意见》规定，林权再次流转的，应按照原流转合同约定执行，并告知发包方。2016 年 10 月《中共中央办公厅、国务院办公厅关于完善农村土地所有权承包权经营权分置办法的意见》指出，经营主体再流转土地经营权或依法依规设定抵押，须经承包农户或其委托代理人书面同意，并向农民集体书面备案。《森林法》未就林地经营权的再流转进行特别规定，对此适用《农村土地承包法》有关土地经营权再流转的一般规定。《农村土地承包法》第 46 条明确，经承包方书面同意，并向本集体经济组织备案，受让方可以再流转土地经营权。再流

---

① 参见高圣平：《论农村土地权利结构的重构——以〈农村土地承包法〉的修改为中心》，载《法学》2018 年第 2 期。

转本质上属于流转的一种，适用《农村土地承包法》第38条规定的土地经营权流转的原则以及该法规定的其他相关规则。

（四）林地经营权流转、再流转合同

林地经营权流转合同，是指已经取得林地承包经营权的农户依法将林地经营权通过出租（转包）、入股或者其他方式流转给他人，并形成相关权利义务关系的协议。未实行承包经营的林地，相关主体通过招标、拍卖、公开协商等方式，与统一经营管理林地的农村集体经济组织签订流转合同，取得林地经营权。《森林法》第19条第1款规定："集体林地经营权流转应当签订书面合同。林地经营权流转合同一般包括流转双方的权利义务、流转期限、流转价款及支付方式、流转期限届满林地上的林木和固定生产设施的处置、违约责任等内容。"《农村土地承包法》第40条对土地经营权流转合同的形式和内容予以规范，明确："土地经营权流转，当事人双方应当签订书面流转合同。土地经营权流转合同一般包括以下条款：（一）双方当事人的姓名、住所；（二）流转土地的名称、坐落、面积、质量等级；（三）流转期限和起止日期；（四）流转土地的用途；（五）双方当事人的权利和义务；（六）流转价款及支付方式；（七）土地被依法征收、征用、占用时有关补偿费的归属；（八）违约责任。承包方将土地交由他人代耕不超过一年的，可以不签订书面合同。"签订林地经营权流转合同是双方基于自主意愿而形成的法律行为，是确定合同双方权利与义务的主要依据。依照合同法基本原理，林地经营权流转合同属于双务、有偿、要式合同，双方当事人互付对待给付义务。需要说明的是，林地经营权虽以合同设定，但其权利内容和行使并非全由合同约定，应受不得改变林地所有权、林地用途、公益林性质和林地保护等级、严格依法开发利用等法律强制性义务的限制。林地经营权人经承包方同意、向发包方备案等法定程序，可以通过再流转合同处分其林地经营权，并可以依法申请登记以取得对抗善意第三人的效力。

二、林地经营权的流转期限

林地经营权的流转期限，根据《森林法》第19条、《农村土地承包

法》第40条的规定，是林地经营权流转合同的主要内容之一。对此，各地根据林业实践进行了规定。例如，《江西省集体林权流转管理办法》第13条规定："集体林权流转期限由流转当事人协商确定，但不得违反以下规定：（一）自留山、集体统一经营林权的流转最长不得超过70年。（二）家庭承包经营林权的流转，不得超过承包期的剩余期限。（三）集体林权再次流转的，流转期限不得超过上一次流转合同约定的剩余期限。"《安徽省林权管理条例》第17条第4项规定，林权流转的期限不得超过承包期的剩余期限。《福建省森林资源流转条例》第12条规定，森林资源流转的期限一般不超过70年，再流转的期限不得超过原流转的剩余期限。法律法规另有规定的，从其规定。《本溪市森林资源流转条例》第7条规定："森林资源流转期限应当符合下列规定：（一）集体经济组织统一经营管理的林地经营权和自留山的流转期限一般不得超过70年；（二）家庭承包的林地经营权流转期限，不得超过承包的剩余期限；（三）林地经营权再次流转的，不得超过上一次流转合同约定的剩余期限。"具体而言，根据林地经营权的派生来源、流转方式等不同，可以作以下类型化区分。

（一）家庭承包经营林地的林地经营权流转期限

2008年6月《中共中央、国务院关于全面推进集体林权制度改革的意见》明确，在依法、自愿、有偿的前提下，林地承包经营权人可采取多种方式流转林地经营权和林木所有权，流转期限不得超过承包期的剩余期限。2014年11月《中共中央办公厅、国务院办公厅关于引导农村土地经营权有序流转发展农业适度规模经营的意见》规定，流转期限应由流转双方在法律规定的范围内协商确定。2016年7月《国家林业局关于规范集体林权流转市场运行的意见》规定，林权流转应当坚持依法、自愿、有偿原则，流转的意愿、价格、期限、方式、对象等应由林权权利人依法自主决定，集体林权流转期限不得超过原承包剩余期。上述规定，在法律层面亦有确认，《农村土地承包法》第38条将"流转期限不得超过承包期的剩余期限"明确规定为土地经营权流转应当遵循的原则之一。故此，实行承包经营的林地经营权的期限，可由流转双方在承包期的剩余期限内约定。

关于林地的承包期限，《农村土地承包法》第21条规定："耕地的承包期为三十年。草地的承包期为三十年至五十年。林地的承包期为三十年至七十年。前款规定的耕地承包期届满后再延长三十年，草地、林地承包期届满后依照前款规定相应延长。”《民法典》第332条对于各类土地的承包期作出了相同的规定，同时明确“前款规定的承包期限届满，由土地承包经营权人依照农村土地承包的法律规定继续承包”。上述规定以法律形式对不同用途的农用地的承包期作了规定，尤其考虑到林地的投资收益期限，对林地规定了30年至70年的承包期，为林地承包经营权的长期稳定提供了法律保障。与耕地等相比，林地上一般生长着多年生的乔木、竹类、灌木等，林业开发投资大、风险较高，林木生长期、收益期长。且出于生态保护目的，对森林实行限额采伐制度，林地上种植的林木不能任意采伐，采伐必须申请采伐许可证并按要求完成更新造林，林地承包经营权人的生产经营和处置权利受到一定的限制。故从上述角度出发，法律为林地设定相对更长的30年至70年承包期限，符合林地承包和林业经营的现实需要。值得注意的是，上述林地承包期限，是法律明确规定的林地承包经营权的法定期限，承包经营各方不得通过合同约定随意作出变更。综上，实行家庭承包经营的林地经营权的流转期限，可由流转双方在30年至70年的林地承包期的剩余期限内协商确定。例如，林地承包期为30年，承包方已使用20年，林地经营权的流转期限不得超过10年。

（二）集体统一经营林地的林地经营权流转期限

前述《农村土地承包法》第21条及《民法典》第332条关于林地承包期限的规定，适用于以家庭承包方式取得的林地承包经营权。《森林法》第18条规定的未实行承包经营、由农村集体经济组织统一经营的集体林地，可以通过招标、拍卖、公开协商等方式依法流转的林地经营权。现行法律并未就集体统一经营林地的林地经营权流转期限设定明确的期限，仅《农村土地承包法》第49条规定：“以其他方式承包农村土地的，应当签订承包合同……当事人的权利和义务、承包期等，由双方协商确定。”需要注意的是，由双方当事人协商确定，并不意味着无任何期限限制。《农村土地承包法》第38条规定，家庭承包中土地经营权的流转期限不得超过承包期的剩余期限。其他方式承包对此虽无专门规定，但不得超出原经营期限亦为应有之义。此外，1996 年《国务院办公厅关于治理开发农村“四荒”资源进一步加强水土保持工作的通知》指出，承包、租赁、拍卖“四荒”使用权，最长不超过 50 年。1999 年《国务院办公厅关于进一步做好治理开发农村“四荒”资源工作的通知》再次明确，“四荒”使用权承包、租赁或者拍卖的期限，最长不超过 50 年。故此，集体统一经营的宜林荒山荒地的经营权流转期限，应由农村集体经济组织和土地经营权人在上述期限内协商确定。

（三）以出租方式流转的林地经营权流转期限

出租、转包是林地经营权设立的主要方式，两者的区别在于受让方是否具有集体经济组织成员身份。具体而言，出租，是指承包方以与非本集体经济组织成员的受让方签订租赁合同的方式设立土地经营权，由受让方在合同期限内占有、使用承包地，并按照约定向承包方支付租金。转包，是指承包方向本集体经济组织成员签订转包合同设立土地经营权，受让方向承包方支付转包费。[①] 租赁期限，因《民法典》第 705 条规定：“租赁期限不得超过二十年。超过二十年的，超过部分无效”，实践中许多地方法院和林业主管部门据此认为，租地经营中当事人约定的林地经营权流转期限超过 20 年法定期限的，当属无效。在征求立法机关及相关部委意见基础上，我们认为，立法关于租赁期限的一般规定不适用于林地租赁这一特殊情况，实践中租地经营普遍存在，而林业生产周期长，一概宣告无效欠妥。如杉木采伐年龄为 26 年，东北红松为 80 年。故此，林地经营权流转期限不受 20 年最长租赁期间的限制。此外，还存在当事人对出租地流转期限没有约定或者约定不明的情形，对此可参照《民法典》第 730 条规定处理。即首先依据该法第 510 条的规定，由当事人协议补充，不能达成补充协议的则按照合同相关条款或者交易习惯确定；仍不能确定的，视为不定期租赁，但基于林地收益期限的特殊性，林地租赁合同的解除和承包地收回受到一定限制，具体按照本司法解释第 13 条确定的规则处理。

---

① 黄薇主编：《中华人民共和国农村土地承包法释义》，法律出版社 2019 年版，第 151 页。

(四) 林地经营权的再流转期限

2016 年 7 月《国家林业局关于规范集体林权流转市场运行的意见》规定，林权再次流转的，应按照原流转合同约定执行，并告知发包方。林业经营权的再流转期限，应受原林地经营权流转合同期限的限制。《农村土地承包法》和《森林法》虽未就林地经营权的再流转期限作出单独规定，但再流转属于流转的一种，适用《农村土地承包法》第 38 条第 3 项关于流转期限的规定，流转期限同样不得超过承包期的剩余期限。同时，林地经营权流转期限届满后，林地经营权人基于流转合同取得的权利归于消灭，此时再流转土地经营权构成无权处分。故林地经营权的再流转期限亦不应超过原林地经营权流转合同的剩余期限。

三、超期流转部分约定的效力认定

关于林地经营权流转、再流转合同约定的流转期限超过法定期限时，超过部分的效力如何认定，实践中争议较大。本条解释根据《民法典》第 597 条、第 717 条等最新规定精神，明确林地经营权流转、再流转合同约定的流转期限超过承包期或者原林地经营权流转合同剩余期限的，在合同双方当事人之间仍应为有效约定。

(一) 超期转租规则之参照

2009 年《房屋租赁合同司法解释》第 15 条规定："承租人经出租人同意将租赁房屋转租给第三人时，转租期限超过承租人剩余租赁期限的，人民法院应当认定超过部分的约定无效。但出租人与承租人另有约定的除外。"承租人的转租行为依附于原租赁合同，承租人经出租人同意将租赁物进行转租的，仍应受原租赁合同关于租赁期限的限制。在超期转租的场合，此种期限限制是否直接导致超期部分无效，学理上存在无效说、效力待定说、有效说等不同观点。本司法解释起草过程中，有观点认为应借鉴前述 2009 年《房屋租赁合同司法解释》规定，明确林地发包方、承包方主张超期流转部分的约定无效的，人民法院应予支持。另有意见提出，一概认定超期部分无效欠妥，应允许当事人采取事后协商等变通做法。还有观点提出，家庭承包、其他方式承包林地均允许续期，尤其家庭承包林地的续包权是法律明确规定和中央政策肯定的，在承包期可以延续的情况下，一概以林地经营权流转期限超过原承包期剩余期限宣告无效过于僵化，不利于交易。

《民法典》第717条规定："承租人经出租人同意将租赁物转租给第三人，转租期限超过承租人剩余租赁期限的，超过部分的约定对出租人不具有法律约束力，但是出租人与承租人另有约定的除外。"该条对于超期转租中超过部分约定的效力，仅规定"对出租人不具有法律约束力"，并未直接规定超出部分无效，即超期转租并不构成法定的合同无效情形。就转租合同整体来看，人为依据租赁期限将合同区分为有效和无效两个部分，并不具备充足的法理基础，直接认定转租合同超期部分无效，亦侵害了承租人与第三人之间的意思自治，反而不利于对善意第三人的权利保护。据此，《民法典》第717条可以理解为承租人与第三人之间关于超期租赁部分的合同约定有效，但在合同相对性原则之下，该约定对并非转租合同相对方的出租人而言不具有法律约束力。前述2009年《房屋租赁合同司法解释》第15条规定亦在《民法典》实施后的司法解释清理中被删除。承租人对租赁物的权利源于其与出租人的租赁合同，与林地经营权源于林地承包经营合同类似。转租期限超过承租人剩余租赁期限的情形，与以出租、转包等方式流转林地经营权时流转合同约定的流转期限超过承包期的剩余期限，或者再流转合同约定的流转期限超过原林地经营权流转合同的剩余期限等情形类似。对此，可参照适用《民法典》第717条的规定，判定林地经营权流转合同约定超期时的效力认定。

（二）无权处分效力规则之解释

林地经营权流转采取出租、转包以外的其他方式的，可适用无权处分效力规则作为解释路径。

无权处分，是指没有处分权而处分他人财产。理解的关键在于，如何界定其中的"处分"。从学理上关于无权处分的论述可以发现，存在分歧的问题主要有两个：一是无权处分是事实行为还是法律行为；二是无权处分仅指签订合同的债权行为还是直接引起物权变动的行为，抑或是包含了引起物权变动的原因行为和物权变动结果本身在内的行为。[①]其中，第一个争议问题已基本厘清，无权处分应属法律行为，不包括消费或者消耗等事实上的处分。而法律上的处分，包括负担行为和处分行为，第二个争议问题因关涉物权变动区分原则以及物权行为独立性、无因性等重大理论问题，仍有纷争。实际上处分行为也是一个大概念。如果处分行为直接指向物权的变动，那就是物权行为，这是最常见、最典型的处分行为，所以民法上经常用物权行为来替代处分行为。此外，其他绝对权、支配权（如知识产权、股权、对债权的支配权等）如果发生权利转移，那么也是处分行为，这些处分行为在法学上称为准物权行为。[②]出卖他人之物，是最为常见的无权处分类型，此外出租他人之物、抵押他人之物亦属无权处分。就林地经营权超期流转而言，前文已述，林地经营权派生于承包方的林地承包经营权，林地承包经营权则源于发包方的集体林地所有权，其法定期限为30年至70年。承包方虽基于林地承包经营权而得以对林地经营权进行流转，但因其林地承包经营权本身属受期限限制的权利，超出上述法定期限则不再享有处分权。故此，超期流转情形下，构成无权处分。集体统一经营林地的林地经营权流转，以及林地经营权再流转中，超期流转情形下无权处分的构成，理据亦同。

超期流转情形下流转合同的效力认定，涉及无权处分效力规则的理解与适用。无权处分之效力，关涉合同相对性、权利瑕疵担保责任、善意取得、物权变动的原因与结果区分原则、不当得利、给付不能等诸多民法制度和基础理论，几乎牵动着整个民法体系，制度完善的重要性不言而喻。也是学理和实务界讨论的焦点，被称为“法学上的精灵”“法律思维的宝藏”。[③]对此，我国法律和司法解释存在一个认识变化的过程，学理上亦存在合同无效说、效力待定说和完全有效说三种观点。1999年之前，我国法律层面上尚未出现无权处分的表述，学理和实务界多以“给付不能理论”为基础，认定在缔结出卖他人之物的合同场合，由于处分人对标的物没有所有权或者处分权，而认定合同无效。至1999年原《合同法》颁布，对

---

① 参见石冠彬：《论无权处分的认定》，载《河南财经政法大学学报》2014年第6期。

② 参见孙宪忠：《中国民法典采纳区分原则的背景及其意义》，载《法治研究》2020年第4期。

③ 参见王泽鉴：《民法学说与判例研究（第五册）》，中国政法大学出版社1998年版，第87页。

无权处分有了专门的条文表述，该法第 51 条规定：“无处分权的人处分他人财产，经权利人追认或者无处分权的人订立合同后取得处分权的，该合同有效。”据此，学理界相当多观点认为，无权处分情形下缔结的合同效力处于未定状态，经权利人追认或者无处分权的人订立合同之后取得处分权的，该合同有效；权利人拒绝追认和处分人事后未取得处分权的，该合同无效。及至 2007 年原《物权法》第 15 条规定：“当事人之间订立有关设立、变更、转让和消灭不动产物权的合同，除法律另有规定或者合同另有约定外，自合同成立时生效；未办理物权登记的，不影响合同效力。”2012 年《买卖合同司法解释》第 3 条规定：“当事人一方以出卖人在缔约时对标的物没有所有权或者处分权为由主张合同无效的，人民法院不予支持。出卖人因未取得所有权或者处分权致使标的物所有权不能转移，买受人要求出卖人承担违约责任或者要求解除合同并主张损害赔偿的，人民法院应予支持。”《民法典》编撰中，删除了原《合同法》第 51 条规定，在吸收《买卖合同司法解释》第 3 条规定的基础上作了增补，于第 597 条规定：“因出卖人未取得处分权致使标的物所有权不能转移的，买受人可以解除合同并请求出卖人承担违约责任。法律、行政法规禁止或者限制转让的标的物，依照其规定。”至此，完全有效说逐渐成为主流观点。

我们认为，尽管我国学理界通说未完全接受德国法上的物权行为独立性和无因性理论，但已接受负担行为和处分行为的概念。尤其在原《物权法》第 15 条及之后的《民法典》第 215 条确立的合同效力与物权变动区分规则之下，表明立法上已明确区分物权变动的原因和结果。由此可延伸出，出卖他人之物等无权处分情形下缔结的合同与无权处分的区分，以及合同效力和履行的区分。就合同本身而言，属于负担行为，其效力不以处分人对标的物享有所有权或者处分权为要件，既不因权利人的追认或无权处分人事后获得处分权而变得有效，也不因其相反而变得无效；同时，不当然受双方主观上是否善意影响，在不具有法定无效情形之下，应为确定有效。即无权处分人与受让人之间的以转让无权处分物为标的的合同，具体到林地经营权流转、再流转合同，亦不应因合同约定的流转期限超过承包期的剩余期限，或者合同约定的流转期限超过原林地经营权流转合同的剩余期限而归于无效。在流转、再流转合同当事人之间，法律关于林地承包期及经营权流转期限的规定，各方均属知道或者应当知道，流转、再流转期限约定超期的为当事人真实意思表示，在合同当事人之间应为有效约定，避免当事人随意签订超期合同后又以此为由恶意主张约定无效，亦符合民法上禁止反言和诚实信用原则。

【审判实践中应注意的问题】

林地经营权流转、再流转合同应作整体看待，不因是否超期流转而区分两个部分来认定有效与否，但本条解释仅解决超期流转约定在合同当事人之间的效力问题。超期约定对于不是流转合同当事人的发包方、承包方的效力，以及当事人、审判实务更为关注的合同履行和履行不能的救济问题，适用本司法解释第 12 条规定。本条与第 12 条在起草过程中原为一条，后基于条文体量等因素考量而拆分为两条，审判实务中可一体把握。

【法条链接】

1.**《中华人民共和国民法典》**（2020 年 5 月 28 日）

第三百三十二条　耕地的承包期为三十年。草地的承包期为三十年至五十年。林地的承包期为三十年至七十年。

前款规定的承包期限届满，由土地承包经营权人依照农村土地承包的法律规定继续承包。

第五百九十七条　因出卖人未取得处分权致使标的物所有权不能转移的，买受人可以解除合同并请求出卖人承担违约责任。

法律、行政法规禁止或者限制转让的标的物，依照其规定。

第七百零五条　租赁期限不得超过二十年。超过二十年的，超过部分无效。

租赁期限届满，当事人可以续订租赁合同；但是，约定的租赁期限自续订之日起不得超过二十年。

第七百一十七条　承租人经出租人同意将租赁物转租给第三人，转租期限超过承租人剩余租赁期限的，超过部分的约定对出租人不具有法律约束力，但是出租人与承租人另有约定的除外。

2.**《中华人民共和国农村土地承包法》**（2018年12月29日修正）

第三十八条 土地经营权流转应当遵循以下原则：

（一）依法、自愿、有偿，任何组织和个人不得强迫或者阻碍土地经营权流转；

（二）不得改变土地所有权的性质和土地的农业用途，不得破坏农业综合生产能力和农业生态环境；

（三）流转期限不得超过承包期的剩余期限；

（四）受让方须有农业经营能力或者资质；

（五）在同等条件下，本集体经济组织成员享有优先权。

第四十一条 土地经营权流转期限为五年以上的，当事人可以向登记机构申请土地经营权登记。未经登记，不得对抗善意第三人。

第四十六条 经承包方书面同意，并向本集体经济组织备案，受让方可以再流转土地经营权。

第四十九条 以其他方式承包农村土地的，应当签订承包合同，承包方取得土地经营权。当事人的权利和义务、承包期限等，由双方协商确定。以招标、拍卖方式承包的，承包费通过公开竞标、竞价确定；以公开协商等方式承包的，承包费由双方议定。

第十二条　林地经营权流转合同约定的流转期限超过承包期的剩余期限，发包方主张超过部分的约定对其不具有法律约束力的，人民法院应予支持。但发包方对此知道或者应当知道的除外。

林地经营权再流转合同约定的流转期限超过原林地经营权流转合同的剩余期限，承包方主张超过部分的约定对其不具有法律约束力的，人民法院应予支持。但承包方对此知道或者应当知道的除外。

因前两款原因，致使林地经营权流转合同、再流转合同不能履行，当事人请求解除合同、由违约方承担违约责任的，人民法院依法予以支持。

【条文主旨】

本条是关于作为非合同当事人的发包方、承包方主张林地经营权流转合同、再流转合同的超期部分约定对其不具有法律约束力的处理规定。

【条文理解】

一、合同相对性原则及非合同当事人主张约定超期的处理

合同具有相对性作为债法上的一项基本原则发端已久。早在罗马法时期，即确立了“任何人不得为他人缔约”的原则。《法国民法典》第 1165 条规定：“契约仅在缔约的当事人之间发生效力。”《德国民法典》第 241 条规定：“债权人因债的关系得向债务人请求给付。”英美法系国家虽然在立法上没有采用债的概念，但其在判例中也确立了合同的权利义务只对合同当事人产生约束力、非合同当事人不得主张合同上的权利的规则。我国原《合同法》第 8 条第 1 款规定：“依法成立的合同，对当事人具有法律约束力。当事人应当按照约定履行自己的义务，不得擅自变更或者解除合

同。”至《民法典》颁布施行，在第465条直接明确规定了合同相对性原则，该条规定：“依法成立的合同，受法律保护。依法成立的合同，仅对当事人具有法律约束力，但是法律另有规定的除外。”根据上述规定，合同相对性原则的基本内涵在于，合同只在特定的当事人之间发生法律约束力，只有合同当事人能基于合同向相对方提出请求或提起诉讼，而不能向与其无合同关系的第三人提出合同上的请求，也不能擅自为第三人设定合同上的义务。[①] 合同相对性包括合同主体的相对性、合同内容的相对性以及合同责任的相对性。其中，合同主体的相对性，是指合同的权利义务关系只对合同当事人产生约束力，只有合同当事人能够依据合同权利向对方提出请求或诉讼，合同当事人之外的第三人不得向合同当事人提出请求或提起诉讼。

就林地经营权流转合同而言，其合同主体为承包方和受让方，发包方并非该合同当事人。对此，《农村土地承包法》第44条规定：“承包方流转土地经营权的，其与发包方的承包关系不变。”根据上述规定，承包方与发包方的承包关系由林地承包经营权加以表达。虽然林地承包经营权在流转中派生出林地经营权，在一定程度上限制了林地承包经营权人行使其权利，但派生林地经营权并不消灭林地承包经营权，亦即并不影响承包方与发包方之间的承包关系。流转林地经营权后，虽然林地不再由原承包方种植经营，但林地承包经营权的主体并没有发生变化，承包关系也并不是发包方与受让方之间的关系，而仍然是原承包方与发包方的关系，原承包方仍然保持其林地承包方的地位。

就林地经营权再流转合同而言，根据《农村土地承包法》第46条规定以及“三权分置”的权利结构设计，受让方通过流转取得林地经营权后，从自己的经营实际出发，可以采取多种不同形式再次流转林地经营权，以实现自身经营效益最大化。受让方再次流转其林地经营权的，再流转合同的当事人为林地经营权人及其后手，即受让方和次受让方，承包方和作为发包方的集体经济组织均非该合同的当事人。

故此，林地经营权流转合同约定的流转期限超过承包期的剩余期限，

① 参见王利明：《合同法研究（第一卷）》，中国人民大学出版社2015年版，第132页。

以及林地经营权再流转合同约定的流转期限超过原林地经营权流转合同的剩余期限，虽然根据本司法解释第 11 条的规定，超期部分的约定不因此而归于无效。但因发包方、承包方并非林地经营权流转合同、再流转合同的当事人，其二者作为非合同当事人自可主张合同中超期部分的约定对其不具有法律约束力，此为合同相对性原则的应有之义。

需要注意的是，对于林地经营权流转合同、再流转合同而言，其合同外主体当然不仅限于相关林地承包经营法律关系中的发包方、承包方，此处将其二者作为非合同当事人特别指出，主要原因在于林地经营权派生于林地承包经营权、集体林地所有权，林地经营权流转合同、再流转合同的实际履行受承包方的林地承包经营权、发包方的集体林地所有权等权利的限制。且根据 2016 年法国关于改革合同法、债的一般制度及债的证据的第 2016-131 号授权法令对《法国民法典》的改革来看，原第 1165 条已被第 1199 条替代，唯当事人得请求合同的履行或受强制而履行合同，合同相对性原则的含义予以重新阐释，其关键词转变为履行利益的实现。[①] 合同相对性原则的内涵除主体相对性外，还包括权利义务内容相对性、责任相对性。承包方、发包方虽非林地经营权流转合同、再流转合同当事人，但其对合同履行的影响甚巨，有必要予以特别规范。

二、合同相对性原则的例外——发包方、承包方知道或者应当知道

合同相对性原则将合同的效力限定在当事人之间，为意思自治的实现提供了法秩序上的可能，是古典契约法的基石。[②] 但随着经济社会的发展和个人本位到社会本位的回归，过于严格和僵化的合同相对性原则在很大程度上已不能平衡各方利益，尤其在保护第三人利益方面的缺陷愈加凸显。立法文本和司法实践中均逐渐出现对合同相对性原则的突破，主要表现为“买卖不破租赁”的债权合同物权化，为第三人利益合同，缔约过失责任和后合同义务，附保护第三人作用的合同，撤销权、代位权等合同保全制度等方面。

---

① 参见杨浦：《论合同相对性原则的适用边界》，载《交大法学》2020 年第 3 期。

② 参见李永军：《合同法》，法律出版社 2010 年版，第 386~387 页。

本司法解释起草过程中，就林地经营权流转、再流转合同约定的流转期限超期部分的约定对发包方、承包方不具有法律约束力的原则规定，是否应设置例外，存在不同观点。有意见认为，相对林地经营权流转合同，发包方并非合同当事人，无论其是否知道或应当知道，似当然不应受合同的约束。亦有意见认为，流转合同期限超过法定期限的，原则上不能主张超过部分无效，但承包期限届满后，承包人未能继续承包的情形在现实中并不少见，此种情形下流转合同将事实上难以继续履行，超过部分期限变得没有意义；故承包人在承包期限届满后未能续包的，应当认定超过期限部分无效，建议增加“但承包期限届满后承包人未能继续取得林地承包权的除外”的但书规定。还有意见认为，超期流转对发包方、承包方的法律约束力的“但书”部分，均表述为“知道或者应当知道”存在不妥，知道或者应当知道并不代表同意，建议修改为“有证据证明发包人（承包人）同意的除外”。另有意见认为，林地承包期满是否续包，需要国家政策统一明确，在政策未明的情况下，超过承包期限的经营权流转合同无法对发包人产生法律约束力，建议删除“但发包人对此知道或者应当知道的除外”的除外规定。

我们经研究认为，《农村土地承包法》第36条规定：“承包方可以自主决定依法采取出租（转包）、入股或者其他方式向他人流转土地经营权，并向发包方备案。”第46条规定：“经承包方书面同意，并向本集体经济组织备案，受让方可以再流转土地经营权。”根据上述规定，承包方与受让方签订林地经营权流转合同的，应向发包方备案；受让方与他人签订林地经营权再流转合同的，应经承包方书面同意，并向本集体经济组织，即发包方备案。所谓备案，就是以书面形式告知集体经济组织林地经营权设立的事实。在林地经营权流转中，备案的义务主体是承包方，接受备案的一方是发包方。根据《农村土地承包法》第13条的规定，发包方可以是农村集体经济组织或者村民委员会，也可以是村内各该农村集体经济组织或者村民小组。法律之所以规定林地经营权流转、再流转应当向发包方备案，目的是确保发包方作为集体林地所有权人的知情权和监督权。尽管集体经济组织不得对土地经营权流转进行不当干预，但其作为林地的发包方，需要从整体上对其发包范围内的林地状况有所了解掌握，这既是集体经济组织的一项权利，也是一种义务。[①] 而林地经营权再流转中“经承包方书面同意”的表现形式，既可以为承包方在林地经营权再流转时单独出具的书面同意文件，也可以表现为承包方在林地经营权流转合同中事先的概括同意，还可以表现为承包方在林地经营权再流转合同中作为当事人或鉴证人签章，或在该合同上明确表示同意。可见，上述“应向发包方备案”及“经承包方书面同意，并向本集体经济组织备案”的程序要求意味着，对于存在超期流转情形的林地经营权流转合同、再流转合同，如果发包方予以备案，或者承包方书面同意，说明其知悉并同意约定超期的情况，在此情况下应当对林地经营权受让方的信赖利益予以保护。鉴于此，本条解释规定将发包方、承包方对期限问题知道或者应当知道作为但书规定。

三、超期流转的法律效果——区分原则的适用

基于鼓励交易、尊重意思自治的基本原则，以及放活林地经营权的政策要求，本司法解释第 11 条规定超期流转情形下林地经营权流转合同、再流转合同的有效性，并在本条规定该超期约定对作为非合同当事人的发包方、承包方没有法律约束力。林地承包期或者原林地经营权流转期限届满后，如承包方、流转方未能续签其合同，发包方、承包方有权按时收回林地，存在因此导致林地经营权流转合同、再流转合同超期部分不能履行的现实可能。是否因此影响林地经营权流转合同、再流转合同的效力，以及如何合理确定各方当事人责任负担、进行救济，涉及合同效力与物权变动区分原则的适用。

（一）区分物权变动的原因和结果原则：超期流转合同有效但履行不能

本司法解释第 11 条关于超期流转合同有效的规定以及对作为其依据的无权处分规则的相关阐述中，已经蕴含了区分原则即区分物权变动的原因和结果。即按照物权变动的区分原则，应该区分作为物权变动原因的债权

---

① 参见黄薇主编：《中华人民共和国农村土地承包法释义》，法律出版社 2019 年版，第 197 页。

合同与履行该合同所发生的物权变动效果。合同的有效不以公示的完成为要件，不以行为人有处分权为前提，也不以权利人的追认为条件，而应该依据合同的自身生效要件进行判断。当行为人具有相应的行为能力，意思表示真实，不违反法律或者社会公共利益，具备法律所要求的形式的情况下，即使最终不能基于该合同发生物权变动的效果，也应该认定合同有效。处分权应是物权变动发生的要件，而非基础合同有效的要件。①

源于德国法上的物权行为独立性和无因性理论尚未在我国学理界达成共识，但值得注意的是，学理界对物权行为独立性的否定是从否定其无因性开始。而事实上，物权行为独立于债权行为而存在是区分对世权与对人权的逻辑使然，物权行为无因性仅仅是立法政策的选择，与逻辑无关。②就区分原则而言，强调物权公示原则的作用，即不动产登记和动产交付对于物权变动的决定性作用，是其基础。而其基本要义有二：一是因为债的法律关系，当事人所享有的权利本质和物权显著不同；二是债的法律关系有效的法律根据，和物权法律关系显著不同。③ 上述理论阐述在我国《民法典》以及原《物权法》的法律文本中均有体现。通说认为，《民法典》第 215 条关于“当事人之间订立有关设立、变更、转让和消灭不动产物权的合同，除法律另有规定或者当事人另有约定外，自合同成立时生效；未办理物权登记的，不影响合同效力”的规定，即采纳了区分物权变动的原因与结果的原则。根据上述规定，在区分原则之下，必须区分合同的效力和登记的效力，未办理物权登记的，不影响合同效力，除法律另有规定或者合同另有约定外，合同自成立时生效。合同只是当事人之间的一种合意，合同的效力判断规则与合同履行及合同目的能否最终实现，属于不同范畴。物权变动仅为合同履行的结果，不能以未发生物权变动的结果，否定原因行为即合同的合法性、正当性。鉴于此，林地经营权流转、再流转中，如果林地承包期或者原林地经营权流转期限届满后，承包方、流转方

---

① 参见钟维：《论物权变动区分原则在无权处分领域之贯彻》，载《人大法律评论》2009 年第 1 期。

② 参见苏永钦：《物权行为的独立性与相关问题》，载苏永钦主编：《民法物权争议问题研究》，我国台湾地区五南图书出版股份有限公司 1999 年版，第 23~45 页。

③ 参见孙宪忠：《中国民法典采纳区分原则的背景及其意义》，载《法治研究》2020 年第 4 期。

未能续签其合同，发包方、承包方按时收回林地，因此导致林地经营权流转合同、再流转合同超期部分不能履行，亦不因此否定林地经营权流转合同、再流转合同的效力。此时仅产生因林地经营权流转合同约定的期限超出了剩余承包期，或者林地经营权再流转合同约定的期限超出了原流转合同约定期限，而导致合同无法继续履行的后果，以及对此种法律后果的救济问题。

（二）约定超期部分履行不能的救济

履行不能包括事实上履行不能和法律上履行不能。《民法典》第 580 条第 1 款规定，当事人一方不履行非金钱债务或者履行非金钱债务不符合约定的，对方可以请求履行，但法律上或者事实上不能履行的除外。所谓法律上不能履行，指的是基于法律规定而不能履行，或者履行将违反法律的强制性规定。事实上的不能履行，则是指依据自然法则已经不能履行。① 就存在超期流转情形的林地经营权流转合同、再流转合同而言，一旦林地承包期或者原林地经营权流转期限届满而未能续期，则作为前手的承包方、流转方丧失了作为交易标的的林地承包经营权或者林地经营权，在法律上属于无处分权，无法履行对作为后手的受让方或者次受让方所负有的移转林地经营权的合同义务，构成法律上不能履行。根据《民法典》第 580 条第 2 款的规定，此时当事人可以请求终止合同权利义务关系，并且不影响违约责任的承担。

1. 解除合同

《民法典》第 563 条规定："有下列情形之一的，当事人可以解除合同：（一）因不可抗力致使不能实现合同目的；（二）在履行期限届满前，当事人一方明确表示或者以自己的行为表明不履行主要债务；（三）当事人一方迟延履行主要债务，经催告后在合理期限内仍未履行；（四）当事人一方迟延履行债务或者有其他违约行为致使不能实现合同目的；（五）法律规定的其他情形。以持续履行的债务为内容的不定期合同，当事人可以随时解除合同，但是应当在合理期限之前通知对方。"结合该条和《民法

① 黄薇主编：《中华人民共和国民法典释义》，法律出版社 2020 年版，第 1116 页。

典》第580条、第597条的规定可知，林地经营权流转合同、再流转合同因超期流转而履行不能时，符合法律规定的其他情形下的合同法定解除。此种情形下，当事人可以依法行使合同解除权，而无须征得对方当事人的同意。

2. 主张违约责任

关于合同解除与违约责任之间的关系，学术界主要存在三种观点：第一种观点认为，合同解除排斥违约责任；第二种观点认为，合同解除排斥违约责任，但成立合同解除所生损失的赔偿；第三种观点认为，合同解除不排斥包括违约损失赔偿在内的违约责任。《民法典》第566条第2款规定："合同因违约解除的，解除权人可以请求违约方承担违约责任，但是当事人另有约定的除外。"该款采纳了上述第三种观点。据此，合同因违约解除的，无论是一方因对方违约行使约定解除权或法定解除权解除合同，还是双方因一方违约或双方违约合意解除合同，除当事人另有约定外，合同中关于违约责任的约定并不因合同解除而失效。当事人可以根据《民法典》第577条的规定，要求违约方承担违约责任，在履行不能情况下，承担违约责任的具体方式包括采取补救措施或者赔偿损失等。需要注意的是，林地承包经营具有较强的政策和历史因素，因超期流转履行不能导致解除合同并赔偿损失的场合，应当充分尊重历史，综合考量流转合同签订时的政策规则、当事人在合同中的地位和作用、过错等因素，合理确定损失数额和责任范围。

【审判实践中应注意的问题】

《农村土地承包法》第21条及《民法典》第332条关于林地承包期为30年至70年的规定，属于法定期限，不得由承包合同当事人之间通过约定加以变更。但实践中，因种种原因可能存在林地承包合同约定的期限短于或者长于上述法定期限的情形。对于承包合同约定的期限短于法定承包期限的，适用《农村土地承包司法解释》第7条关于"承包合同约定或者土地承包经营权证等证书记载的承包期限短于农村土地承包法规定的期限，承包方请求延长的，应予支持"之规定处理。对于承包合同约定的期限超出法定承包期限的，则适用《农村土地承包法》第21条、《民法典》第332条关于林地承包期届满后再延长30年至70年的规定。此属于第二轮林地承包期届满后的续期问题，从中央相关政策来看，上述续期属于承包期届满后的自然延长。发包方不得在承包期届满后收回承包地，重新制定承包方案打乱重新分配，以确保长期而有保障的承包经营预期。

【法条链接】

1.《**中华人民共和国民法典**》（2020年5月28日）

第三百三十二条 耕地的承包期为三十年。草地的承包期为三十年至五十年。林地的承包期为三十年至七十年。

前款规定的承包期限届满，由土地承包经营权人依照农村土地承包的法律规定继续承包。

第五百六十三条 有下列情形之一的，当事人可以解除合同：

（一）因不可抗力致使不能实现合同目的；

（二）在履行期限届满前，当事人一方明确表示或者以自己的行为表明不履行主要债务；

（三）当事人一方迟延履行主要债务，经催告后在合理期限内仍未履行；

（四）当事人一方迟延履行债务或者有其他违约行为致使不能实现合同目的；

（五）法律规定的其他情形。

以持续履行的债务为内容的不定期合同，当事人可以随时解除合同，但是应当在合理期限之前通知对方。

第五百六十六条 合同解除后，尚未履行的，终止履行；已经履行的，根据履行情况和合同性质，当事人可以请求恢复原状或者采取其他补救措施，并有权请求赔偿损失。

合同因违约解除的，解除权人可以请求违约方承担违约责任，但是当事人另有约定的除外。

主合同解除后，担保人对债务人应当承担的民事责任仍应当承担担保责任，但是担保合同另有约定的除外。

第五百八十条　当事人一方不履行非金钱债务或者履行非金钱债务不符合约定的，对方可以请求履行，但是有下列情形之一的除外：

（一）法律上或者事实上不能履行；

（二）债务的标的不适于强制履行或者履行费用过高；

（三）债权人在合理期限内未请求履行。

有前款规定的除外情形之一，致使不能实现合同目的的，人民法院或者仲裁机构可以根据当事人的请求终止合同权利义务关系，但是不影响违约责任的承担。

第五百九十七条　因出卖人未取得处分权致使标的物所有权不能转移的，买受人可以解除合同并请求出卖人承担违约责任。

法律、行政法规禁止或者限制转让的标的物，依照其规定。

2.**《中华人民共和国农村土地承包法》**（2018 年 12 月 29 日修正）

第二十一条　耕地的承包期为三十年。草地的承包期为三十年至五十年。林地的承包期为三十年至七十年。

前款规定的耕地承包期届满后再延长三十年，草地、林地承包期届满后依照前款规定相应延长。

第三十六条　承包方可以自主决定依法采取出租（转包）、入股或者其他方式向他人流转土地经营权，并向发包方备案。

第三十八条　土地经营权流转应当遵循以下原则：

（一）依法、自愿、有偿，任何组织和个人不得强迫或者阻碍土地经营权流转；

（二）不得改变土地所有权的性质和土地的农业用途，不得破坏农业综合生产能力和农业生态环境；

（三）流转期限不得超过承包期的剩余期限；

（四）受让方须有农业经营能力或者资质；

（五）在同等条件下，本集体经济组织成员享有优先权。

第四十六条　经承包方书面同意，并向本集体经济组织备案，受让方可以再流转土地经营权。

第四十九条　以其他方式承包农村土地的，应当签订承包合同，承包方取得土地经营权。当事人的权利和义务、承包期限等，由双方协商确定。以招标、拍卖方式承包的，承包费通过公开竞标、竞价确定；以公开协商等方式承包的，承包费由双方议定。

第五十三条 通过招标、拍卖、公开协商等方式承包农村土地，经依法登记取得权属证书的，可以依法采取出租、入股、抵押或者其他方式流转土地经营权。

第十三条　林地经营权流转合同终止时，对于林地经营权人种植的地上林木，按照下列情形处理：

（一）合同有约定的，按照约定处理，但该约定依据民法典第一百五十三条的规定应当认定无效的除外；

（二）合同没有约定或者约定不明，当事人协商一致延长合同期限至轮伐期或者其他合理期限届满，承包方请求由林地经营权人承担林地使用费的，对其合理部分予以支持；

（三）合同没有约定或者约定不明，当事人未能就延长合同期限协商一致，林地经营权人请求对林木价值进行补偿的，对其合理部分予以支持。

林地承包合同终止时，承包方种植的地上林木的处理，参照适用前款规定。

【条文主旨】

本条是关于林地经营权流转合同终止时对于林地经营权人种植的地上林木的处理规则，以及林地承包合同终止时对于承包方种植的地上林木的处理参照适用的规定。

【条文理解】

林地经营权流转合同，是集体林地经营权流转时承包方与受让方即林地经营权人之间确立流转权利义务的书面合同。再流转属于流转的一种，其合同当事人为林地经营权人与次受让方。根据《森林法》第 19 条的规定，林地经营权流转合同一般包括流转双方的权利义务、流转期限、流转价款及支付方式、流转期限届满林地上的林木和固定生产设施的处置、违约责任等内容。司法实践中，林地经营权流转合同终止时，对于林地经营权人种植的地上林木应当如何处理，特别是在合同没有约定或者约定不明情况下，如何确定林木所有权归属以及进行相应补偿，问题较多，争议较大。本条解释就此明确了三条处理规则。

一、林木所有权的特性及其权利主体

根据《民法典》第240条的规定，所有权是所有权人对自己的不动产或者动产，依法享有占有、使用、收益和处分的权利。法律调整的是人与人之间的社会关系，民法调整的是平等主体之间的人身关系和财产关系，民法中的所有权保护的不只是物本身，更是经法律确认了的物上利益，调整的是基于所有物而产生的所有权人与他人之间平等的民事财产关系。“所有权”一词不仅在民法上使用，也在各种政治法律关系中使用，故其蕴含的社会关系内容十分丰富。行政法、经济法中也规定了所有权，但其调整的社会关系是具有行政法意义上的行政管理关系，即管理者与被管理者之间的关系，这显然迥异于民法所调整的平等主体之间的关系。

具体到林木所有权，从民法角度来看，作为林木物权的重要内容，林木所有权是指林木所有人对林木依法享有的占有、使用、收益、处分的权利。根据《不动产登记暂行条例》第2条的规定，林木是一种独立的不动产。又根据《森林法实施条例》第2条的规定，林木系森林资源的构成部分。[①] 相较于动产或者其他不动产，林木不仅具有重要经济价值，更具有改善环境、调节气候、固碳增汇、保护生物多样性、涵养水源、保持水土、防风固沙等重要生态价值，直接关涉公共利益。因此与一般物的所有权相比，法律对林木所有权的行使施加了更为严格的限制。《森林法》是主要调整“森林、林木的保护、培育、利用和森林、林木、林地的经营管理活动”[②] 的单行自然资源法，该法第17条、第18条等条文明确使用了林木所有权的概念。受《森林法》的生态保护法性质所决定，其对林木所有权法律关系的调整，主要是基于管理保护和可持续利用森林资源需要而规范林木所有权的行使。换言之，民法意义上的林木所有权强调的是对林

① 1993年《最高人民法院关于滥伐自己所有权的林木其林木应如何处理的问题的批复》同样表明了“林木也是国家森林资源的一部分”的观点。

② 参见《森林法》第2条。

木所有权人享有的林木财产权利的平等保护，而《森林法》等生态保护法意义上的林木所有权强调的是对林木所有权人行使林木财产权利的依法限制。因此，既要在民法框架内，也要在《森林法》《农村土地承包法》等经济法、行政法框架内思考与林木所有权有关的问题。

林木所有权的享有主体具有多样性，具体可以理解为以下两种。

（一）国家、集体等公有制主体享有林木所有权

根据我国《宪法》第9条第1款、《民法典》第250条、《森林法》第14条第1款的规定，森林资源属于国家所有，即全民所有，但是法律规定属于集体所有的除外。一如前述，林木是森林资源的构成部分，故享有森林资源所有权的国家亦应享有林木所有权自不待言，但是国家在行使林木所有权的法律关系中究竟属于公法主体，还是私法主体，却值得进一步探讨。德国学者鲍尔·施蒂尔纳认为，“森林上所成立的所有权，为私法上的所有权，且无论其所有权人为国家或其他公法团体（国家森林—城镇森林—教会森林），还是一个私人（私人森林—农民森林），均不影响其所有权之私法性质”。[①] 但是在我国，还不能轻率得出以上结论。《民法典》第250条规定于物权编中，物权法律制度最直接的作用是明确物的归属，发挥物的效用，但是物权编并不一般性地调整所有物的归属和利用的关系，而只调整平等主体之间因物的归属和利用而产生的财产关系，即民事关系。[②] 故该条规定的国家对包括林木在内的森林资源的所有，只能解释为民法意义上的所有，即国家作为私法主体而存在。但是如果在《森林法》框架内进行解释则结论不同：一方面，结合该法第15条等与林木国家所有权相配套的权属登记制度以及在此基础之上派生出来的林地使用权等用益物权来看，国家的林木所有权具有私法性质。另一方面，结合该法第八章所规定的法律责任，国家的林木所有权同时也是一种公法权力，主要表现为：第一，国家对森林资源造成的他人损害并不必然承担相应的赔偿责任。第二，对于侵害森林资源的行为，虽然该法第71条规定了侵权行为人的侵权责任，

---

① ［德］鲍尔·施蒂尔纳：《德国物权法（上册）》，张双根译，法律出版社2004年版，第610页。

② 黄薇主编：《中华人民共和国民法典物权编释义》，法律出版社2020年版，第4页。

但是大量条文也同时规定了行政责任。第三，当国家所有的森林资源转移流动时，国家有时无法行使民法所有权的物权追及效力。① 综上，我们认为，在我国现有法律框架下，国家的林木所有权既具有公法性质，又具有私法性质，国家在行使林木所有权的法律关系中既可能是公法主体，又可能是私法主体，不能一概而论，需要结合具体法律关系进行准确把握。

（二）个人等非公有制主体亦可享有林木所有权

虽然根据法律规定，森林作为一种自然资源，只能由国家所有或者集体所有，但是不能据此认为个人等非公有制主体不能享有对林木的所有权。事实上，正如下文所述，根据“谁造谁有”政策，个人等非公有制主体取得所种植林木所有权乃实践普遍做法，且有政策和法律依据。2008 年《中共中央、国务院关于全面推进集体林权制度改革的意见》在尊重实践做法的基础上，进一步明晰了集体林地上的林木所有权归属，即在坚持集体林地所有权不变的前提下，将林木所有权通过家庭承包方式落实到本集体经济组织的农户。《森林法》第 20 条第 2 款至第 4 款更是明确列举了个人对林木享有所有权的几种具体情形：农村居民在房前屋后、自留地、自留山种植的林木，可以归个人所有；城镇居民在自有房屋的庭院内种植的林木，可以归个人所有；集体或者个人承包国家所有和集体所有的宜林荒山荒地荒滩营造的林木，可以归承包的集体或者个人所有；其他组织或者个人营造的林木，可以由营造者所有并享有林木收益。应当注意的是，原《民法通则》第 75 条、原《继承法》第 3 条均曾经规定公民个人财产可以包括林木，但是《民法典》第 266 条未再明确将林木列举于私有财产的范围。我们认为，这种立法修改系技术性调整，而非规范性调整，并不意味着林木所有权不再被民法认为可以归个人享有。

二、林木所有权的取得及其限制

所有权取得分为原始取得与继受取得。原始取得是指取得进行与实现不与他人的所有权发生转移关系。继受取得则相反，是指取得的实现同前

① 刘卫先：《“自然资源属于国家所有”的解释迷雾及其澄清》，载《政法论丛》2020 年第 5 期。

所有人发生所有权的关系的转移为前提。[①] 其中，原始取得主要方式包括建造、加工、添附等劳动取得，以及利息、租金等资本取得。

林木是一种特殊不动产，基于种植劳动而取得对所种植林木的所有权显系原始取得。在林地经营权流转合同履行中，因林地经营权人的种植劳动产生的林木所有权归属问题，实质上就是林木所有权的原始取得问题。在我国，从政策提出到实践贯彻再到法律认可，通过种植方式原始取得林木所有权即“谁造谁有”“谁种谁有”，经历了较为长期的发展过程。1961年《中共中央关于确定林权、保护山林和发展林业的若干政策规定（试行草案）》中提出：“人民公社化以来和今后新造的各种林木，都必须坚持‘谁种谁有’的原则。”该规定虽然已于1985年由原林业部通知废除，但“谁造谁有”政策的基本精神在我国的林业管理实践中得到了长期执行，对于提倡和鼓励植树造林、明晰和稳定林木产权，防止山林纠纷、乱砍滥伐、拆场毁林发挥了积极作用。1985年1月1日起施行的《森林法》第23条[②]正式立法确认了“谁造谁有”原则，并随着1998年、2009年、2019年《森林法》的多次修改而不断发展完善，与其他政策性文件共同构成规范体系，在确定林木所有权归属方面发挥了重要作用。与此同时，因为“谁造谁有”仅是确定林木所有权原始取得的一般原则，有关政策和相关法律并未对其内容予以完整、清晰界定，故其在实践中的适用情形较为复杂，受到的限制也比较多。比如，1981年3月《中共中央、国务院关于保护森林发展林业若干问题的决定》规定，“谁造谁有”适用的前提是“社员在房前屋后、自留山和生产队指定的其他地方种植的树木，永远归社员个人所有，允许继承”。1996年10月原林业部发布的《林木林地权属争议处理办法》第12条规定：“土地改革后营造的林木，按照‘谁造林、谁管护、权属归谁所有’的原则确定其归属。”根据该规定，明知林地权属有争议而抢造的林木不适用“谁造谁有”。2003年6月《中共中央、国务院关于加快林业发展的决定》规定：“要进一步明确非公有制林业的法律地位，切实落实‘谁造谁有、合造共有’的政策。”据此，“谁造谁有”适

① 江平、米健：《罗马法基础》，中国政法大学出版社2004年版，第183~184页。

② 现行的2019年《森林法》第20条。

用的前提是对林地必须合法投资与依法占有，非法占有林地的则不能适用。此外，在实践中，执行政府号召义务造林的也不适用“谁造谁有”；属于飞播造林的通常是“林随地走”，林地所有权属谁，林木所有权就归谁所有，等等。

从民法的角度来看，所有权在物权体系中处于核心地位，具有绝对性、排他性、全面性、永久性，是物权中最完满的权利。林木所有权作为所有权之一种，所有权人理应享有对林木的全面支配权，即自由运用自己意志，对林木进行所希望的各种利用和处置的权利。但是，随着所有权社会化思潮的产生与发展，各国越来越强调所有权的行使目的不应仅为个人利益，也应服务于社会公共利益。立法上体现为反对所有权绝对原则，注意对所有权行使施加限制，对所有权人课以义务。正如“谁造谁有”的林木原始取得方式在实践中适用的复杂性和受限性所表征的，在我国，林木所有权的行使因存在法定限制而具有“不完满性”。主要原因及表现为：

（一）林木的自然属性决定了林木相对于土地不具有独立性

虽然林木经采伐后可以通过自然方式更新或者人工方式更新，但林木需生长于土地之上，不能独立于土地而存在。[①] 林木作为地上物的一种，与土地的关系存在不同的法律调整方式。罗马法依据“添附”理论，认为地上物属于土地添附，归属于土地所有人所有。德国法则跳出了土地添附的理论束缚，认为地上物是地上权的重要成分，而不是土地所有权的重要成分，理论上称为一体主义。一体主义并非指土地和地上物为一体，而是指地上权和地上物应作一体处理。日本法再次跳出了地上权对地上物的束缚，认为地上权就是针对土地的权利，而不再是针对地上物的权利，从而地上物的所有权开始独立于土地物权，理论上称为分别主义。[②] 在我国，《民法典》《森林法》明确承认房屋等建筑物、构筑物的所有权和森林、林

① 被伐倒的林木虽然脱离了土地，但其性质已经由不动产转化为动产，在《森林法》上被称为木材，与本文所探讨的林木所有权中的林木已非同一物。故根据《最高人民法院关于审理破坏森林资源刑事案件应用法律若干问题的解释》的有关规定，盗伐他人生长的林木构成盗伐林木罪，将他人所有并已经伐倒的林木窃为己有则构成盗窃罪。

② 参见段则美、孙毅：《论土地与地上物关系中的分别主义与一体主义》，载《苏州大学学报》2007 年第 6 期。

木的所有权；《不动产登记暂行条例》第2条、第5条等明确规定房屋所有权、林木所有权可以与土地使用权分别登记。因此，就土地与房屋、林木等地上物的所有权关系，我国实际上采“分别主义”。但是在所有权变动模式上，我国则又采“房地一体主义”“林地一体主义”。其中就林木而言，个人获得林木所有权的前提是必须同时获得林地使用权，否则林木所有权无法获得确权登记。[①] 集体林地使用权的主要表现形式是林地承包经营权。根据《农村土地承包法》第16条关于“家庭承包的承包方是本集体经济组织的农户”的规定，土地承包经营权主要是一种基于身份取得的财产权。在我国，土地具有为农民提供基本社会保障的重要功能，土地承包经营权的流转不能背离土地的上述功能，必须避免农民可能出现的失山失地、背井离乡、流离失所的局面。因此，土地承包经营权的流转始终保持了封闭性。根据《农村土地承包法》第3条的规定，土地承包的方式有两种：一是家庭承包，承包人限定于本集体经济组织成员，并且是以户为单位获得土地承包经营权；二是对荒山、荒沟、荒丘、荒滩等“四荒地”的承包，不限定承包人身份，任何人均可通过招标、拍卖、公开协商等方式进行承包，即“其他方式承包”。2018年修正的《农村土地承包法》在明确规定了土地经营权后，其第41条又规定流转5年以上的土地经营权可以申请登记，但随土地经营权一同流转的林木所有权是否可以在土地经营权登记时一并进行变更登记，以及对于林地经营权人在经营期间种植的林木是否可以进行确权登记，该法均未作出规定。因此，在理论上，除了“四荒地”使用权的流转不受限制从而在其上种植的林木所有权的流转也不受限制外，集体统一经营的林地、家庭承包的林地流转中，因为受让主体身份受限制，故地上林木所有权流转的受让人身份同时受限制。[②] 即使流转双方可以在合同中约定林木所有权归属，但如果受让方不能进行林地

① 《国家林业局关于进一步加强和规范林权登记发证管理工作的通知》规定：“依法获得国有森林、林木和林地使用权的，由国有森林、林木、林地使用者申请林权登记；未确定使用权的，由县级林业主管部门登记造册，不发放林权证书。”“农民集体所有和国家所有由农民集体使用的森林、林木和林地，依法采取家庭承包或其他方式承包的，由承包方申请；承包后依法转让或者互换的，由新的承包方申请；未发包的，由集体所有者或依法使用国家所有森林、林木和林地的集体使用者申请。”

② 《国家林业局关于进一步加强和规范林权登记发证管理工作的通知》规定了七种不能进行林权登记的情形。

使用权登记，从而不能进行林木所有权登记，也就不能取得林木所有权。①

（二）林木的生态属性决定了林木采伐权权能不具有完整性

由于林木等森林资源具有重要的生态价值，加之林木的生命周期一般较长，即使是速生林进入成龄期也要五年至八年左右，树龄长的古树名木更是需要百年以上，故世界各国普遍建立了林木采伐管理制度限制林木采伐。如《法国森林法典》规定，未预先获得行政许可，任何个人均不得滥用砍伐树木、开垦其树林或挪用其林地作他用的权利。《英国林业法》规定，砍伐林木必须具有林业委员会颁发的伐树许可证。我国修订前的《森林法》确立了以森林采伐限额、采伐许可证和木材运输证为主体的林木采伐管理制度，该法 2019 年修订时删除了木材生产计划、木材调拨等内容，取消了木材运输许可制度，保留了森林采伐限额和采伐许可证制度。从经济法、行政法的角度来看，林木采伐许可证制度系行政许可，主要目的是限制林木的年采伐量，保证林木资源能够长期、持续地发挥其生态效用，同时兼顾社会对木材和其他林产品的需求，本质是通过行政权力分配社会利益，平衡公共利益与个人利益。从民法、物权法的角度来看，作为林木所有权的一项重要权能，② 林木所有权人应当依法享有依照法定方式对林木进行采伐获取收益并排除他人干涉的权利，即林木采伐权。但是显然，林木采伐许可证制度构成了对林木采伐权的重大限制，使得林木所有权的该项权能不具有完整性。根据修订后的《森林法》第 32 条、第 54 条至第 61 条等相关规定，我国对林木采伐的规范与限制主要包括：严格控制森林年采伐量；采伐林地上的林木应当申请采伐许可证，并按照采伐许可证的规定进行采伐；采伐自然保护区以外的竹林，不需要申请采伐许可证，但应当符合林木采伐技术规程；采挖移植林木按照采伐林木管理；全面保护天然林，严格限制采伐天然林；公益林只能进行抚育、更新和低质低效林

① 根据《农村土地承包法》第 35 条和第 41 条的规定，土地承包经营权和土地经营权未经登记不得对抗善意第三人，即此处的登记采取“登记对抗主义”。但因“林木所有权”的登记不存在类似特别规定，故应根据《民法典》第 209 条的一般规定，认为林木所有权采取“登记生效主义”，即未经登记不发生效力。

② 也有观点认为，林木采伐权并非林木所有权的一项权能，而是一种独立的物权类型。

改造性质的采伐；商品林应当根据不同情况，采取不同采伐方式，严格控制皆伐面积，伐育同步规划实施；自然保护区的林木禁止采伐；封山育林期、封山育林区内的林木禁止采伐，等等。

林木所有权的上述“不完满性”既影响林木所有权的取得，也影响林木所有权人采伐林木从而限制所有权的使用权能，还影响林木所有权交易从而限制所有权的收益权能和处分权能。比如，我国林业经营中长期存在活立木交易，即转让处于成熟林或过熟龄阶段的立木所有权，交易的林木主要是用材林，交易的目的是砍伐林木以实现其经济价值。活立木交易林木所有权的同时，并不改变林地使用权的权属，农民没有“失地”风险，因此得到了政策肯定。[①] 但是在实践中，这种单独的林木所有权交易，买受人是否可以实际获得林木所有权登记，以及是否可以实际取得采伐许可证，均因没有法律的明确规定予以保障，从而存在不确定性和交易风险。

三、林地经营权流转合同终止时的林木处理规则

根据《民法典》第557条的规定，合同可以因履行、解除等法律规定或者当事人约定的原因而终止。除了适用一般典型合同的终止事由以外，由于合同标的的特殊性，林地经营权流转合同的终止也有一些特殊之处。比如，为了稳定受让方的林业生产经营预期，维护林地经营流转秩序的安定，《农村土地承包法》第42条对土地经营权流转合同中的承包方的单方合同解除权进行了限制，即原则上承包方不得解除土地经营权流转合同，但受让方具有擅自改变土地的农业用途、弃耕抛荒连续两年以上、给土地造成严重损害或者严重破坏土地生态环境，以及其他严重违约行为等情形的除外。再如，《农村土地承包法》第64条规定了土地经营权人具有第42条规定的情形而承包方在合理期限内不解除土地经营权流转合同的，发包方有权要求终止土地经营权流转合同。这一规定实际上突破了合同相对性，主要立法目的在于保护土地和土地生态环境。

合同终止意味着合同当事人之间基于合同产生的权利和义务关系消灭，但是合同当事人之间并不因此不再产生任何合同上的联系。一方面，

---

① 2003年《中共中央、国务院关于加快林业发展的决定》要求，积极培育活立木市场，发展森林资源资产评估机构，促进林木合理流转，调动经营者投资开发的积极性。

根据合同内容以及合同终止原因，合同当事人可能还需进行与合同内容有关的结算与清理。另一方面，根据《民法典》第558条的规定，合同终止后，合同双方当事人还应当遵循诚实信用等原则，根据交易习惯履行通知、协助、保密、旧物回收等后合同义务。在林地经营权流转合同中，《农村土地承包法》第38条规定土地经营权的流转“不得改变土地所有权的性质和土地的农业用途，不得破坏农业综合生产能力和农业生态环境”，同时参照农业农村部《农村土地经营权流转管理办法》第3条[①]规定的精神，林地的经营权流转不得改变林地的集体所有权性质及其林业用途，而应当以“林地林用”为基本原则。生产林木是林地的基本用途，林木是林地的重要产品。林地经营权流转合同终止时，无论是基于履行合同本身的需要，还是基于合同结算与清理的需要，抑或履行后合同义务的需要，对于林地经营权流转中林地经营权人所种植的地上林木，都应当作出妥当处理。对此，有的国家在其民法中予以明确规定，比如《韩国民法典》第283条关于地上权人的更新请求权、买受请求权的规定中明确，地上权消灭时，建筑物、其他工作物或者树木仍然存在的，地上权人可以请求更新契约；地上权的设定人不同意更新契约的，地上权人可以请求以相当的价额买受前款工作物或者树木。本条解释根据不同情形，确立了三条基本处理规则。应当结合本文前所述及的内容，对其予以准确理解把握。

（一）合同有约定情形下的处理规则

《民法典》第5条规定了作为民法基本原则之一的自愿原则，即“民事主体从事民事活动，应当遵循自愿原则，按照自己的意思设立、变更、终止民事法律关系”。落实到合同法中的自愿原则就是合同自愿原则，又称为合同自由原则，是指行为人的缔约行为不受干涉，只要双方当事人自愿且不违法，就可以进行任何交易，并自主决定期限、价格等交易条件。合同自由原则构成整个合同制度的基石，而其在合同法中的最生动文本表

---

① 《农村土地经营权流转管理办法》第3条规定：“土地经营权流转不得损害农村集体经济组织和利害关系人的合法权益，不得破坏农业综合生产能力和农业生态环境，不得改变承包土地的所有权性质及其农业用途，确保农地农用，优先用于粮食生产，制止耕地‘非农化’、防止耕地‘非粮化’。”

现就是“有约定的从其约定”。故本条第 1 款第 1 项首先明确，合同对于林木所有权归属有约定的，“按照约定处理”。

由于合同自由原则以“假设合同相对人地位相同且都具有完美的道德素养”为前提，更多的是从一种脱离现实社会基础的民事主体地位抽象平等出发，而忽略了以社会分工为基础的现代社会经济结构之下的天然不平等性，故如果奉行绝对的合同自由原则，必然导致垄断横行、贫富分化、社会矛盾加剧，合同自由不仅不能成为自由的保障，反而会成为限制自由的工具。为此，从 20 世纪起，世界各国普遍对合同自由原则加强法律干预。我国《民法典》第 143 条规定了民事法律行为有效的三项要件，其中“不违反法律、行政法规的强制性规定，不违背公序良俗”即是体现对个人意思自治与行为限制的一项重要条件。也就是说，民事法律行为虽然是彰显意思自治、保障权利实现的主要制度，但这种自由必须限定在不损害国家利益、社会公共利益的范围之内。民事法律主体的民事法律行为一旦超越法律和道德所容许的限度，构成对国家利益、社会公共利益的侵害，就必须否定其效力。《民法典》第 153 条又通过反面规定对此予以再次强调，并在合同法上构成对合同自由的“强制性”限制。即只要构成该条所规定的无效情形且不属于例外规定的，则相应约定指向的合同权利义务内容、甚至整个合同内容都会归于无效。本条第 1 款第 1 项中的但书规定据此明确，如果林地经营权流转合同中关于林木所有权归属的约定依据《民法典》第 153 条的规定应当认定为无效的，则因其约定效力的丧失，不能再依据该约定确认林木所有权归属。适用本规则时，应当注意把握好以下几个问题：

一是关于林木所有权归属的约定无效并不会导致整个林地经营权流转合同的无效。根据《民法典》第 156 条的规定，民事法律行为部分无效，不影响其他部分效力的，其他部分仍然有效。在林地经营权流转合同中，有些合同约定内容系根本性条款，如果该条款作出违反法律、行政法规的强制性规定的约定，将导致整个林地经营权流转合同无效。比如，如果合同约定流转林地用于建造建筑物、构筑物等非农、非林用途的，将改变“林地林用”的法律强制性规定，该条款作为合同的根本性条款，一经认定为无效，整个合同将归于无效。除了根本性条款以外，还有一些合同内容虽然也非常重要，甚至构成要式合同的必备条款，但因其并非根本性条款，故不会由于其无效而导致整个合同的无效。[①] 在林地经营权流转合同中，关于流转期限、[②] 流转合同终止后地上物的处理等约定均属此种情形。

二是依据《民法典》第153条规定确定有关约定无效仅是《民法典》对合同效力进行控制的规则之一，并不是有关合同效力判断的全部规则，即其与效力待定、未生效、可撤销以及其他合同无效规定之间属于并列而非包含关系。[③] 因此，在认定林地经营权流转合同中有关林木所有权归属约定的条款效力时，除了要依据《民法典》第153条认定其是否无效以外，还要依据《民法典》总则编、合同编等相关认定民事法律行为效力的条文认定其是否还存在其他应当认定为无效的情形，[④] 或者存在应当认定为效力待定、未生效、可撤销等情形。

三是在林地经营权的流转中，林地经营权人通过转包、出租、入股、合作等流转形式使用林地，无论是以在林地上种植林木、生产木材为主要经营方式，还是采取生产果品、油料、饮料、工业原料、药材，或者开展林下经济、森林旅游等多种经营方式，这些产业均具有周期长、投入大的特点。林地经营权流转合同终止时，对于经营权人种植的地上林木所有权，固然可以在合同中事先进行约定，并且这些约定可能也并不存在效力瑕疵，但是正如前文所述，因为林木不具有独立性、林木采伐权权能不具有完整性等特点，在约定林木所有权归林地经营权人所有的情况下，林地经营权人也必须根据《森林法》《农村土地承包法》等法律关于林木所有权权属登记，特别是针对林木采伐权行使的限制性规定，对其是否可以实际进行确权登记、是否可以取得林木采伐许可证、是否可以充分行使对林

---

① 司法实践中，民事法律行为部分无效、不影响其他部分效力的情形，主要包括以下几种情形：一是民事法律行为的标的数量超过国家法律许可的范围；二是民事法律行为的标的可分，其中一项或数项无效；三是民事法律行为的非根本性条款因违法或违背公序良俗而无效。参见黄薇主编：《中华人民共和国民法典总则编释义》，法律出版社2020年版，第414页。

② 参见《最高人民法院关于审理森林资源民事纠纷案件适用法律若干问题的解释》第11条、第12条。

③ 最高人民法院民法典贯彻实施工作领导小组主编：《中华人民共和国民法典总则编理解与适用》，人民法院出版社2020年版，第756页。

④ 比如依据《民法典》第146条的规定，行为人与相对人以虚假的意思表示实施的民事法律行为无效。

木的各项所有权权能等情形予以充分考虑。[①]

（二）合同没有约定或者约定不明但协商一致延长合同期限情形下的处理规则

根据《民法典》第 510 条的规定，合同依法成立并生效后，如果就某些内容没有约定或者约定不明确的，可以采取补救措施，即协议进行补充约定。协议补充约定本质上仍是民法自愿原则与合同自由原则的体现和落实，是补充合同内容、保障合同履行的最佳方式。故本条第 1 款第 2 项规定了林地经营流转合同对林木所有权的归属没有约定或者约定不明时，当事人经协议补充约定并达成一致后的处理规则。根据本条解释规定，如果当事人双方协商一致延长合同期限至轮伐期或者其他合理期限届满，承包方请求由林地经营权人承担林地使用费的，人民法院对其合理部分予以支持。应当从以下几个方面理解和适用本规则：

一是所谓轮伐期，是指轮流伐尽经营类型内各林分[②]后再次回到最初伐区采伐成熟林的生产周期。[③] 世界各国对轮伐期的理解不尽相同，如日本把森林成熟龄与主伐年龄等同，称伐期龄；美国不分成熟龄、主伐年龄，称轮伐期；苏联从 1952 年起以主伐年龄代替轮伐期。我国在 20 世纪 50 年代普遍采用主伐年龄，60 年代随着以场定居、以场轮伐的方针而逐渐采用轮伐期的概念，并适用于同龄林皆伐[④]或者渐伐[⑤]作业。由于轮伐期包括林木采伐、更新、培育成林到再次采伐周而复始的整个时期，故在林地经营权流转合同终止时，双方当事人如协商一致延长合同期限至轮伐期，并在合同履行期限届满时按照轮伐要求对林木进行采伐，既符合林木的生长发育规律，又可实现对森林的永续利用，且可确保林地经营权人直

---

① 实践当中因此争讼的案件很多，如最高人民法院发布的森林资源民事纠纷典型案例《杨某家诉贵州省安龙县某村民委员会、某村二组林业承包合同纠纷案》。

② 林分是指林木的内部结构特征，即树种组成、林层或林相、疏密度、年龄、起源、地位级等主要调查因子相同并与四周有明显区别的有林地。有时也泛指任一具体的长有林木的地段。

③ 参见《中国大百科全书 · 农业卷》“轮伐期”条目。

④ 皆伐是指在一个采伐季节内，将伐区上的林木全部伐除的森林主伐方式。

⑤ 渐伐是指在较长期限内（一般不超过一个龄级）分次伐掉伐区上全部成熟林木的森林主伐方式。

接取得伐倒后的林木（木材）的所有权，有效避免因为林木未届轮伐期而可能导致的无法采伐、无法确权风险。因此，在实践中应当积极鼓励林地经营权流转合同双方当事人尽量通过协商方式延长合同期限至轮伐期。

二是根据《森林法》第 54 条的规定，我国的林木采伐管理制度包括了森林采伐限额制度，即国家严格控制森林的年采伐量。《森林法》第 59 条同时规定了审核发放采伐许可证的部门不得超过年采伐限额发放采伐许可证。此即意味着，由于受到采伐指标的限制，即使轮伐期届满，也可能出现地上林木不允许采伐的情形，同时考虑到轮伐期的范围界定存在一定的模糊性，故本条解释在轮伐期之外，又规定了合同双方当事人还可以约定其他合理期限作为延长后的合同期限。其他合理期限可以为主伐期，也可以为其他期限，只要有利于经营权人在合同履行期限届满后更好地行使对林木（木材）的所有权，且不违反法律、行政法规的强制性规定即可。

三是《民法典》第 131 条规定了民事主体行使权利与履行义务相一致的原则，即民事主体行使权利时，应当履行法律规定的和当事人约定的义务。权利义务相一致原则同样应当贯穿于合同履行的始终。在林地经营权流转合同中，双方当事人协商一致延长合同期限至轮伐期或者其他合理期限，主要是为了林地经营权人能够实际取得其所种植的地上林木所有权，即主要是为了实现林地经营权人的利益。故根据权利义务相一致原则，林地经营权人在取得合同权利的同时，亦应当履行相应的合同义务。如果承包方请求由林地经营权人承担林地使用费的，人民法院对其合理的部分应当予以支持。

（三）合同没有约定或者约定不明且未能协商一致延长合同期限情形下的处理规则

既然进行协商，就存在达成一致和无法达成一致两种可能性。故本条第 1 款第 3 项规定了林地经营流转合同对林木所有权的归属没有约定或者约定不明时，当事人经协商未能就延长合同期限达成一致后的处理规则。根据本项规定，如果合同双方当事人未能就延长合同期限达成一致，林地经营权人请求对林木价值进行补偿的，人民法院对其合理部分予以支持。应当从以下几个方面理解和适用本规则：

一是在制定本项规定时，有观点认为在双方经协商未能就延长合同期限达成一致的情况下，为确保森林资源的永续利用，并为维护林地经营权人的合理经营预期，应当规定合同当事人负有强制缔约义务，不得拒绝就延长合同期限进行协商并达成一致。强制缔约理论由德国学者尼佩代第一个系统提出，他认为："强制缔约是指基于法律规范直接令一个法律主体在没有意思拘束力的情况下，负担以最有利相对方的方式订立合同，或者由中立一方确定内容而签订合同的义务。"① 我国民法理论上通常认为，强制缔约是指依据法律规定，民事主体负有与他人缔结契约的法定义务，非有正当理由，不得拒绝缔结契约。依据强制缔约形成的权利义务关系，其性质属于合同关系，规定强制缔约的法律规范，性质上属于强制性规范。根据传统合同自由理论，任何人都不负有与他人订立合同的义务，也不得强迫其他人与之订立合同，因为"合同"一词本身就是当事人意思表示一致的结果。在现代社会，强制缔约制度固然是对合同自由原则的有益补充，但亦不能否认其是对合同当事人意思表示自由的极大干预，因此在适用上应予严格限制。一般情况下，强制缔约制度应当有法律的明确规定，并仅基于特殊目的、适用于特殊领域。有论者曾经归纳了强制缔约制度的几种类型：基于维护社会公共利益的需要；为保护在社会上居于弱势地位的某些特殊群体的利益；为维护或恢复以竞争为基础的市场经济的正常运作；国家为达到一定的政治上和经济上的目的；出于保障生命、身体和健康权益的需要；基于平等权，反对缔约歧视。② 林地经营权流转合同终止时，当事人负有就延长合同期限的强制缔约义务主张的主要理由，就是出于维护公共利益需要。但我们认为，为了维护公共利益而适用强制缔约制度，主要适用于自来水、电力、煤气、供暖、通讯、邮政、大众交通运输等公共领域。这些领域具有两个明显特征：第一，这些领域的生产者所提供的商品属于生存和生活必需品，是消费者赖以生存和生活的基本条件。消费者通常必须与提供这些生存和生活必需品的企业订立合同，否则无法生存和生活。第二，这些领域的企业通常是垄断企业，具有独占性，当消

---

① 转引自朱岩：《强制缔约制度研究》，载《清华法学》2011 年第 1 期。

② 参见冉克平：《论强制缔约制度》，载《政治与法律》2009 年第 11 期。

费者面对这些提供生存和生活必需品且具有市场垄断地位的企业时，其除与这些企业订立合同外别无选择。[①] 从我国《民法典》第648条第2款、第650条、第810条规定，以及《邮政法》第十五条关于邮政普遍服务的规定来看，我国从维护公共利益角度进行的强制缔约立法亦主要集中于上述领域。因此，在林地经营权流转领域适用强制缔约制度并无法律依据。此外，虽然承包方在承包期限内可以自由决定流转林地经营权，但延长后的经营权流转合同期限可能超出了林地承包期限，需要林地承包期随之延长。而根据《农村土地承包法》第19条的规定，土地承包必须遵循民主议定原则。也就是说，即使赋予林地经营权流转合同当事人以强制缔约义务，但在很多情形之下，仅凭双方当事人合意也无法完成合同的订立。因此，在林地经营权流转领域适用强制缔约制度也无现实可能性。综上，对于合同终止时的延长期限问题，还是应当着眼于尊重当事人的意思自治，鼓励通过协商一致方式达成合意。

二是在制定本条解释时，对经营权人种植的地上林木价值是否应当予以补偿也存在不同认识。有观点认为，《农村土地承包法》第27条第4款规定的发包方对承包方的补偿适用于“土地生产能力提高”的情形；第43条规定的承包方对受让方的补偿适用于“改良土壤、建设农业生产附属、配套设施”等情形，且该条规定的是“按照合同约定”进行合理补偿；《农村土地承包司法解释》第16条第2款规定的承包人对承租人的补偿也适用于“提高土地生产能力的投入”。因此，林地经营权人主张对林木价值进行补偿似乎于法无据。就此问题，我们认为，实践中这一问题比较复杂：第一，林地经营权流转合同终止的原因比较复杂，既可能是履行完毕终止，也可能是解除终止；既可能是有利于承包方的终止，也可能是有利于林地经营权人的终止。第二，合同终止时林地经营权人地上种植的林木情况比较复杂，既可能是已接近轮伐期，很快就可以通过行使采伐权取得木材，也可能是刚刚种植不久，距离成材时日尚远；既可能所种植系名贵林木，价值不菲，也可能只是普通速生林，经济价值不大。第三，林地经营权人对林地、林木投入情况比较复杂，既可能是精心管护，投入巨大，

① 参见冉克平：《论强制缔约制度》，载《政治与法律》2009年第11期。

也可能是疏于管理，投入微薄；既可能是单一林木栽种，也可能是多种经营方式并举。第四，承包方对林地经营权人所种植林木的态度比较复杂，既可能该林木亦是承包人所需，可做后续利用，也可能不仅林木非承包方所需，反而因其未届轮伐期或者无法取得采伐许可证而严重影响承包方对林地的后续利用。以上复杂情况，不一而足。如果一概不允许林地经营权人请求对所种植林木价值予以补偿，恐怕无法应对实践当中的上述复杂情况。特别是在很多情形下，如合同之终止有利于承包方，且经营方所种植林木已届轮伐期，倘若林地经营权人无法取得林木价值补偿，双方当事人的权利义务显然失衡，有违《民法典》第6条所规定之公平原则。此外，如果一味强调要求承包方按照林木市场价值进行补偿，亦可能出现林地经营权人不顾流转合同剩余期限，盲目种植生长期长的林木，合同到期后便要求承包方“买断”的不公平结果，甚至存在林地经营权人恶意种植名贵树种的道德风险。基于上述考虑，本条解释规定对于林地经营权人提出的林木价值补偿的合理请求，人民法院予以支持。如何判断请求是否“合理”，以及是否对该合理请求“予以支持”，均委诸人民法院根据个案具体情况，综合考虑前文所述的复杂情况予以公平裁量。

总之，林地经营权流转合同终止时，林地经营权人所种植地上林木应当如何处理是一个非常复杂的实务问题。本条解释虽然明确了三条基本规则，但是仍然有赖于人民法院结合我国的森林管理制度、林木生长发育规律、林业生产经营特点、林木所有权特性等复杂因素，不断将审视的目光往返于《民法典》《森林法》《农村土地承包法》等民法、经济法、行政法之间，根据案件的具体情况作出合理认定与判断，努力实现林地发包方、承包人与经营方之间的权利义务相平衡。

【审判实践中应注意的问题】

一、关于林木经营权流转合同终止时林木所有权归属主体范围的确定

2014年《中共中央、国务院关于引导农村土地经营权有序流转发展农

业适度规模经营的意见》明确了在坚持农村土地集体所有的前提下，实现土地所有权、承包权、经营权“三权分置”的改革目标。2018年修正的《农村土地承包法》进一步将“三权分置”制度法制化。实施“三权分置”的重点是放活经营权，核心要义就是明晰赋予经营权应有的法律地位和权能。在“三权分置”之下，农村土地集体所有权是土地承包经营权的前提，农户享有土地承包经营权是集体所有的具体实现形式。在集体土地流转中，土地承包经营权派生出土地经营权。对应分置的“三权”，在农村土地承包经营法律关系中存在三个民事主体：集体土地所有权人即发包方，土地承包经营权人即承包方，以及土地经营权人即土地经营权流转中的受让方。根据《农村土地承包法》第36条和《民法典》第339条的规定，土地承包经营权人可以自主决定依法采取出租（转包）、入股或者其他方式向他人流转土地经营权。也就是说，作为土地承包经营权派生出的土地经营权，土地承包经营权人与土地经营权的受让方共同构成土地经营权流转合同的双方当事人。土地经营权流转合同虽然需要向发包方备案，但发包方并非合同的一方当事人。根据农业农村部《农村土地经营权流转管理办法》第8条的规定，承包方可以自愿委托发包方、中介组织或者他人流转其土地经营权，但应当由承包方出具流转委托书，没有承包方的书面委托，任何组织和个人无权以任何方式决定流转承包方的土地经营权。虽然发包方可以受委托参与到土地经营权流转中来，但其也仅是受托人而已，不具备合同当事人地位。① 参照上述规定，根据合同相对性原理，在林地经营权流转期间，林地经营权人种植的地上林木自然应当在承包方与受让方之间确权，而与发包方无关。至于林木确权给承包方或受让方后，是否会在承包方或受让方与发包方之间产生林木所有权归属争议，则属于另外一个法律关系，应当依照有关规定或者土地承包合同的约定另行处理解决。

二、关于林地使用费是否合理的审查认定

在审查认定承包方向林地经营权人主张的林地使用费是否“合理”

① 当然在体系效应上，就未实行家庭承包的农村土地而言，亦可由集体作为土地所有权人和经营主体直接依土地经营权流转合同设定土地经营权，就此需要另当别论。

时，应当充分考虑到林地使用费的市场价格在时间因素作用下发生的巨大变化。根据《农村土地承包法》第21条和第38条的规定，林地的承包期为30年至70年，林地经营权流转期限只要不超过承包期的剩余期限均可，加之林木具有特殊的生长发育规律，一般情况下林地经营权流转合同的期限都比较长。在较长时间之前订立的林地经营权流转合同中约定的林地使用费，与较长时间之后流转合同终止时的林地使用费，其市场价格恐已不可同日而语，后者可能已经远超前者。林地经营权流转合同终止时，承包方本可以收回林地自用，或者以更高价格流转给他人，但为确保林地经营权人对所种植地上林木相关权利而延长合同期限，理应对其可能受损的利益予以充分考虑。具体可由人民法院参照协商延长合同期限之时点的市场价格标准或者其他类似的价格标准，并充分考虑合同权利义务相一致原则以及双方利益的平衡，予以确定。

【法条链接】

1.**《中华人民共和国民法典》**（2020年5月28日）

第五条　民事主体从事民事活动，应当遵循自愿原则，按照自己的意思设立、变更、终止民事法律关系。

第六条　民事主体从事民事活动，应当遵循公平原则，合理确定各方的权利和义务。

第一百三十一条　民事主体行使权利时，应当履行法律规定的和当事人约定的义务。

第一百四十三条　具备下列条件的民事法律行为有效：

（一）行为人具有相应的民事行为能力；

（二）意思表示真实；

（三）不违反法律、行政法规的强制性规定，不违背公序良俗。

第一百五十三条　违反法律、行政法规的强制性规定的民事法律行为无效。但是，该强制性规定不导致该民事法律行为无效的除外。

违背公序良俗的民事法律行为无效。

第一百五十六条　民事法律行为部分无效，不影响其他部分效力的，其他部分仍然有效。

第二百四十条 所有权人对自己的不动产或者动产，依法享有占有、使用、收益和处分的权利。

第二百五十条 森林、山岭、草原、荒地、滩涂等自然资源，属于国家所有，但是法律规定属于集体所有的除外。

第三百三十九条 土地承包经营权人可以自主决定依法采取出租、入股或者其他方式向他人流转土地经营权。

第五百一十条 合同生效后，当事人就质量、价款或者报酬、履行地点等内容没有约定或者约定不明确的，可以协议补充；不能达成补充协议的，按照合同相关条款或者交易习惯确定。

第五百五十七条 有下列情形之一的，债权债务终止：

（一）债务已经履行；

（二）债务相互抵销；

（三）债务人依法将标的物提存；

（四）债权人免除债务；

（五）债权债务同归于一人；

（六）法律规定或者当事人约定终止的其他情形。

合同解除的，该合同的权利义务关系终止。

第五百五十八条 债权债务终止后，当事人应当遵循诚信等原则，根据交易习惯履行通知、协助、保密、旧物回收等义务。

第五百六十六条 合同解除后，尚未履行的，终止履行；已经履行的，根据履行情况和合同性质，当事人可以请求恢复原状或者采取其他补救措施，并有权请求赔偿损失。

合同因违约解除的，解除权人可以请求违约方承担违约责任，但是当事人另有约定的除外。

主合同解除后，担保人对债务人应当承担的民事责任仍应当承担担保责任，但是担保合同另有约定的除外。

第六百四十八条 供用电合同是供电人向用电人供电，用电人支付电费的合同。

向社会公众供电的供电人，不得拒绝用电人合理的订立合同要求。

第六百五十六条　供用水、供用气、供用热力合同，参照适用供用电合同的有关规定。

第七百三十条　当事人对租赁期限没有约定或者约定不明确，依据本法第五百一十条的规定仍不能确定的，视为不定期租赁；当事人可以随时解除合同，但是应当在合理期限之前通知对方。

第八百一十条　从事公共运输的承运人不得拒绝旅客、托运人通常、合理的运输要求。

2.**《中华人民共和国森林法》**（2019 年 12 月 28 日修订）

第二条　在中华人民共和国领域内从事森林、林木的保护、培育、利用和森林、林木、林地的经营管理活动，适用本法。

第十四条　森林资源属于国家所有，由法律规定属于集体所有的除外。

国家所有的森林资源的所有权由国务院代表国家行使。国务院可以授权国务院自然资源主管部门统一履行国有森林资源所有者职责。

第十七条　集体所有和国家所有依法由农民集体使用的林地（以下简称集体林地）实行承包经营的，承包方享有林地承包经营权和承包林地上的林木所有权，合同另有约定的从其约定。承包方可以依法采取出租（转包）、入股、转让等方式流转林地经营权、林木所有权和使用权。

第十八条　未实行承包经营的集体林地以及林地上的林木，由农村集体经济组织统一经营。经本集体经济组织成员的村民会议三分之二以上成员或者三分之二以上村民代表同意并公示，可以通过招标、拍卖、公开协商等方式依法流转林地经营权、林木所有权和使用权。

第十九条　集体林地经营权流转应当签订书面合同。林地经营权流转合同一般包括流转双方的权利义务、流转期限、流转价款及支付方式、流转期限届满林地上的林木和固定生产设施的处置、违约责任等内容。

受让方违反法律规定或者合同约定造成森林、林木、林地严重毁坏的，发包方或者承包方有权收回林地经营权。

第二十条　国有企业事业单位、机关、团体、部队营造的林木，由营造单位管护并按照国家规定支配林木收益。

农村居民在房前屋后、自留地、自留山种植的林木，归个人所有。城镇居民在自有房屋的庭院内种植的林木，归个人所有。

集体或者个人承包国家所有和集体所有的宜林荒山荒地荒滩营造的林木，归承包的集体或者个人所有；合同另有约定的从其约定。

其他组织或者个人营造的林木，依法由营造者所有并享有林木收益；合同另有约定的从其约定。

第三十二条 国家实行天然林全面保护制度，严格限制天然林采伐，加强天然林管护能力建设，保护和修复天然林资源，逐步提高天然林生态功能。具体办法由国务院规定。

第五十四条 国家严格控制森林年采伐量。省、自治区、直辖市人民政府林业主管部门根据消耗量低于生长量和森林分类经营管理的原则，编制本行政区域的年采伐限额，经征求国务院林业主管部门意见，报本级人民政府批准后公布实施，并报国务院备案。重点林区的年采伐限额，由国务院林业主管部门编制，报国务院批准后公布实施。

第五十五条 采伐森林、林木应当遵守下列规定：

（一）公益林只能进行抚育、更新和低质低效林改造性质的采伐。但是，因科研或者实验、防治林业有害生物、建设护林防火设施、营造生物防火隔离带、遭受自然灾害等需要采伐的除外。

（二）商品林应当根据不同情况，采取不同采伐方式，严格控制皆伐面积，伐育同步规划实施。

（三）自然保护区的林木，禁止采伐。但是，因防治林业有害生物、森林防火、维护主要保护对象生存环境、遭受自然灾害等特殊情况必须采伐的和实验区的竹林除外。

省级以上人民政府林业主管部门应当根据前款规定，按照森林分类经营管理、保护优先、注重效率和效益等原则，制定相应的林木采伐技术规程。

第五十六条 采伐林地上的林木应当申请采伐许可证，并按照采伐许可证的规定进行采伐；采伐自然保护区以外的竹林，不需要申请采伐许可证，但应当符合林木采伐技术规程。

农村居民采伐自留地和房前屋后个人所有的零星林木，不需要申请采伐许可证。

非林地上的农田防护林、防风固沙林、护路林、护岸护堤林和城镇林木等的更新采伐，由有关主管部门按照有关规定管理。

采挖移植林木按照采伐林木管理。具体办法由国务院林业主管部门制定。

禁止伪造、变造、买卖、租借采伐许可证。

第五十七条　采伐许可证由县级以上人民政府林业主管部门核发。

县级以上人民政府林业主管部门应当采取措施，方便申请人办理采伐许可证。

农村居民采伐自留山和个人承包集体林地上的林木，由县级人民政府林业主管部门或者其委托的乡镇人民政府核发采伐许可证。

第五十八条　申请采伐许可证，应当提交有关采伐的地点、林种、树种、面积、蓄积、方式、更新措施和林木权属等内容的材料。超过省级以上人民政府林业主管部门规定面积或者蓄积量的，还应当提交伐区调查设计材料。

第五十九条　符合林木采伐技术规程的，审核发放采伐许可证的部门应当及时核发采伐许可证。但是，审核发放采伐许可证的部门不得超过年采伐限额发放采伐许可证。

第六十条　有下列情形之一的，不得核发采伐许可证：

（一）采伐封山育林期、封山育林区内的林木；

（二）上年度采伐后未按照规定完成更新造林任务；

（三）上年度发生重大滥伐案件、森林火灾或者林业有害生物灾害，未采取预防和改进措施；

（四）法律法规和国务院林业主管部门规定的禁止采伐的其他情形。

第六十一条　采伐林木的组织和个人应当按照有关规定完成更新造林。更新造林的面积不得少于采伐的面积，更新造林应当达到相关技术规程规定的标准。

3.**《中华人民共和国农村土地承包法》**（2018年12月29日修正）

第三条　国家实行农村土地承包经营制度。

农村土地承包采取农村集体经济组织内部的家庭承包方式，不宜采取家庭承包方式的荒山、荒沟、荒丘、荒滩等农村土地，可以采取招标、拍卖、公开协商等方式承包。

第十六条 家庭承包的承包方是本集体经济组织的农户。

农户内家庭成员依法平等享有承包土地的各项权益。

第十九条 土地承包应当遵循以下原则：

（一）按照规定统一组织承包时，本集体经济组织成员依法平等地行使承包土地的权利，也可以自愿放弃承包土地的权利；

（二）民主协商，公平合理；

（三）承包方案应当按照本法第十三条的规定，依法经本集体经济组织成员的村民会议三分之二以上成员或者三分之二以上村民代表的同意；

（四）承包程序合法。

第二十一条 耕地的承包期为三十年。草地的承包期为三十年至五十年。林地的承包期为三十年至七十年。

前款规定的耕地承包期届满后再延长三十年，草地、林地承包期届满后依照前款规定相应延长。

第二十七条 承包期内，发包方不得收回承包地。

国家保护进城农户的土地承包经营权。不得以退出土地承包经营权作为农户进城落户的条件。

承包期内，承包农户进城落户的，引导支持其按照自愿有偿原则依法在本集体经济组织内转让土地承包经营权或者将承包地交回发包方，也可以鼓励其流转土地经营权。

承包期内，承包方交回承包地或者发包方依法收回承包地时，承包方对其在承包地上投入而提高土地生产能力的，有权获得相应的补偿。

第三十六条 承包方可以自主决定依法采取出租（转包）、入股或者其他方式向他人流转土地经营权，并向发包方备案。

第三十八条 土地经营权流转应当遵循以下原则：

（一）依法、自愿、有偿，任何组织和个人不得强迫或者阻碍土地经营权流转；

（二）不得改变土地所有权的性质和土地的农业用途，不得破坏农业综合生产能力和农业生态环境；

（三）流转期限不得超过承包期的剩余期限；

（四）受让方须有农业经营能力或者资质；

（五）在同等条件下，本集体经济组织成员享有优先权。

第四十一条　土地经营权流转期限为五年以上的，当事人可以向登记机构申请土地经营权登记。未经登记，不得对抗善意第三人。

第四十二条　承包方不得单方解除土地经营权流转合同，但受让方有下列情形之一的除外：

（一）擅自改变土地的农业用途；

（二）弃耕抛荒连续两年以上；

（三）给土地造成严重损害或者严重破坏土地生态环境；

（四）其他严重违约行为。

第四十三条　经承包方同意，受让方可以依法投资改良土壤，建设农业生产附属、配套设施，并按照合同约定对其投资部分获得合理补偿。

第六十四条　土地经营权人擅自改变土地的农业用途、弃耕抛荒连续两年以上、给土地造成严重损害或者严重破坏土地生态环境，承包方在合理期限内不解除土地经营权流转合同的，发包方有权要求终止土地经营权流转合同。土地经营权人对土地和土地生态环境造成的损害应当予以赔偿。

4.《最高人民法院关于审理涉及农村土地承包纠纷案件适用法律问题的解释》（2020 年 12 月 29 日修正）

第十六条　当事人对出租地流转期限没有约定或者约定不明的，参照民法典第七百三十条规定处理。除当事人另有约定或者属于林地承包经营外，承包地交回的时间应当在农作物收获期结束后或者下一耕种期开始前。

对提高土地生产能力的投入，对方当事人请求承包方给予相应补偿的，应予支持。

第十四条　人民法院对于当事人为利用公益林林地资源和森林景观资源开展林下经济、森林旅游、森林康养等经营活动订立的合同，应当综合考虑公益林生态区位保护要求、公益林生态功能及是否经科学论证的合理利用等因素，依法认定合同效力。

当事人仅以涉公益林为由主张经营合同无效的，人民法院不予支持。

【条文主旨】

本条是关于公益林经营合同效力的特别审查的规定。

【条文理解】

《森林法》第47条根据生态保护需要，将林地和林地上的森林划分为公益林和商品林。该法2019年修订前，各地对公益林能否开发利用及相关经营合同的效力等问题争议较大，实践中操作不一。《中共中央、国务院关于全面推进集体林权制度改革的意见》明确，对商品林，农民可依法自主决定经营方向和经营模式，生产的木材自主销售；对公益林，在不破坏生态功能的前提下，可依法合理利用林地资源，开发林下种养业，利用森林景观发展森林旅游业等。《水土保持法》《森林法实施条例》《自然保护区条例》《风景名胜区条例》《国家级公益林管理办法》等就公益林利用设定了诸多限制。修订后的《森林法》第49条第3款对合理利用公益林林地资源和森林景观资源，适度开展林下经济、森林旅游等予以肯定，但设定了科学论证、合理利用等前提条件，同时要求严格遵守国家有关规定。本条解释据此对公益林经营合同的效力审查认定规则予以了细化。

一、公益林与商品林的划分

《森林法》第47条规定：“国家根据生态保护的需要，将森林生态区位重要或者生态状况脆弱，以发挥生态效益为主要目的的林地和林地上的森林划定为公益林。未划定为公益林的林地和林地上的森林属于商品林。”据此，公益林是指森林生态区位重要或者生态状况脆弱，以发挥生态效益为主要目的的林地和林地上的森林。生态公益林是生长缓慢、周期延续复杂的可再生系统，它在进行与外界能量交换和物质累积的过程中，不断地对其所处的林地土壤、气候、水文等环境条件进行调节和改善，从而惠及某一特定区域的生态环境，促使区域环境达到稳定。生态公益林还具有保护、改善环境的功能，主要表现在可以维持人类生存物质的多样性，通过固碳释氧、降温增湿等调节全球气候及大气污染，净化不良环境，杜绝水土等流失，打造具有地域特色的自然景观休闲度假区。虽然生态公益林发展的速度缓慢，但它所创造的社会价值与发展空间，是环境保护过程中不可多得的财富积累，其生态价值潜移默化地惠及全人类，对于保持和维护生态环境、完善生态平衡、满足人类社会生存环境需求及其发展具有重要的公益性作用。[①]

将森林资源划分为公益林和商品林进行分类经营管理是《森林法》确定的森林管理基本制度，也是林业改革发展取得的成熟可行的经验之一。1995 年，原国家体制改革委员会、原林业部联合颁布《林业经济体制改革总体纲要》，提出森林资源培育要按照森林的用途和生产经营目的划定公益林和商品林，实施分类经营、分类管理。1999 年，《国家林业局关于开展全国森林分类区划界定工作的通知》要求各地开展森林分类区划工作。2003 年《中共中央、国务院关于加快林业发展的决定》明确提出，实行林业分类经营管理体制。将全国林业区分为公益林业和商品林业两大类，分别采取不同的管理体制、经营机制和政策措施。改革和完善林木限额采伐制度，对公益林业和商品林业采取不同的资源管理办法。公益林业要按照公益事业进行管理，以政府投资为主，由政府对纳入公益林管理的森林资源投资者给予合理补偿，同时吸引社会力量共同建设。商品林业要按照基础产业进行管理，主要由市场配置资源，政府给予必要扶持。《中共中央、

① 付蕊：《浅析气候变化背景下生态公益林的法律保护》，载《黑龙江省政法管理干部学院学报》2019 年第 3 期。

国务院关于全面推进集体林权制度改革的意见》进一步规定，依法把立地条件好、采伐和经营利用不会对生态平衡和生物多样性造成危害区域的森林和林木，划定为商品林；把生态区位重要或生态脆弱区域的森林和林木，划定为公益林。

2019年修订的《森林法》在总结林业分类经营改革成功经验的基础上，于第6条规定“国家以培育稳定、健康、优质、高效的森林生态系统为目标，对公益林和商品林实行分类经营管理，突出主导功能，发挥多种功能，实现森林资源永续利用”，从而将“对公益林和商品林实行分类经营管理”作为基本制度在“总则”中予以明确，对公益林和商品林确立不同的经营、管护制度，通过突出主导功能、发挥多种功能，实现森林资源科学经营、永续利用。[①]

二、公益林划定和经营管理

（一）公益林划定

公益林划定是公益林建设、保护和利用的基础。依据《森林法》第48条的规定，公益林由国务院和省、自治区、直辖市人民政府划定并公布。重要江河源头汇水区域，重要江河干流及支流两岸、饮用水水源地保护区，重要湿地和重要水库周围，森林和陆生野生动物类型的自然保护区，荒漠化和水土流失严重地区的防风固沙林基干林带，沿海防护林基干林带，未开发利用的原始林地区及需要划定的其他区域，应当划定为公益林。公益林划定涉及非国有林地的，应当与权利人签订书面协议，并给予合理补偿。公益林进行调整的，应当经原划定机关同意，并予以公布。国家级公益林划定和管理的办法由国务院制定；地方级公益林划定和管理的办法由省、自治区、直辖市人民政府制定。依据原国家林业局、财政部印发的《国家级公益林区划界定办法》第7条的规定，国家级公益林的区划范围包括以下几种。

① 国家林业与草原局办公室：《实行分类经营管理实现森林资源永续利用》，载《浙江林业》2020年第8期。

1. 江河源头

重要江河干流源头，自源头起向上以分水岭为界，向下延伸20公里、汇水区内江河两侧最大20公里以内的林地；流域面积在10000平方公里以上的一级支流源头，自源头起向上以分水岭为界，向下延伸10公里、汇水区内江河两侧最大10公里以内的林地。其中，三江源区划范围为自然保护区核心区内的林地。

2. 江河两岸

重要江河干流两岸〔界江（河）国境线水路接壤段以外〕以及长江以北河长在150公里以上且流域面积在1000平方公里以上的一级支流两岸，长江以南（含长江）河长在300公里以上且流域面积在2000平方公里以上的一级支流两岸，干堤以外2公里以内从林缘起，为平地的向外延伸2公里、为山地的向外延伸至第一重山脊的林地。

重要江河干流包括：（1）对国家生态安全具有重要意义的河流：长江（含通天河、金沙江）、黄河、淮河、松花江（含嫩江、第二松花江）、辽河、海河（含永定河、子牙河、漳卫南运河）、珠江（含西江、浔江、黔江、红水河）。（2）生态环境极为脆弱地区的河流：额尔齐斯河、疏勒河、黑河（含弱水）、石羊河、塔里木河、渭河、大凌河、滦河。（3）其他重要生态区域的河流：钱塘江（含富春江、新安江）、闽江（含金溪）、赣江、湘江、沅江、资水、沂河、沭河、泗河、南渡江、瓯江。（4）流入或流出国界的重要河流：澜沧江、怒江、雅鲁藏布江、元江、伊犁河、狮泉河、绥芬河。（5）界江、界河：黑龙江、乌苏里江、图们江、鸭绿江、额尔古纳河。

3. 重要保护地

森林和陆生野生动物类型的国家级自然保护区以及列入世界自然遗产名录的林地。

4. 湿地和水库

重要湿地和水库周围2公里以内从林缘起，为平地的向外延伸2公里、为山地的向外延伸至第一重山脊的林地。

重要湿地是指同时符合以下标准的湿地：（1）列入《中国湿地保护行动计划》重要湿地名录和湿地类型国家级自然保护区的湿地。（2）长江以北地区面积在 8 万公顷以上、长江以南地区面积在 5 万公顷以上的湿地。(3) 有林地面积占该重要湿地陆地面积 50%以上的湿地。(4) 流域、山体等类型除外的湿地。具体包括兴凯湖、五大连池、松花湖、查干湖、向海、白洋淀、衡水湖、南四湖、洪泽湖、高邮湖、太湖、巢湖、梁子湖群、洞庭湖、鄱阳湖、滇池、抚仙湖、洱海、泸沽湖、清澜港、乌梁素海、居延海、博斯腾湖、赛里木湖、艾比湖、喀纳斯湖、青海湖。

重要水库包括：(1) 年均降雨量在 400 毫米以下（含 400 毫米）的地区库容 0.5 亿立方米以上的水库；(2) 年均降雨量在 400~1000 毫米（含 1000 毫米）的地区库容 3 亿立方米以上的水库；(3) 年均降雨量在 1000 毫米以上的地区库容 6 亿立方米以上的水库。

5. 边境重点地区

边境地区陆路、水路接壤的国境线以内 10 公里的林地。

6. 荒漠化和水土流失严重地区

防风固沙林基干林带（含绿洲外围的防护林基干林带）；集中连片 30 公顷以上的有林地、疏林地、灌木林地。

荒漠化和水土流失严重地区包括：(1) 八大沙漠：塔克拉玛干、库姆塔格、古尔班通古特、巴丹吉林、腾格里、乌兰布和、库布齐、柴达木沙漠周边直接接壤的县（旗、市）。(2) 四大沙地：呼伦贝尔、科尔沁（含松嫩沙地）、浑善达克、毛乌素沙地分布的县（旗、市）。(3) 其他荒漠化或沙化严重地区：河北坝上地区、阴山北麓、黄河故道区。(4) 水土流失严重地区：黄河中上游黄土高原丘陵沟壑区，以乡级为单位，沟壑密度 1 公里/平方公里以上、沟蚀面积 15%以上或土壤侵蚀强度为平均侵蚀模数 5000 吨/年·平方公里以上地区。长江上游西南高山峡谷和云贵高原区，山体坡度 36 度以上地区。四川盆地丘陵区，以乡级为单位，土壤侵蚀强度为平均流失厚度 3.7 毫米/年以上或土壤侵蚀强度为平均侵蚀模数 5000 吨/年·平方公里以上的地区。热带、亚热带岩溶地区基岩裸露率在 35%至 70%之间的石漠化山地。本项中涉及的水土流失各项指标，以省级以上人民政府水土保持主管部门提供的数据为准。

7. 沿海重点地区

沿海防护林基干林带、红树林、台湾海峡西岸第一重山脊临海山体的林地。

8. 东北、内蒙古重点林区

除前七项区划范围外，东北、内蒙古重点国有林区以禁伐区为主体，符合下列条件之一的林地：（1）未开发利用的原始林。（2）森林和陆生野生动物类型自然保护区。（3）以列入国家重点保护野生植物名录树种为优势树种，以小班为单元，集中分布、连片面积30公顷以上的天然林。

（二）公益林经营管理

1.《森林法》确立的公益林经营管理制度

（1）强调科学保护。国家对公益林实施严格保护，在严格保护公益林基础上可以进行科学经营，公益林中生态功能低下的低质低效林，应当采取林分改造、森林抚育等措施，提高森林质量和生态保护功能。依据《森林法》第49条第1款、第2款规定，县级以上人民政府林业主管部门应当有计划地组织公益林经营者对公益林中生态功能低下的疏林、残次林等低质低效林，采取林分改造、森林抚育等措施，提高公益林的质量和生态保护功能。

（2）严格采伐管理。公益林以发挥生态效益为主，除因科研、防火、有害生物防治等特殊需要以外，只能进行抚育、更新和低质低效林改造性质的采伐。依据《森林法》第55条第1款规定，公益林只能进行抚育、更新和低质低效林改造性质的采伐；但是，因科研或者实验、防治林业有害生物、建设护林防火设施、营造生物防火隔离带、遭受自然灾害等需要采伐的除外。商品林应当根据不同情况，采取不同采伐方式，严格控制皆伐面积，伐育同步规划实施。自然保护区的林木，禁止采伐；但是，因防治林业有害生物、森林防火、维护主要保护对象生存环境、遭受自然灾害等特殊情况必须采伐的和实验区的竹林除外。

（3）规范合理利用。鼓励在经科学论证及严格遵守国家有关规定的前提下，合理利用公益林林地资源和森林景观资源。依据《森林法》第49条第3款规定，为了提高森林经营质量，调动公益林经营的积极性，在严格遵守国家有关规定、符合公益林生态区位保护要求、不影响公益林生态功能、经科学论证等前提下，可以合理利用公益林林地资源和森林景观资源，适度开展林下经济、森林旅游等。

（4）合理补偿投资。公益林实施严格保护，会对林业经营者的权利进行一些限制。凡纳入公益林管理的森林资源，政府以多种方式对投资者给予合理补偿。《森林法》第48条第3款规定，公益林划定涉及非国有林地的，应当与权利人签订书面协议，并给予合理补偿。

2. 国家级公益林的经营管理规则

国家级公益林的保护等级，依据《国家级公益林区划界定办法》第9条的规定，分为一级国家级公益林及二级国家级公益林两个等级。

（1）一级国家级公益林。属于林地保护等级一级范围内的国家级公益林，划为一级国家级公益林。林地保护等级一级划分标准执行《县级林地保护利用规划编制技术规程》（LY/T 1956）。依据原国家林业局、财政部《国家级公益林管理办法》第12条的规定，一级国家级公益林原则上不得开展生产经营活动，严禁打枝、采脂、割漆、剥树皮、掘根等行为。

国有一级国家级公益林，不得开展任何形式的生产经营活动。因教学科研等确需采伐林木，或者发生较为严重森林火灾、病虫害及其他自然灾害等特殊情况确需对受害林木进行清理的，应当组织森林经理学、森林保护学、生态学等领域林业专家进行生态影响评价，经县级以上林业主管部门依法审批后实施。

集体和个人所有的一级国家级公益林，以严格保护为原则。根据其生态状况需要开展抚育和更新采伐等经营活动，或适宜开展非木质资源培育利用的，应当符合《生态公益林建设导则》（GB/T 18337.1）、《生态公益林建设技术规程》（GB/T 18337.3）、《森林采伐作业规程》（LY/T 1646）、《低效林改造技术规程》（LY/T 1690）和《森林抚育规程》（GB/T 15781）等相关技术规程的规定，并按以下程序实施：第一，林权权利人按程序向县级林业主管部门提出书面申请，并编制相应作业设计，在作业设计中要对经营活动的生态影响作出客观评价。第二，县级林业主管部门审核同意的，按公示程序和要求在经营活动所在村进行公示。第三，公示无异议后，按采伐管理权限由相应林业主管部门依法核发林木采伐许可证。第四，县级林业主管部门应当根据需要，由其或者委托相关单位对林权权利人经营活动开展指导和验收。

（2）二级国家级公益林。一级国家级公益林以外的，划为二级国家级公益林。依据《国家级公益林管理办法》第 13 条的规定，二级国家级公益林在不影响整体森林生态系统功能发挥的前提下，可以按照前述有关集体和个人所有的一级国家级公益林经营利用的相关技术规程规定，开展抚育和更新性质的采伐。在不破坏森林植被的前提下，可以合理利用其林地资源，适度开展林下种植养殖和森林游憩等非木质资源开发与利用，科学发展林下经济。

国有二级国家级公益林除执行前款规定外，需要开展抚育和更新采伐或者非木质资源培育利用的，还应当符合森林经营方案的规划，并编制采伐或非木质资源培育利用作业设计，经县级以上林业主管部门依法批准后实施。此外，国家级公益林中的天然林，除执行上述规定外，还应当严格执行天然林资源保护的相关政策和要求。

三、公益林经营合同的效力

2019 年修订前的《森林法》将森林分为防护林、用材林、经济林、薪炭林和特种用途林五类。其中，防护林和特种用途林为公益林，用材林、经济林、薪炭林为商品林。依据该法第 15 条的规定，下列森林、林木、林地使用权可以依法转让，也可以依法作价入股或者作为合资、合作造林、经营林木的出资、合作条件，但不得将林地改为非林地：（1）用材林、经济林、薪炭林；（2）用材林、经济林、薪炭林的林地使用权；（3）用材林、经济林、薪炭林的采伐迹地、火烧迹地的林地使用权；（4）国务院规定的其他森林、林木和其他林地使用权。除此之外的其他森林、林木和其他林地使用权不得转让。

虽然《中共中央、国务院关于全面推进集体林权制度改革的意见》中明确对公益林，在不破坏生态功能的前提下，可依法合理利用林地资源，开发林下种养业，利用森林景观发展森林旅游业等。但在《森林法》2019 年修订之前，各方对公益林能否开发利用及相关经营合同的效力等问题存在不同认识。本条解释 2018 年第一次征求意见时，全国人大常委会法工委认为，根据原《森林法》规定，防护林、特种用途林应严格保护，本条规定中的“不违反法律、行政法规的强制性规定，亦未损害社会公共利益”

不好判断，建议删除该条规定。自然资源部也建议删除本条，理由为根据原《森林法》第 15 条有关规定，防护林、特种用途林不得转让，征求意见稿中规定的林下种养、森林旅游、森林康养等经营合同如果涉及防护林、特种用途林，签订此类合同的行为已经违反法律、行政法规的强制性规定，合同当属无效。

修订后的《森林法》第 49 条第 3 款对合理利用公益林林地资源和森林景观资源，适度开展林下经济、森林旅游等予以肯定，同时要求对公益林林地资源和森林景观资源的利用应当符合公益林生态区位保护要求、不影响公益林生态功能、需经科学论证，并严格遵守国家有关规定。在此背景下，本条解释 2021 年第二次征求意见时条文为“利用公益林林地资源和森林景观资源适度开展林下经济、森林旅游、森林康养等经营活动订立的合同，未违反法律、行政法规的强制性规定，亦未违背公序良俗，当事人仅以涉公益林为由主张经营合同无效的，人民法院不予支持”。全国人大常委会法工委建议依据《森林法》第 49 条第 3 款规定，在“未违反法律、行政法规的强制性规定”后，增加“在符合公益林生态区位保护要求和不影响公益林生态功能的前提下”的内容。本条吸收上述意见，修改为“在符合公益林生态区位保护要求和不影响公益林生态功能的前提下，为利用公益林林地资源和森林景观资源适度开展林下经济、森林旅游、森林康养等经营活动订立的合同，当事人仅以涉公益林为由主张合同无效的，人民法院不予支持”。

在进一步研究过程中，有意见认为对于公益林经营合同效力的判断重点应为是否构成合理利用，条文应当突出人民法院审查判断合同效力的考量因素，以适应实践发展和改革探索需要。据此，本条解释最终修改为“人民法院对于当事人为利用公益林林地资源和森林景观资源开展林下经济、森林旅游、森林康养等经营活动订立的合同，应当综合考虑公益林生态区位保护要求、公益林生态功能及是否经科学论证的合理利用等因素，依法认定合同效力。当事人仅以涉公益林为由主张经营合同无效的，人民法院不予支持”。通过明确列举审查判断公益林经营合同效力的考量因素，确保该利用行为系符合公益林生态区位保护要求、不影响公益林生态功能的合理利用，旨在鼓励在经科学论证及严格遵守国家有关规定前提下，合理利用公益林林地资源和森林景观资源。

四、公益林经营合同特别审查的考量因素

公益林森林资源主要包括：有限度的林地资源，如在林地上植树或者进行林分改造；有限度的林木资源，如林木落叶、果实等产物；森林环境资源，具体包括利用森林环境开展森林旅游、碳排放交易、水权交易、生物多样性交易等。《国务院办公厅关于完善集体林权制度的意见》明确，科学经营公益林，在不影响生态功能的前提下，按照“非木质利用为主，木质利用为辅”的原则，实行公益林分级经营管理，提高综合利用效益。相比于商品林，公益林的开发利用主要是非木质利用，权利人对其开发利用和处分的权利受到一定限制。本条解释依据《森林法》第 49 条，将公益林经营合同的客体界定为公益林林地资源和森林景观资源等非木质资源，将合同内容限于林下经济、森林旅游、森林康养等非木质利用行为。人民法院对于公益林经营合同效力特别审查的考量因素主要有以下三方面。

（一）是否符合公益林生态区位保护要求

依据《森林法》第 48 条的规定，公益林生态区位包括重要江河源头汇水区域，重要江河干流及支流两岸、饮用水水源地保护区，重要湿地和重要水库周围，森林和陆生野生动物类型的自然保护区，荒漠化和水土流失严重地区的防风固沙林基干林带，沿海防护林基干林带，未开发利用的原始林地区及需要划定的其他区域。依据《国家级公益林区划界定办法》第 7 条的规定，国家级公益林的区划范围包括江河源头，江河两岸，森林和陆生野生动物类型的国家级自然保护区以及列入世界自然遗产名录的林地，湿地和水库，边境地区陆路、水路接壤的国境线以内 10 公里的林地，荒漠化和水土流失严重地区，沿海防护林基干林带、红树林、台湾海峡西岸第一重山脊临海山体的林地，以及符合该条规定条件之一的东北、内蒙古重点国有林区。

公益林经营合同约定的对森林资源的利用，必须符合所处生态区位保护的要求。以湿地为例，依据《湿地保护法》的规定，在湿地范围内从事

旅游、种植、畜牧、水产养殖、航运等利用活动，应当避免改变湿地的自然状况，并采取措施减轻对湿地生态功能的不利影响。地方各级人民政府对省级重要湿地和一般湿地利用活动进行分类指导，鼓励单位和个人开展符合湿地保护要求的生态旅游、生态农业、生态教育、自然体验等活动，适度控制种植养殖等湿地利用规模。禁止在红树林湿地挖塘，禁止采伐、采挖、移植红树林或者过度采摘红树林种子，禁止投放、种植危害红树林生长的物种。因科研、医药或者红树林湿地保护等需要采伐、采挖、移植、采摘的，应当依照有关法律法规办理。对于重要湿地范围内的公益林利用应当符合上述要求。又如，依据《自然保护区条例》的规定，自然保护区核心区，禁止任何单位和个人进入，除经批准外，也不允许进入从事科学研究活动；核心区外围可以划定一定面积的缓冲区，只准进入从事科学研究观测活动；缓冲区外围划为实验区，可以进入从事科学试验、教学实习、参观考察、旅游以及驯化、繁殖珍稀、濒危野生动植物等活动。除法律、行政法规另有规定外，禁止在自然保护区内进行砍伐、放牧、狩猎、捕捞、采药、开垦、烧荒、开矿、采石、挖沙等活动。在自然保护区的核心区和缓冲区内，不得建设任何生产设施。在自然保护区的实验区内，不得建设污染环境、破坏资源或者景观的生产设施；建设其他项目，其污染物排放不得超过国家和地方规定的污染物排放标准。由此，对于自然保护区范围内的公益林开展经营活动，应当符合上述有关自然保护区保护的规定。

（二）是否影响公益林生态功能

森林的生态效益是森林三大效益之一，其生态功能主要体现在五方面。一是保持水土。林冠对降水有截留作用，一般情况下20%至30%的降水量被林冠截流，有效降低降水程度，减少雨水对土壤的侵蚀，延缓地表径流过程，减少水土流失。二是涵养水源。由于林木根系的作用，森林土壤形成涵水能力很强的孔隙，当森林土壤的根系空间达1米深时，每公顷森林可贮水500~2000立方米，所以森林被誉为“绿色水库”。三是防风固沙。森林是风沙运动和水土冲蚀的重大障碍，可降低风速、稳定流沙、增加和保持田间湿度，减轻干热风危害，在风沙为害地区保护农业的作用十分显著，是农业生产的基本屏障。四是调节气候。林内地表蒸发比无林地显著减小，林内相对湿度高，由于森林的蒸腾作用对自然界水分循环和改善气候有重要作用，在大面积森林上空空气湿润，容易成云致雨，增加地域性降水量。五是减污降碳。森林在净化大气、净化城市污水、消除噪声等环保方面作用显著，能够吸收二氧化碳，制造氧气，还具有吸收有害气体、杀灭菌类等功能。

公益林是以发挥生态效益为主要目的的林地和林地上的森林，主要包括防护林和特种用途林。防护林是以防护为主要目的的森林、林木和灌木丛，包括水源涵养林，水土保持林，防风固沙林，农田、牧场防护林，护岸林，护路林。特种用途林是以国防、环境保护、科学实验等为主要目的的森林和林木，包括国防林、实验林、母树林、环境保护林、风景林，名胜古迹和革命纪念地的林木，自然保护区的森林。公益林经营合同约定的对于公益林的利用必须以不影响公益林生态功能为基本前提，这是人民法院审查合同效力的重要考量因素。

（三）是否系经科学论证的合理利用

公益林以生态效益为主要功能，《森林法》第49条列举的利用方式包括开展林下经济、森林旅游等不损害森林生态功能的非木质利用。人民法院审查公益林经营合同，要注意审查合同约定的利用方式是否科学合理，是否影响森林生态功能。对于利用方式科学性的审查，可以通过审查合同签订过程中的相关论证资料，或者参考专家意见及林业规划设计单位、自然保护区主管部门等出具的专业意见，必要时也可以委托鉴定。

公益林经营合同效力审查的三项审查内容是相辅相成的。审查是否系经过科学论证的合理利用，是为确保公益林经营利用符合生态区位保护要求，不影响公益林生态功能的发挥。未经科学论证或者不合理利用公益林，往往会影响公益林生态功能的发挥，导致其经营利用与生态区位保护要求不符。当然，虽然未经科学论证，但是未影响公益林生态功能且符合生态区位保护要求的，经营合同仍然可能有效。

例如，在江某诉丰都县某林场（以下简称某林场）合同纠纷案中，重庆南天湖市级自然保护区于2004年经重庆市人民政府批复同意建立，属森林生态系统自然保护区。江某与某林场于2006年2月签订《竹笋收购资格确认合同》，后又于2009年签订《竹笋资源费包干缴纳协议》，约定江某在28年采收年限内，在某林场的技术指导下逐年完成竹林的技术间伐，并缴纳资源占用费。在合同履行过程中，因江某采收竹笋的森林位于重庆南天湖市级自然保护区的核心区和缓冲区，某林场于2017年6月向江某发出通知，载明双方协议因违反原《合同法》和《自然保护区条例》的效力性强制性规定而无效，不再履行。江某遂向法院提起诉讼，请求确认案涉合同有效，并要求继续履行合同。一审法院认为，《自然保护区条例》关于进入和利用自然保护区内核心区、缓冲区、实验区的相关规定属于管理性规定，判决确认双方订立的合同有效，继续履行。某林场提出上诉，二审维持原判。某林场遂申请再审。再审法院认为，根据《自然保护区条例》规定，自然保护区内资源的开发利用遵循生态为民、科学利用原则，原则上核心保护区内禁止人为活动，一般控制区内限制人为活动。本案双方约定在自然保护区的核心区和缓冲区采收竹笋，不仅严重破坏自然保护区内野生动物栖息地环境、影响野生动植物资源的良性循环和永续利用，还会破坏自然保护区天然良好状态、降低保护区内自然生态系统生态涵养能力。案涉竹笋采收合同违反了《森林法》和《自然保护区条例》的禁止性规定，若被认定有效并继续履行，将对自然环境和生态造成严重破坏，并导致环境公共利益受损，改判认定案涉合同无效，驳回江某继续履行竹笋采收合同的诉讼请求。该案即体现了本条解释对公益林经营合同特别审查要求，综合考量了公益林生态区位保护要求、公益林生态功能及利用方式的科学合理性，可资参考。

【审判实践中应注意的问题】

一、关于本条第1款中“依法”的理解

本条第一款在列举公益林经营合同效力审查特别考量因素后，强调“依法”认定合同效力，将合同效力判断标准指向《民法典》《森林法》《水土保持法》以及《森林法实施条例》《自然保护区条例》《风景名胜区条例》《国家级公益林管理办法》等相关法律法规。

效力判断的法律依据主要是《民法典》第 153 条规定，同时也包括其他有关合同效力的认定依据。法律、行政法规中对于民事行为要遵循绿色原则、合同效力、公益林生态区位保护、公益林生态功能保护和科学论证合理利用等有明确规定的，要判断该规定是否影响合同效力。没有明确规定的，则要判断该经营合同是否违背公序良俗及公共利益。考虑到《国家级公益林管理办法》等有关规定的为部门规章，为填补法律、行政法规强制性规定中的漏洞，认定合同效力时需要引用相关上位法依据，并审查是否损害社会公共利益。

二、关于认定公益林经营合同无效的说理

在公益林司法保护领域，要充分关注公益林对于生态环境的重要作用，以保护公益林生态功能、维护生态系统正常功能作为重要的价值取向，在不影响公益林生态功能的前提下，尊重当事人的意思自治，妥善处理好合同自由和公共利益保护的关系。林下种养、森林旅游、森林康养等经营合同在不违反法律、行政法规的强制性规定，亦未损害社会公共利益的情形下，当事人仅以涉公益林为由主张经营合同无效的，人民法院不予支持。

认定公益林经营合同无效时应当慎重，并在裁判文书中进行充分的说理论证。例如，有司法鉴定报告或林业部门专业意见，认定公益林经营利用方式不符合生态区位保护要求，可以作为事实依据；有相关法律、行政法规的禁止性规定，明确禁止从事某项经营活动，可以作为法律依据。尤其以《民法典》第 153 条第 2 款规定的“违背公序良俗”为由认定合同无效的，需要有足够的事实和法律依据，避免“向一般条款逃逸”之嫌。

【法条链接】

1.**《中华人民共和国民法典》**（2020 年 5 月 28 日）

第一百五十三条　违反法律、行政法规的强制性规定的民事法律行为无效。但是，该强制性规定不导致该民事法律行为无效的除外。

违背公序良俗的民事法律行为无效。

2.《中华人民共和国森林法》（2019 年 12 月 28 日修订）

第六条 国家以培育稳定、健康、优质、高效的森林生态系统为目标，对公益林和商品林实行分类经营管理，突出主导功能，发挥多种功能，实现森林资源永续利用。

第四十七条 国家根据生态保护的需要，将森林生态区位重要或者生态状况脆弱，以发挥生态效益为主要目的的林地和林地上的森林划定为公益林。未划定为公益林的林地和林地上的森林属于商品林。

第四十九条 国家对公益林实施严格保护。

县级以上人民政府林业主管部门应当有计划地组织公益林经营者对公益林中生态功能低下的疏林、残次林等低质低效林，采取林分改造、森林抚育等措施，提高公益林的质量和生态保护功能。

在符合公益林生态区位保护要求和不影响公益林生态功能的前提下，经科学论证，可以合理利用公益林林地资源和森林景观资源，适度开展林下经济、森林旅游等。利用公益林开展上述活动应当严格遵守国家有关规定。

3.《中华人民共和国水土保持法》（2010 年 12 月 25 日修订）

第二十一条 禁止毁林、毁草开垦和采集发菜。禁止在水土流失重点预防区和重点治理区铲草皮、挖树兜或者滥挖虫草、甘草、麻黄等。

4.《中华人民共和国森林法实施条例》（2018 年 3 月 19 日修订）

第二十一条 禁止毁林开垦、毁林采种和违反操作技术规程采脂、挖笋、掘根、剥树皮及过度修枝的毁林行为。

5.《中华人民共和国自然保护区条例》（2017 年 10 月 7 日修订）

第二十六条 禁止在自然保护区内进行砍伐、放牧、狩猎、捕捞、采药、开垦、烧荒、开矿、采石、挖沙等活动；但是，法律、行政法规另有规定的除外。

6.《风景名胜区条例》（2016 年 2 月 6 日修订）

第二十七条 禁止违反风景名胜区规划，在风景名胜区内设立各类开发区和在核心景区内建设宾馆、招待所、培训中心、疗养院以及与风景名胜资源保护无关的其他建筑物；已经建设的，应当按照风景名胜区规划，逐步迁出。

第十五条　以林地经营权、林木所有权等法律、行政法规未禁止抵押的森林资源资产设定抵押，债务人不履行到期债务或者发生当事人约定的实现抵押权的情形，抵押权人与抵押人协议以抵押的森林资源资产折价，并据此请求接管经营抵押财产的，人民法院依法予以支持。

抵押权人与抵押人未就森林资源资产抵押权的实现方式达成协议，抵押权人依据民事诉讼法第二百零三条、第二百零四条的规定申请实现抵押权的，人民法院依法裁定拍卖、变卖抵押财产。

【条文主旨】

本条是关于森林资源资产抵押的规定。

【条文理解】

林业信贷是以借款人或第三人合法所拥有的森林资源资产作为抵押物发放的贷款，贷款人不移转占有森林资源资产抵押物，但当借款人不能按期偿还贷款本金和利息时，贷款人有权依法处分森林资源资产抵押物，并优先受偿。[①]《森林法》第 62 条规定，国家通过贴息、林权收储担保补助等措施，鼓励和引导金融机构开展涉林抵押贷款、林农信用贷款等符合林业特点的信贷业务，扶持林权收储机构进行市场化收储担保。鼓励和规范林业信贷，加强对现代林业的金融支持，对于充分发挥市场机制作用，服务保障高质量发展，具有积极意义。本条解释对森林资源资产抵押的客体及实现规则予以了规定。

一、森林资源资产抵押担保制度

森林资源兼具经济价值和生态价值，是重要的生产资料和生活资料。

① 杨合庆主编：《中华人民共和国森林法释义》，法律出版社 2020 年版，第 165 页。

我国相关法律及政策文件在坚持保护和可持续利用森林资源的同时，不断加强对涉森林资源的产权保护，着力打通生态产品价值实现路径，推动实现增绿又增收。

2008 年 6 月发布的《中共中央、国务院关于全面推进集体林权制度改革的意见》指出："实行集体林权制度改革，把集体林地经营权和林木所有权落实到农户，确立农民的经营主体地位，是将农村家庭承包经营制度从耕地向林地的拓展和延伸，是对农村土地经营制度的丰富和完善，必将进一步解放和发展农村生产力。"该意见明确，在不改变林地用途的前提下，林地承包经营权人可依法对拥有的林地经营权和林木所有权进行抵押。2014 年 11 月，中共中央办公厅、国务院办公厅印发《关于引导农村土地经营权有序流转发展农业适度规模经营的意见》，明确规范引导农村土地经营权有序流转，稳步推进土地经营权抵押、担保试点，探索建立抵押资产处置机制。2019 年 4 月，中共中央办公厅、国务院办公厅印发《关于统筹推进自然资源资产产权制度改革的指导意见》，要求健全自然资源资产产权体系，完善自然资源资产使用权转让、出租、抵押市场规则，建立自然资源资产市场信用体系，促进自然资源资产流转顺畅、交易安全、利用高效。2021 年 4 月，中共中央办公厅、国务院办公厅印发《关于建立健全生态产品价值实现机制的意见》，要求加大绿色金融支持力度，鼓励企业和个人依法依规开展水权和林权等使用权抵押、产品订单抵押等绿色信贷业务，探索"生态资产权益抵押+项目贷"模式，支持区域内生态环境提升及绿色产业发展。

为贯彻中央文件精神，2018 年修正的《农村土地承包法》从立法上确认，土地承包经营权人可以保留土地承包权，流转其承包地的土地经营权，土地经营权成为一种独立的权利类型。集体林地属于农村土地的一种，确立包括林地经营权在内的土地经营权，丰富其用益物权的权能，对于完善森林资源物权体系，优化森林资源配置，促进森林资源高效利用，具有重大意义。此次修正的一大亮点，是确立了集体土地经营权的融资担保制度，明确在家庭承包中，承包方可以用承包地的土地经营权向金融机构融资担保，并向发包方备案；受让方通过流转取得的土地经营权，经承包方书面同意并向发包方备案，可以向金融机构融资担保；在其他方式的承包中，通过招标、拍卖、公开协商等方式承包农村土地，经依法登记取得权属证书的，也可以依法采取抵押等方式流转土地经营权。

森林资源被称为“绿色银行”。由于林木生长周期长，抵押林木管理和贷款出险后处置困难，制约了森林资源抵押贷款的拓展。2019 年修订的《森林法》将森林权属单列一章，以该法第 14 条至第 17 条进行了清晰界定，明确林地所有权属于国家或者集体，林木所有权人可以是各类林业经营者，体现出不同权属主体平等与责权利相统一的立法精神。分类规范林地和林地上的森林、林木的所有权、使用权的不动产登记，明确国家重点林区，由国务院自然资源主管部门负责登记，其他由不动产登记机构统一登记造册，核发证书。落实集体林地所有权、承包权、经营权“三权分置”，促进生产要素合理流动，提高资源配置效率和生产管护积极性，明确承包方享有林地承包经营权和承包林地上的林木所有权，并可以依法采取出租（转包）、入股、转让等方式流转；未实行承包经营、由农村集体经济组织统一经营的集体林地经营权及地上林木所有权和使用权，可以通过招标、拍卖、公开协商等方式依法流转。

《民法典》在物权编的用益物权分编第十一章规定了土地承包经营权，该法第 331 条规定：“土地承包经营权人依法对其承包经营的耕地、林地、草地等享有占有、使用和收益的权利，有权从事种植业、林业、畜牧业等农业生产。”确认了林地承包经营权的物权性质，以及权利主体可以享有的物权内容，任何人不得加以非法干涉。林地流转中，林地经营权可以依法进行抵押，适用《民法典》的一般规定，以及《森林法》《农村土地承包法》的特别规定。森林资源担保贷款能够切实解决林业经营企业和农户融资难、担保难问题，建立金融资源与生态资源的转化连接桥梁，盘活林企、林农手中的森林资源资产，是生态产品价值实现的重要载体。森林资源资产抵押的重要价值在于：第一，森林资源资产抵押以林地经营权和林木所有权等不动产物权为抵押标的，具有更高的担保价值。相较于“农户联保”或“担保公司”等农村常用的人的担保模式，以林地、林木等不动产权利所提供的物的担保，更能确保债权的实现。第二，抵押权人可以直接支配林地、林木的交换价值，其发生不以占有抵押标的为要件。抵押人无须移转林地和林木的占有，仍可使用、收益、处分抵押物，最大限度地发挥其使用价值，更有利于经济活动的开展及生态环境的保护。第三，林地、林木抵押因森林资源的稀缺和价值的稳定而具有良好的担保质量。自然资源生态产品的总体价值呈上升趋势，森林资源抵押的设定也有助于抵押物价值的提升。林业贷款是一种生产型信贷，通过信贷资金的取得，使权利人有能力加大对林业生产的投入，从而提升林地和林木的再生产能力，增强债务人的还贷能力。第四，森林资源资产抵押的效力和安全因物权登记的公示公信而得到充分保障。林地、林木的不动产统一登记制度，使债权人得以从林权证等权属证书的记载中，了解林地及地上林木的权利状态和负担情况。登记也是抵押权人对抗第三人权利主张的重要保障，其信赖利益受法律保护。

二、森林资源资产抵押的客体

《民法典》第 395 条第 1 款第 7 项对抵押财产采取了“法律、行政法规未禁止抵押的其他财产”的开放式列举，该条使用“等”作为兜底，为实践探索留下空间。《民法典》第 399 条规定的不得抵押财产包括土地所有权；宅基地、自留地、自留山等集体所有土地的使用权，但是法律规定可以抵押的除外；法律、行政法规规定不得抵押的其他财产。原中国银行业监督管理委员会、国家林业局发布的《关于林权抵押贷款的实施意见》（银监发〔2013〕32 号）第 1 条规定，可抵押林权具体包括：用材林、经济林、薪炭林的林木所有权和使用权及相应林地使用权；用材林、经济林、薪炭林的采伐迹地、火烧迹地的林地使用权；国家规定可以抵押的其他森林、林木所有权、使用权和林地使用权。该规定参考了 2009 年《森林法》第 15 条第 1 款确定的可转让的森林资源范围。本条解释将涉林抵押的客体表述为“林地经营权、林木所有权等法律、行政法规未禁止抵押的森林资源资产”。

（一）林地经营权

我国实行土地公有制，林地的抵押客体为林地使用权，不涉及林地所有权的问题，否则将违反《民法典》第 399 条第 1 项的禁止性规定。林地使用权既可以通过集体林地承包、流转取得，也可以通过国有林地使用权有偿出让取得。就集体林地而言，农村土地“三权分置”改革前，通过其他方式承包的林地的抵押便一直为法所允许。原《物权法》第180条有关抵押财产范围的规定明确，以招标、拍卖、公开协商等方式取得的荒地等土地承包经营权可以抵押。家庭承包林地的抵押，并不包含在2002年《农村土地承包法》规定的家庭承包土地的流转方式当中。2018年修正的《农村土地承包法》第47条明确肯定承包方可以用承包地的土地经营权向金融机构融资担保，受让方通过流转取得的土地经营权亦可以向金融机构融资担保。根据立法机关的修订说明，用于抵押担保的实质是土地经营权所负载的经济功能，而非社会保障功能，抵押的标的为承包土地的经营权，而非土地承包权，将担保权人限定为金融机构是基于交易安全考虑。该条已成为《民法典》第399条第2项集体土地抵押禁止性规定中“法律规定可以抵押”的例外，由此家庭承包林地的林地经营权可以依法进行抵押。

林地经营权抵押贷款为林业经营者提供了有力资金支持。目前，土地经营权抵押贷款主要有以下三种模式：一是“土地经营权+流转合作社”模式；二是“土地经营权+担保公司”模式；三是“土地经营权直接抵押贷款”模式。基于林地经营的特殊性，应当结合不同地区特点，完善抵押贷款模式，保障经营者有足够的资金开展生产经营活动。需要注意的是，集体林地抵押的客体为林地经营权，而非林地承包经营权，具体而言：在家庭承包中，依据《农村土地承包法》第47条的规定，承包方可以以其承包林地的林地经营权进行抵押，受让方也可以将通过流转取得的林地经营权进行抵押。在其他方式的承包中，依据《农村土地承包法》第49条、第53条的规定，承包方取得的土地经营权，经依法登记取得权属证书后，可以采取抵押方式进行流转。

本条解释起草过程中，有观点提出，林地所有权属于集体所有，是否可以签订担保合同？林地担保是否仅限于林地使用权的担保？林地使用权人以林地经营权设定抵押时，是否应由林地所有人参与确认，以避免抵押权实现时产生纠纷。我们经研究认为，当债务人不能履行债务，债权人依抵押权实现的法定程序处分担保物时，只发生林地经营权的转移，林地承包经营权不发生变动，承包林地的集体所有性质不因此发生变更。《农村土地承包法》第47条第1款将担保财产表述为“承包地的土地经营权”，意味着此类担保物权实现之时不能以土地承包经营权流转变价，而仅能为由其派生而出的土地经营权，承包农户仍然保留土地承包权，承包地的集体所有性质也不会因此改变。在林地经营权抵押之时，如果是承包方以承包林地的林地经营权融资担保的，需要向发包方备案；如果是受让方通过流转取得的土地经营权担保的，则需要经承包方书面同意并向发包方备案。上述两种情形下，均不需要发包方即林地所有权人对担保进行确认。发包方在备案中得以掌握承包林地的担保情况，有利于未来担保权的实现，但发包方不得干涉承包方依法享有的生产经营自主权，不得阻碍承包方进行土地经营权流转，否则应承担《农村土地承包法》第57条规定的法律责任。

（二）林木所有权

林木抵押在原《担保法》中便已得到肯定，该法第42条第3项明确认可林木抵押，规定以林木抵押的，办理抵押物登记的部门为县级以上林木主管部门。原《物权法》亦未禁止就林木设定抵押，依据该法第180条有关法律、行政法规未禁止抵押的其他财产可以抵押之规定，债务人或者第三人有权处分的林木可以设定抵押。农村土地“三权分置”改革之前，由于家庭承包林地的抵押无明确法律依据，且处置变现困难，实践中主要是对林木所有权的抵押，如采取林木所有权与林地租赁权一并抵押的方式。2019年修订的《森林法》第17条、第18条明确，承包方享有林地承包经营权和承包林地上的林木所有权，流转中的受让方依法取得林地经营权、林木所有权和使用权。林木抵押一般应为所有权抵押，仅抵押使用权的情形容易导致处置变现的困难。当然，使用权为所有权的其中一项权能，只要债权人愿意接受，林木使用权亦可抵押。同时，参照“房地一并处分”规则，林木抵押时，相应的林地使用权应当一并抵押，避免出现林地分离的情形。例如，原国家林草局《森林资源资产抵押登记办法（试行）》[①] 第8条第2款规定：“森林或林木资产抵押时，其林地使用权须同

---

① 该办法在实施不动产统一登记后已经失效。

时抵押，但不得改变林地的属性和用途。”又如，《浙江省丽水市中级人民法院关于做好林权抵押不良贷款资产处置变现工作的意见》（丽林〔2010〕36号）第7条规定：“林木资产抵押时，其林地使用权须同时抵押，在实现抵押权后，未经法定程序不得改变林地用途。”

各地为落实《森林法》第62条规定，通过林权收储担保补助等措施，扶持林权收储机构进行市场化收储担保，进行了有益探索。例如，福建先后出台一系列深化林权改革文件，加快推进林权收储机构建设，并明确了相关扶持政策：对林权收储机构为林农生产贷款提供担保的，由省级财政按年度担保额的1.6%给予风险补偿。对林权收储担保机构收储的林权，符合采伐条件的，林业部门优先予以办理林木采伐许可证；不符合采伐条件的，由不动产登记部门依法给予办理不动产登记，强化森林资源管理，维护林权收储担保机构的权益。在森林资源收储担保法律关系中，通常存在三个合同关系：（1）林木所有权人、使用权人与金融机构之间签订的抵押借款合同；（2）林木所有权人、使用权人与金融机构之间签订的收储协议，约定林木所有权人、使用权人逾期还款超过约定期限，金融机构有权将贷款债权及林木所有权、使用权之抵押权转让给收储中心；（3）收储中心与金融机构签订协议书，对贷款债权及林木所有权、使用权转让事宜进行约定。

（三）法律、行政法规未禁止抵押的其他森林资源资产

随着经济的发展和对生态环境保护的重视，森林资源的开发利用方式日益拓展，森林资源资产抵押的客体在实践中不断创新。土地承包经营权主要包括耕地承包经营权、林地承包经营权和草地承包经营权三大类。原《物权法》及《农村土地承包法》主要以耕地为对象进行规定，而林地承包经营权与耕地承包经营权的权利内容不尽相同，需要适用《森林法》的特别规定。森林资源权益的内容，不仅包括占有、使用林地从事林业生产经营活动，还包括处分林下、林中的非木质资源的权利。有观点认为，除林地、林木的所有权和使用权等传统林权外，森林景观资源、林下资源均可成为用益物权的客体，因其具有的经济价值而得以成为抵押担保的客体。例如，依托于林地生存的野山菌、草药等非木质资源，以及森林景观

资源等，均可由林地权利人予以处分。[①] 对此，应当依法保障金融创新，鼓励抵押人对抵押财产进行保值增值，促进森林资源得到有效利用，充分发挥物的使用价值。

本条解释对森林资源资产抵押的客体范围原系采取正面列举的方式，征求意见中有意见提出，采取此种规定方式可能限制实践发展，亦与鼓励和保障流转的理念不符，建议从不得设定抵押的范围予以规制。因《民法典》第395条对抵押财产范围采取了“法律、行政法规未禁止抵押的其他财产”的开放式列举，结合《农村土地承包法》第47条最新修改内容，本条将涉林抵押的客体表述调整为林地经营权、林木所有权等法律、行政法规未禁止抵押的森林资源资产，一是未再区分商品林与公益林，二是将国有林、集体统管林涵盖在“等”范围内，为实践探索留下空间。

三、森林资源资产抵押的登记

原《物权法》仅明确以“以招标、拍卖、公开协商等方式取得的荒地等土地承包经营权”可以抵押，依据该法第187条的规定，应当办理抵押登记，抵押权自登记时设立。对于家庭承包林地、集体统一经营管理林地及国有林地的抵押要件，原《物权法》并未予以明确。2018年修正的《农村土地承包法》第47条第2款对家庭承包林地的抵押权设定规则进行了明确：“担保物权自融资担保合同生效时设立。当事人可以向登记机构申请登记；未经登记，不得对抗善意第三人。”据此，家庭承包林地的抵押采登记对抗主义，合同生效时担保物权即告设立。其他方式承包中的土地经营权、国有林地使用权的抵押权设定，在法律无特殊例外规定的情形下，应适用《民法典》第209条有关不动产物权登记效力的一般规定，即“不动产物权的设立、变更、转让和消灭，经依法登记，发生效力；未经登记，不发生效力”，登记应当为抵押权设立的生效要件。

四、森林资源资产抵押的实现

现代林业经营中，处置权和收益权的落实使得经营者更加重视森林生

① 参见崔建远：《自然资源物权法律制度研究》，法律出版社2012年版，第160页。

态产品价值的实现，林业收益取决于经营者根据市场行情进行的选择，而市场存在风险。以森林资源为客体的抵押权实现时，除需遵循《民法典》《民事诉讼法》的一般规定外，还需遵守《森林法》《农村土地承包法》有关林地用途管制、公益林保护、优先权保护等特殊规定。基于森林资源所具有的生态价值、经济价值和社会价值等多重价值考虑，需要同时兼顾各方利益。

（一）涉林抵押权实现的一般规则

根据《民法典》第410条以及《民事诉讼法》第203条、第204条的规定，债务人不履行到期债务或者发生当事人约定的实现抵押权情形，抵押权人可以与抵押人协议以抵押财产折价或者以拍卖、变卖该抵押财产所得的价款优先受偿。抵押权人与抵押人未就担保权实现方式达成协议的，抵押权人可以请求人民法院拍卖、变卖抵押财产。人民法院受理实现担保物权的申请后，经审查，符合法律规定的，裁定拍卖、变卖抵押财产，当事人依据该裁定可以向人民法院申请执行；不符合法律规定的，裁定驳回申请，当事人可以向人民法院提起诉讼。

（二）涉林抵押权实现的特殊规则

除《民法典》规定外，林地抵押权的实现还必须遵循林地经营权流转中的特殊规则：一是《森林法》关于林地性质及用途的管制规定；二是《农村土地承包法》关于土地经营权流转时本集体经济组织成员优先权的规定。

1.《森林法》关于林地性质及用途的管制规定

《中共中央、国务院关于全面推进集体林权制度改革的意见》明确，在不改变林地用途的前提下，林地承包经营权人可依法对拥有的林地承包经营权和林木所有权进行抵押。原《森林资源资产抵押登记办法（试行）》第8条第2款规定，森林或林木资产抵押时，其林地使用权须同时抵押，但不得改变林地的属性和用途。国家林业和草原局的其他政策性文件亦肯定了前述规定。依据2018年修正的《农村土地承包法》，林地抵押的范围仅限于林地经营权，不涉及林地所有权，故抵押权实现时不涉及林地所有权性质的改变。林木的商品林、公益林属性，是由政府主管部门依法确定的，当事人无法自行改变林木属性。各方普遍关注的擅自将公益林变性为商品林，其实质为擅自改变林地用途。擅自改变林地用途的合同，根据《农村土地承包法》第 42 条第 1 项规定，属根本违约行为，承包方有权解除林地经营权流转合同。该法第 64 条进一步规定，土地经营权人存在擅自改变土地的农业用途、给土地造成严重损害或者严重破坏土地生态环境等行为，承包方在合理期限内不解除土地经营权流转合同的，发包方有权要求终止土地经营权流转合同，土地经营权人对土地和土地生态环境造成的损害应当予以赔偿。《森林法》第 19 条第 2 款规定，林地经营权流转合同的受让方违反法律规定或者合同约定造成森林、林木、林地严重毁坏的，发包方或者承包方有权收回林地经营权。《国有土地合同司法解释》第 6 条对擅自改变土地使用权出让合同约定的土地用途的行为亦作出了类似规定。参照前述规定精神，因实现抵押权而订立的林地经营权流转合同履行中，受让方擅自改变林地用途，承包方、发包方请求解除林地经营权流转合同、收回林地的，人民法院依法予以支持。

2.《农村土地承包法》关于土地经营权流转时本集体经济组织成员优先权的规定

《农村土地承包法》规定了两种优先权。一是《农村土地承包法》第 38 条第 5 项规定的本集体经济组织成员在家庭承包土地的土地经营权流转中的优先权，对此《农村土地承包司法解释》第 11 条已有细化规定，明确："土地经营权流转中，本集体经济组织成员在流转价款、流转期限等主要内容相同的条件下主张优先权的，应予支持。但下列情形除外：（一）在书面公示的合理期限内未提出优先权主张的；（二）未经书面公示，在本集体经济组织以外的人开始使用承包地两个月内未提出优先权主张的。"二是《农村土地承包法》第 51 条规定的本集体经济组织成员在其他方式承包中的优先承包权，对此《农村土地承包司法解释》第 18 条亦进行了规范，明确："本集体经济组织成员在承包费、承包期限等主要内容相同的条件下主张优先承包的，应予支持。但在发包方将农村土地发包给本集体经济组织以外的组织或者个人，已经法律规定的民主议定程序通过，并由乡（镇）人民政府批准后主张优先承包的，不予支持"。前述优先权中适用于林地、林木抵押权实现的，仅涉及本集体经济组织成员在家庭承包的林地经营权流转中的优先权。林地抵押权实现中的特殊规则，实质是林地经营权流转的特殊规则，因为抵押权实现是通过流转林地经营权进行的。考虑到优先权问题在现行法律、司法解释中已有明确规定，本条解释对此不再重复规定。

针对实践中提出的希望简化和便利林地、林木抵押权实现程序的问题，本条规定抵押权人可以在发生法定或者约定的担保物权实现事由时，与抵押人协议以经抵押的森林资源资产折价，并据此请求接管经营抵押财产。其实质为通过协议折价方式，实现抵押权。《民法典》第401条明确："抵押权人在债务履行期限届满前，与抵押人约定债务人不履行到期债务时抵押财产归债权人所有的，只能依法就抵押财产优先受偿。"依据该条关于禁止流押的规定，为充分保护林农等债务人、担保人的合法权益，本条解释强调协议折价的时间点为发生债务人不履行到期债务或者发生当事人约定的实现抵押权的情形，未规定抵押权人可以在债务履行期限届满前与抵押人协议折价。此外，根据《民法典担保制度司法解释》第45条的规定，担保物权人还可以根据约定，依法自行拍卖、变卖担保财产，并就所得价款优先受偿。

【法条链接】

1.《**中华人民共和国民法典**》(2020年5月28日)

第三百九十四条　为担保债务的履行，债务人或者第三人不转移财产的占有，将该财产抵押给债权人的，债务人不履行到期债务或者发生当事人约定的实现抵押权的情形，债权人有权就该财产优先受偿。

前款规定的债务人或者第三人为抵押人，债权人为抵押权人，提供担保的财产为抵押财产。

第三百九十五条　债务人或者第三人有权处分的下列财产可以抵押：

(一)建筑物和其他土地附着物；

(二)建设用地使用权；

(三)海域使用权；

（四）生产设备、原材料、半成品、产品；

（五）正在建造的建筑物、船舶、航空器；

（六）交通运输工具；

（七）法律、行政法规未禁止抵押的其他财产。

抵押人可以将前款所列财产一并抵押。

第三百九十九条 下列财产不得抵押：

（一）土地所有权；

（二）宅基地、自留地、自留山等集体所有土地的使用权，但是法律规定可以抵押的除外；

（三）学校、幼儿园、医疗机构等为公益目的成立的非营利法人的教育设施、医疗卫生设施和其他公益设施；

（四）所有权、使用权不明或者有争议的财产；

（五）依法被查封、扣押、监管的财产；

（六）法律、行政法规规定不得抵押的其他财产。

第四百零一条 抵押权人在债务履行期限届满前，与抵押人约定债务人不履行到期债务时抵押财产归债权人所有的，只能依法就抵押财产优先受偿。

第四百一十条 债务人不履行到期债务或者发生当事人约定的实现抵押权的情形，抵押权人可以与抵押人协议以抵押财产折价或者以拍卖、变卖该抵押财产所得的价款优先受偿。协议损害其他债权人利益的，其他债权人可以请求人民法院撤销该协议。

抵押权人与抵押人未就抵押权实现方式达成协议的，抵押权人可以请求人民法院拍卖、变卖抵押财产。

抵押财产折价或者变卖的，应当参照市场价格。

2.**《中华人民共和国森林法》**（2019 年 12 月 28 日修订）

第十四条 森林资源属于国家所有，由法律规定属于集体所有的除外。

国家所有的森林资源的所有权由国务院代表国家行使。国务院可以授权国务院自然资源主管部门统一履行国有森林资源所有者职责。

第十五条 林地和林地上的森林、林木的所有权、使用权，由不动产登记机构统一登记造册，核发证书。国务院确定的国家重点林区（以下简称重点林区）的森林、林木和林地，由国务院自然资源主管部门负责登记。

森林、林木、林地的所有者和使用者的合法权益受法律保护，任何组织和个人不得侵犯。

森林、林木、林地的所有者和使用者应当依法保护和合理利用森林、林木、林地，不得非法改变林地用途和毁坏森林、林木、林地。

第十六条 国家所有的林地和林地上的森林、林木可以依法确定给林业经营者使用。林业经营者依法取得的国有林地和林地上的森林、林木的使用权，经批准可以转让、出租、作价出资等。具体办法由国务院制定。

林业经营者应当履行保护、培育森林资源的义务，保证国有森林资源稳定增长，提高森林生态功能。

第十七条 集体所有和国家所有依法由农民集体使用的林地（以下简称集体林地）实行承包经营的，承包方享有林地承包经营权和承包林地上的林木所有权，合同另有约定的从其约定。承包方可以依法采取出租（转包）、入股、转让等方式流转林地经营权、林木所有权和使用权。

第十八条 未实行承包经营的集体林地以及林地上的林木，由农村集体经济组织统一经营。经本集体经济组织成员的村民会议三分之二以上成员或者三分之二以上村民代表同意并公示，可以通过招标、拍卖、公开协商等方式依法流转林地经营权、林木所有权和使用权。

第六十二条 国家通过贴息、林权收储担保补助等措施，鼓励和引导金融机构开展涉林抵押贷款、林农信用贷款等符合林业特点的信贷业务，扶持林权收储机构进行市场化收储担保。

3.**《中华人民共和国农村土地承包法》**（2018 年 12 月 29 日修正）

第三十八条 土地经营权流转应当遵循以下原则：

（一）依法、自愿、有偿，任何组织和个人不得强迫或者阻碍土地经营权流转；

（二）不得改变土地所有权的性质和土地的农业用途，不得破坏农业综合生产能力和农业生态环境；

（三）流转期限不得超过承包期的剩余期限；

（四）受让方须有农业经营能力或者资质；

（五）在同等条件下，本集体经济组织成员享有优先权。

第四十二条 承包方不得单方解除土地经营权流转合同，但受让方有下列情形之一的除外：

（一）擅自改变土地的农业用途；

（二）弃耕抛荒连续两年以上；

（三）给土地造成严重损害或者严重破坏土地生态环境；

（四）其他严重违约行为。

第四十七条 承包方可以用承包地的土地经营权向金融机构融资担保，并向发包方备案。受让方通过流转取得的土地经营权，经承包方书面同意并向发包方备案，可以向金融机构融资担保。

担保物权自融资担保合同生效时设立。当事人可以向登记机构申请登记；未经登记，不得对抗善意第三人。

实现担保物权时，担保物权人有权就土地经营权优先受偿。

土地经营权融资担保办法由国务院有关部门规定。

第五十三条 通过招标、拍卖、公开协商等方式承包农村土地，经依法登记取得权属证书的，可以依法采取出租、入股、抵押或者其他方式流转土地经营权。

第六十四条 土地经营权人擅自改变土地的农业用途、弃耕抛荒连续两年以上、给土地造成严重损害或者严重破坏土地生态环境，承包方在合理期限内不解除土地经营权流转合同的，发包方有权要求终止土地经营权流转合同。土地经营权人对土地和土地生态环境造成的损害应当予以赔偿。

4.**《中华人民共和国民事诉讼法》**（2021 年 12 月 24 日修正）

第二百零三条 申请实现担保物权，由担保物权人以及其他有权请求实现担保物权的人依照民法典等法律，向担保财产所在地或者担保物权登记地基层人民法院提出。

第二百零四条 人民法院受理申请后，经审查，符合法律规定的，裁定拍卖、变卖担保财产，当事人依据该裁定可以向人民法院申请执行；不符合法律规定的，裁定驳回申请，当事人可以向人民法院提起诉讼。

5.《最高人民法院关于审理涉及农村土地承包纠纷案件适用法律问题的解释》（2020 年 12 月 29 日修正）

第十一条 土地经营权流转中，本集体经济组织成员在流转价款、流转期限等主要内容相同的条件下主张优先权的，应予支持。但下列情形除外：

（一）在书面公示的合理期限内未提出优先权主张的；

（二）未经书面公示，在本集体经济组织以外的人开始使用承包地两个月内未提出优先权主张的。

第十八条 本集体经济组织成员在承包费、承包期限等主要内容相同的条件下主张优先承包的，应予支持。但在发包方将农村土地发包给本集体经济组织以外的组织或者个人，已经法律规定的民主议定程序通过，并由乡（镇）人民政府批准后主张优先承包的，不予支持。

6.《最高人民法院关于适用〈中华人民共和国民法典〉有关担保制度的解释》（2020 年 12 月 31 日）

第四十五条第一款 当事人约定当债务人不履行到期债务或者发生当事人约定的实现担保物权的情形，担保物权人有权将担保财产自行拍卖、变卖并就所得的价款优先受偿的，该约定有效。因担保人的原因导致担保物权人无法自行对担保财产进行拍卖、变卖，担保物权人请求担保人承担因此增加的费用的，人民法院应予支持。

7.《中国银行业监督管理委员会、国家林业局关于林权抵押贷款的实施意见》（2013 年 7 月 5 日）

一、银行业金融机构要积极开展林权抵押贷款业务，可以接受借款人以其本人或第三人合法拥有的林权作抵押担保发放贷款。可抵押林权具体包括用材林、经济林、薪炭林的林木所有权和使用权及相应林地使用权；用材林、经济林、薪炭林的采伐迹地、火烧迹地的林地使用权；国家规定可以抵押的其他森林、林木所有权、使用权和林地使用权。

第十六条　以森林生态效益补偿收益、林业碳汇等提供担保，债务人不履行到期债务或者发生当事人约定的实现担保物权的情形，担保物权人请求就担保财产优先受偿的，人民法院依法予以支持。

【条文主旨】

本条是关于森林资源新类型担保的规定。

【条文理解】

新型森林资源权益是相较于林木、林地所有权和使用权等传统林权而言的，不同于传统林权看重林产品、木材产品等实物的经济价值及社会价值，新型森林资源权益更多地从林业的生态服务价值功能角度，解读碳汇等无形产品的生态价值，进而实现现代林业中生态效益、经济效益和社会效益的共赢。新型森林资源权益在传统林权基础上形成了新型的法律关系，反映了新型森林资源权益客体对权益主体需求的满足与尊重。

一、森林生态效益补偿收益担保

（一）森林生态效益补偿收益制度

为了实现林业的可持续发展，可以运用森林生态效益补偿制度，改变林业的生态、经济和社会利益的原有分配规则，对其重新组合及分配，使相关的森林资源权益主体的私人边际效益和社会边际效益受到影响，从而实质性地改变现有森林资源权益格局。对于生态效益补偿收益的理解，有学者认为，环境法学意义上的生态补偿是环境资源受益人、国家、社会、其他组织对因生态保护而利益受到损害和付出经济代价的人给予适当的经济补偿，应对水源涵养、水土保持等会对生态环境产生正外部性影响的人类活动进行生态补偿。也有学者认为，生态补偿是为了防止生态环境破坏，根据利用者补偿、开发者保护、破坏者恢复原则，向从事对生态环境产生或者可能产生不良影响的单位和个人所征收的一定费用，特别是对于现行排污收费未覆盖到的部分。还有学者认为，应对会对环境产生正负外部性的不同人群实行不同的处理方式，以完成生态补偿。

《森林法实施条例》第15条第3款规定，公益林的经营者有获得森林生态效益补偿的权利。财政部、国家林业和草原局为此发布《中央财政森林生态效益补偿基金管理办法》。《中共中央、国务院关于全面推进集体林权制度改革的意见》要求保障收益权，经政府划定的公益林，已承包到农户的，森林生态效益补偿要落实到户。《国务院办公厅关于完善集体林权制度的意见》明确“探索开展林业经营收益权和公益林补偿收益权市场化质押担保贷款”。福建、江西等多地推广开展了公益林和天然商品林补偿收益权质押贷款，助力乡村振兴、生态保护和林业发展。

2019年10月22日，十三届全国人大常委会分组审议《森林法（修订草案）》。有代表指出：《森林法》修订要进一步明晰森林产权，完善生态效益补偿机制，调动林农的积极性。新《森林法》不仅将森林权属单独列出并独立成章，强调了森林权属的基础性，按照国家机构改革和职能调整的变化分类规范了林权登记，推动了“三权分置”，促进森林资源各要素合理流动，而且在《森林法》第7条规定：“国家建立森林生态效益补偿制度，加大公益林保护支持力度，完善重点生态功能区转移支付政策，指导受益地区和森林生态保护地区人民政府通过协商等方式进行生态效益补偿。”至此，在经过多年的理论研究和实践基础上，国家法律层面已经形成了相对完备的森林生态效益补偿法律体系。从目前的集体林权改革实施效果来看，我国森林生态效益补偿资金规模和补偿面积逐年增加，补偿标准也有所提高。

（二）森林生态效益补偿收益质押

本条解释规定，依法保护以森林生态效益补偿收益为客体的担保物权，实践中主要采取权利质押方式。《民法典》第440条第6项将原《物权法》第223条第6项的“应收账款”扩展为“现有的以及将有的应收账款”。这一修改，极大地扩张了可供出质的应收账款的法定范围，既符合国际立法例的通行做法、迎合了动产和权利担保交易的发展趋势，也满足了我国交易实践发展的需要。[①] 以森林生态效益补偿收益提供担保，能够纳入《民法典》第440条第6项规定的“现有的以及将有的应收账款”范围的，可以适用《民法典》第445条以应收账款出质的质权设立及转让限制的相关法律规定，并依据《民法典》第446条规定适用物权编第十八章质权第一节动产质权的有关规定。

二、林业碳汇担保

《中共中央办公厅、国务院办公厅关于建立健全生态产品价值实现机制的意见》要求“健全碳排放权交易机制，探索碳汇权益交易试点”。森林是陆地生态系统中最大的碳库。我国已将林业碳汇作为国家核证自愿减排量（CCER）项目纳入碳排放权交易体系。

（一）林业碳汇的产生

林业碳汇是随着全球气候变化谈判的进程而出现和发展的，国际社会对林业碳汇在应对气候变化中的作用越来越予以关注。1997年，在日本东京举行的联合国《气候变化框架公约》第三次缔约方会议通过《京都议定书》，允许将通过造林、再造林等活动获得的碳汇用于抵消工业和能源部门的温室气体减限排量。2001年7月，在德国波恩召开的联合国《气候变化框架公约》第六次缔约方大会后续会议达成《波恩协议》，允许在第一承诺期（2008—2012年）以森林管理、农田管理、牧场管理和植被重建活动作为履行减排义务的方式，规定了上述碳吸收活动的核算计量方法，将造林、再造林碳汇项目作为清洁发展机制（CDM）项目；同时为附件1国家利用林业碳汇项目实现碳减排任务设定了上限，即在第一承诺期的每年中从CDM林业碳汇项目中获得减排抵消额不得超过其他减排年排放量的1%。2001年10月，在摩洛哥马拉喀什召开的联合国《气候变化框架公

① 参见刘保玉：《民法典担保物权制度新规释评》，载《法商研究》2020年第5期。

约》第七次缔约方会议达成《马拉喀什条约》，要求就第一承诺期 CDM 林业碳汇项目展开进一步工作，以确定其模式、管理办法和规则，以及在第八次缔约方会议上就第一承诺期清洁发展机制项目的模式和规则作出决定。2003 年 12 月，在意大利米兰举行的联合国《气候变化框架公约》第九次缔约方会议通过了《清洁发展机制下的造林再造林碳汇项目模式和程序》，对实施造林、再造林碳汇项目作出了具体规定。2004 年 12 月，在阿根廷布宜诺斯艾利斯召开的联合国《气候变化框架公约》第十次缔约方会议通过了关于清洁发展机制下简化的小规模造林、再造林碳汇项目模式和程序的决定。土地利用、土地利用变化和林业活动中的林业碳汇项目正式启动，并进入了实质性项目试点和操作阶段。

（二）林业碳汇的界定

林业碳汇，根据联合国《气候变化框架公约》及其后续补充条约《京都议定书》的界定，是指“利用森林的储碳功能，通过实施造林、再造林和加强森林经营管理、减少毁林、保护和恢复森林植被等活动，吸收和固定大气中的二氧化碳，并按照相关规则与碳汇交易相结合的过程、活动或机制”。[①] 林业碳汇的概念经常与森林碳汇混用，两者本质相同，但各有区别和侧重。森林碳汇从森林的自然属性出发，侧重森林吸收碳的物理特性。而林业碳汇则从森林的经济社会属性出发，强调人的参与。具体而言，森林碳汇，是指森林生态系统吸收大气中的二氧化碳并将其固定在植被和土壤中，从而减少大气中二氧化碳浓度的过程。与林业碳汇的概念相比，可以看出，森林碳汇只是简单的生态系统意义上的能量流动，不论是否有人的活动，森林生态系统本身即具有固碳功能；而林业碳汇则不单停留在发挥已有林木吸收储存二氧化碳的功能上，更强调通过减少树木砍伐与人工造林来促进二氧化碳的吸收，达到增加碳汇的目的。[②] 据此，本条解释采取了林业碳汇的表述。

---

① 林旭霞：《林业碳汇权利客体研究》，载《中国法学》2013 年第 2 期。
② 任洋：《中国林业碳汇法律机制实证研究》，载《经济研究导刊》2014 年第 22 期。

（三）林业碳汇交易

特定的人类活动赋予了根据林业碳汇项目要求实施产生的碳汇净增量区别于其他财产权利的价值，满足额外性要求并经过监测、计量、核证的林业碳汇所产生的核证自愿减排量可以用于交易。

1. 国内外林业碳汇交易总体情况

国际碳交易主要有清洁发展机制（CDM）、联合履行（JI）、排放贸易（ET）三种机制。就林业碳汇交易而言，以新西兰为例，2002 年新西兰实施《应对气候变化法》，于 2008 年 1 月正式启动排放贸易计划（NZ-ETS），并将林业作为第一个被纳入交易体系的行业。新西兰林业碳汇交易市场建立初期便受到了社会各界的积极响应，2010 年整个新西兰碳交易市场中林业交易比重达到 64%，林业碳汇交易成为碳交易市场的主力军；2011 年 6 月至 2012 年 6 月，参与方高达 1238 家。据统计，承诺期内新西兰林业碳汇交易抵消了其国内温室气体排放总量的 25%至 30%，为实现《京都议定书》规定的减排目标产生发挥了积极作用。① 承诺期结束后，新西兰政府决定延长过渡期，逐步将电力、航空、工业、农业、交通等领域纳入交易体系。经过两年过渡期的调整，2015 年林业碳汇市场交易再次活跃，交易量达 130 万吨，交易额超过 1000 万美元。② 总体而言，新西兰林业碳汇市场的发展既增强了公众造林和森林保护的积极性，保证了生态环境质量，同时充分实现了森林的生态产品价值。

我国积极参与国际林业碳汇交易，在清洁发展机制下，参与造林和再造林 CDM 项目是我国参与林业碳汇交易的唯一形式。从已获得 CDM 项目所产生的核证减排量（CERs）签发的 CDM 项目数量上看，我国在国际 CDM 项目交易市场上具有举足轻重的地位，但其中绝大部分 CDM 项目是新能源与可再生能源项目，造林、再造林项目仅仅占很小比重。迄今为止，我国在联合国清洁发展机制执行理事会（CDM EB）注册的造林、再

---

① 吴秀丽、曾以禹、章升东等：《新西兰林业参与国家碳排放交易计划政策设计与实施效果分析》，载《林业经济》2013 年第 11 期。

② 何桂梅、王鹏、徐斌等：《国际林业碳汇交易变化分析及对我国的启示》，载《世界林业研究》2018 年第 5 期。

造林项目仅五个，而获得 CERs 签发的项目仅两个，林业碳汇的非持久性、不确定性、边界和泄漏难以界定等问题影响了将造林和再造林项目纳入其中，也造成在清洁发展机制强制减排市场上的林业碳汇需求不足。

国际林业碳汇交易实践给我国发展国内林业碳汇提供了经验，国内林业碳汇活动开始出现并活跃起来，林业碳汇相关制度体系也逐步建立和完善。2003 年，原国家林业局成立碳汇管理办公室，规划林业应对气候变化相关工作。2006 年，原国家林业局碳汇管理办公室发布《关于开展清洁发展机制下造林再造林碳汇项目的指导意见》，鼓励发展林业建设、增加林业碳汇储备库候选。2007 年，原国家林业局有关部门印发《中国绿色碳基金碳汇项目管理暂行办法》，强调林业碳汇交易市场对于脱除二氧化碳的重要意义，以及重视植树造林和维护森林碳市场的必要性。2008 年，原国家林业局植树造林司发布《关于加强林业应对气候变化及碳汇管理工作的通知》，强调林业碳汇活动关系到当地林地、林木权和生态保护、农村发展以及农民利益等，涉及的情况比较复杂，要求加强对林业碳汇项目的管理。2009 年国家发布《应对气候变化林业行动计划》，明确林业碳汇审定核查指南等相关技术标准；原国家林业局发布《关于加强碳汇造林管理工作的通知》，提出备案制度、注册登记制度和组织制度等加强碳汇造林管理的三项主要制度，保障林业碳汇的规范化发展。目前，林业碳汇 CDM 项目交易按照 2005 年颁布、2011 年修订的《清洁发展机制项目运行管理办法》执行，林业碳汇的自愿交易则按照国家发展改革委 2012 年制定的《温室气体自愿减排交易管理暂行办法》开展。2014 年，国家发展改革委发布《碳排放权交易管理暂行办法》，将林业碳汇纳入碳交易体系。2015 年，原国家林业局颁布《林业碳汇项目审定和核证指南》，明确了林业碳汇项目审定与核证的相关工作。2016 年《林业适应气候变化行动方案（2016—2020 年）》发布，2018 年 11 月《2017 年林业和草原应对气候变化政策与行动白皮书》发布，对林业碳汇发展提出了新的要求。2021 年，国家市场监督管理总局、国家标准化管理委员会制定的 GB/T 41198—2021《林业碳汇项目审定和核证指南》替代原国家林业局颁布的《林业碳汇项目审定和核证指南》，适用于中国温室气体自愿减排市场林业碳汇项目的审定和核证，其他碳减排机制或市场下的林业碳汇项目审定和核证可参照使用。尽管国家政策大力支持和鼓励林业碳汇的发展，也采取了一系列的举措，但有关林业碳汇交易的法律供给仍然不足，亟须进一步完善。

2. 我国林业碳汇项目简介

从实践情况看，国内林业碳汇项目主要有中国核证自愿减排量项目（CCER）林业碳汇项目、中国绿色碳汇基金会（CGCF）林业碳汇项目及地方林业碳汇项目等。

（1）CCER 林业碳汇项目。中国核证自愿减排量项目（CCER）林业碳汇项目主要包括碳汇造林、森林经营碳汇、竹子造林碳汇和竹子经营碳汇四大类型。具体而言，碳汇造林、竹子造林碳汇属于造林碳汇的范畴，这种类型的林业碳汇项目通常由政府牵头，部门、企业以及林权主体参与实施，最终以林权主体为收益对象。造林碳汇项目通过造林碳汇产生实际收益，以林权经营主体为实际收益对象，激励林权经营主体开展造林活动，增加林地面积，从而增加碳汇规模。森林经营碳汇和竹子经营碳汇则属于森林经营性碳汇的范畴，这种林业碳汇项目是通过经营性手段，促进现有森林生长，进而促进碳汇规模增加。2006 年，全球首个 CDM 项目——中国广西珠江流域再造林项目在世界银行的支持下在我国成功落地。2015 年，广东长隆碳汇造林项目在国家发改委备案，这是全国首个 CCER 林业碳汇项目。

（2）CGCF 林业碳汇项目。中国绿色碳汇基金会（CGCF）林业碳汇项目是中国自愿减排市场的重要组成部分，由民间自发组织成立，与 CCER 林业碳汇项目区别较大。CGCF 林业碳汇项目以基金会模式运营，于 2010 年 7 月正式成立，大多属于造林碳汇的范畴，旨在通过基金会为广大企业、志愿者搭建一个能够参与植树造林、林业保护以及森林公益等活动的平台，以此促进森林资源的保护和开发，支持和完善中国森林生态效益补偿机制。CGCF 与浙江农林大学于 2014 年开发了全国首个农户森林经营碳汇交易体系，以促进集体林权制度改革后的森林经营和林农增收。该项目产生的减排量经第三方审定核查后，托管到华东林权交易所进行交易。首批 42 户农民森林经营所产生的 4285 吨减排量由中国建设银行浙江省分行以每吨30元的价格购买，用于抵消该行办公系统2013年的碳排放，实现碳中和目标。

（3）地方林业碳汇项目。福建林业碳汇抵消机制（FFCER）、广东碳普惠抵消信用机制（PHCER）、北京林业碳汇抵消机制（BCER）等项下的林业碳汇项目是服务于特定地区的林业碳汇项目，市场目标是本地区的碳交易市场，项目收益服务于本地区森林资源的保护和开发。这类林业碳汇项目在全国性的林业碳汇市场之外，但已经成为对主体项目的有益补充。例如，福建省2016年启动碳市场，核证自愿减排量达141.19万吨，成交金额高达2074.44万元。广东省2017年开展了自愿减排量竞价拍卖，交易量达37 612吨，成交金额55.4万元。[①] 其中以CCER项目居多，项目主要集中在广东、湖北、河北、内蒙古、福建等地。国内碳交易试点均对林业碳汇项目CCER在碳抵消机制中的应用进行了规定，相比于其他类型的CCER，林业碳汇项目被视为较优质的自愿减排量，部分碳交易试点赋予林业碳汇项目较高的可用于抵消比例。整体而言，各试点对林业碳汇CCER项目有所倾斜，在项目地域和时间方面不做限制或设置更为宽松的限制。此外在碳中和总体目标推动下，近来林业碳汇项目也较多地应用于碳中和项目的执行中。以北京为例，CCER抵消项目不得超过当年核发碳排放配额量的5%。在地域限制上，京外项目产生的核证自愿减排量不得超过其当年核发配额量的2.5%，优先使用河北省、天津市等与北京市签署应对气候变化、生态建设、大气污染治理等相关合作协议地区的核证自愿减排量。在项目限制上，抵消项目限于非水电项目和来自减排氢氟碳化物（HFCs）、全氟化碳（PFCs）、氧化亚氮（N_2O）、六氟化硫（SF_6）气体项目的减排量，及非来自本市行政辖区内重点排放单位固定设施的减排量；林业碳汇项目减排量需来自2005年2月16日以来的无林地碳汇造林项目和2005年2月16日之后开始实施的森林经营碳汇项目；其余项目需为2013年1月1日后实际产生的减排量。广东省则要求，CCER抵消项目不得超过上年度实际碳排放量的10%，来自广东的自愿减排项目需占比至

① 参见郝嘉伟、王冰等：《林业碳汇项目类型特征及发展策略探析》，载《农业与技术》2020年第11期。

少70%，二氧化碳或甲烷气体的减排量占项目温室气体减排总量的50%以上；可抵消项目包括非水电项目、化石能源的发电、供热和余能利用项目，非来自在联合国清洁发展机制执行理事会注册前就已经产生减排量的清洁发展机制项目。而深圳对于全国范围内的林业碳汇项目都予以准许抵消，没有地域和时间的限制。

（四）林业碳汇担保

1. 林业碳汇担保实践及其积极意义

我国得天独厚的森林资源条件吸引了众多林业碳汇项目落地发展，但林业碳汇担保融资在实践中还处于尝试探索阶段。林业碳汇担保融资，是指以林业碳汇权益为担保标的，担保特定债权以获得借款的一种融资担保形式。林业碳汇基于对森林、林木、林地的多元化利用而产生，不同于传统的森林资源权利和林业产品，林业碳汇是依附于森林资源的新型财产权益。2019年修订的《森林法》明确区分林地经营权、林木所有权和使用权，规定森林所有权和使用权都有相应的权属证书，由不动产登记机构进行登记造册，同时也规定了相应的流转制度，权属清晰有利于林业碳汇项目的开展。尽管目前尚无法律明确林业碳汇的权利属性，但是对于林业碳汇作为一种新型的森林资源财产权益，可以用于交易和设定担保，在理论界和实务界均无争议。2016年6月，图强林业局在获得国家发展改革委碳汇造林项目通知书后，以该碳汇造林项目对应的40万吨碳减排量质押，向大兴安岭农商银行贷款1000万元，这是林业碳汇融资的一次创新尝试。将林业碳汇担保纳入金融服务体系，从实践层面证明了林业碳汇具有的财产权益属性，为理论研究提供了现实依据和实务样本。

林业碳汇担保融资是碳汇金融的组成部分，是项目主体或森林经营者为保障项目的顺利进行和森林经营管理，通过银行或者其他途径，获得对林业碳汇项目有投资意愿或本身有减排需求者的资金。在通过碳汇分担减排义务的趋势下，充分发挥市场对资源的配置作用，有利于为林业碳汇项目提供资金支持和保障，增强项目实施可行性，落实相应的项目规划和举措。对于林农而言，林业碳汇融资解决了造林、营林的资金问题，促进林业生态产品价值实现，真正将“绿水青山”转变为“金山银山”。同时，提升了社会公众对碳汇价值的认识，助力实现绿色发展全民行动。对于企业而言，林业碳汇项目从审批到获得碳减排量需要较长时间，其间要投入大量成本用于评估、测定和项目设计等，融资对林业碳汇项目发展至关重要。林业碳汇担保融资一方面可以提高企业参与碳汇项目的积极性，另一方面也可以促进企业碳资产管理，创造碳汇收益，实现绿色发展，形成良性循环，保障林业碳汇项目的顺利进行。对于金融机构而言，林业碳汇不是传统风险体系认可的担保物，但是随着绿色信贷和碳金融的发展以及风险控制理论的突破，金融机构开始以直接或间接的方式参与到林业碳汇项目中。这有利于积累碳汇融资的经验，促进配套金融产品的完善，以更快适应发展空间越来越广阔的碳交易市场。

2. 林业碳汇担保的适法性问题

物权法定乃物权法基本原则之一。《民法典》第116条，即原《物权法》第5条，对此有明文规定。《民法典》第四百四十条对权利质押中可供质押的财产权利范围进行了列举，包括汇票、本票、支票；债券、存款单；仓单、提单；可以转让的基金份额、股权；可以转让的注册商标专用权、专利权、著作权等知识产权中的财产权；现有的以及将有的应收账款等。该条第7项“法律、行政法规规定可以出质的其他财产权利”将其他财产权利的限定在法律、行政法规有明确规定之内，采取的是“封闭式”的立法模式，即除《民法典》明确列举可以质押的财产权利外，只有“法律、行政法规规定可以出质的其他财产权利”才允许用于质押，而林业碳汇并不在此范围之内。

严苛的物权法定原则存在过于僵化和可能不当限制社会经济发展需求的弊端，为此，物权法定原则的缓和解释与适用成为理论界和实务界达成的高度共识。其具体路径，便是对《民法典》第116条关于物权法定原则之规定所称的“法律”作扩张解释，将行政法规、司法解释以及不违反公序良俗的习惯等包括在内。《民法典》第388条新增的有关“其他具有担保功能的合同”的规定及《民法典》中已经确立且正在构建的动产和权利担保统一登记制度，则为物权法定原则的缓和解释与适用提供了法源依据和公示方法支撑。《民法典》第 388 条第 1 款关于“担保合同包括……其他具有担保功能的合同”的规定，虽主要关乎担保合同及其从属性规则，但如与前句衔接，则此类合同无疑须与“设立担保物权”有关。通过对法条精神与立法说明进行逻辑分析和体系性解释，可以得出以下结论：基于“其他具有担保功能的合同”或“非典型担保合同”的约定并依动产和权利担保登记规则进行了公示，其所设立的权利即为担保物权，或谓非典型担保物权。如前所述，法律所规定的“其他具有担保功能的合同”的范围是开放性的。同时，根据动产和权利担保统一登记制度构建的背景和初衷，未来该制度关于登记范围、登记能力、登记程序等的规定亦将采取功能主义的开放、宽松的基本态度。由此，至少在担保物权领域，物权法定原则的适用将获得较大的缓和空间。

对于《民法典》第 388 条新增的“其他具有担保功能的合同”的规定，不能仅局限于该款以及该条规定本身来理解，而应将其置于担保物权分编乃至物权编，并联系合同编的有关规定来整体地加以把握。从该条规定的立法旨意并结合其他相关规定进行体系性解读，其他具有担保功能的合同、非典型担保物权不只在从属性规则上适用担保合同、担保物权的规则，在其他方面亦得适用或参照适用担保物权分编的相关规定。法律对于其他具有担保功能的合同和非典型担保物权的事项有特别规定的，优先适用特别规定；当事人之间有约定且不违反法律法规的强制性规定的，按照其约定；除此之外，可以根据其性质分别适用或参照适用法律关于担保物权的相关规定。而担保物权分编一般规定章关于担保物权共通性规则的规定，应可直接适用于非典型担保物权。

3. 林业碳汇担保的法律适用

林业碳汇这类新型权益的出现，引起了学术界对传统民法理论的检视和分析。《民法典》第 440 条虽对权利质押的客体进行了封闭式列举，但该条第 6 项关于应收账款质押的表述有一个重大变化，即将原《物权法》第 223 条规定的“应收账款”修改为“现有的以及将有的应收账款”。为此，《民法典担保制度司法解释》第 63 条规定：“债权人与担保人订立担保合同，约定以法律、行政法规尚未规定可以担保的财产权利设立担保，当事人主张合同无效的，人民法院不予支持。当事人未在法定的登记机构依法进行登记，主张该担保具有物权效力的，人民法院不予支持。”司法实践中，处理林业碳汇等森林资源新类型担保问题时，首先应当区分担保的合同效力与物权效力。就担保合同而言，除非当事人签订的担保合同违反法律、行政法规的强制性规定或者违背公序良俗，否则不得以法律、行政法规尚未规定相关财产权利可以用于提供担保或者未在法定登记机关办理登记为由，否定担保合同的效力。但是，当事人是否能够取得担保物权，则需进一步分析。其次，应当根据物权法定原则，判断该等新类型担保能否纳入《民法典》规定的担保物权类型，以及是否依法办理了登记。如在实践中，林业碳汇担保主要通过应收账款质押形式进行，并且办理了质押登记。此种情形下，应当依法确认担保有效，权利人取得担保物权。最后，如果当事人约定的担保无法纳入现行法定担保物权框架，或者未依法办理担保登记，则应认定权利人不享有担保物权，但其享有的合同权利仍然受到法律保护。

本条解释对以林业碳汇为客体的担保物权保护进行了原则性规定，鼓励实践探索，明确人民法院在坚持物权法定原则基础上，依法保护担保物权人的优先受偿权。因目前规范林业碳汇等碳排放权交易的法律文件为部门规章及地方性法规，位阶较低，尚未有法律将林业碳汇明确作为一种权利客体加以规定，参照《中共中央办公厅、国务院办公厅关于建立健全生态产品价值实现机制的意见》中的表述，称为“林业碳汇权益”更为妥当。同时，考虑到碳汇担保属于银行发展绿色信贷和碳金融趋势要求下的金融创新，实践中有收益权质押（以项目未来售碳收入作为质押担保）、动产抵押（碳资产抵押）、应收账款质押（将其视为未来应收账款设立质押）及林业 CCER 预购买权、碳期权、碳基金质押等不同做法，故本条规定的林业碳汇担保不限于质押一种类型。具体按照《民法典担保制度司法解释》第 63 条规定处理，即无论当事人采取应收账款权利质押，还是采取《民法典》规定的其他担保物权类型，只要能够在法定的登记机构进行登记，其主张该担保具有物权效力的，人民法院应予支持；否则，作为债权进行处理，依法支持绿色金融创新。

【法条链接】

1.《中华人民共和国民法典》（2020 年 5 月 28 日）

第三百八十六条 担保物权人在债务人不履行到期债务或者发生当事人约定的实现担保物权的情形，依法享有就担保财产优先受偿的权利，但是法律另有规定的除外。

第三百八十八条 设立担保物权，应当依照本法和其他法律的规定订立担保合同。担保合同包括抵押合同、质押合同和其他具有担保功能的合同。担保合同是主债权债务合同的从合同。主债权债务合同无效的，担保合同无效，但是法律另有规定的除外。

担保合同被确认无效后，债务人、担保人、债权人有过错的，应当根据其过错各自承担相应的民事责任。

第四百三十六条 债务人履行债务或者出质人提前清偿所担保的债权的，质权人应当返还质押财产。

债务人不履行到期债务或者发生当事人约定的实现质权的情形，质权人可以与出质人协议以质押财产折价，也可以就拍卖、变卖质押财产所得的价款优先受偿。

质押财产折价或者变卖的，应当参照市场价格。

第四百四十条 债务人或者第三人有权处分的下列权利可以出质：

（一）汇票、本票、支票；

（二）债券、存款单；

（三）仓单、提单；

（四）可以转让的基金份额、股权；

（五）可以转让的注册商标专用权、专利权、著作权等知识产权中的财产权；

（六）现有的以及将有的应收账款；

（七）法律、行政法规规定可以出质的其他财产权利。

第四百四十五条 以应收账款出质的，质权自办理出质登记时设立。

应收账款出质后，不得转让，但是出质人与质权人协商同意的除外。出质人转让应收账款所得的价款，应当向质权人提前清偿债务或者提存。

2.**《中华人民共和国森林法》**（2019 年 12 月 28 日修订）

第七条 国家建立森林生态效益补偿制度，加大公益林保护支持力度，完善重点生态功能区转移支付政策，指导受益地区和森林生态保护地区人民政府通过协商等方式进行生态效益补偿。

3.**《中华人民共和国森林法实施条例》**（2018 年 3 月 19 日修订）

第十五条 国家依法保护森林、林木和林地经营者的合法权益。任何单位和个人不得侵占经营者依法所有的林木和使用的林地。

用材林、经济林和薪炭林的经营者，依法享有经营权、收益权和其他合法权益。

防护林和特种用途林的经营者，有获得森林生态效益补偿的权利。

4.**《碳排放权交易管理办法（试行）》**（2020 年 12 月 31 日）

第四十二条 本办法中下列用语的含义：

（一）温室气体：是指大气中吸收和重新放出红外辐射的自然和人为的气态成分，包括二氧化碳（CO_2）、甲烷（CH_4）、氧化亚氮（N_2O）、氢氟碳化物（HFCs）、全氟化碳（PFCs）、六氟化硫（SF_6）和三氟化氮（NF_3）。

（二）碳排放：是指煤炭、石油、天然气等化石能源燃烧活动和工业生产过程以及土地利用变化与林业等活动产生的温室气体排放，也包括因使用外购的电力和热力等所导致的温室气体排放。

（三）碳排放权：是指分配给重点排放单位的规定时期内的碳排放额度。

（四）国家核证自愿减排量：是指对我国境内可再生能源、林业碳汇、甲烷利用等项目的温室气体减排效果进行量化核证，并在国家温室气体自愿减排交易注册登记系统中登记的温室气体减排量。

5.**《中共中央办公厅、国务院办公厅关于建立健全生态产品价值实现机制的意见》**（2021 年 4 月 26 日）

（十三）推动生态资源权益交易。鼓励通过政府管控或设定限额，探索绿化增量责任指标交易、清水增量责任指标交易等方式，合法合规开展森林覆盖率等资源权益指标交易。健全碳排放权交易机制，探索碳汇权益交易试点。健全排污权有偿使用制度，拓展排污权交易的污染物交易种类和交易地区。探索建立用能权交易机制。探索在长江、黄河等重点流域创新完善水权交易机制。

6.《中共中央、国务院关于全面推进集体林权制度改革的意见》（2008年7月4日）

（十二）保障收益权。农户承包经营林地的收益，归农户所有。征收集体所有的林地，要依法足额支付林地补偿费、安置补助费、地上附着物和林木的补偿费等费用，安排被征林地农民的社会保障费用。经政府划定的公益林，已承包到农户的，森林生态效益补偿要落实到户；未承包到农户的，要确定管护主体，明确管护责任，森林生态效益补偿要落实到本集体经济组织的农户。严格禁止乱收费、乱摊派。

第十七条 违反国家规定造成森林生态环境损害，生态环境能够修复的，国家规定的机关或者法律规定的组织依据民法典第一千二百三十四条的规定，请求侵权人在合理期限内以补种树木、恢复植被、恢复林地土壤性状、投放相应生物种群等方式承担修复责任的，人民法院依法予以支持。

人民法院判决侵权人承担修复责任的，可以同时确定其在期限内不履行修复义务时应承担的森林生态环境修复费用。

【条文主旨】

本条是关于森林生态环境修复责任的规定。

【条文理解】

生态环境和资源保护领域，尤其是公益诉讼及生态环境损害赔偿诉讼，以恢复生态环境功能为核心目的。《民法典》第1234条明确了生态环境修复责任。本条解释对破坏森林生态环境侵权行为的修复责任承担予以了细化。

一、生态环境侵权中的民事修复责任

（一）生态环境修复责任的立法沿革

生态环境修复责任是公益生态环境侵权的核心责任形态。环境修复的相关概念最早见于环境立法。2004年修订的《固体废物污染环境防治法》第85条规定："造成固体废物污染环境的，应当排除危害，依法赔偿损失，并采取措施恢复环境原状。"这是立法首次采用"恢复环境原状"的表述。2010年修订的《水土保持法》第30条第1款规定："国家加强水土流失重点预防区和重点治理区的坡耕地改梯田、淤地坝等水土保持重点工

程建设，加大生态修复力度。”这是立法中首次出现“生态修复”的表述。2014 年修订的《环境保护法》也就环境修复作出了规定，如该法第 30 条第 1 款规定：“开发利用自然资源，应当合理开发，保护生物多样性，保障生态安全，依法制定有关生态保护和恢复治理方案并予以实施。”第 32 条规定：“国家加强对大气、水、土壤等的保护，建立和完善相应的调查、监测、评估和修复制度。”需指出的是，上述环境立法中的环境修复责任并不能等同于立法对环境侵权中环境修复民事责任的规定，而更多地体现为行政责任。理由在于，《环境保护法》第 64 条规定：“因污染环境和破坏生态造成损害的，应当依照《中华人民共和国侵权责任法》的有关规定承担侵权责任。”尽管该条对环境侵权民事责任进行了指引，但原《侵权责任法》中并没有关于环境修复民事责任的规定。该法第 15 条明确，承担侵权责任的方式包括停止侵害、排除妨碍、消除危险、返还财产、恢复原状、赔偿损失、赔礼道歉、消除影响和恢复名誉。因而在此阶段，生态环境侵权尚无环境修复之责任形态。

2014 年最高人民法院出台《环境民事公益诉讼司法解释》，对环境民事公益诉讼制度进行了规定。该解释在第 18 条明确：“对污染环境、破坏生态，已经损害社会公共利益或者具有损害社会公共利益重大风险的行为，原告可以请求被告承担停止侵害、排除妨碍、消除危险、恢复原状、赔偿损失、赔礼道歉等民事责任。”第 20 条规定：“原告请求恢复原状的，人民法院可以判决被告将生态环境修复到损害发生之前的状态和功能……”这是司法解释首次就生态环境修复责任作出规定。根据上述条文的规定，环境修复责任是恢复原状在生态环境公益侵权责任中的具体形态。2015 年最高人民法院出台《环境侵权司法解释》，进一步扩充了生态环境修复责任的适用范围。该解释在第 14 条第 1 款规定：“被侵权人请求恢复原状的，人民法院可以依法裁判污染者承担环境修复责任……”结合该解释第 18 条有关“本解释适用于审理因污染环境、破坏生态造成损害的民事案件”的规定，《环境侵权司法解释》实质是将环境修复责任扩张到私益侵权的领域，从而在环境侵权责任中实现了对恢复原状责任的替代。

《民法典》编撰过程中，根据司法实践、环境科学发展和法律制度的完善等因素，对于环境侵权的责任承担方式采用了更为科学和准确的表达。该法第 1234 条规定："违反国家规定造成生态环境损害，生态环境能够修复的，国家规定的机关或者法律规定的组织有权请求侵权人在合理期限内承担修复责任。侵权人在期限内未修复的，国家规定的机关或者法律规定的组织可以自行或者委托他人进行修复，所需费用由侵权人负担。"该法条首次在民事立法中规定了生态环境修复责任。据此，2020 年修正的《环境侵权司法解释》和《环境民事公益诉讼司法解释》均将"恢复原状"承担责任方式的表述变更为"修复生态环境"。

（二）生态环境修复责任的适用

《民法典》第 1234 条规定，生态环境修复责任适用于国家规定的机关或者法律规定的组织提起的环境民事公益诉讼或者生态环境损害赔偿诉讼。按照文义解释，生态环境修复责任适用于公益侵权的责任承担。按照体系解释，生态环境修复责任似乎排除了对私益侵权的适用。立法机关在有关释义中，对恢复原状和生态环境修复两种责任的关系进行了特别说明：生态环境修复，是指将被污染或者破坏的生态环境予以修复，恢复其内在功能。这与恢复原状在理论上是相通的，都是通过修理等手段将受损害的客体予以复原。但恢复原状的内涵较窄，指恢复到利益受损害前的状态，不影响正常使用；而生态环境具有特殊性，一旦遭到污染或者破坏，不可能完全恢复到受损害前的状态，只能通过技术措施，尽可能地恢复其原有的生态功能、文化功能。所以，生态环境修复概念的内涵更为宽泛、更有弹性。从这个意义上讲，生态环境修复实际上是传统恢复原状责任在生态环境侵权领域的具体表达。① 上述观点尽管强调生态环境修复责任与恢复原状的差异，但仍认为生态环境修复是恢复原状责任在生态环境侵权领域的具体适用。生态环境修复责任是否可以适用于环境侵权中的私益诉讼，关键在于恢复原状与生态修复这两种责任方式是否存在差别，以及存在何种差别。

---

① 黄薇主编：《中华人民共和国民法典释义》，法律出版社 2020 年版，第 2409 页。

1. 恢复原状责任与生态环境修复责任的界分

恢复原状责任属于传统的民事责任类型。按照民法学者的观点，恢复原状责任大致可以区分为“最广义”、“广义”和“狭义”三种。其中，最广义的恢复原状是指再将“受到侵害的民事权益恢复到受侵害之前的状态”,[①]“重建赔偿权利人受侵害权益的原貌，如同损害事故没有发生”。[②]广义的恢复原状则是指“使受害人的财产权利或者人身权利恢复到受侵害之前的状态”。[③]而狭义的恢复原状是指“使受害人的财产恢复到受侵害之前的状态”。[④]从纯粹理论出发，这三种观点都能够逻辑自洽。但从实定法考察，狭义说更为妥当。因为无论是最广义还是广义，都将损害赔偿纳入恢复原状的范畴，而根据《民法典》第179条的规定，损害赔偿是独立于恢复原状的责任类型。

按照传统民法理论，恢复原状是典型的物权请求权，而不完全等同于侵权请求权。侵权请求权的成立一般应以相对人的过错为前提，而物权请求权则不考虑相对人的过错。在我国立法上，原《民法通则》通过第5条、第73条、第74条、第75条、第83条、第106条、第117条和第134条等条文，确立了不同于传统民法的侵权责任制度，即以侵权请求权取代了传统的物权请求权，侵权责任的承担方式不限于损害赔偿，还包括停止侵害、排除妨碍、消除危险、返还财产。[⑤]

在此后的原《物权法》起草以及《民法典》编撰过程中，围绕如何设计物权保护制度，民法学界产生了不同的意见。第一种观点认为，应当坚持原《民法通则》所确立的物权保护制度框架，继续以侵权请求权取代物权请求权，完成保护物权的任务。[⑥]第二种观点认为应当回归传统民法，将侵权责任承担方式限定为损害赔偿，同时认可独立于侵权请求权的物权

---

① 魏振瀛:《民法》，北京大学出版社2010年版，第677页。

② 王利明、周友军、高圣平:《中国侵权责任法教程》，人民法院出版社2010年版，第315页。

③ 欧洲侵权法小组:《欧洲侵权法原则——文本与评注》，于敏、谢鸿飞译，法律出版社2009年版，第219页。

④ 王利明:《民法》，中国人民大学出版社2008年版，第697页。

⑤ 王轶:《论侵权责任的承担方式》，载《中国人民大学学报》2009年第3期。

⑥ 魏振瀛:《制定侵权责任法的学理分析》，载《法学家》2009年第1期。

请求权，二者结合完成对物权进行保护的使命。[①] 第三种观点认为，应当保留原《民法通则》所确立的侵权责任模式，同时认可独立的物权请求权，共同完成保护物权的任务。原《物权法》及原《侵权责任法》的颁布施行，表明立法机关最终采纳了第二种立法模式。一方面，原《物权法》在第三章“物权的保护”部分规定了排除妨碍、消除危险、恢复原状等物权请求权。另一方面，原《侵权责任法》第 15 条将排除妨碍、消除危险、恢复原状等作为侵权请求权的形态，使之兼具债权请求权和物权请求权的双重形态。《民法典》在此基础上作了略微修正，在总则编第 179 条统一规定了承担民事责任的方式，在物权编第 235 条至第 238 条规定了物权请求权，在侵权责任编第 1179 条至第 1187 条规定了损害赔偿请求权。这种模式实际介于前述第一种观点和第二种观点之间，既承认恢复原状的物权请求权属性具有独立性，同时又承认通过侵权请求权保护物权。

由此可见，尽管《民法典》将恢复原状作为侵权请求权的类型，但在本质上仍属于物权请求权而不是典型的债权请求权。根据《民法典》第 237 条的规定，当不动产或者动产损毁时，物权人可以请求恢复原状。当然，在例外情况下，恢复原状也可能涉及物权之外的权利的保护。《民法典》第 286 条第 2 款规定：“业主大会或者业主委员会，对任意弃置垃圾、排放污染物或者噪声、违反饲养动物、违章搭建、侵占通道、拒付物业费等损害他人合法权益的行为，有权依照法律、法规以及管理规约，请求行为人停止侵害、排除妨碍、消除危险、恢复原状、赔偿损失。”有学者认为，这里的恢复原状属于“回复生活”，彰显以环境再生为中心的回复人的生活的意义。因而属于一种侵权责任。[②]

生态环境修复不属于物权请求权。按照物权法的理论，物权法中的物是那些被置于人的支配下的外部世界的标的。[③] 物权法理论将世界划为主体与客体，两者之间是支配、利用与被支配、被利用的关系。[④] 对物的规

---

① 崔建远：《论物权救济模式的选择及其依据》，载《清华大学学报（哲学社会科学版）》，2007 年第 3 期。

② 崔建远：《恢复原状请求权辩》，载《甘肃政法大学学报》2020 年第 5 期。

③ ［意］朱塞佩·格罗索：《罗马法史》，黄风译，中国法制出版社 2004 年版，第 5 页。

④ 薛军：《“物”的概念的反思与中国民法典的编纂》，载《法学》2002 年第 4 期。

范目的，就是将其置于主体之人的对立面，处于受控制、受影响的被动地位，以突出人的主体性。因而物权法中的物，不完全等同于日常生活中的物。物权法中的物必须存在于人身之外，能够为人力所支配，并且满足人类的某种需求。[①]《民法典》第114条规定，物权是权利人依法对特定的物享有直接支配和排他的权利。也就是说，物权法上的物应为特定的物。按照传统民法理论，特定的物应当具有以下要件：一是具有特定性，即种类、数量、类型已经固定化而不能处于变动当中。二是具有有体性，由此区别于对物的权利、债权或是知识产权、股权等其他权利和利益。三是具有独立性，体现为“一物一权”原则。“一物一权”，是指每一个独立物上都存在单独的所有权，每一个所有权都只能存在于唯一的物上，[②] 即物权必须指向特定的单个物。[③]

一般认为，生态环境修复是指“采取切实可行的措施对受到损害的生态系统的功能和结构进行修复，对受到破坏的生态系统内外关系进行恢复”。[④] 据学者考察，20世纪90年代以来，生态环境修复开始作为一项法律原则、法律制度、法律义务和法律责任被许多国家纳入法律体系。生态环境修复主要是在环境基本法、污染防治法、自然资源保护法等立法中具体规定的。如保加利亚环境保护法要求对“环境质量受到污染和损害的区域进行修复和改善”。格鲁吉亚环境保护法规定从事某项活动导致环境功能退化时，应当采取修复措施，尽可能将受损害的环境恢复到初始状态。[⑤] 由此可见，生态环境修复针对的是不具有特定性的生态环境，且目的亦非在于保护物权，因而不属于物权请求权的范畴。如果仅以生态环境修复包含有将环境恢复至原状的内涵，两者存在部分的重合，就认为两者并无差异，显然并不妥当。

---

① 常鹏翱：《民法中的物》，载《法学研究》2008年第4期。

② ［德］曼弗雷德·沃尔夫：《物权法》，吴越、李大雪译，法律出版社2002年版，第16~17页。

③ ［德］鲍尔、施蒂尔纳：《德国物权法（上册）》，张双根译，法律出版社2004年版，第65页。

④ 李挚萍：《环境修复法律制度探析》，载《法学评论》2013年第2期。

⑤ 李挚萍：《环境修复目标的法律分析》，载《法学杂志》2016年第3期。

2. 恢复原状责任与生态环境修复责任的差异

除了制度的根本属性不同外，恢复原状责任与生态环境修复责任还存在以下差异：

（1）恢复的对象不同。“救济是纠正、矫正或者改正已经发生或业已造成伤害、危害、损失或者损害的不当行为。”[①] 就生态环境修复而言，救济的对象是“能够直接或者间接影响人类生活的各种因素的总和，同时还应该包括一些有关的社会因素，如经济、文化等因素”[②] 的自然环境所受到的损害。而这种损害是“人为日常的、反复的活动下所产生破坏维持人类健康与安适生活的环境，而间接损害公众之权利或利益或有损害之虞的事实，亦即以环境作为媒介，损害人民健康或有危害之虞者”。[③] 而恢复原状针对的是传统财产损害，而不能涵盖无形的生态环境损害。

有学者因而认为，由于生态环境修复既包括无形的环境损害又包括因环境损害而造成的有形的财产（如森林、草原、土地）损害，而恢复原状仅适用于有形的财产损害，因而生态环境修复包括了恢复原状。我们认为，生态环境修复针对的是生态环境，尽管环境损害也会间接造成财产的损失，但后者并非生态环境修复本身所救济的对象，而只是生态环境修复所产生的附带效果。如果单纯针对财产损害进行救济，既与生态环境修复之文义不符，也与恢复原状请求权发生“叠床架屋”之效果，徒增理解上的困难。因此，从恢复的对象来看，恢复原状责任在于恢复有形的物，而生态环境修复则在于恢复受损的生态环境。

还有学者认为，生态环境修复功能在于优先保护环境侵害中的人身利益，甚至将人身利益作为首要、终极甚至唯一的目标。[④] 从保护环境最终是为了保护人类的理念出发，这种观点无疑是正确的。但是，即便将恢复原状扩张为对人身权益的救济，也依然不能认为两者存在重合或包含之

---

① ［英］戴维·M. 沃克：《牛津法律大辞典》，北京社会与科技发展研究所组织编译，光明日报出版社 1988 年版，第 764 页。

② 中国大百科全书环境科学编委会：《中国大百科全书（环境科学卷）》，中国大百科全书出版社 1983 年版，第 159 页。

③ 陈慈阳：《环境法总论》，中国政法大学出版社 2003 年版，第 238 页。

④ 魏旭：《环境修复与恢复原状制度辨析——环境修复制度对民事法律救济的继承与突破》，载《法治论坛》2019 年第 1 期。

处。这是因为，生态环境修复对人身利益的保护不是单个的人身权益，而更多的是作为公众健康的人类整体乃至代际利益。在多数情况下，这种利益无法通过恢复原状请求权予以救济。

（2）恢复的要求不同。恢复原状责任对恢复结果的要求，是恢复至损害发生之前的状态。也就是说，恢复原状要求将有体物恢复如初，实现其原本应有的功能。例如，清理掉公路上倾倒的砂石，恢复公路的通行功能；清理掉鱼塘内的污水，恢复其养殖鱼类的功能等。这种恢复是仅针对物对权利人的价值而言的，无须考虑除此之外的因素。

生态环境修复责任的要求，则是对已经造成的生态环境损害进行恢复，确保环境功能恢复至正常运行的状态。该种责任的承担不仅要将环境要素恢复至侵害行为发生之前的状态，还负有合理时间内的维护义务，可能具有溢出效应。① 例如，在（2009）锡法民初字地 1216 号民事判决中，人民法院判决盗伐高速公路防护林的两被告于判决生效后一个月内，在无锡市锡山区农林局指定范围内共同补种相同树龄的杨树 19 棵，并从植树之日起管护一年六个月。

（3）恢复的适用情形不同。遵循民事责任的基本规则，恢复原状对应的损害应当是实际的、可以确定的损害，而不能是臆想的、假定的损害。②同时，恢复原状不仅要在实际上可能，而且要在经济上合理，否则，就不应该采取这种责任方式；如果财产被破坏得已无法修复，或者虽可修复，但所有人已不需要，则不能适用恢复原状的民事责任，而应当折价赔偿。③生态环境修复则有所不同。环境修复对环境损害的纠正若恪守上述原则，则有违环境公平的本质要求。这是因为环境问题具有滞后性和不确定性，一旦出现实际且可以确定的损害则往往已经危害甚巨。排除存在损害风险时采用修复性法律措施，会阻却大量本来可以预防的实际损害，与“预防为主”的根本理念相悖。根据《环境民事公益诉讼司法解释》第 8 条的规定，污染环境、破坏生态产生损害社会公共利益重大风险的，即可以提起

---

① 魏旭：《环境修复与恢复原状制度辨析——环境修复制度对民事法律救济的继承与突破》，载《法治论坛》2019 年第 1 期。

② 王利明、周友军、高圣平：《中国侵权责任法教程》，人民法院出版社 2010 年版，第 702 页。

③ 杨立新：《侵权责任法》，法律出版社 2010 年版，第 123 页。

环境公益诉讼。生态环境修复只考虑是否存在损害行为，即损害后果或损害风险，而对于实际可能性、经济效率性及权利人的主观意愿并不考虑。例如，关于受损生态环境是否能够修复以及成本效益方面的考虑，属于修复方案选择方面的问题，而不是决定是否应适用修复责任的考量因素。[①]

（4）恢复的复杂性不同。首先，恢复目标的确定存在复杂性差异。恢复的基础是对于原物的状况了解且有据可查。在适用恢复原状责任的情况下，受害人仅需要举证受损物之初始状态，而这种状态往往是清晰的，甚至可以依照常理推断。加害人仅需要比照该状态恢复即可。而在生态环境修复中，环境质量具有隐蔽性，非肉眼可以判断，需要借助专业的手段进行检测评估。在包括我国在内的许多国家，普遍没有建立环境质量档案。如何确定受损害前的环境质量，从而明确恢复目标，是一个较为复杂的问题。其次，恢复过程存在复杂性差异。正如前文所述，恢复原状的适用应该以有体物具有可修复性，且符合经济效率为前提。程序过于复杂，耗时过长、成本过高的恢复往往对受害人不利，受害人更愿意以损害赔偿代之。即便受害人坚持要求恢复原状，人民法院恐亦不予支持。这与生态环境修复责任的适用具有明显差异。

（5）替代方案及其适用条件不同。民事救济制度针对人身和财产权益，一旦出现无法恢复的状况，如原物毁损或灭失无法修理时，则恢复原状责任不再适用。此时，应当适用损害赔偿等其他责任形式予以替代。按照传统民法理论，侵权受害人本以其损害得以恢复为目的，即“恢复以完全恢复为理想”，“但多数场合里此为不可能，故代之以金钱赔偿亦即恢复原状为原则金钱赔偿为例外”。[②] 对于受害人而言，除具有特定精神意义的物品外，金钱赔偿与恢复原状对于损害的填补在功能上并无二致。生态环境修复责任同样可能面临原有的生态环境无法修复的可能，甚至在大多数情况下，由于环境问题的滞后性和不可逆转性，这种不可修复的可能性要远远高于其他类型的救济事由。但此时生态环境修复责任却并不当然转化为损害赔偿，而是应当尽可能选择替代修复方案。因为赔偿损害并不能消

---

① 魏旭：《环境修复与恢复原状制度辨析——环境修复制度对民事法律救济的继承与突破》，载《法治论坛》2019 年第 1 期。

② 刘德宽：《民法诸问题与新展望》，我国台湾地区三民书局 1980 年版，第 559 页。

除业已造成的环境污染或者生态破坏，受到损害的公共利益并未受到弥补。即便判处损害赔偿，亦应尽可能保证赔偿的资金用于直接或间接保护生态环境，而非其他用途。

3. 生态环境修复责任原则上只适用于公益诉讼

根据上文的分析，生态环境修复责任与恢复原状责任尽管均具有恢复的含义，但两者具有明显的差异，不能简单等同。生态环境修复责任原则上只能适用于检察机关、行政机关、环保公益组织等国家规定的机关或者法律规定的组织提起的环境公益诉讼或者生态环境损害赔偿诉讼。在私益诉讼案件中，仍应适用恢复原状责任。

二、森林生态环境修复责任

在森林资源的开发利用中，无证采伐、未按照采伐许可证的规定采伐以及非法开垦、采矿、放牧等行为，其损害后果既可能污染环境，如造成林区水体污染、林地土壤污染；更多的则是生态破坏，如导致水土流失、地表植物和景观破坏、地面塌陷、生物多样性减少等。森林还是固碳增汇的有效手段之一，在应对气候变化方面具有重要意义。如果破坏森林资源的行为损害了社会公共利益或者具有损害社会公共利益重大风险，国家规定的机关或者法律规定的组织可以依法向人民法院提起环境公益诉讼。

《民法典》第1234条明确了生态环境修复责任。《环境侵权司法解释》第14条规定："被侵权人请求修复生态环境的，人民法院可以依法裁判侵权人承担环境修复责任，并同时确定其不履行环境修复义务时应当承担的环境修复费用。侵权人在生效裁判确定的期限内未履行环境修复义务的，人民法院可以委托其他人进行环境修复，所需费用由侵权人承担。"此外，《森林法》还存在一些特殊规定。《森林法》以三个条款规定了补种树木及其代履行方式。根据该法第74条第1款、第2款及第76条规定，违法进行开垦、采石、采砂、采土或者其他活动，造成林木、林地毁坏以及盗伐、滥伐林木的，应限期在原地或者异地补种毁坏株数一定倍数的树木。第81条规定，拒不恢复植被和林业生产条件或者恢复植被和林业生产条件不符合国家有关规定，及拒不补种树木或者补种不符合国家有关规定情形下，由县级以上人民政府林业主管部门依法组织代为履行，代为履行所需费用由违法者承担。此处的补种复植虽为行政责任，但亦为《民法典》中生态环境修复责任的一种具体履行方式。各地法院在审判执行过程中，对补种复植方式进行了探索，对此本条第1款予以肯定。

按照不同的生态服务功能，森林可以区分为资源供给服务型，物种栖息地保护服务型，涵养水源、水土保持、防风固沙服务型，旅游和休闲娱乐服务型等。对于不同类型的森林，生态环境修复责任的内涵有所不同。如对于资源供给型的森林而言，其生态修复责任主要体现为对受损毁林木的修复。林木既属于森林生态的一部分，亦属于物权法上之物。因而这种生态修复，既属于林业资源物权请求权，又是森林生态侵权责任型态。而对于物种栖息地保护等其他类型，生态修复责任则更偏重对包括林木在内的整体森林生态的修复。整体森林生态不属于物权法上之物，因而这种修复责任属于纯粹的侵权责任。鉴于不同类型森林的生态环境修复责任存在差别，本条解释规定了补种树木、恢复植被、恢复林地土壤性状、投放相应生物种群等修复方式。这些修复方式既可以择一适用，也可以一并适用，由人民法院在案件审理中根据具体案情依法裁量。

三、森林生态环境修复的代履行及修复费用

本条第2款规定，人民法院判决侵权人承担修复责任的，可以同时确定其在期限内不履行修复义务时应承担的森林生态环境修复费用。其来源于《民法典》第1234条、《森林法》第81条、《环境侵权司法解释》第14条、《环境民事公益诉讼司法解释》第20条等规定，旨趣在于落实“污染者付费”原则。《环境侵权司法解释》第14条规定的代履行，适用前提是污染者在生效裁判确定的期限内未履行环境修复义务。本条借鉴《环境民事公益诉讼司法解释》第20条第2款关于“人民法院可以在判决被告修复生态环境的同时，确定被告不履行修复义务时应承担的生态环境修复费用；也可以直接判决被告承担生态环境修复费用”之规定，明确人民法院可以同时判决被告在确定期限内不履行修复义务时应承担的森林生态环境修复费用，该费用由执行法院用于委托他人代履行。考虑到修复是第一位的，通常不允许侵权人仅仅一赔了事，本条解释未规定人民法院可以直接判决被告承担生态环境修复费用。

需要注意的是，在生态环境公益侵权中，金钱赔偿仍然是与生态环境修复并行不悖的重要救济措施，两种责任方式共同确保了生态环境损害能够得到及时、有效的司法救济。对于森林生态修复和金钱赔偿两种责任承担方式的选择适用，应把握好以下几点：

第一，森林生态环境侵害发生后，首先应当要求环境污染者和生态破坏者采取有效措施原地原样恢复生态环境。公益诉讼的原告在森林生态公益侵权诉讼中提出恢复原状请求的，人民法院可以依法裁判侵权人承担森林生态环境修复责任。《民法典》第 1234 条规定的生态环境修复责任，其适用前提是“生态环境能够修复”。生态环境修复和损害赔偿两种责任的关系，涉及《民法典》第 1234 条与第 1235 条的准确理解与适用。在生态环境能够修复的情形下，应当首先由侵权人履行修复义务；确实无法修复的，实施货币补偿。避免侵权人简单以缴纳赔偿金或者认购林业碳汇等货币补偿方式，替代应当由其履行的生态环境修复义务。

第二，森林生态环境部分或者全部无法原地原样恢复的，可以准许采取替代性修复方式。即使出现某种野生动物或植物灭绝这一极端情况，侵害人仍可以通过替代性修复方式实现对生态环境的修复。替代性修复包括同地区异地点、同功能异种类、同质量异数量、同价值异等级等情形，使森林生态恢复到损害前的功能、质量和价值。

第三，侵权人承担森林生态修复责任的，人民法院可以同时确定其不履行或不完全履行修复义务时的修复费用。为督促赔偿义务人对受损森林生态进行修复，确保修复实效，人民法院需要就其损害程度与损失大小、修复方案技术的可行性、修复启动的时间与期限、赔偿责任承担方式与期限等具体问题予以充分考量。在环境侵权人不愿修复、修复不到位、没有能力自行修复等情形下，由他人代为履行修复义务，所需费用依法由侵权人负担。从而使得森林生态环境修复责任方式更加符合实际需要，更具有可操作性，督促侵权人有效避免或者防止森林生态环境损害结果的进一步扩大。同时，也避免了在侵权人不履行或不完全履行修复义务的情况下，人民法院无法就此同一诉再次作出裁判的困境。在执行程序中，只要被执行人怠于履行或不能履行生效裁判确定的修复义务，执行人员即可以依据判决中确定的修复费用执行，并安排第三人代为履行。

第四，侵权人除承担森林生态环境修复责任外，还应当依法赔偿相关损失和费用。在生态环境能够修复的场合，侵权人仍应当依据《民法典》第 1235 条的规定，承担生态环境受到损害至修复完成期间服务功能丧失导致的损失，生态环境损害调查、鉴定评估等费用，清除污染、修复生态环境费用，防止损害的发生和扩大所支出的合理费用。这些损失和费用与生态环境修复责任均是侵权人应当承担的法定责任，可以同时适用。只有当发生生态环境无法修复的情形时，侵权人已无法再履行修复义务，而应承担对生态环境功能永久性损害所造成损失的赔偿责任。

【审判实践中应注意的问题】

一、关于破坏森林资源引发的私益诉讼与公益诉讼

环境公益诉讼与私益诉讼之间并行不悖，此为世界各国环境立法之通例，这是由生态环境侵权的二元性所引发的。《环境民事公益诉讼司法解释》第 29 条规定，法律规定的机关和社会组织提起环境民事公益诉讼的，不影响因同一污染环境、破坏生态行为受到人身、财产损害的公民、法人和其他组织依据《民事诉讼法》第 119 条（现为第 122 条）的规定提起诉讼。《民事诉讼法司法解释》第 286 条、《矿业权司法解释》第 21 条亦有类似规定。《生态环境损害赔偿若干规定》中尽管未就生态环境损害赔偿诉讼与私益诉讼的关系问题进行规定，但因保护的法益不同，参照前述公益诉讼规定精神，生态环境损害赔偿诉讼的提起亦不影响因同一行为受到人身、财产损害的民事主体依法要求侵权人对其损害承担侵权责任。

二、关于替代性修复与损害赔偿的替代履行

一段时期以来，司法实践中存在将替代性修复与损害赔偿的替代履行予以等同的问题。有观点认为，考虑到侵权人的履责能力不足等原因，可以判决侵权人承担有利于保护、改善环境治理的劳务的责任承担方式，如判令侵权人以补植、养护树木，路面清扫等公益劳动抵偿损害，并由环境保护公益组织或者行政主管部门负责监督。将补种树木与公益劳动统一称

为替代性修复是值得商榷的。补种树木属于生态环境修复行为，即便补种的地点不在受损的生态环境区域，或是补种的树木不属于受到损毁的树木类型，但只要起到了对生态环境整体服务功能恢复的效果，仍属于生态环境修复或者替代性修复。而养护树木、路面清扫等劳务行为不能使受损生态环境服务功能恢复，因而不属于生态环境修复责任的范畴，只是损害赔偿责任的替代履行。这些责任形态与本条解释规定的补种树木、恢复植被、恢复林地土壤性状、投放相应生物种群等生态环境修复责任，分别属于不同的责任类型，适用中应避免混淆。

【法条链接】

1.《**中华人民共和国民法典**》（2020 年 5 月 28 日）

第一百七十九条　承担民事责任的方式主要有：

（一）停止侵害；

（二）排除妨碍；

（三）消除危险；

（四）返还财产；

（五）恢复原状；

（六）修理、重作、更换；

（七）继续履行；

（八）赔偿损失；

（九）支付违约金；

（十）消除影响、恢复名誉；

（十一）赔礼道歉。

法律规定惩罚性赔偿的，依照其规定。

本条规定的承担民事责任的方式，可以单独适用，也可以合并适用。

第二百三十七条　造成不动产或者动产毁损的，权利人可以依法请求修理、重作、更换或者恢复原状。

第一千二百二十九条　因污染环境、破坏生态造成他人损害的，侵权人应当承担侵权责任。

第一千二百三十四条 违反国家规定造成生态环境损害，生态环境能够修复的，国家规定的机关或者法律规定的组织有权请求侵权人在合理期限内承担修复责任。侵权人在期限内未修复的，国家规定的机关或者法律规定的组织可以自行或者委托他人进行修复，所需费用由侵权人负担。

第一千二百三十五条 违反国家规定造成生态环境损害的，国家规定的机关或法律规定的组织有权请求侵权人赔偿下列损失和费用：

（一）生态环境受到损害至修复完成期间服务功能丧失导致的损失；

（二）生态环境功能永久性损害造成的损失；

（三）生态环境损害调查、鉴定评估等费用；

（四）清除污染、修复生态环境费用；

（五）防止损害的发生和扩大所支出的合理费用。

2.**《中华人民共和国森林法》**（2019 年 12 月 28 日修订）

第六十二条 国家通过贴息、林权收储担保补助等措施，鼓励和引导金融机构开展涉林抵押贷款、林农信用贷款等符合林业特点的信贷业务，扶持林权收储机构进行市场化收储担保。

第七十四条 违反本法规定，进行开垦、采石、采砂、采土或者其他活动，造成林木毁坏的，由县级以上人民政府林业主管部门责令停止违法行为，限期在原地或者异地补种毁坏株数一倍以上三倍以下的树木，可以处毁坏林木价值五倍以下的罚款；造成林地毁坏的，由县级以上人民政府林业主管部门责令停止违法行为，限期恢复植被和林业生产条件，可以处恢复植被和林业生产条件所需费用三倍以下的罚款。

违反本法规定，在幼林地砍柴、毁苗、放牧造成林木毁坏的，由县级以上人民政府林业主管部门责令停止违法行为，限期在原地或者异地补种毁坏株数一倍以上三倍以下的树木。

向林地排放重金属或者其他有毒有害物质含量超标的污水、污泥，以及可能造成林地污染的清淤底泥、尾矿、矿渣等的，依照《中华人民共和国土壤污染防治法》的有关规定处罚。

第七十六条 盗伐林木的，由县级以上人民政府林业主管部门责令限期在原地或者异地补种盗伐株数一倍以上五倍以下的树木，并处盗伐林木价值五倍以上十倍以下的罚款。

滥伐林木的，由县级以上人民政府林业主管部门责令限期在原地或者异地补种滥伐株数一倍以上三倍以下的树木，可以处滥伐林木价值三倍以上五倍以下的罚款。

第八十一条 违反本法规定，有下列情形之一的，由县级以上人民政府林业主管部门依法组织代为履行，代为履行所需费用由违法者承担：

（一）拒不恢复植被和林业生产条件，或者恢复植被和林业生产条件不符合国家有关规定；

（二）拒不补种树木，或者补种不符合国家有关规定。

恢复植被和林业生产条件、树木补种的标准，由省级以上人民政府林业主管部门制定。

3.《最高人民法院关于审理环境侵权责任纠纷案件适用法律若干问题的解释》（2020年12月29日修正）

第十四条 被侵权人请求修复生态环境的，人民法院可以依法裁判侵权人承担环境修复责任，并同时确定其不履行环境修复义务时应当承担的环境修复费用。

侵权人在生效裁判确定的期限内未履行环境修复义务的，人民法院可以委托其他人进行环境修复，所需费用由侵权人承担。

4.《最高人民法院关于审理环境民事公益诉讼案件适用法律若干问题的解释》（2020年12月29日修正）

第二十条 原告请求修复生态环境的，人民法院可以依法判决被告将生态环境修复到损害发生之前的状态和功能。无法完全修复的，可以准许采用替代性修复方式。

人民法院可以在判决被告修复生态环境的同时，确定被告不履行修复义务时应承担的生态环境修复费用；也可以直接判决被告承担生态环境修复费用。

生态环境修复费用包括制定、实施修复方案的费用，修复期间的监测、监管费用，以及修复完成后的验收费用、修复效果后评估费用等。

5.《最高人民法院关于审理生态环境损害赔偿案件的若干规定》（2020年12月29日修正）

第十二条 受损生态环境能够修复的，人民法院应当依法判决被告承担修复责任，并同时确定被告不履行修复义务时应承担的生态环境修复费用。

生态环境修复费用包括制定、实施修复方案的费用，修复期间的监测、监管费用，以及修复完成后的验收费用、修复效果后评估费用等。

原告请求被告赔偿生态环境受到损害至修复完成期间服务功能损失的，人民法院根据具体案情予以判决。

第十八条　人民法院判决侵权人承担森林生态环境修复责任的，可以根据鉴定意见，或者参考林业主管部门、林业调查规划设计单位、相关科研机构和人员出具的专业意见，合理确定森林生态环境修复方案，明确侵权人履行修复义务的具体要求。

【条文主旨】

本条是关于确定森林生态环境修复义务具体要求的规定。

【条文理解】

林木生长需遵循自然规律。《森林法》第46条第1款明确："各级人民政府应当采取以自然恢复为主、自然恢复和人工修复相结合的措施，科学保护修复森林生态系统。新造幼林地和其他应当封山育林的地方，由当地人民政府组织封山育林。"实践中，存在因生效裁判确定的森林生态环境修复义务不科学、不明确，造成履行、执行困难等问题。本条解释对森林生态环境修复方案的确定及侵权人修复义务的具体要求予以了规范。

一、污染环境、破坏生态行为及其修复原则

污染环境、破坏生态是生态环境侵权的不同形式，两者共同构成了对环境的侵害行为。由于污染环境、破坏生态行为对生态环境的侵害方式不同，因而在修复原则上亦有所区别。

（一）污染环境、破坏生态的规则适用演化

从立法沿革来看，民事立法中污染环境的概念要远早于破坏生态。1982年通过的《海洋环境保护法》首次涉及环境污染民事责任的承担，随后的单行污染防治法也作出了类似的规定。原《民法通则》在第124条对污染环境侵权责任作出规定，明确"违反国家保护环境防止污染的规定，

污染环境造成他人损害的，应当依法承担民事责任”。2009 年《侵权责任法》沿袭了原《民法通则》的规定，将环境污染责任作为独立侵权责任类型扩充为独立章节，并针对性进行了无过错责任和因果关系推定的特殊制度设计，污染环境责任成为特殊侵权，适用特殊规则。理论界和实务界开始对生态破坏侵权责任是否属于污染环境责任的范畴产生讨论，形成三种观点。

第一种观点认为，生态破坏虽然不属于环境污染，但可以准用环境污染的规则，属于广义的环境侵权。例如，在仁安村委会等与刘某等环境侵权案中，刘某等认为因煤矿开采造成水渠断流，遂将村委会等诉至法院，要求停止侵害、排除妨碍并赔偿损失。一审法院认为，被告采矿导致煤炭煤层遭到破坏，使得原告赖以生存的地表、地下水位下降，水资源流失，导致原告的生产生活受到严重损害，属因水资源受到破坏而引起的诉讼，而水资源破坏属于环境侵权，应适用举证责任倒置规则。二审法院援引《环境保护法》第 2 条关于环境的定义，认定该案属于环境侵权，因环境侵权具有复杂性、渐进性和多因性，损害具有潜伏性和广泛性，故法律规定应由被告对损害事实与损害后果不存在因果关系承担举证责任。这种观点的问题在于，属于环境的组成部分并不意味着必须受到环境侵权的调整，水资源破坏是否适用环境侵权的特殊规则，还有待进一步说明。

第二种观点认为，污染环境包括生态破坏，是生态破坏的上位概念。全国人大常委会法工委对原《侵权责任法》的解读中，指出该法第八章所指的环境污染，既包括对生活环境的污染，也包括对生态环境的污染。对大气、水体、海洋、土地等生活环境的污染属于环境污染，对生物多样性的破坏、破坏生态环境和自然资源造成的水土流失等生态环境的污染也属于环境的污染。[①] 这一解读在法律上的依据还在于《宪法》第 26 条第 1 款关于“国家保护和改善生活环境和生态环境，防治污染和其他公害”之规定。但是，“对生态环境的污染”是否等同于“生态破坏”，仍有进一步讨论的空间。况且，对生物多样性的破坏、造成水土流失等在观念上已经超

---

① 全国人大常委会法制工作委员会民法室编：《〈中华人民共和国侵权责任法〉条文说明、立法理由及相关规定》，北京大学出版社 2010 年版，第 266 页。

出了对“污染环境”的一般性理解。

第三种观点认为，生态破坏不属于环境侵权行为，而应当适用其他案由。最高人民法院侵权责任法研究小组认为，原《侵权责任法》对环境污染责任实际上规定了两种归责原则：对于污染环境适用无过错责任原则；而对于破坏环境适用过错责任原则，必须根据一般民事责任的四个要件追究民事责任。[①] 例如，在杨某均与仁怀市某煤业有限公司环境侵权责任纠纷案中，杨某均于1998年承包案涉土地，2004年某煤业公司因下属煤洞生产需要与杨某均约定占用其土地并年付租金2800元，2010年煤洞被关闭。杨某均担心被损坏的土地将来恢复耕种得不到保障，故诉至法院要求某煤业公司赔偿其受损土地恢复原状所需经费。某煤业公司辩称，原告土地是由于垮塌毁损不能耕种，而非其经营行为所致。一审法院将该案定性为环境污染行为，适用环境污染责任。二审法院则认为，污染是指自然环境中混入了对人类或其他生物有害的物质，其数量或程度达到或超出环境承载力，从而改变环境正常状态的现象。该案中土地垮塌导致耕地不能耕种，侵犯了杨某均依法享有的承包土地的用益物权，属于耕地环境的物理损毁行为，而非污染环境行为，一审案由定性不当。二审法院区分了学理上的环境侵权与法定的环境侵权，认为法定的环境侵权仅指环境污染侵权，由于耕地毁损并不符合污染的定义，故不能认定为环境侵权。

2014年《环境保护法》第64条规定：“因污染环境和破坏生态造成损害的，应当依照《中华人民共和国侵权责任法》的有关规定承担侵权责任。”但该条规定仍然可以作两种解读：第一种解释为，破坏生态与污染环境共同适用环境侵权责任。第二种解释则为，破坏生态适用环境侵权责任之外的“有关规定”，即普通侵权。因此，该条规定的出台仍然未能平息关于生态破坏是否适用环境侵权规则的争论。直至2021年《民法典》侵权责任编第七编明确了“环境污染和生态破坏责任”后，争议才得到彻底解决。

---

① 最高人民法院侵权责任法研究小组编：《〈中华人民共和国侵权责任法〉条文理解与适用》，人民法院出版社2010年版，第458页。

（二）污染环境、破坏生态行为的界分

《民法典》侵权责任编第七章规定的是“环境污染和生态破坏责任”，未采用实务界的通说“环境侵权”责任。因此，有必要对污染环境和破坏生态的概念予以区分。通说认为，污染环境与破坏生态是环境侵权的两大类型，且两者之间存在差别。立法机关在解读《环境保护法》时指出，污染环境和破坏生态是既有重合又有区别的两个概念，二者合起来就是对环境的损害。例如，某人从南美引进食人鱼，对我国传统的渔业品种造成严重威胁，这种破坏生物多样性的行为就是破坏生态的行为，但难说是环境污染的行为。①

在环境学上，所谓生态破坏，是指人类活动直接作用于自然生态系统，造成生态系统的生产能力显著减少或结构显著改变，从而引起的环境问题。例如，过度放牧引起的草原退化，滥采滥捕造成珍稀物种灭和生态系统生产力下降，植被破坏引起水土流失，等等。② 学理认为，区别于环境污染行为主要体现为向环境排放过量物质与能量，生态破坏行为在致害机理上体现为“过度索取”。人类从自然界索取资源的速度和强度超过资源本身及其替代品的再生繁殖能力，即生态承载能力时，将造成资源枯竭和自然环境破坏的结果。环境污染和生态破坏的主要区别体现为：

第一，环境污染表现为环境介质物理、化学、生物或放射性特征的改变。而生态破坏则表现为生态系统的平衡被打破，其所在的环境介质的改变更多的是一种物理特征的改变。如大气中温室气体的增加导致的气候异常，采矿造成的地层下线和水资源枯竭，乱砍滥伐造成的水土流失、荒漠化和物种灭绝等。

第二，污染环境和破坏生态造成的间接损害都是对人的损害，但对人的损害均并非其必然后果，且损害形态上也存在差异。污染环境行为造成的损害涵盖了人身和财产损害。而破坏生态行为对人造成的损害主要是财产性损害，如地层下陷造成房屋垮塌、耕地毁损等情形，但也可能造成人

---

① 信春鹰主编：《中华人民共和国环境保护法释义》，法律出版社 2014 年版，第 224~225 页。

② 陈立民等：《环境学原理》，科学出版社 2003 年版，第 4 页。

身损害，如乱砍滥伐引发的泥石流造成的人身损害情形。

第三，污染环境与破坏生态所导致的损害均具有潜伏和累积效应，但在危害发生的确定性程度上仍然存在差异。在污染环境中，损害的发生具有高度盖然性，尽管因果关系上存在不确定性，但这种不确定性主要体现为主观的不确定。即损害后果客观上与排放行为存在因果关系，只是由于致害过程复杂，基于案件现有的证据无法认定。但在生态破坏的场合，除个别突发的生态环境破坏事件造成直接的人身损害外，在很多情况下，损害是否会发生具有相当的不确定性。如温室气体排放、转基因作物是否会造成生态破坏，进而造成人身、财产损害，很大程度存在不确定的风险。这种风险是一种客观上的不确定。①

尽管如此，污染环境与破坏生态的区分依然较为困难。例如，污染环境一般被认为是向环境中排入不存在的物质；但对于向环境中排放本身已经存在的物质，如向河流中倾倒泥沙，向大气中排放二氧化碳，是属于污染环境还是破坏生态可能存在很大争议。② 又如，因栽种桧柏而引起梨锈病，是污染环境还是破坏生态，也存在争议。由此可见，难以完全区分污染环境和破坏生态行为，其原因在于，污染环境在现实中表现为一类成因特点鲜明、可以归纳概括的环境问题；破坏生态相较而言则更加宽泛且难以界定。正如吕忠梅教授指出的，“破坏生态行为……难以抽象出具有共同特征的一般条款”。③ 在比较法上，将环境侵害区分为“污染环境与破坏生态”二元论并不多见。综观国外立法例，《德国环境责任法》以“环境影响”为规制对象。《瑞典环境法典》有关条文以及美国的有关论著以“环境危险行为”为关注对象，并视其与“污染”相关联。因而有观点认为，对于污染环境和破坏生态的理解，应当立足污染，而将污染之外对环

① 张宝：《环境侵权的解释论》，中国政法大学出版社 2015 年版，第 91~92 页。

② 如在黄某水与昆明市某投资开发有限责任公司污染侵权纠纷案中，被告某城投公司在道路、河道改造工程建设过程中，未采取必要的预防措施，导致泥沙由于降雨流入原告黄某水承包的水库，造成原告养殖鱼类大量死亡。一审法院认为本案构成环境污染并依法作出判决。某城投公司提起上诉，认为造成损害的物质为泥沙，不属于污染物质，不构成环境侵权。二审法院驳回上诉，维持原判。

③ 吕忠梅、张宝：《环境问题的侵权法应对及其限度——以〈侵权责任法〉第 65 条为视角》，载《中南民族大学学报（人文社会科学版）》2011 年第 2 期。

境侵害的事实以破坏生态兜底。[1] 但需要指出的是，我国侵权责任的归责原则体系，是以过错责任为一般原则，无过错责任为例外性规定所构成的。如果将破坏生态作为开放性条款，则只能和原则性一般条款构成一种事实衡量的标准体系，无法满足明确区分一般责任、特殊责任适用条件的要件。只有将特别条款确定且基本闭合、一般条款相对开放的情况下，两者才能形成一个分工明确、相互协调的有效体系。因此，在《民法典》已经明确破坏生态构成特殊侵权责任的情况下，仅仅将其作为一种“兜底”的开放性概念还不够，其外延还有待进一步确定。

（三）污染环境、破坏生态适用修复责任的不同原则

正如前文所述，环境污染行为与自然发生的生态物质或能量循环不同，通常表现人为的、工业化的、超出环境自洁能力的排放式或投入式的行为，如生产企业向自然界排放污水、废气、固体废物、噪声、辐射等能量或物质。添加的行为特征比较明显。生态破坏行为则通常表现为直接索取式的行为，如开发利用自然资源中获取某种物质和能量，常见如杀害国家重点保护的珍稀、濒危野生动物，乱砍滥伐、采矿导致地下水位下降等行为。生态破坏通常是导致自然生态资源减少的行为，消减的行为特征比较明显。对于污染环境行为，修复主要是以清理行为人不当添加的污染物为主。而对于破坏生态行为，修复则通常需要行为人对其消减的生态资源价值予以补偿。

二、修复生态环境的技术方法

生态环境部发布的《环境损害鉴定评估推荐方法（第 2 版）》中，将生态环境的恢复原状区分为环境修复和生态修复。环境修复，是指生态环境损害发生后，为防治污染物扩散迁移、降低环境中污染物浓度，将环境污染导致的人体健康风险或生态风险降至可接受风险水平而开展的必要的、合理的行动或措施。生态恢复，是指生态环境损害发生后，为将生态环境的物理、化学或生物特征及其提供的生态系统服务恢复至基线状态，

---

① 林潇潇：《环境侵权事实的规范内涵》，载《上海政法学院学报》2018 年第 6 期。

同时补偿期间损害而采取的各项必要的、合理的措施。

依据生态环境部、国家林业和草原局联合发布的《生态环境损害鉴定评估技术指南——森林（试行）》，森林生态环境损害鉴定评估的具体内容包括七个方面：（1）工作方案制定。掌握森林生态环境损害的基本情况和主要特征，确定生态环境损害鉴定评估的内容、范围和方法，查阅所在区域的主要植被和生物状况背景资料，编制鉴定评估工作方案。（2）损害调查确认。开展森林基本状况调查，主要对物种与生态服务功能进行调查，确定物种组成与主要服务功能的基线水平，判断森林植被与其他生物的种类、数量、结构以及服务功能是否受到损害。（3）因果关系分析。分析生态破坏、环境污染行为与森林生态环境损害之间是否存在因果关系。（4）森林生态环境损害实物量化。筛选确定森林生态环境损害的评估指标，对比评估指标现状与基线，确定生态环境损害的范围和程度，计算生态环境损害实物量。确定恢复目标，制定基本恢复方案，基于等值分析原则，量化期间损害，制定补偿性恢复方案。（5）森林生态环境损害价值量化。基于等值分析原则，编制并比选森林生态环境恢复方案，计算恢复费用；不能恢复的，根据实地调查情况，采用适用的生态服务价值量化方法计算森林生态环境损害数额。（6）生态环境损害鉴定评估报告编制。编制森林生态环境损害鉴定评估报告书，根据需要建立鉴定评估工作档案。（7）生态环境恢复效果评估。定期跟踪森林生态环境的恢复情况，全面评估恢复效果是否达到预期目标；对于未达到预期目标的，应分析原因并进一步采取相应措施，直至达到预期目标。

（一）生态环境损害的因果关系分析

森林生态环境损害事件发生后，需要对森林生态环境损害进行调查与确认，分析损害因果关系。鉴定评估技术层面的因果关系判断方法，对于案件审理中的因果关系认定具有借鉴和参考意义。需要说明的是，因果关系的判断不仅适用于确定侵权人责任构成的场合，在数人环境侵权中还有助于人民法院根据原因力的大小在责任人之间分配责任。

1. 污染环境行为与环境损害间的因果关系判定

根据《环境损害鉴定评估推荐方法（第Ⅱ版）》第7条的规定，污染环境行为与环境损害间的因果关系判定包括环境暴露与环境损害间的因果关系判定和环境污染物从源头到受体的暴露路径的建立与验证两部分。

环境暴露与环境损害间的因果关系判定应符合以下一般原则：（1）环境暴露与环境损害间存在时间先后顺序。即环境暴露发生前，环境损害发生在后。（2）环境暴露与环境损害间的关联具有合理性。环境保护与环境损害的机理可由医学、生物学、毒理学等理论作出合理解释。（3）环境暴露与环境损害间的关联具有一致性。环境暴露与环境损害间的关联在不同时间、地点和研究对象中得到重复性验证。（4）环境保护与环境损害间的关联具有特异性。由于环境暴露与环境损害间可能存在单因多果、多因多果等复杂因果关系，因此，环境暴露与环境损害间关联的特异性不作强制性要求。

在掌握污染源排放状况、区域环境质量状况等基础资料的基础上，提出污染来源的假设，通过以下条件或标准建立和验证暴露路径。暴露路径建立和验证的方法如下：（1）存在明确的污染来源和污染排放行为。直接或间接证据表明污染源存在明确的污染排放行为，包括物证、书证、证人证言、笔录、视听资料等。（2）空气、地表水、地下水、土壤等环境介质中存在污染源排放的污染物，且与污染源产生或排放的污染物（或污染物的转化物）具有一致性。（3）污染物传输路径的合理性。当地气候气象、地形地貌、水文条件等自然环境条件存在污染物从污染源迁移至污染区域的可能，且其传输路径与污染源排放路径相一致。（4）受体（人身、财产或生态环境）暴露的可能性。环境污染物可能经呼吸道、膳食或饮水、皮肤接触等暴露途径进入人体，且空气、生活、饮用水、食物中污染物的浓度超过国家或地方相关质量标准限值；或财产所处的环境介质中检测出污染物，且含量明显超出国家、行业或地方标准限值；或环境介质（地表水、地下水、空气、土壤）中污染物浓度超过相应环境质量标准或环境基准限值。（5）识别暴露路径的暴露单元，对每一个暴露单元内的污染物浓度、污染物的迁移机制和路线以及该单元的暴露范围进行分析以此确认各暴露单元是否可以组成完整的暴露路径；或采用定量或半定量方法，如基于同位素的示踪技术、污染扩散模型等，建立并验证污染物从污染源经环境至受体的暴露路径。

2. 森林生态环境损害因果关系分析

通过文献查阅、现场调查、专家咨询等方法，分析生态破坏或环境污染行为导致森林生物数量减少或结构与功能受到损害的原因与作用方式，建立生态破坏或环境污染行为导致森林生态环境损害的因果关系链条。因果关系判定原则具体包括：（1）存在明确的生态破坏或环境污染行为；（2）森林生物数量减少或森林结构、用途与生态服务功能受到损害；（3）生态破坏或环境污染的行为先于损害的发生；（4）根据生态学和环境学理论，生态破坏或环境污染行为与森林生态环境损害具有关联性；（5）可以排除其他人为或自然原因对森林生态环境损害的贡献；（6）对于森林结构或功能受损原因除了当地生态破坏或环境污染行为以外，还存在气候变化、自然灾害等自然因素，或跨区域人为因素的影响的，应同时界定和分析其他各因素对损害的贡献率，若其他各因素导致的损害难以量化，可以通过专家咨询法、专家打分法确定各种因素对森林生态环境损害的贡献率。

（二）生态环境损害的量化

1. 生态环境损害评估方法

根据《环境损害鉴定评估推荐方法（第Ⅱ版）》，生态环境损害评估方法分为替代等值分析方法及环境价值评估方法。替代等值分析方法包括资源等值分析方法、服务等值分析方法和价值等值分析方法。资源等值分析方法是将环境的损益以资源量为单位来表征，通过建立环境污染或生态破坏所致资源损失的折现量和恢复行动所恢复资源的折现量之间的等量关系，来确定生态修复的规模。服务等值分析方法是将环境的损益以生态系统服务为表征，通过建立环境污染或生态破坏所致生态系统服务损失的折限量与恢复行动所恢复生态系统服务的折限量之间的等量关系，来确定生态修复的规模。价值等值分析方法分为价值—价值法和价值—成本法。价值—价值法是将恢复行动所产生的环境价值贴现与受损环境的价值贴现建立等量关系，此方法需要将恢复行动所产生的效益与受损环境的价值进行货币化。衡量恢复行动所产生的效益与受损环境的价值需要采用环境价值评估方法。价值—成本法首先估算受损环境的货币价值，进而确定恢复行动的最优规模，恢复行动的总预算为受损环境的货币价值量。环境价值评估方法包括直接市场价值法、揭示偏好法、效益转移法和陈述偏好法。

生态环境损害评估遵循替代等值分析方法优先原则，若替代等值分析方法不可行，则采用环境价值评估方法。替代等值分析方法也称作基于恢复目标的方法，即制定恢复方案，将受损的生态环境恢复到事件发生前的状态，并弥补期间损失。其中为将受损环境恢复到原有状态的行动叫作基本恢复行动，补偿期间损失所采取的行动叫作补偿性恢复行动。

2. 森林生态环境损害量化

《生态环境损害鉴定评估技术指南——森林（试行）》对森林生态环境损害实物量化和价值量化进行了规范。其中，森林生态环境损害实物量化包括损害范围量化和损害程度量化。损害范围量化，是划定不同森林损害类型的空间范围，及根据森林损害开始与恢复方案的持续时间确定损害的起止时间。损害程度量化，是指将森林结构、数量与功能（用途）等各项指标的受损现状与基线水平相比较，减少或降低的程度，如森林面积的减少量或树木受损数量、物种类型及数量的减少量、植被生长受阻程度、生态服务功能损害量等。具体包括：森林植被面积、物种组成及数量、密度、覆盖度等指标，与基线状态的差异；动物栖息地或物种组成、数量、密度及分布范围等指标，与基线状态的差异；森林土壤养分或土壤、植物体内污染物浓度水平，与基线水平的差异；等等。

不同类型的森林生态环境损害关注的侧重点有所不同。对于以林业生产为主的森林，应当重点关注林木、林副产品的损害；对于特定用途森林，重点关注涵养水源、土壤保持、防风固沙等服务功能损害；涉及动物栖息地，重点关注保护物种和物种栖息地损害；涉及文化旅游服务的，重点关注娱乐和景观美学等服务功能损害。

（三）生态环境修复目标的确定

生态环境部发布的《生态环境损害鉴定评估技术指南 总纲和关键环节 第1部分：总纲》第3.9条明确，生态环境恢复是指采取必要、合理的措施将受损生态环境及其服务功能恢复至基线并补偿期间损害的过程，包括环境修复和生态服务功能的恢复。所谓基线，其定义为污染环境或破坏生态行为未发生时，受影响区域内人体健康、财产和生态环境及其生态系统服务的状态。

森林生态修复目标应确定为基线状态。尽管环境修复目标可以区分为修复至基线状态、修复至可接受风险水平或先修复至可接受风险水平再恢复至基线状态，但修复至可接受风险水平一般仅适用于部分工业污染场地的修复。基线确认应当通过下列方法进行：（1）利用受损前最近的历史数据确认基线。通过历史资料分析、专项调查、学术研究等，获取能够表征调区森林生态环境状况或生态服务功能与用途历史状况的数据。（2）利用未受生态破坏或环境污染行为影响的相似现场数据确定基线。通过对照区的调差数据，确定基线水平。对照区应对评估区域具有较好的时间和空间代表性，且其数据获取调查方法应与评估区域具有可比性。（3）确定基线时，考虑生物物候（包括动植物）、物种及其数量的年际（如大小年）、年内（如季节性变化）变化过程，选择相同或相近的历史数据。（4）对于以上方法都无法确定基线水平的，采用专家判定法进行基线判定。由此可见，修复至基线状态虽然最大限度追求“将生态环境修复到环境损害发生之前的状态和功能”，但后者只是前者的理想状态，实践中难以相互等同。此外，在无法确定受损前森林生态原貌或与类似区域进行比对的极端情况下，可以采用专家判定法确定基线状态。

（四）生态环境修复方案的制定

1. 修复方案确定的基本方法

生态环境恢复或修复方案的制定具体参照《环境损害鉴定评估推荐方法（第Ⅱ版）》8.3.2和附录B，分别对应基本恢复方案的制定和补偿性恢复方案的制定。其基本步骤包括：（1）确定生态环境恢复或修复的目标。即将受损生态环境恢复至基线状态，或修复至可接收风险水平，或先修复至可接收风险水平再恢复至基线状态，或再修复至可接受风险水平的同时恢复至基线状态。（2）将生态环境恢复按照目的划分为基本恢复、补偿性恢复和补充性恢复。基本恢复的目的是使受损生态环境及其生态系统服务复原至基线水平。补偿性恢复的目的是补偿环境从损害发生至恢复至基线水平期间，受损环境原本应该提供的资源或生态系统服务。如基本恢复和补偿性恢复未达到预期恢复目标，则需开展补充性修复，以保证环境恢复到基线水平，并对期间损害给予等值补偿。（3）制定基本恢复方案。选择基本恢复措施，编制多重可能的基本恢复方案，对备选恢复方案进行初步筛选、定性筛选、偏好筛选以及成本效益分析，最终确定最优恢复方案，并确定最优恢复工程的实施范围、恢复规模和持续时间等。（4）制定补偿性恢复方案。在确定基本恢复方案恢复路径和恢复所需时间的基础上，采用替代等值分析方法量化期间损害，然后确定补偿性恢复方案的单位效益，并计算补偿性恢复方案的规模。在此基础上提出备选恢复方案，筛选确定补偿性恢复方案。

生态环境恢复费用即实施基本恢复方案、补偿性恢复方案、补充性恢复方案中设计、施工、监测、建立等需要花费的费用。恢复方案应包括恢复目标，基本恢复和补偿性恢复工程实施范围、工程量、持续时间和工程概算，环境建立、竣工验收要求等。

2. 森林基本恢复方案的制定

森林修复方案的制定需要首先确定恢复目标，原则上以基线水平的植被物种组成及各项生长指标等作为恢复目标。根据森林的功能差异，修复目标有所不同：对于生态服务功能主要为供给服务的森林，应以森林面积与供给服务实物量为目标；对于生态服务功能主要为物种栖息地的森林，应以森林面积与能够表征森林生态系统完整性的1~3种物种数量或密度为修复目标；对于生态服务功能为涵养水源、水土保持、防风固沙其中一项服务功能为主的森林，应以森林面积或者水土保持量、涵养水源量、固沙量等服务功能实物量为修复目标；对于生态服务功能主要为旅游和休闲娱乐的森林，要以旅游或休闲娱乐人次为修复目标；对于涉及土壤破坏或环境质量下降的，还应当以土壤环境和植物体内污染物浓度为修复目标。

此外，为确定所采取的森林生态恢复技术，具体包括土壤肥力恢复技术、水土流失控制与保持技术、土壤污染控制与土壤环境质量恢复技术、节水与保水技术、植物育种技术、物种引入与恢复技术、植物种植栽培技术、动物孵化技术、动物繁育技术、栖息地重构技术。对于污染因素或有害生物等造成的森林生态环境损害，还应该考虑污染源搬迁、面源污染阻隔、有害生物控制等技术的使用。

本条解释规定应当合理确定森林生态环境修复方案，适用中应注意以下方面：一是要在确定基线状态的前提下，根据损害的实际情况，结合不同类型森林的服务功合理制定修复方案。二是要遵循林木和其他植被以及野生动物等生长繁衍的自然规律。盲目要求侵权人在非宜林地区、非宜林时节种植不适宜当地的树种等，不仅难以达到生态修复效果，更会造成资源浪费。优先采用自然恢复，并辅以必要的管理措施，对于损害严重、自然恢复难以达到预期效果的，采取人工辅助恢复技术措施。三是经科学论证，人民法院可以在判项中明确履行修复义务的树种、树龄、地点、数量、存活率及完成时间等具体要求，并可附详细修复方案。对于补植的树种，可以根据当地实际情况予以选择，兼顾经济效益和社会效益。四是在确定基本恢复方案的同时，应当计算期间损失并由侵权人依法予以赔偿。对于特定用途森林，以毁坏面积或涵养水源量、土壤保持量、固沙量等指标作为期间损害的量化指标；对于风景名胜区等旅游用途森林，以森林毁坏面积或旅游人次、旅游收入作为期间损害的量化指标；对于森林栖息地，选择森林毁坏面积或能够代表森林栖息地生态系统完整性的物种数量或密度作为期间损害的量化指标。五是恢复方案实施后，应当对森林生态环境修复效果进行评估。森林生态环境修复不仅仅是简单补植树木，而是生态服务功能的恢复。森林生态环境恢复效果评估需要开展多次，观测植物成活率、生长状况、土壤物理性状、土壤生物情况、野生动物出现频率、恢复方案实施进度、森林生态服务功能恢复情况等。经评估，森林结构、功能与服务未完全恢复至基线水平的，应及时制定补充性恢复方案，直到达到预期恢复目标为止。

三、鉴定意见和专业意见的适用

森林生态环境损害调查与确认、因果关系分析、修复方案制定，均需要运用科学的方法学开展，体现出较强的专业性特征。2015 年 12 月，最高人民法院、最高人民检察院、司法部联合印发《关于将环境损害司法鉴定纳入统一登记管理范围的通知》。通知明确，为满足环境损害诉讼需要，加强环境保护和环境修复工作，对环境损害司法鉴定实行统一登记管理。同时，生态环境部自 2014 年 1 月正式下发《生态环境损害评估鉴定推荐机构名录（第一批）》，迄今已推荐三批共42家机构，在一定程度上解决了鉴定机构不足的问题。需要指出的是，作为证据的鉴定意见仅指由人民法院依法委托出具的鉴定意见。当事人一方自行委托出具的鉴定意见，不属于民事证据中的鉴定意见，需要按照法律和司法解释有关私文书证的规定进行审查认定。

环境鉴定存在涉及专业领域广，鉴定标准规范冲突或缺失，鉴定周期长、鉴定费用高等问题。尤其在一些特殊领域，可能出现没有符合要求的鉴定机构的情况。在并非每个案件均能够进行鉴定的情况下，本条解释规定确定森林生态环境修复方案时可以参考林业主管部门、林业调查规划设计单位、相关科研机构和人员出具的专业意见，确保修复方案的科学性和可操作性。区别于鉴定人员，这些机构和人员并无严格的资质要求，只要在相关领域具有超出社会一般人的专业知识即可。

例如，在江苏省连云港经济技术开发区人民检察院诉仰某梅等三人森林失火刑事附带民事公益诉讼案中，仰某梅兄妹三人携带火种、纸钱至江苏省连云港市某山上上坟烧纸导致大面积山林被烧。检察机关提起刑事附带民事公益诉讼后，经林业部门出具评估报告和修复方案，认定失火行为导致的森林生态效益期间损失为39.3万元，主要包括涵养水源、保育土壤、固碳释氧、积累营养物质、净化大气环境、森林防护、保护野生动物功能价值等；修复方案为栽植黑松1500株和朴树500株，营造混交林方式，验收时苗木保存率应达到90%以上，修复所需替代费用为39.3万元。人民法院依据该专业意见，确定了详细的修复方案作为判决附件，明确被告在原地补植复绿的栽植品种、规格、数量、时间、养护期限和要求等，采取自然恢复和人工修复相结合的措施，确保了森林修复的科学性、合理性和可操作性。

【法条链接】

1.**《中华人民共和国民法典》**（2020年5月28日）

第一千二百三十四条 违反国家规定造成生态环境损害，生态环境能够修复的，国家规定的机关或者法律规定的组织有权请求侵权人在合理期限内承担修复责任。侵权人在期限内未修复的，国家规定的机关或者法律规定的组织可以自行或者委托他人进行修复，所需费用由侵权人负担。

2.**《中华人民共和国森林法》**（2019 年 12 月 28 日修订）

第四十六条 各级人民政府应当采取以自然恢复为主、自然恢复和人工修复相结合的措施，科学保护修复森林生态系统。新造幼林地和其他应当封山育林的地方，由当地人民政府组织封山育林。

各级人民政府应当对国务院确定的坡耕地、严重沙化耕地、严重石漠化耕地、严重污染耕地等需要生态修复的耕地，有计划地组织实施退耕还林还草。

各级人民政府应当对自然因素等导致的荒废和受损山体、退化林地以及宜林荒山荒地荒滩，因地制宜实施森林生态修复工程，恢复植被。

第十九条 人民法院依据民法典第一千二百三十五条的规定确定侵权人承担的森林生态环境损害赔偿金额，应当综合考虑受损森林资源在调节气候、固碳增汇、保护生物多样性、涵养水源、保持水土、防风固沙等方面的生态环境服务功能，予以合理认定。

【条文主旨】

本条是关于确定森林生态环境损害赔偿金额的规定。

【条文理解】

一、本条解释起草的背景

本司法解释作为一个综合性司法解释，不仅明确了森林资源民事案件审理的实体法规则，也同时兼具程序法因素。在起草和征求意见过程中，部分专家建议应当吸收《民法典》和民事公益保护诉讼制度的最新成果，明确具有森林资源特点的生态环境保护规则。因此，本条明确了森林生态环境损害赔偿金额的确定问题。建立本司法解释与《民法典》公益侵权责任条款、环境民事公益诉讼和生态环境损害赔偿诉讼相关规则和内容的衔接，具有一定的创新性。规定本条解释内容主要有以下考虑：

一是明确森林生态环境损害的概念。由于审判理念未及时更新、审理期限压力及生态价值鉴定难、鉴定贵等客观情况，许多法院在认定森林生态环境损害时，往往仅关注经济价值，忽略了生态价值。未厘清森林作为一种自然资源，兼具生态价值和经济价值两种重要属性，对于在何种请求权基础上主张何种价值损失存在混淆。本条解释在区分森林资源的生态利益和生态价值的基础上，明确森林生态环境损害的概念。只有全面赔偿对自然资源造成的损害，才能真正实现“污染者负担”，防止经济活动的外部不经济性出现。

二是明确森林生态环境损害的范围。长期以来，在环境污染、生态破坏案件中，森林或者林木价值的损失往往被认定为损害的内容，因而追究了森林资源价值损失。本条解释明确了生态环境侵权行为造成的森林资源生态价值损失，依据《民法典》第1235条规定，包括期间服务功能损失、永久性功能损失等。从而为人民法院处理涉及森林资源的环境公益诉讼和生态环境损害赔偿案件提供依据和标准。

三是明确森林生态环境损害的判断标准。林木本身具有调节气候、固碳增汇、保护生物多样性等生态服务功能。森林作为一个整体在生态系统中的功能和价值也不容忽视。本条解释明确了森林生态环境损害内容，即生态服务功能损失的具体判断标准。人民法院查明损害后果时，应引导鉴定机构、专家充分考虑森林生态价值和功能，合理确定损害赔偿金额。考虑因素在借鉴《长江保护法》第40条及2021年修正的《草原法》第42条所列环境功能的基础上，为突出对“双碳”目标实现的服务保障，强调了固碳增汇功能。

征求意见过程中，有部门建议将《民法典》第1235条规定的五项损失和费用均纳入确定森林生态环境损害赔偿责任的考虑范围。我们认为，该项建议有助于更加明确哪些费用属于森林生态环境损害的赔偿范围，故通过援引该条的方式予以采纳。

二、森林生态环境损害的概念

我国法律目前尚未对何为生态环境损害进行规范定义。人类的活动，不可避免会对生态环境造成一定影响。这种影响造成生态环境的破坏、减损以及降低均属于生态环境损害。因此，部分环境法学者将生态环境损害的定义概括为对环境造成的不利影响。从中共中央办公厅、国务院办公厅《生态环境损害赔偿制度改革方案》也可以看出，主流观点认为“生态环境损害是指因污染环境、破坏生态造成大气、地表水、地下水、土壤、森林等环境要素和植物、动物、微生物等生物要素的不利改变，以及上述要素构成的生态系统功能退化”。不仅我国采纳这一观点，世界许多其他国家的环境损害概念亦采纳了类似观点。比如，2002年《俄罗斯联邦环境保护法和土地法典》第1条规定，环境损害是指因污染环境而引起的环境不良变化，包括自然生态系统退化和自然资源衰竭。[①] 2004 年欧洲议会和欧盟理事会联合发布的《关于预防和补救环境损害的环境责任指令》第 2 条第 1 项明确，该指令的适用范围是“物种和自然栖息地”“水资源”和“土壤”，排除了空气、气候等环境要素的适用。这是因为这类环境要素缺少可分性，无法将具体的污染份额归属到特定污染者，因此无法通过责任法律制度进行规制。[②] 关于行为人对生态环境这一一般公众利益造成不利影响的，《德国基本法》第 20a 条中也有相应规则要求行为人承担公法责任的规定。《美国 1980 年综合环境反应补偿与责任法》（一般称为《超级基金法》，简称 CERCLA）[③] 认为自然资源损害以及清除污染物支出的费用均属于生态环境损害赔偿范围。狭义的生态环境损害，指可以通过司法鉴定或者相关技术手段确定的对自然和生态要素的侵害，造成其服务功能、承载能力的下降。广义与狭义概念的区分包含着应然与实然的差别。

还有部分环境法专家认为，生态环境是指“以整个生物界为中心，可以直接或间接影响人类生活和发展的自然因素和人工因素的环境系统。它由包括各种自然物质、能量和外部空间等生物生存条件组合成的自然环境和经过人类活动改造过的人工环境共同构成”。[④] 生态环境损害可以称为生态损害，指“人为的活动已经造成或者可能造成人类生存和发展所必须依赖的生态（环境）的任何组成部分或者其任何多个部分相互作用而构成的整体的物理、化学、生物性能的任何重大退化”。[⑤]

从技术角度看生态环境损害，生态环境部、国家市场监督管理总局 2020 年 12 月 29 日发布的《生态环境损害鉴定评估技术指南 总纲和关键环节 第 1 部分：总纲》规定，生态环境损害是指因污染环境、破坏生态造成环境空气、地表水、沉积物、土壤、地下水、海水等环境要素和植物、动物、微生物等生物要素的不利改变，及上述要素构成的生态系统的功能退化和服务减少。与前述《生态环境损害赔偿制度改革方案》中明确的生态

---

① 参见《俄罗斯联邦环境保护法和土地法典》，马骧聪译，中国法制出版社 2003 年版，第 2~3 页。

② 参见马强伟：《德国生态环境损害的救济体系以及启示》，载《法治研究》2020 年第 2 期。

③ Comprehensive Environmental Response, Compensation, and Liability Act.

④ 周珂：《生态环境法论》，法律出版社 2001 年版，第 14 页。

⑤ 竺效：《生态损害综合预防和救济法律机制研究》，法律出版社 2016 年版，第 43 页。

环境损害范围一致。2020 年 9 月《生态环境损害鉴定评估技术指南——生态系统第 1 部分：森林和林地（征求意见稿）》中，将“林地生态环境损害”定义为由于乱砍滥伐、毁林开荒、违规工程建设等生态破坏行为或污染物排放等环境污染行为，造成林地立地条件或生境质量下降、物种数量减少、结构受损、生态服务功能降低甚至丧失。2022 年 7 月，生态环境部、国家林业和草原局共同发布《生态环境损害鉴定评估技术指南——森林（试行）》，明确“森林生态环境损害”是指由于破坏生态、污染环境行为造成森林生态系统结构、功能与演替等过程的不利改变，以及森林系统服务的降低或丧失。从前述规定可以清晰看出，森林生态环境损害并非林木的经济价值损失。本司法解释规定的“生态环境损害”即采用广义概念。

三、森林资源的经济价值和生态价值分析

森林是兼具经济价值和生态价值为一体的复合型环境要素，对于森林生态环境的损害必然造成两种价值的减损。《森林法》第 28 条明确，国家加强森林资源保护，发挥森林蓄水保土、调节气候、改善环境、维护生物多样性和提供林产品等多种功能。森林资源除经济价值之外，还具有重要的生态功能和价值，对这些功能的损害通常又具有不可逆转的特点。实践中，部分法院对森林生态环境损害的理解过于狭窄，认为森林资源的损失即为森林生态环境的损害。明确了前述概念，再理解森林生态环境损害，就不难看出本部分为何要将生态环境损害作为优先解释内容。

自然资源作为国家发展之基、生态之源、民生之本，在经济社会发展和生态文明建设中承担着重要的支撑作用，关系中华民族永续发展。森林是重要的自然资源之一。《森林法》第 3 条规定：“保护、培育、利用森林资源应当尊重自然、顺应自然，坚持生态优先、保护优先、保育结合、可持续发展的原则。”对于资源类环境要素，其立法目的中大多包含“利用”，而其他生态环境要素的相关法律规范中则没有“利用”这一表述。森林作为一种具有经济价值的自然资源，具有较好的资产属性。我国将林地和林地上的森林划分为公益林和商品林实行分类经营管理，对于公益林主要开展林木保育和培育，发挥其调节气候、保持水土、防风固沙等生态

功能作用。而对于商品林则充分依靠市场机制调节，发挥其经济价值属性。随着国家对森林资源生态价值和经济价值双重保护的重视，《森林法》明确森林、林木和林地作为可以利用的对象和客体，依法确定给林业经营者使用，经批准可以转让、出租、作价出资。第九次全国森林资源清查期间（2014—2018 年），林地林木资产总价值达 25.05 万亿元。各地林地、林木资产价值快速增加，地方绿色发展的生态资本更加扎实，蕴含巨大的生态发展潜力。[①] 对于破坏森林资源造成的损害，往往根据后果的严重程度，通过追究犯罪分子刑事责任或者侵权人民事责任来实现，如追究违法行为人盗伐、滥伐林木犯罪行为，判令其赔偿森林资源价值损失，以达到惩罚、预防犯罪的目的。林木、林地的所有权人或者经营者也往往通过提起民事侵权之诉，追究侵权人损害其林木、林地所造成的损失。需要注意的是，前述损失并非森林资源生态价值贬损的损失，而是森林资源本身资源价值的损失，是针对森林资源经济价值受到损害的损失。

如前所述，森林、林地、林木除了具有较高的经济价值，能够带来经济利益外，还有作为生态系统的重要组成部分，在生态系统中具有调节气候、涵养水源、防风固沙、保持水土等多种多样的生态价值。而传统刑事、民事、行政审判往往未对该类生态价值的损失给予充分关注。且生态价值所带来的生态利益并无直接的受损个体，无论是森林资源的所有者还是经营者都缺失保护森林生态价值、主张生态服务功能损失的具体路径。随着我国立法建立环境公益诉讼制度，环境公共利益有了新的保护路径。通过赋予法律规定的机关和有关组织以公益诉权，保护无主生态环境要素受到损害的生态损失。生态环境损害赔偿改革过程中，通过国家政策赋予省级、市地级政府及其指定的部门、机构，行使全民所有自然资源资产所有者职责的部门权利，可以主张生态要素和资源要素的生态损害，保护受损的生态环境及时得到修复。这两类新的诉讼样态弥补了传统私益侵权之诉无法保障公共环境权益受损的情况，有效推动了环境公共利益的保护。随着生态环境法治保障规则体系的健全，《民法典》将实践中较为完善的

---

① 参见王硕：《我国森林资源价值几何？最新中国森林资源核算研究成果发布》，载人民政协网，http：//www.rmzxb.com.cn/c/2021-03-18/2811566.shtml，最后访问日期：2022 年 7 月 12 日。

公益侵权保护规则纳入实体法规定，在第 1234 条规定生态环境修复责任，并在第 1235 条明确了公益诉讼的赔偿范围。

综上，本条解释规定的森林生态环境损害是指森林作为自然资源以及生态系统的组成部分，因污染环境、破坏生态行为造成其环境要素、生物要素的不利改变，以及上述要素构成的森林生态系统功能退化和服务减少。森林资源受到破坏后，其经济价值的减损并不在本条规定范围之内。

四、破坏森林生态环境的赔偿范围

《生态环境损害鉴定评估技术指南——总纲和关键环节 第 1 部分：总纲》第 3.2 条规定，生态服务功能是指生态系统在维持生命的物质循环和能量转换过程中，为人类与生物提供的各种惠益，通常包括供给服务、调节服务、文化服务和支持功能。第 3.6 条规定，期间损害是指自生态环境损害发生到恢复至基线[①]期间，生态系统提供服务功能的丧失或减少。第 3.9 条规定，生态环境恢复是指采取必要、合理的措施将受损生态环境及其服务功能恢复至基线并补偿期间损害的过程，包括环境修复和生态服务功能的恢复。按照恢复目标和阶段不同，生态环境恢复可分为基本恢复、补偿性恢复和补充性恢复。第 3.13 规定，永久损害是指受损生态环境及其生态服务功能难以恢复，其向人类或其他生态系统提供服务的能力完全丧失。

《环境民事公益诉讼司法解释》第 20 条第 1 款规定，原告请求恢复原状的，人民法院可以依法判决被告将生态环境修复到损害发生之前的状态和功能；无法完全修复的，可以准许采用替代性修复方式。第 21 条规定，原告请求被告赔偿生态环境受到损害至修复完成期间服务功能损失的，人民法院可以依法予以支持。《生态环境损害赔偿若干规定》第 12 条第 3 款规定，原告请求被告赔偿生态环境受到损害至修复完成期间服务功能损失的，人民法院根据具体案情予以判决。该规定第 13 条规定，受损生态环境无法修复或者无法完全修复，原告请求被告赔偿生态环境功能永久性损害

---

① 根据该文件规定，基线是指污染环境或破坏生态未发生时评估区生态环境及其服务功能的状态。

造成的损失的，人民法院根据具体案情予以判决。该两部司法解释对于损失的规定与前述技术规范一脉相承，可以看出，环境民事公益诉讼和生态环境损害赔偿诉讼追究侵权人损害赔偿责任的范围，包括生态环境受到损害至修复完成期间服务功能损失、生态环境功能永久性损害造成的损失两部分。这样规定的主要原因，在于最高人民法院采纳了生态环境部门制定的技术规范中对生态环境的恢复以基本恢复和补偿性恢复为主的观点。即生态环境受到损害，对其恢复的基本要求就是到达基线状态。在此种情况下，存在基本恢复的费用以及从受损至恢复基线状态期间的服务功能损失。当然，在极端的情况下，存在生态环境服务功能完全丧失的情况，此时侵权人需要赔偿永久性损害造成的损失。最高人民法院的该种观点在司法实践中发挥了追究侵权人生态环境损害赔偿责任的重要作用，最终被立法机关所采纳，吸收进《民法典》中。依据《民法典》第 1235 条第 1 项、第 2 项规定，生态环境侵权行为造成的损失中包含生态环境受到损害至修复完成期间服务功能丧失导致的损失、生态环境功能永久性损害造成的损失。该两项损失即为破坏森林资源可能造成的生态价值损失，从而成为森林生态环境损害的赔偿范围。

五、确定森林生态环境损害赔偿金额的考量因素

森林生态环境的损害包含期间损失和永久性损失两大方面，具体赔偿金额主要依靠生态环境损害的调查评估和鉴定具体确定。根据《生态环境损害鉴定评估技术指南——森林（试行）》第 6.3 条，确定森林生态环境损害，需要综合以下因素予以判断。

1. 植被调查。包括植被特征、类型、损害面积、范围和程度。其中，乔木主要调查物种、数量（株数）、株高、胸径、密度、郁闭度、蓄积量等，灌木主要调查物种、株数或丛数、密度、高度、覆盖度等，草本主要调查物种、高度、密度、覆盖度等。

2. 动物调查。包括物种、数量、成（幼）体、密度及分布情况。搜集所在区域的珍稀动物物种及其他主要生物资源的分布状况，包括动物名录、种群特征与分布，重点保护动物名录、种群特征、分布与栖息地状况等。

3. 土壤调查。涉及土壤破坏的，应根据实际情况，调查土壤类型、土壤层厚度，土壤理化性质与养分元素含量，如土壤 ph、有机碳含量、土壤氮、磷、钾含量等指标，土壤动物的类群、数量、生物量，主要土壤微生物类群、数量等指标。

4. 森林生态服务功能调查。获取评估区森林的历史、现状和规划信息，查明森林生态环境损害发生前、损害期间、恢复期间评估区域的主要生态服务功能。

5. 其他内容。对于环境污染行为导致的森林生态环境损害，除上述调查内容以外，还包括林地及林下植物死亡，以及叶片、树干、根系组织的受损状况与表现症状，确定植被或树木受损害的程度。

在考量生态环境损害时，有些内容无法通过鉴定予以确定，需要结合生态环境主管部门和相关专家的意见予以综合评判。例如，浙江省湖州市太湖新区人民法院审理的顾某以及长兴某旅游公司非法占用农用地案对森林资源碳汇价值损失的认定进行了探索。[①] 该案中，经国家林业主管部门认定的林业碳汇计量及检测单位相关技术人员确认，被告公司和被告人占用并毁坏林地的行为，破坏了林业资源，降低了森林吸收、储存二氧化碳的能力。针对案件所涉非法占用林地的相邻林地块的现有碳储量、碳汇功能进行调查分析，并结合二氧化碳的碳汇市场价格，最终评定被损毁林业资源碳汇价值为 37 200 元，由被告单位向被毁林木所在地村民委员会支付。村民委员会作为生态环境赔偿金的使用管理单位，将该笔赔偿金定向补偿给当地林农用于植树造林活动或投入当地普惠生态公益项目，以实现固碳增汇、碳汇富民，赔偿金的流向依法向社会公开。又如，江苏省南京市中级人民法院审理的王某林生态破坏民事公益诉讼案认定了森林资源的水源涵养损失。[②] 该案中，法院查明被告的非法采矿行为导致采矿场周围植被遭受破坏，造成森林涵养水损失、水土流失、土壤侵蚀及树木放氧量的减少，综合考虑森林面积、森林涵养水源能力、水价格和服务年限计算出案涉森林涵养水源损失为 440 233 元，判决被告一并赔偿。上述案件反

---

① 参见浙江省湖州市南太湖新区人民法院（2022）浙 0591 刑初 160 号刑事附带民事判决书。

② 参见江苏省南京市中级人民法院（2020）苏 01 民初 798 号民事判决书。

映了各地法院在确定生态服务功能损失的过程中，充分考虑森林、林木生态特点和对生态系统的服务功能特性所作出的有益尝试。

本条解释中列举的生态服务功能范围，主要是森林作为一个整体，在服务整个生态系统和其他生态系统的过程中所体现的较为重要的功能。除上述功能之外，森林资源因其本身含有的生物物种范围广、容量大，其服务功能还可能包含对于风景名胜区旅游类林地服务于人类旅游和欣赏优美生态环境的功能，对于自然保护区林地栖息服务于保护物种、种群、数量、密度以及生态可持续发展的功能，对于特定用途林地的特殊服务功能等。

生态环境损害包括提供产品和服务的价值损失的功能，这种功能包括林木的一次性使用供给的价值损失以及经济价值损失，根据不同林木产品的用途，比如用材林、能源林、经济林、防护林等不同的功能，可以计算出其不同的资源价值。对于这一部分资源价值是否属于生态环境损害的问题，从技术角度看应当属于生态环境损害，但从司法审判的角度来说，则认为该部分经济价值应当作为林木本身的价值损失，而非单纯的生态环境损害。因为从请求权基础上看，林木经济价值损失可以由所有权人或者使用权人提起私益诉讼救济，而非通过公益诉讼或者生态环境损害赔偿诉讼来主张，从而将该种损害内容从公益诉讼赔偿范围之中分割出去。

【审判实践中应注意的问题】

一、关于生态环境修复费用与生态服务功能损失的关系

生态环境受损后，为了尽快恢复其原有状态和功能，需要开展生态环境修复工作。同时，生态环境受损后，其服务于人和服务于生态环境的功能受到减损和降低。因此，为使生态环境恢复与好转产生了生态环境修复费用和服务功能损失。司法实践中，为了保护和尽快修复受损生态环境，立法机关赋予国家规定的机关和法律规定的组织主张公益侵权责任的请求权基础，即《民法典》第 1234 条、第 1235 条的规定。具体而言，两类费用有以下三点区别。

（一）责任基础不同

生态环境修复费用源于生态环境修复责任，是传统民事侵权中恢复原状责任在生态环境领域的体现。其主要目的是恢复受损生态环境，既包括对受损生态环境的直接修复，也包括无法完全修复时被告所承担的赔偿损失、补植复绿、增殖放流、劳务代偿等替代性修复，而无论直接修复还是替代性修复，其“实质仍然是民事补偿性”。[①] 生态环境修复责任作为补偿性责任的特点体现在：其修复以恢复到基线水平为目标，修复到原有状态和功能即可。服务功能损失属于赔偿责任范畴，即传统民事侵权的赔偿损失责任。两者请求权基础不同，可以同时主张，互相不可替代。

比如，最高人民法院 2015 年发布的环境侵权典型案例中的北京市朝阳区自然之友环境研究所、福建省绿家园环境友好中心诉谢某锦等四人破坏林地民事公益诉讼案。该案审理法院认为，被告占用林地，不仅严重破坏了 28.33 亩林地的原有植被，还造成了林地植被受损至恢复原状期间生态服务功能的损失，依法应共同承担恢复林地植被、赔偿生态功能损失的侵权责任。遂判令谢某锦等四人在判决生效之日起 5 个月内恢复被破坏的 28.33 亩林地功能，在该林地上补种林木并抚育管护 3 年，如不能在指定期限内恢复林地植被，则共同赔偿生态环境修复费用 110 万余元；共同赔偿生态环境服务功能损失 127 万元，用于原地或异地生态修复。该案以生态环境修复为着眼点，判令被告限期恢复被破坏的林地功能，在该林地上补种林木并抚育管护 3 年，进而实现尽快恢复林地植被、修复生态环境的目的。此外，本案也首次通过判决支持了生态环境受到损害至恢复原状期间服务功能损失的赔偿请求，提高了破坏生态行为的违法成本，体现了保护生态环境的价值理念。

（二）功能不同

生态环境修复费用主要用于实际修复受损生态环境，该费用是客观存

---

① 参见梁珠琳、任洪涛：《浅析生态修复法律责任》，载《福建法学》2018 年第 3 期；邱玉梅、李卓：《论生态环境修复责任制度的完善》，载《时代法学》2020 年第 2 期。

在的，不因行为是否具有主观故意而变化。主要取决于生态环境损害评估鉴定以及修复方案的设计。服务功能损失则是因行为人污染环境、破坏生态行为导致生态环境功能受损的赔偿款项，该笔款项因侵害对象为受损生态环境，属于全社会共同享有的公共产品，并非具体的自然人、法人或者非法人组织的人身、财产损失。该类损失也受到行为人是否故意侵害生态环境、行为是否造成严重后果等因素的影响。

比如，最高人民法院 2022 年发布的人民法院贯彻实施《民法典》典型案例中的浮梁县人民检察院诉某化工集团有限公司环境污染民事公益诉讼案。该案是《民法典》施行后首例适用生态环境侵权惩罚性赔偿条款的案件。审理法院在判令被告承担生态环境修复费用、环境功能性损失等补偿性费用之外，采取“基数+倍数”的计算方式，结合具体案情决定以环境功能性损失费用为计算基数，综合考虑侵权人主观过错程度、侵权后果的严重程度、侵权人的经济能力、赔偿态度、受到行政处罚的情况等因素确定赔偿倍数，进而确定最终的惩罚性赔偿金额，为正确实施环境污染和生态破坏责任惩罚性赔偿制度提供了有益借鉴。

（三）资金管理和使用方式不同

生态环境修复资金应当用于实际修复工作。《环境民事公益诉讼司法解释》第 24 条第 1 款规定，人民法院判决被告承担的生态环境修复费用、生态环境受到损害至修复完成期间服务功能丧失导致的损失、生态环境功能永久性损害造成的损失等款项，应当用于修复被损害的生态环境。《生态环境损害赔偿若干规定》第 15 条规定，人民法院判决被告承担的生态环境服务功能损失赔偿资金、生态环境功能永久性损害造成的损失赔偿资金，以及被告不履行生态环境修复义务时所应承担的修复费用，应当依照法律、法规、规章予以缴纳、管理和使用。《环境民事公益诉讼司法解释》未区分两类费用的使用目的，原因在于该司法解释制定时并未对费用的归属进行明确。其后制定的《生态环境损害赔偿若干规定》进一步明确，对于损失赔偿金以及不履行修复义务时的修复费用，应当依照法律、法规、规章予以缴纳、管理和使用。这也与 2020 年 3 月 11 日公布的《生态环境损害赔偿资金管理办法（试行）》（财资环〔2020〕6 号）相一致。该办法第2条明确，本办法所称生态环境损害赔偿资金，是指生态环境损害事件发生后，在生态环境损害无法修复或者无法完全修复以及赔偿义务人不履行义务或者不完全履行义务的情况下，由造成损害的赔偿义务人主动缴纳或者按照磋商达成的赔偿协议、法院生效判决缴纳的资金；经生态环境损害赔偿磋商协议确定或者人民法院生效法律文书确定，由赔偿义务人修复或者由其委托具备修复能力的社会第三方机构进行修复的，发生的生态环境损害修复费用不纳入本办法管理。第6条规定，赔偿权利人负责生态环境损害赔偿资金使用和管理；赔偿权利人指定的相关部门、机构负责执收生态环境损害赔偿协议确定的生态环境损害赔偿资金；人民法院负责执收由人民法院生效判决确定的生态环境损害赔偿资金。生态环境损害赔偿资金作为政府非税收入，实行国库集中收缴，全额上缴赔偿权利人指定部门、机构的本级国库，纳入一般公共预算管理。据此，生态环境受损后如果可以修复，则生态环境修复费用应当支付给生态环境修复义务的履行主体。而对于无法通过修复解决的生态环境服务功能期间损失及永久性损失，其赔偿金则应当全额上缴本级国库，纳入一般公共预算管理。

二、关于人民法院对鉴定机构、专家的指导

（一）对于鉴定机构和人员的指导

职权性是生态环境公益侵权诉讼的一大特点。一般而言，审理涉及森林生态环境损害相关民事公益诉讼和生态环境损害赔偿案件时，人民法院应当审查国家规定的机关和法律规定的组织提出的诉讼请求是否以恢复森林的生态功能、恢复林木的生长环境为根本目的，尤其是否包含生态环境修复的内容。如果原告未针对森林造成的生态环境损害提出修复和赔偿请求，人民法院应当予以释明。由于森林生态环境损害赔偿案件具有复杂性、专业性特点，判断诉讼请求涉及的损害大小以及修复方式等内容，往往需要依靠专业的环境鉴定。人民法院的职权性也体现在审查鉴定报告以及跟踪生态环境修复的过程中。

首先，当事人往往申请生态环境损害赔偿的评估鉴定，人民法院在委托评估的过程中需要指明评估内容，包含森林生态系统服务功能损失以及

生森林生态环境修复的重要内容。其次，鉴定结论作出后，应当关注鉴定报告所依据的规范，是否为生态环境损害鉴定评估的专业规范，从而判断其鉴定评估的内容是否符合要求。对鉴定结论给予的修复方案进行审核，该方案是否符合受损森林、林地、林木修复或者恢复的目标，是否合理等。最后，执行过程中要进一步跟进，生态环境状况发生变化的，修复主体可以按照鉴定机构的意见对修复方案进行修正，推动生态修复的顺利进行。

（二）对于技术专家或其他具有专门知识的人的指导

在没有专业鉴定机构，或者造成的损害无法鉴定的情况下，可以充分发挥具有专门知识的人的作用，聘请技术专家等出具评估意见或者专家意见。《民事诉讼法》第82条规定的“有专门知识的人”、[①]《民事诉讼法司法解释》第122条规定的“具有专门知识的人”,[②] 性质上并非专家证人，而是专家辅助人，是辅助诉讼能力不足的当事人出席法庭审理、代表当事人陈述意见的人。作为诉讼辅助人，其并不具有独立于当事人的诉讼地位，所陈述的意见属于当事人的陈述。经过质证并由法庭采信的，可以作为认定案件事实的根据。比如，最高人民法院发布的172号指导案例秦某学滥伐林木刑事附带民事公益诉讼案中，保靖县人民检察院作为附带民事公益诉讼人，提交保靖县林业勘测规划设计队出具的补植补造作业设计说明，以及白云山自然保护区管理局、保靖县林业局等部门专家提供的专业资料和建议作为证据，证明秦某学应当承担的修复责任类型和具体修复方式，经质证得到人民法院认可。法院据此判令被告两年内在湖南白云山国家级自然保护区内“土地坳”栽植一年生杉树苗5050株，存活率达到90%以上。上述具有专门知识的人提供的相关证据材料为合理确定修复方式，开展生态环境修复提供了有益助力。

---

① 《民事诉讼法》第82条规定：“当事人可以申请人民法院通知有专门知识的人出庭，就鉴定人作出的鉴定意见或者专业问题提出意见。”

② 《民事诉讼法司法解释》第122条规定：“当事人可以依照民事诉讼法第八十二条的规定，在举证期限届满前申请一至二名具有专门知识的人出庭，代表当事人对鉴定意见进行质证，或者对案件事实所涉及的专业问题提出意见。具有专门知识的人在法庭上就专业问题提出的意见，视为当事人的陈述。人民法院准许当事人申请的，相关费用由提出申请的当事人负担。”

(三)对于专家陪审员的指导

人民法院在审理涉及森林资源的生态环境损害和公益诉讼案件中，应当吸纳更多的专家陪审员参与。具有森林生态环境损害相关专业知识的技术专家和法学专家作为人民陪审员，与审判员组成合议庭共同参与案件审理，能够为合议庭判断生态环境损害事实、研究生态环境修复是否可以达到预期效果等专业事实查明提供一定经验和帮助，有利于弥补环境案件司法鉴定缺失或困难的现状，推动公众参与和监督。比如，江西省萍乡市安源区人民法院审理的被告人南某污染环境刑事附带民事公益诉讼案件中，[①]由三名法官及四名人民陪审员组成了七人合议庭进行审理。其中有两名人民陪审员来自当地生态环境行政主管部门，是环保专业知识技术人员。庭审中，该两名人民陪审员为案件审理提供了专业技术支持，为法官裁判提供了智力支撑，提升了环境资源专业化审判效果。

【法条链接】

1.**《中华人民共和国民法典》**(2020 年 5 月 28 日)

第一千二百三十五条 违反国家规定造成生态环境损害的，国家规定的机关或者法律规定的组织有权请求侵权人赔偿下列损失和费用：

(一)生态环境受到损害至修复完成期间服务功能丧失导致的损失；

(二)生态环境功能永久性损害造成的损失；

(三)生态环境损害调查、鉴定评估等费用；

(四)清除污染、修复生态环境费用；

(五)防止损害的发生和扩大所支出的合理费用。

2.**《中华人民共和国森林法》**(2019 年 12 月 28 日修订)

第二十八条 国家加强森林资源保护，发挥森林蓄水保土、调节气候、改善环境、维护生物多样性和提供林产品等多种功能。

---

① 《"环保陪审员"助力安源生态环境高水平保护》，载萍乡市人民政府网，http://www.pingxiang.gov.cn/art/2020/9/29/art_87_391414.html，最后访问日期：2022 年 7 月 14 日。

第六十八条 破坏森林资源造成生态环境损害的，县级以上人民政府自然资源主管部门、林业主管部门可以依法向人民法院提起诉讼，对侵权人提出损害赔偿要求。

3.**《中华人民共和国长江保护法》**（2020 年 12 月 26 日）

第四十条 国务院和长江流域省级人民政府应当依法在长江流域重要生态区、生态状况脆弱区划定公益林，实施严格管理。国家对长江流域天然林实施严格保护，科学划定天然林保护重点区域。

长江流域县级以上地方人民政府应当加强对长江流域草原资源的保护，对具有调节气候、涵养水源、保持水土、防风固沙等特殊作用的基本草原实施严格管理。

国务院林业和草原主管部门和长江流域省级人民政府林业和草原主管部门会同本级人民政府有关部门，根据不同生态区位、生态系统功能和生物多样性保护的需要，发布长江流域国家重要湿地、地方重要湿地名录及保护范围，加强对长江流域湿地的保护和管理，维护湿地生态功能和生物多样性。

4.**《中华人民共和国草原法》**（2021 年 4 月 29 日修正）

第四十二条 国家实行基本草原保护制度。下列草原应当划为基本草原，实施严格管理：

（一）重要放牧场；

（二）割草地；

（三）用于畜牧业生产的人工草地、退耕还草地以及改良草地、草种基地；

（四）对调节气候、涵养水源、保持水土、防风固沙具有特殊作用的草原；

（五）作为国家重点保护野生动植物生存环境的草原；

（六）草原科研、教学试验基地；

（七）国务院规定应当划为基本草原的其他草原。

基本草原的保护管理办法，由国务院制定。

第二十条　当事人请求以认购经核证的林业碳汇方式替代履行森林生态环境损害赔偿责任的，人民法院可以综合考虑各方当事人意见、不同责任方式的合理性等因素，依法予以准许。

【条文主旨】

本条是关于以认购林业碳汇方式履行森林生态环境损害赔偿责任的规定。

【条文理解】

森林是陆地生态系统中最大的碳库。规范林业碳汇交易规则，鼓励各行各业和公众采取多种方式参与温室气体自愿减排交易，既践行了绿色发展理念，又体现绿色低碳社会责任担当，对促进林业生态产品市场化，将“绿水青山”转变成“金山银山”具有积极意义。

一、林业碳汇交易的实践探索

林业碳汇，根据《联合国气候变化框架公约》及《京都议定书》的界定，是指利用森林的储碳功能，通过实施造林、再造林和加强森林经营管理、减少毁林、保护和恢复森林植被等活动，吸收和固定大气中的二氧化碳，并按照相关规则与碳汇交易相结合的过程、活动或机制。林业碳汇项目有清洁发展机制（CDM）项目下的造林、再造林，减少毁林及森林退化造成的碳排放（REDD）机制下的减少排放，中国核证自愿减排（CCER）项目下的造林或森林经营等。①

林业碳汇是一种以森林为载体的自然资源，是森林资源提供的生态服务产品，客观上附着于森林资源并与整个大气环境容量融为一体。作为一

① 林旭霞：《林业碳汇权利客体研究》，载《中国法学》2013年第2期。

种新型的森林资源财产权益，通说认为林业碳汇权益的性质为准物权，主体具多重性，[①] 客体为碳减排量，通过“碳信用”进行交易。林业碳汇的交易主体、交易标的及交易各方的法律关系，充分体现了其民事法律性质，可以适用《民法典》合同编、物权编的一般规定，但亦有其自身的特殊性。因规范林业碳汇等碳排放权交易的现行法律文件的位阶均为部门规章及地方性法规，尚未有法律层面的立法将林业碳汇明确作为一种权利客体加以规定，故称为“林业碳汇权益”更为准确，亦此与中共中央办公厅、国务院办公厅印发的《关于建立健全生态产品价值实现机制的意见》中关于“健全碳排放权交易机制，探索碳汇权益交易试点”的表述一致。

我国在《巴黎协定》中对增加森林蓄积量目标进行了郑重承诺。《中共中央、国务院关于完整准确全面贯彻新发展理念做好碳达峰碳中和工作的意见》提出的主要目标是，到 2025 年，森林覆盖率达到 24.1%，森林蓄积量达到 180 亿立方米；到 2030 年，森林覆盖率达到 25%左右，森林蓄积量达到 190 亿立方米。我国已将林业碳汇作为国家核证自愿减排量（CCER）项目纳入碳排放权交易体系。《国务院办公厅关于完善集体林权制度的意见》明确，鼓励林业碳汇项目产生的减排量参与温室气体自愿减排交易，促进碳汇进入碳交易市场。生态环境部《碳排放权交易管理办法（试行）》第 42 条对温室气体、碳排放、碳排放权及国家核证自愿减排量进行了界定。其中，国家核证自愿减排量是指对我国境内可再生能源、林业碳汇、甲烷利用等项目的温室气体减排效果进行量化核证，并在国家温室气体自愿减排交易注册登记系统中登记的温室气体减排量。

在《京都议定书》所创制的清洁发展机制（CDM）中，发达国家和发展中国家之间，借助碳信用交易市场，通过林业碳汇项目的实施，实现森林生态效益价值补偿的市场化。根据联合国对碳汇的定义和碳排放权交易的原理，能够交易的碳汇应该是按照被批准的方法学实施造林、再造林或

---

① 法规规定温室气体减排量的归属者是中国政府或开发企业，因此有学者认为林业碳汇项目的投资者通过投资建设取得林业碳汇权。实践中林业碳汇项目对于碳汇利益的归属做法不一：广西珠江流域造林项目中集体和项目实施方共同拥有最终获利；北京顺义区碳汇造林项目文件规定项目产生的核证减排量归项目业主所有，参与的林农仅仅获得务林的劳动收益。参见赵爽、窦林：《林业碳汇权质押融资法律问题研究》，载《华北电力大学学报（社会科学版）》2019 年第 4 期。

森林经营项目所产生的碳汇净增量，即必须满足“额外性”的要求。这种“碳汇增量”与碳汇项目中的“核证减排量（CER）”是一个问题的两面。[①] 国家发展改革委《温室气体自愿减排交易管理暂行办法》第18条要求，经备案的自愿减排项目产生减排量后，作为项目业主的企业在向国家主管部门申请减排量备案前，应由经国家主管部门备案的核证机构核证，并出具减排量核证报告。第22条规定，自愿减排项目减排量经备案后，在国家登记簿登记并在经备案的交易机构内交易；用于抵消碳排放的减排量，应于交易完成后在国家登记簿中予以注销。生态环境部《碳排放权交易管理办法（试行）》第19条明确，国家鼓励重点排放单位、机构和个人，出于减少温室气体排放等公益目的自愿注销其所持有的碳排放配额。自愿注销的碳排放配额，在国家碳排放配额总量中予以等量核减，不再进行分配、登记或者交易。相关注销情况应当向社会公开。

《中共中央、国务院关于加快建设全国统一大市场的意见》要求，培育发展全国统一的生态环境市场，依托公共资源交易平台，建设全国统一的碳排放权交易市场。国家发展改革委于2011年将北京市、天津市、上海市、重庆市、湖北省、广东省及深圳市七个省市作为全国首批开展碳排放权交易试点。从试点情况看，采取了强制碳排放市场与自愿碳排放市场相结合的模式，即对本省市范围内重点排放企业实施碳排放配额模式，而对自愿碳排放市场采取鼓励模式。前者的碳排放交易标的为碳排放配额，后者则为经核证的碳减排量。

需要注意的是，《联合国气候变化框架公约》对缔约国利用林业碳汇项目实现碳减排任务设定了上限，如《波恩协议》明确附件1国家在第一承诺期的每年中从CDM林业碳汇项目中获得的减排抵消额不得超过其他减排年排放量的1%。就我国试点情况而言，部分碳交易试点赋予林业碳汇项目较高的可用于抵消比例，如北京市规定CCER抵消项目不得超过当年核发碳排放配额量的5%，广东省则要求CCER抵消项目不得超过不超过上年度实际碳排放量的10%。可见，应对气候变化，最为主要的方式为通过经济社会绿色转型以实现减排，通过碳汇交易抵消减排量只是其中的

① 林旭霞：《林业碳汇权利客体研究》，载《中国法学》2013年第2期。

一部分。

二、认购林业碳汇替代履行的司法实践

森林生态环境损害赔偿责任，主要有修复责任与赔偿责任两种方式。中共中央办公厅、国务院办公厅印发的《生态环境损害赔偿制度改革方案》在总体要求和目标中强调，要逐步建立生态环境损害的修复和赔偿制度；在工作原则中明确“环境有价，损害担责”，要求体现环境资源生态功能价值，促使赔偿义务人对受损的生态环境进行修复；生态环境损害无法修复的，实施货币赔偿，用于替代修复；在完善赔偿诉讼规则部分，要求人民法院根据赔偿义务人的主观过错、经营状况等因素试行分期赔付，探索多样化责任承担方式。

《环境民事公益诉讼司法解释》第20条第1款规定：“原告请求修复生态环境的，人民法院可以依法判决被告将生态环境修复到损害发生之前的状态和功能。无法完全修复的，可以准许采用替代性修复方式。”生态环境修复责任的承担方式多样，既有侵权人自行修复，也有第三方修复；既有原地修复，也有异地修复、替代修复。司法实践中，多地均已出现侵权人通过自愿认购林业碳汇方式替代履行森林生态环境损害赔偿责任的案例。

福建省顺昌县人民法院审理的被告人吴某辉滥伐林木案中，被告人认购4万元碳汇用于进行替代性修复。① 2017年11月，吴某辉从某村民处购买了一片山场上的林木，在未办理林木采伐许可证的情况下，雇佣他人一并将未到砍伐年限的林木进行了砍伐。经鉴定，无证采伐林地19亩，林木蓄积量73.6立方米。被砍伐的林木部分用于烧火、铺路，部分予以出售并得款两万余元。案发后，吴某辉如实供述自己的罪行，退出违法所得，并在顺昌县“森林生态银行”工作人员的帮助下自愿认购4万元碳汇，用于对受损生态环境的修复。法院经审理认为，吴某辉已构成滥伐林木罪，但其具有自首情节，积极退赃，认罪认罚，以认购碳汇的方式对受损的生态环境进行了替代性修复，依法予以从轻处罚。遂判处吴某辉有期徒刑一

---

① 参见福建省顺昌县人民法院（2020）闽0721刑初42号刑事判决书。

年，缓刑一年六个月，并处罚金 4 万元，没收退出的赃款 2 万元上缴国库。该案系全国首例通过认购碳汇方式对受损生态环境进行修复的案件，法院通过征询碳汇领域专家、林业等相关行政职能部门的意见建议，考量、评估、测算适用购买碳汇修复机制的可行性及应购买的碳汇量等内容。被告人认购的是顺昌县 2020 年推出的“一元碳汇”公益项目，将测算出的辖区内贫困林农及贫困村集体的碳汇林产生的碳汇量，通过“一元碳汇”微信小程序以 10 千克/元的价格对外出售，推动林农植树造林收益的实现。

贵州省雷山县人民法院审理的罗某松滥伐林木案中，被告人认购 2 万余元碳汇用于进行替代性修复。① 2021 年 5 月，剑河县村民罗某松持过期的林木采伐许可证，采伐自家山林里的杉木 469 株，林木蓄积量 126.7 立方米。由于剑河县森林覆盖率达 70%以上，适宜补植复绿的地点难落实，经法院、检察院、被告人等多方协商，提出以认购碳汇的方式开展替代性修复。罗某松按照林业部门的测算，自愿认购 20 668.8 元的林业碳汇量（碳减排量），并与公诉机关达成《生态环境损害赔偿诉前磋商协议书》。法院认为，该协议未违反法律法规的禁止性规定，未损害国家和社会公共利益，而且符合国家碳达峰、碳中和战略行动，对协议进行了司法确认。罗某松认罪认罚，缴纳了认购碳汇的价款，可以依法从轻处罚。遂以滥伐林木罪判处其有期徒刑三年，缓刑四年，并处罚金 4000 元。该案系贵州法院首次尝试通过认购碳汇方式开展替代性修复的有益尝试。

江西省井冈山市人民法院审理的邓某某盗伐林木刑事附带民事公益诉讼案中，被告人认购 40 吨碳汇用于进行替代性修复。② 2020 年 7 月至 2022 年 1 月，邓某某多次在某山场盗伐杉树，制成杉树原木出售给木材加工厂，先后非法获利 17 983 元。被盗伐的山场位于井冈山国家级自然保护区，所涉林木为国家重点公益林。经鉴定，邓某某盗伐杉木 104 株，林木立木蓄积 24.4 立方米，折算材积 17.1 立方米；需要恢复森林面积两亩，补植复绿费用 2534 元，损失碳汇价值 360 元。审理过程中，邓某某自愿支付了前述损失费用。同时，因井冈山地区森林覆盖率高，荒山荒地极少，原地补

① 参见贵州省雷山县人民法院（2022）黔 2634 诉前调确 40 号民事裁定书及（2022）黔 2634 刑初 6 号刑事判决书。

② 参见江西省井冈山市人民法院（2022）赣 0881 刑初 32 号刑事附带民事判决书。

植复绿难以落地，异地修复的协调、执行难度也非常大。经专业机构估算被盗伐树木从损害到完成修复期间的碳减排量，邓某某家属与江西省碳排放权交易中心签订认购协议，该中心颁发自愿认购证书。法院通过司法确认的方式，赋予协议强制执行效力。法院经综合考虑检察机关的量刑建议，被告人的犯罪事实、性质、情节和对社会的危害程度，以及被告人自愿认购碳汇替代生态修复等悔罪表现，予以从轻处罚。但邓某某多次在国家级自然保护区盗伐国家重点公益林林木，应从重处罚，对其提出的适用缓刑的意见，不予采纳。遂以盗伐林木罪，判处邓某某有期徒刑三年，并处罚金 8000 元（已缴纳），没收违法所得及作案工具，赔偿公益林复绿费用及损失碳汇价值合计 2894 元（已支付）。该案系江西省首例认购碳汇替代修复生态案件，被告人购买碳汇所产生的费用，将用于树木种植。

四川省宝兴县人民法院审理的阿某里等六人盗伐林木罪刑事附带民事公益诉讼案中，被告人认购 24 吨碳汇用于赔偿生态环境服务功能期间损失。[①] 2021 年 5 月至 9 月，六被告人先后结伙在位于大熊猫国家公园范围中的宝兴县、天全县林场盗伐枫树和槭树 60.7 立方米，予以销售并非法获利 20 余万元。审理过程中，六被告人自愿从四川联合环境交易所认购了 24 吨碳汇，用于弥补生态环境受到损害至修复完成期间服务功能丧失所导致的损失。法院经审理认为，六被告人构成盗伐林木罪，判处有期徒刑三年两个月至拘役六个月、缓刑十个月不等，并处罚金 2.5 万元至 8000 元不等；追缴违法所得；按照植被恢复方案补种 70 株云杉，当年造林存活率不低于 90%，三年保存率不低于 85%；连带赔偿经济损失 14 751 元（已履行）；在市级以上媒体公开赔礼道歉（已履行）等。该案中六被告认购碳汇的费用，后转给该项目业主方内蒙古森工集团乌尔旗汉森林工业有限公司用于树木种植，四川联合环境交易所向六被告出具了《购买碳减排量用于替代性生态修复见证》。该案是四川省首例引入碳汇理念开展修复性司法案件。

陕西省安康铁路运输法院审理的杨某滥伐林木案中，被告人交纳碳汇

① 参见四川省宝兴县人民法院（2022）川 1827 刑初 5 号刑事附带民事判决书。

价值损害费2088元用于赔偿生态环境服务功能期间损失。[①] 杨某在办理林木采伐许可证后，雇请工人砍伐超出林木采伐许可证规定数量的林木，超采林木蓄积量为64.3立方米，数量巨大。在责令被告人补栽补种的基础上，经相关部门鉴定核算，从砍伐林木到补种树苗期间，对于林木吸收二氧化碳等服务功能丧失造成了碳汇价值损害。杨某为此交纳2088元碳汇价值损害费，对滥伐林木行为造成的生态环境损害进行替代性修复。法院经审理认为，杨某、王某军的行为已构成滥伐林木罪，其在案发后主动修复生态环境，积极退赔违法所得，自愿赔偿林业碳汇价值损害费用，有悔罪表现，可以从宽处理，判处有期徒刑三年，缓刑三年，并处罚金5000元，没收非法所得及作案工具。此案为陕西法院首例引入碳汇补偿方式进行生态修复的司法案件，被告人交纳的碳汇价值损害费将用于后期植树复绿和对受损生态环境的持续性修复。

从实践情况来看，通过认购林业碳汇方式替代履行侵权人生态环境损害赔偿责任的案例，体现出以下几个特点：一是受侵害的环境要素为森林、林木、林地等森林资源，如滥伐、滥伐林木行为，这也决定了其修复方式主要是植树造林。二是生态环境原地修复存在困难或已无必要，故采取了认购碳汇方式进行异地造林修复。如贵州法院、江西法院的案例中，案发地森林覆盖率高，荒山荒地极少，适宜补植复绿的地点难以落实。侵权人认购碳汇的价款和费用，由项目业主用于在异地补植补栽。三是侵权人承担修复责任的同时，对于其应当承担的生态环境服务功能期间损失也可以采取认购碳汇方式予以折抵。如四川法院、陕西法院的案例中，被告人通过认购碳汇或赔偿碳汇价值损害方式，用于弥补生态环境受到损害至修复完成期间受损森林资源吸收二氧化碳的服务功能丧失所导致的损失，在既有的赔偿、修复责任中引入了认购碳汇的替代履行方式。四是被告人认购碳汇的行为被认定为具有悔罪表现、积极修复生态环境的情节，获得了从宽处理，给予了其改过自新的机会。五是认购碳汇主要通过当地机构进行，部分通过了公共交易平台。福建法院案例中认购的是顺昌县“森林生态银行”的“一元碳汇”扶贫项目。江西法院、四川法院的案例则是通

---

① 参见安康铁路运输法院（2022）陕7101刑初3号刑事判决书。

过江西省碳排放权交易中心、四川联合环境交易所等专门交易机构进行认购。各地普遍认为，以认购碳汇的方式修复生态，关键是要解决碳汇的核算问题，需要一套科学的方法和制度；相关修复效果需要进一步评估、总结，并在此基础上建立健全裁判规则和工作机制。

三、认购林业碳汇替代履行的裁判规则

各地实践探索情况系对林业碳汇交易的有益尝试，对盘活林业生态资源具有积极意义，助力“双碳”目标实现。与此同时，存在交易机构非统一、公开市场，认购的碳汇未经核证，交易完成后有再次对外转让变现风险等问题。在征求七个国家碳排放权交易试点地区高级人民法院及碳排放权交易机构意见的基础上，本条解释对通过认购林业碳汇方式替代履行生态环境损害责任进行了原则性规定，在鼓励探索的同时，明确了三项规则。

第一，当事人请求认购林业碳汇的，应当认购经核证的林业碳汇，确保交易的自愿减排项目所产生的减排量经过了专业机构的核证，是经科学方法认证的规范碳汇，以利于健全的统一市场的形成。自愿碳排放市场的交易标的为核证减排量，即对林业碳汇项目的温室气体减排效果进行量化核证并经登记的温室气体减排量。根据国家发展改革委发布的《温室气体自愿减排交易管理暂行办法》第 18 条、第 22 条规定，林业碳汇项目产生的减排量，应由经国家主管部门备案的核证机构核证，并出具减排量核证报告，方可申请减排量备案及进行交易。减排量核证报告主要包括以下内容：(1) 减排量核证的程序和步骤；(2) 监测计划的执行情况；(3) 减排量核证的主要结论。

第二，适用认购林业碳汇方式替代履行的，应当综合考虑各方当事人意见、各种责任方式的合理性等因素，选择适合案件的责任方式和履行方式。认购林业碳汇作为一种替代性修复方式，适用于被损害的某处生态环境确实无法复原的情形。替代性恢复方式包括同地区异地点、同功能异种类、同质量异数量、同价值异等级等情形，使生态环境恢复到受损害之前的功能、质量和价值。所谓同地区异地点是指在同一生态环境区域，被污染或破坏的地点确实无法全部或部分恢复原状，可另择适当地点进行补植

复绿等。所谓同功能异种类，例如替代恢复的动植物虽与原来种类不同，但其所能提供的生态环境服务功能与原来相比是相同的。所谓同价值异等级，例如一棵大树被非法砍伐，在找不到相同等级大树的情况下，侵权人至少应当补种具有相同生态价值的数棵小树等。具体而言，需要综合考虑受损环境要素、侵权行为类型、损害后果及修复难度等案件情况，合理确定侵权人认购的林业碳汇项目、该项目的造林营林地点、项目的受益区域和效果等因素。对此应当充分听取各方当事人及专家意见，合理确定通过认购林业碳汇方式替代履行责任的比例和具体方式。因认购林业碳汇本质上是一种交易行为，还需要充分尊重侵权责任人的购买意愿，不可强制。

第三，适用认购林业碳汇方式替代履行的，应当遵守法律规定的交易规则，依法妥善处理。林业碳汇等新型权益的交易相关规则尚在构建当中。目前主要的规范性文件为国家发展改革委、生态环境部等行政主管部门的规章，及相关试点地区的地方性法规、地方政府规章等。人民法院适用认购林业碳汇的替代责任方式时，既要积极也要稳妥，严格依法进行。一方面注意司法的谦抑性，避免过分冲在行政主管机关前面；另一方面注意为实践探索留下空间，依法保障实践创新。

征求意见过程中，地方法院和专家学者还提出了一些具体的规则建议。例如，认购林业碳汇应当通过经主管部门批准或者备案的交易机构，确保交易机构的统一性；交易完成后需办理注销登记，避免再次对外转让变现的风险；等等。为给实践探索留下空间，本条解释未作过细规定。各地法院可以在依法的前提下积极探索调研，总结裁判经验规则，适时提出立法建议。

【审判实践中应注意的问题】

适用认购林业碳汇方式替代履行的，应当充分关注生态环境修复和损害赔偿两种责任的关系。这涉及《民法典》第 1234 条与第 1235 条的准确理解与适用。修复生态环境是首选的救济生态环境损害的民事责任承担方式，这是从《民法典》第 179 条规定的“恢复原状”责任衍生而来的。在生态环境能够修复的情形下，应首先由侵权人履行修复义务；确实无法修复的实施货币补偿，用于替代性修复。避免侵权人简单以缴纳赔偿金或者认购林业碳汇等货币补偿方式替代应当由其履行的修复义务。

【法条链接】

1.**《中共中央、国务院关于加快建设全国统一大市场的意见》**（2022年3月25日）

（十五）培育发展全国统一的生态环境市场。依托公共资源交易平台，建设全国统一的碳排放权、用水权交易市场，实行统一规范的行业标准、交易监管机制。推进排污权、用能权市场化交易，探索建立初始分配、有偿使用、市场交易、纠纷解决、配套服务等制度。推动绿色产品认证与标识体系建设，促进绿色生产和绿色消费。

2.**《国务院办公厅关于完善集体林权制度的意见》**（2016年11月16日）

（十四）推进集体林业多种经营。加快林业结构调整，充分发挥林业多种功能，以生产绿色生态林产品为导向，支持林下经济、特色经济林、木本油料、竹藤花卉等规范化生产基地建设。大力发展新技术新材料、森林生物质能源、森林生物制药、森林新资源开发利用、森林旅游休闲康养等绿色新兴产业。鼓励林业碳汇项目产生的减排量参与温室气体自愿减排交易，促进碳汇进入碳交易市场。

3.**《温室气体自愿减排交易管理暂行办法》**（2012年6月13日）

第六条 国家对温室气体自愿减排交易采取备案管理。参与自愿减排交易的项目，在国家主管部门备案和登记，项目产生的减排量在国家主管部门备案和登记，并在经国家主管部门备案的交易机构内交易。

中国境内注册的企业法人可依据本暂行办法申请温室气体自愿减排项目及减排量备案。

第七条 国家主管部门建立并管理国家自愿减排交易登记簿（以下简称“国家登记簿”），用于登记经备案的自愿减排项目和减排量，详细记录项目基本信息及减排量备案、交易、注销等有关情况。

第十八条 经备案的自愿减排项目产生减排量后，作为项目业主的企业在向国家主管部门申请减排量备案前，应由经国家主管部门备案的核证机构核证，并出具减排量核证报告。减排量核证报告主要包括以下内容：

（一）减排量核证的程序和步骤；

（二）监测计划的执行情况；

（三）减排量核证的主要结论。

对年减排量6万吨以上的项目进行过审定的机构，不得再对同一项目的减排量进行核证。

第二十二条 自愿减排项目减排量经备案后，在国家登记簿登记并在经备案的交易机构内交易。用于抵消碳排放的减排量，应于交易完成后在国家登记簿中予以注销。

第二十三条 温室气体自愿减排量应在经国家主管部门备案的交易机构内，依据交易机构制定的交易细则进行交易。

经备案的交易机构的交易系统与国家登记簿连接，实时记录减排量变更情况。

4.**《碳排放权交易管理办法（试行）》**（2020年12月31日）

第五条 生态环境部按照国家有关规定，组织建立全国碳排放权注册登记机构和全国碳排放权交易机构，组织建设全国碳排放权注册登记系统和全国碳排放权交易系统。

全国碳排放权注册登记机构通过全国碳排放权注册登记系统，记录碳排放配额的持有、变更、清缴、注销等信息，并提供结算服务。全国碳排放权注册登记系统记录的信息是判断碳排放配额归属的最终依据。

全国碳排放权交易机构负责组织开展全国碳排放权集中统一交易。

全国碳排放权注册登记机构和全国碳排放权交易机构应当定期向生态环境部报告全国碳排放权登记、交易、结算等活动和机构运行有关情况，以及应当报告的其他重大事项，并保证全国碳排放权注册登记系统和全国碳排放权交易系统安全稳定可靠运行。

第十九条 国家鼓励重点排放单位、机构和个人，出于减少温室气体排放等公益目的自愿注销其所持有的碳排放配额。

自愿注销的碳排放配额，在国家碳排放配额总量中予以等量核减，不再进行分配、登记或者交易。相关注销情况应当向社会公开。

第四十二条 本办法中下列用语的含义：

（二）温室气体：是指大气中吸收和重新放出红外辐射的自然和人为的气态成分，包括二氧化碳（CO_2）、甲烷（CH_4）、氧化亚氮（N_2O）、氢氟碳化物（HFCs）、全氟化碳（PFCs）、六氟化硫（SF_6）和三氟化氮（NF_3）。

（二）碳排放：是指煤炭、石油、天然气等化石能源燃烧活动和工业生产过程以及土地利用变化与林业等活动产生的温室气体排放，也包括因使用外购的电力和热力等所导致的温室气体排放。

（三）碳排放权：是指分配给重点排放单位的规定时期内的碳排放额度。

（四）国家核证自愿减排量：是指对我国境内可再生能源、林业碳汇、甲烷利用等项目的温室气体减排效果进行量化核证，并在国家温室气体自愿减排交易注册登记系统中登记的温室气体减排量。

5.《国家林业局关于推进林业碳汇交易工作的指导意见》（2014 年 4 月 29 日）

（十二）在遵守我国相关法律法规和政策规定的前提下，国内外相关机构、企业、团体、个人均可参与林业碳汇自愿交易。

（十三）国家发展改革委依据《温室气体自愿减排交易管理暂行办法》，对林业碳汇自愿交易采取备案管理。申请备案的林业碳汇自愿交易项目应是 2005 年 2 月 16 日后开工建设的项目。

（十五）林业碳汇自愿交易项目有关审定与核证，依据国家发展改革委制定的《温室气体自愿减排项目审定与核证指南》，应由具备相应资格的单位开展。各有关单位要创造条件，组织林业系统符合条件的单位申请温室气体自愿减排项目审定与核证机构资格。

（十六）林业碳汇自愿交易项目产生的碳汇量经备案后，在国家登记簿中登记，并在经国家发展改革委备案的交易机构内交易。已用于抵消碳排放的碳汇量，应于交易完成后在国家登记簿中注销。

（十八）国家发展改革委已确定北京、天津、上海、重庆、湖北、广东、深圳（以下简称七省市）为国家碳排放权交易试点地区，要求试点地区结合本地实际情况，研究考虑通过包括林业在内的相关措施，积极探索推进碳排放权交易试点，促进国家温室气体排放控制目标实现。

（二十）七省市林业主管部门在探索碳排放权交易下的林业碳汇交易模式的过程中，要积极研究林业碳汇交易与碳排放权交易的关系。一方面，要支持和鼓励林业碳汇自愿交易项目作为抵消项目，参与碳排放权交易；另一方面，要结合本地实际，加强森林管理，控制森林温室气体排放。针对森林温室气体排放，研究探索推进排放配额管理，参与碳排放权交易。

第二十一条　当事人请求以森林管护、野生动植物保护、社区服务等劳务方式替代履行森林生态环境损害赔偿责任的，人民法院可以综合考虑侵权人的代偿意愿、经济能力、劳动能力、赔偿金额、当地相应工资标准等因素，决定是否予以准许，并合理确定劳务代偿方案。

【条文主旨】

本条是关于采取劳务代偿方式履行森林生态环境损害赔偿责任的规定。

【条文理解】

一、劳务代偿的产生和发展

按照马克思劳动价值论的观点，劳动是创造价值的唯一源泉。劳动报酬是劳动者付出体力或脑力劳动所得的对价，体现的是劳动者创造的社会价值。劳动报酬与生态环境侵权案件中的损害赔偿、修复费用均具有金钱性。在侵权人缺乏足够经济赔偿能力，难以支付修复费用或赔偿金额的情况下，由其提供公益劳动并通过一定方式计算劳动报酬，可以与侵权人应当承担的经济赔偿金、生态环境修复费用在比较、衡量基础上进行折抵。

在中国古代刑事法律文化中，一直存在提供一定的劳动以替代所受刑罚的传统。《秦律》中即有关于侵占罪的规定，提到可以用劳役代替法律责任。《司空律》规定："有罪以赀赎及有债于公，以其令日问之，其弗能入及偿，以令日居之，日居八钱；公食者，日居六钱。"也就是说，欠官府债务而无力偿还的，同以金钱赎罪一样，要强制其服劳役用以抵偿债务。《唐律》允许债权人对违契补偿者，可强制扣押其财物（但不得超过本契应得之债务额），或令债务人及其户内男口，以劳役代偿债务，即

“役身折酬”。[①] 明朝广泛适用赎刑制度，除了十恶并杀人者处死以外，其余死罪皆可以劳役赎刑。[②]

中华人民共和国成立初期，刑事案件中也有判处劳役的立法和司法实践。1952 年《惩治贪污条例》（已失效）曾规定对贪污犯判处劳役刑，个人贪污的数额在人民币 1000 万元以上不满 5000 万元者，判处一年以上五年以下徒刑，或一年至四年的劳役，或一年至二年的管制；个人贪污的数额不满人民币 1000 万元者，判处一年以下的徒刑、劳役或管制，或免刑予以开除、撤职、降职、降级、记过或警告的行政处分。最高人民法院曾在 20 世纪 50 年代到 60 年代发布过多份关于判处劳役和监外执行的相关问题答复，可以看出当时对部分刑事案件通过劳役的方式来执行。根据 1957 年 11 月 29 日法研字 22982 号《最高人民法院关于判处劳役交乡执行的罪犯如何执行问题的复函》（已失效），原政务院政治法律委员会副主任在《城市贪污条例草案》说明时指出，劳役对于那些可以不判处徒刑，但必须剥夺一定时期的一部或全部政治权利并加以改造的罪犯是合适的，这是在过去解放区时期实行的有效办法，通过条文把它固定下来。劳逸犯主要是从事一些农业社会劳动、公共服务事务。《山东司法资料》第 4 期第 33 页“答读者问”之一描述了劳役的概念，认为“劳役”这一概念当时应在刑法中规定，但是因为刑法尚未颁布，所以主要适用于轻微的犯罪，判处劳役的犯人要强制劳动。[③]

生态环境侵权案件中，许多侵权人不具备经济赔偿能力，或者生态环境损害赔偿、惩罚性赔偿金额较高，由其进行全额货币赔偿存在困难。司法实践中，各地法院探索出劳务代偿的创新裁判、执行方式，劳务作为替代履行生态环境损害修复和赔偿责任的方式被广泛应用于各类环境资源案件。尤其在环境刑事案件中，对于一些生活困难的犯罪分子，允许其采取劳动方式替代修复受损生态环境。生态环境修复责任是造成生态环境损害的主体主动修复受损生态环境，使之恢复至基线状态的一种法律责任承担

① 李爱君：《商业银行跨境破产法律问题研究》，中国政法大学出版社 2012 年版，第 227 页。

② 王占启：《死刑适用研究》，中国民主法制出版社 2013 年版，第 4 页。

③ 参见 1951 年 7 月 9 日《最高人民法院关于审判制度及刑事法律等六个问题的解答的函》（法编字第 6773 号）。

方式。[①] 在我国，广义的生态环境修复责任既包括对受损生态环境的直接修复，也包括无法完全修复时被告所承担的补植复绿、增殖放流、劳务代偿等替代性修复，而无论直接修复还是替代性修复，其“实质仍然是民事补偿性”。[②] 最高人民法院发布的指导案例175号江苏省泰州市人民检察院诉王某鹏等59人生态破坏民事公益诉讼案，其裁判理由认为，在被告无履行能力的情况下，可以考虑采用劳务代偿的方式，如参加相关公益保护活动，或者是进行沿岸河道的管理、加固，垃圾清运等工作，来折抵一定赔偿数额。

检察公益诉讼试点期间，最高人民法院曾制定《关于审理环境公益诉讼案件的工作规范（试行）》规范环境公益诉讼受理、审理相关问题。该规定第33条明确，对于因污染大气、水等具有自净功能的环境介质导致生态环境损害，原地修复已无可能或者没有必要的，人民法院可以判决被告支付生态环境修复费用，采取区域环境治理、劳务代偿、从事环境宣传教育等替代性修复方式。《环境民事公益诉讼司法解释》进一步吸收环境资源审判实践中的有益经验，在第20条规定：“原告请求修复生态环境的，人民法院可以依法判决被告将生态环境修复到损害发生之前的状态和功能。无法完全修复的，可以准许采用替代性修复方式。人民法院可以在判决被告修复生态环境的同时，确定被告不履行修复义务时应承担的生态环境修复费用；也可以直接判决被告承担生态环境修复费用。生态环境修复费用包括制定、实施修复方案的费用，修复期间的监测、监管费用，以及修复完成后的验收费用、修复效果后评估费用等。”据此，受损生态环境无法修复或者修复成本过高、没有必要修复的，人民法院可以要求当事人通过增殖放流、补种复绿、劳务代偿等方式承担替代性修复责任，以实现生态系统的整体修复和生态环境功能的总体提升。

实践中，劳务代偿的方式不统一、不规范，缺乏劳务代偿工作基地及提供指导、监督的组织机构。同时，劳务代偿方案往往难以在案件审理中

---

① 杨雅妮：《生态环境修复责任：性质界定与司法适用——以环境刑事附带民事公益诉讼为分析对象》，载《南京工业大学学报（社会科学版）》2022年第1期。

② 参见梁珠琳、任洪涛：《浅析生态修复法律责任》，载《福建法学》2018年第3期；邱玉梅、李卓：《论生态环境修复责任制度的完善》，载《时代法学》2020年第2期。

确定，通常需要在执行过程中协调确定适当的劳务代偿方式，这不仅具有更强的专业性，而且超出了传统的司法审判职能范围，在一定程度上影响了案件的审理执行效率。劳务代偿适用的情形、具体考量因素、代偿方案的确定和执行、代偿效果的评估等问题，均有待解决。对此，最高人民法院正在研究将劳务代偿等替代性履行生态环境损害赔偿责任的方式逐步纳入规范化道路。

劳务代偿的责任方式在破坏森林资源引发的民事案件、刑事案件及刑事附带民事公益诉讼案件中被广泛使用。本司法解释制定过程中，对于劳务代偿是替代履行修复责任还是赔偿责任存在一定争议。根据中共中央办公厅、国务院办公厅《生态环境损害赔偿制度改革方案》，生态环境损害赔偿制度包括生态环境损害的修复和赔偿制度。据此，广义上的生态环境损害赔偿责任，既包括修复责任，也包括赔偿责任，本条解释即采广义概念。依据《民法典》第1234条及第1235条的规定，在生态环境能够修复的情形下，应首先由侵权人履行修复义务，修复义务的履行既可以由侵权人自行履行，也可以委托他人代为履行并由侵权人支付修复费用。在生态环境无法修复的情形下，由侵权人对生态环境受到损害至修复完成期间服务功能丧失导致的损失、生态环境功能永久性损害造成的损失进行赔偿。由于侵权人支付修复费用和赔偿生态功能损失均采取货币补偿方式，实践中常常将两者混用。我们认为，在侵权人无力支付修复费用、赔偿金额的情况下，侵权人、国家规定的机关或者法律规定的组织请求通过劳务方式替代履行责任的，均存在劳务代偿的适用空间。值得注意的是，本条解释规定的劳务代偿系一种民事责任承担方式，而劳务付出具有人身性，不得强制，需要充分考虑侵权人的自身意愿，故本条使用了“可以”的表述，由人民法院根据具体情况决定是否以及如何适用。

二、劳务代偿的积极意义

中共中央办公厅、国务院办公厅《生态环境损害赔偿制度改革方案》在完善赔偿诉讼规则方面，要求各地人民法院“根据赔偿义务人主观过错、经营状况等因素试行分期赔付，探索多样化责任承担方式”。人民法院坚持系统保护思维和恢复性司法理念，充分发挥司法智慧，通过创新裁判方式和执行方式，力促生态环境得到及时、有效修复。江苏、福建、江西、河南、贵州等地的高级人民法院出台专门意见，积极适用“补种复绿”“增殖放流”“护林护鸟”“劳务代偿”等责任承担方式。劳务代偿免除了侵权人过重的经济赔偿负担，通过身体力行、现身说法的方式，充分发挥了环境资源审判的惩罚教育功能，使侵权人得以改过自新，也使当地居民、环境受益。建立刑事制裁、民事赔偿与生态补偿有机衔接的环境修复责任制度，做到惩治违法犯罪、修复生态环境、赔偿经济损失“一判三赢”。

（一）践行恢复性司法理念

《最高人民法院关于新时代加强和创新环境资源审判工作 为建设人与自然和谐共生的现代化提供司法服务和保障的意见》（法发〔2021〕28号）指出，各级人民法院要以体制机制建设为重点，构建环境资源案件刑事、民事、行政以及立案、执行协同审判大格局，完善预防性、恢复性司法措施，健全公益诉讼制度，丰富多元化纠纷解决方式。恢复性司法理念系环境资源审判的基本理念之一，各地法院在审判实践中均不断探索贯彻落实该理念的具体司法举措。福建法院构建“多层修复、立体保护”的生态修复体系，形成“恢复性司法实践+社会化综合治理”审判执行工作机制。天津法院拓展劳务代偿方式，通过补植令、放养令、修复令等落实恢复性司法理念。吉林法院与检察机关、林业主管部门、森林公安部门、野生动物保护部门共同论证以公益劳动折抵赔偿破坏生态行为所造成损失的可能性，通过制定劳务代偿方案，对劳务如何折抵生态环境修复费用、如何开展监管审核进行了积极探索。这些审判实践丰富和完善了劳务代偿的司法内涵，体现出环境资源审判的恢复性司法理念。

（二）体现司法人文关怀

生态环境破坏涉及公共利益，所造成的损害往往非常巨大。侵权人除需进行生态环境修复外，也要依法赔偿生态环境受到损害到修复完成期间服务功能的损失；在生态环境无法修复时，还要赔偿生态环境功能永久性损害造成的损失。除传统的侵权损害赔偿责任之外，侵权人违反法律规定故意污染环境、破坏生态造成严重后果的，还可能面临《民法典》第1232

条规定的惩罚性赔偿。从司法实践情况来看，某些侵权人普遍受教育程度不高，多为小学及以下文化程度，职业多为农民和务工人员，法律意识较为单薄，收入较低甚至无业，往往无力履行生态环境修复费用或者损害赔偿金的支付义务。如果因此造成判决无法实际履行，最终将导致生态环境公共利益受损。此种情况下，人民法院如何落实生态环境损害赔偿责任，成为司法实践的重点和难点。劳务代偿方式有效解决了在侵权人不具备赔偿能力的情形下生态环境损害赔偿责任的承担问题，充分体现了司法的人文关怀。比如，青海法院结合当地少数民族聚居的实际，在不违背法律基本原则的基础上，把少数民族环境习惯法中具有先进性的生态理念有机融入司法审判。以当事人自愿补种复绿的行为代替金钱执行方式，以劳务和环保宣传替代履行赔偿义务，彰显了环境资源司法对违法行为人及公众的教育和示范作用，将司法温度和保护生态环境相结合，对丰富生态环境修复责任履行体系具有积极意义。

（三）传播生态文明风尚

生态环境事关民生福祉，良好的生态环境是人民群众对美好生活的向往和需求。人民法院通过发挥审判职能作用，依法审理各类环境资源案件，以司法之力保障人民群众环境权益。为了引导社会公众增强生态环境和资源保护意识，有效预防环境污染、生态破坏行为，各级法院通过采用劳动代偿等方式，多样化解决生态环境损害赔偿问题。拓展“审理一案、教育一片”宣传效能，教育引导当地群众自觉保护生态环境，让“小案件”发挥“大效应”，向全社会传递绿色低碳的环保理念和生产生活方式，实现源头预防、标本兼治。

三、劳务代偿的适用规则

劳务代偿是生态环境损害赔偿责任的替代履行方式之一，要求侵权人通过提供环境保护公益劳务的方式来折抵其依法应当承担的修复费用或损害赔偿金支付义务。劳务代偿与区域环境治理、从事环境宣传教育等相同，均是侵权责任人生态环境修复或赔偿责任的具体履行方式，而非在现有生态环境侵权责任类型之外创设新的责任形式。

（一）劳务代偿的适用考量因素

劳务代偿的具体适用，应以侵权人具备劳务代偿意愿和能力，劳务代偿方案科学合理，并有专门组织监督实施为前提。人民法院在案件审理中能够确定劳务代偿方案的，可以在判决中予以明确。如审理中不能确定，也可以在执行中根据需要适用。主要考量因素有以下五个方面。

1. 代偿意愿

劳务代偿的适用前提和基础是侵权人具有代偿意愿。劳务付出具有人身属性，需由侵权人自愿为之。在公益诉讼被告具备劳动能力的情况下，以自愿劳动的方式折抵金钱给付义务，符合国人传统观念。生态环境损害赔偿责任中的替代修复和劳务代偿，以当事人自愿为前提，并不强制其劳动，不会造成人格尊严的贬损。劳务代偿的适用应当充分尊重侵权人的个人意愿，在其承担货币赔偿确有困难的情况下，作为一种变通履行、执行方式予以适用。

2. 经济能力

侵权人的经济能力不足以承担全部金钱给付义务的情况下，可以考虑通过劳务方式代偿履行，以确保生效裁判确定的生态环境修复或赔偿责任得到切实履行。对于经济能力的审查，应当全面考察侵权人名下是否有住房，基本经济收入和来源，共同生活的配偶、子女收入情况等因素，予以综合评判。在侵权人具备部分赔偿能力情况下，人民法院可以酌情判决部分金钱赔偿，对于超出其赔偿能力的部分则辅之以劳务代偿。在行为人具备完全赔偿能力的情形下，也不排除判决其以劳务的形式替代履行部分赔偿责任的可能性，因为劳务代偿在某些情形下能够发挥更好的守法教育作用和生态环境保护倡导作用。实践中还出现了允许侵权人通过劳务方式替代履行惩罚性赔偿责任的案例，其考虑在于惩罚性赔偿的额外性，避免给侵权人造成过重的经济负担，帮助其改过自新，不失为一种有益探索。

3. 劳动能力

劳务代偿的履行应确保生态环境公共利益的保护目的得到有效落实，这要求侵权人应当具备劳务代偿的相关工作能力或专业技能。劳务代偿工作量可以根据侵权人的劳动能力、工作内容、工作地点等情况，参考劳动行政主管部门公布的相应岗位工资标准进行计算，确保劳务代偿方案具有可执行性，能够使当地群众和生态环境真正受益。未成年人和年事已高的老年人，原则上不倡导采取劳务代偿方式。适用中，应当充分考虑侵权人的自身能力确定劳务的内容，必要时给予相关培训。如实践中有的地方将侵权人培训成护林员，由其巡山护林。对于需要专业技术和知识，并非简单培训即可开展的劳务，一般不应由侵权人代为履行。同时，可以结合侵权人的教育背景、职业能力以及特长等，确定适合的劳务代偿方式。如有案例中根据侵权人的表演特长，由其编创、演出生态环境专题普法宣传节目，取得良好社会效果。

4. 赔偿金额

劳务代偿是对森林生态环境损害赔偿责任的替代履行方式，需要将劳务的价值与侵权人应当承担的修复费用、赔偿金额进行折抵。在未进行合理规划情况下，盲目适用劳务代偿，不仅不能达到惩罚、教育目的，反而容易造成社会资源的浪费。侵权人提供劳务的工种、时长、频次等均与其应支付或赔偿的费用金额直接相关，必要时还可以充分听取专家和有关部门的意见。除非执行不能，劳务代偿通常仅用以折抵一定比例的金钱赔偿责任，而非全部责任。其考虑在于，污染环境、破坏生态造成森林资源损害，损害了社会公共利益，侵权人应当依法承担修复或赔偿责任。如果一概免除其金钱支付义务而由劳务代替，可能影响生态环境的修复，不足以发挥环境资源审判的惩戒和教育功能。

5. 当地相应工资标准

考量劳务代偿对生态环境修复责任的替代履行实效性，核心是对行为人的劳务工作价值进行量化。当地劳动行政主管部门公布的岗位工资标准具有专业性、科学性的优点，将其作为计算劳务价值的参照依据，有助于确保劳务工作价值量化的准确性，避免司法裁判的随意性。确定劳务代偿方案时，可以征求劳动行政主管部门意见，合理确定侵权人提供劳务的价值及其对应折抵的赔偿价款，避免出现过度或不足使用劳务的情况。毕竟，劳务代偿是替代履行责任的方式，而非责任减免方式，其适用仍应当确保侵权人承担其应当承担的法律责任，满足生态环境修复、赔偿所需。

在安徽省马鞍山市人民检察院诉吴某环境侵权公益诉讼案中，[①] 法院认定被告吴某提供环境保护劳务的工作量应相当于其环境侵权赔偿的金额，具体参照 2018 年度马鞍山市职工平均日工资标准（2018 年度平均工资 79 030 元/261 日 = 302.8 元/日），计算其替代性修复的赔偿责任，核定其提供义务劳动应不少于 70 日。

（二）劳务代偿的具体方式

劳务代偿以保护生态环境公益为出发点，具体有林木管护、动物救助、巡山护林、生态环境公益宣传等多种方式。作为一种灵活创新的替代履行方式，劳务代偿的具体方式需要人民法院根据案件审理、执行情况合理确定。

1. 森林管护

森林生态环境遭受损害情形下，如果当事人家庭经济状况困难，无力支付赔偿金，采取行动最直接的方式就是开展森林管理和维护。这种方式需要考虑行为人的年龄、身份以及时间，根据不同的情况具体设定合理的管护时间、管护范围、管护工作，同时还应当由具有一定专业知识和能力的人对其进行培训，注意人身安全。

2. 野生动植保护

森林生态系统是以林木为主体的生物群落以及非生物环境所构成的综合生态系统，是生物和环境以及生物和生物之间物质交流和能量流动的集合。森林生态系统非常复杂，能量和物质循环非常旺盛，生态效应很强。野生动植物是森林生态系统中的重要组成部分。据资料介绍，近 50 年来，我国约有 400 余种野生动植物处于濒危或者受威胁的状态。保护野生动植物是保护森林生态系统的重要和有效方式，通过加强对森林中滥捕盗猎野生动物及乱采滥挖野生植物等行为的巡查，管理监控野生动植物生存情况，开展野外动植物生存环境调查，及时发现离群、受伤或者感染疫病的老弱野生动物并进行人工救护，等等。这些劳务方式在猎捕、危害珍贵、濒危野生动植物案件中时常被采用。

---

① 参见安徽省马鞍山市中级人民法院（2019）皖 05 民初 376 号民事判决书。

3. 公益环保宣传

开展保护森林资源的宣传，主要方式有走访山区群众、发放宣传单、开展宣传教育讲座、录制宣传教育视频等。通过宣传森林保护相关法律法规，向当地群众讲解保护森林的重要性、必要性和相关知识，现身说法阐述破坏森林资源违法行为的法律责任和后果，有助于逐步改变深居山林的居民靠山吃山的传统思想，提高群众森林资源保护意识，增强公众维护森林生态安全的责任感和使命感。

例如，在浙江省缙云县人民检察院诉丁某标环境侵权公益诉讼案中，① 被告违反《森林防火条例》《浙江省森林消防条例》，在林区野外禁火期用火，过失引发火灾，致使林地过火面积达 5.0467 公顷，严重损害了过火林地的生态环境，侵害了社会公共利益。根据鉴定机构出具的林业生态修复评估意见，修复过火林地的生态功能需在过火林地上补植光皮桦、木荷树种各 4066 棵，修复工程造价为 85 214 元。被告表示，其身体残疾，没有能力对过火林地进行补植，且家庭经济困难，经济赔偿能力不足，希望准许其通过提供有益于生态环境保护的劳动方式来抵偿部分生态修复费用，弥补其对生态环境造成的损害。公益诉讼起诉人根据丁某标的特长提出了具体的劳务代偿计划，要求其通过编创、组织森林防火普法节目公益演出、在禁火期担任森林防火宣传员的劳务形式，代偿生态修复费用赔偿责任。法院经审理认为，劳务代偿方式符合“谁损害，谁赔偿”的环境立法宗旨，且被告身体力行地参与森林防火普法宣传，现身说法，警示教育意义更大，普法宣传效果更好，相对单纯经济赔偿，更能体现环境公益诉讼制度设计的初衷，故予以准许。遂判决丁某标编创以森林防火为主题的普法宣传节目，于 2021 年 10 月 22 日前在农村村晚等场合完成演出 14 场（节目演员人数不得少于六人）、2021 年清明期间担任森林防火宣传员（时长不得少于 188 小时），履行情况由公益诉讼起诉人进行监督和确认，如逾期未履行完毕，则被告应自逾期之日起 10 日内支付未履行部分劳务对应的生态修复费用（劳务单价：编创并组织首演的价款按 3000 元计算，其余演出场次的价款按 1800 元/场计算，森林防火宣传员工资按 15 元/小时计算）。

① 参见浙江省丽水市中级人民法院（2020）浙 11 民初 147 号民事判决书。

4. 社区服务

社区服务主要体现在配合所在社区开展森林防火宣传、法律法规宣传、少年儿童普法教育，进社区，进街道，进学校，让人民群众了解森林资源保护法律法规和相关知识，形成全社会共同保护森林等自然资源和生态环境的良好法治氛围。

（三）劳务代偿方案的确定

制定科学、可行的劳务代偿方案，明确侵权人劳务代偿的具体要求，是确保劳务代偿工作顺利开展的前提条件。本条解释在总结司法实践经验基础上，鼓励各级法院在案件审理、执行过程中充分考虑执行效果，确定切实可行的劳务代偿方案。

1. 便捷性要求

劳务代偿的便捷性要求代偿方案的内容应当易于实施，不额外增加侵权人的其他负担。如尽量在侵权人的居住地进行，避免异地实施。又如合理考虑行为人的履行成本，尽可能不要求侵权人额外购置价格昂贵的专业工具或者设备。在马鞍山市人民检察院诉吴某环境侵权公益诉讼案中，[①]法院经审理认为，被告吴某破坏了野生动物资源，侵害国家利益和社会公共利益，已经构成侵权，依法应当承担相应的民事法律责任。鉴于被告家庭经济特别困难，自愿在经济赔偿能力不足的情况下，通过提供有益于环境保护的劳动来弥补其对环境造成的损害，遂根据当地相应工资标准，计算确定吴某承担环境义务劳动不得少于 70 日，以抵补其应支付环境损害赔偿金，并由吴某所在地的司法所和村民委员会负责监督和管理。

2. 关联性要求

侵权人劳务代偿的内容应当与其损害的生态环境具有一定关联，通过劳务能够达到替代修复受损生态环境目的或者使当地居民、环境受益。对于破坏森林生态环境的案件，劳务替代方案应当与森林、林木、林地的保护和利用相关，可以包括种子、苗木、木材的保护和维护，林业科研、试验、示范基地的建设，森林中生存的野生动植物的饲养、管护、保护、救

① 参见安徽省马鞍山市中级人民法院（2019）皖 05 民初 376 号民事判决书。

助，森林病虫害防治、森林防火、木材检疫，森林资源保护及普法宣传等工作，共同促进森林生态系统质量的整体提升和森林资源科学保护利用的全民行动。

3. 可执行性要求

劳务代偿作为生态环境损害赔偿责任的替代履行方式，相较于采取直接赔偿责任而言，执行难度更大。采取直接赔偿的案件，往往可以通过金钱执行方式强制履行，是否执行到位易于判断。而劳务代偿的实施除需要与行为人的实际情况相契合外，还需要有相关部门或社会组织予以监督，以确保行为人积极主动履行劳务。对于劳务代偿方案的执行，是否能够达到预期效果，能否对侵权人发挥足够的惩戒、教育功能，均无明确的判断依据和标准。故此，人民法院确定劳务代偿方案时，应尽可能明确劳务代偿的具体内容，包括提供劳务的类型、价值、起止时间、数量，以及监督实施单位、劳动效果评估等必要内容，确保劳务代偿方案不存在执行障碍。同时，也倡导各级法院与行政机关建立劳务代偿方案确定及执行监督的协作机制，依托自然资源、农业农村、生态环境等领域各行政主管部门的执法办案系统及专业技术经验，共同就劳务代偿方案的具体内容和可行性、科学性进行论证，探索确定更多领域、更加专业的劳务代偿方式，促进生态环境整体修复。

司法实践中，许多法院在判决采取劳务代偿方式前，即与当地乡镇、村民委员会、居民委员会等联系落实执行监督。移送执行后，执行部门与监督单位做好对接，由监督单位以月报的形式向法院执行部门报告被告的劳务履行情况，执行部门制作台账存档，同时不定期前往实地检查，考察被告公益劳动的出勤情况及效果，确保公益劳动履行到位、产生实效。[①] 例如，连云港市赣榆区环境保护协会诉王某某环境污染损害赔偿公益诉讼案中，[②] 根据生效判决确定的义务，王某某应于判决生效后 2 年内提供总计 960 小时的环境公益劳动（每月至少 6 次，每次不低于 6 小时），以弥补其环境损害赔偿金的不足部分，该项劳务执行由连云港市赣榆区环境保

① 朱新力主编：《生态资源环境保护法律问题解答与实例》，人民法院出版社 2010 年版，第 223~224 页。

② 参见江苏省连云港市中级人民法院（2014）连环公民初字第 00002 号民事判决书。

护局负责监督和管理。又如，益阳市环境与资源保护志愿者协会诉益阳市某工程机械有限公司水污染责任纠纷案中，① 生效判决确定被告应当派员在当地河道履行三年的巡河义务，巡河内容为检举无序开采矿产资源、乱砍滥伐河道林木，查巡违章建筑侵占河道、厂矿企业生产废水暗排、直排、偷排等破坏环境的行为；巡河要求为每月巡河5次，每次巡河人员为1~3人，每次巡河不少于3小时，应将巡河情况形成书面记录，每季度向益阳市环境与资源保护协会报告。

【法条链接】

1.**《中华人民共和国民法典》**（2020年5月28日）

第一千二百二十九条 因污染环境、破坏生态造成他人损害的，侵权人应当承担侵权责任。

2.**《最高人民法院关于审理环境民事公益诉讼案件适用法律若干问题的解释》**（2020年12月29日修正）

第十八条 对污染环境、破坏生态，已经损害社会公共利益或者具有损害社会公共利益重大风险的行为，原告可以请求被告承担停止侵害、排除妨碍、消除危险、恢复原状、赔偿损失、赔礼道歉等民事责任。

第二十条第一款 原告请求修复生态环境的，人民法院可以依法判决被告将生态环境修复到损害发生之前的状态和功能。无法完全修复的，可以准许采用替代性修复方式。

① 参见湖南省岳阳市中级人民法院（2018）湘06民初58号民事判决书。

第二十二条　侵权人自愿交纳保证金作为履行森林生态环境修复义务担保的，在其不履行修复义务时，人民法院可以将保证金用于支付森林生态环境修复费用。

【条文主旨】

本条是关于森林生态环境修复保证金的规定。

【条文理解】

森林资源是地球上最重要的自然资源之一，是生物多样性和可持续发展的基础，具有多方面的重要生态功能。保护森林资源，就是保护人类自身赖以生存的基础，用之不觉，失之难续。在社会生活的方方面面保护森林资源，特别是在诉讼活动中，坚持生态优先，积极适用预防性、恢复性司法措施，灵活运用多种责任承担方式，促进受损森林生态环境及时有效恢复。修复保证金就是在这样的背景下应运而生的一项创新司法举措。

一、保证金在生态环境修复领域的运用

司法实践中，毁林开荒、非法占用林地、非法猎捕或杀害野生动物等破坏森林生态环境的行为，往往涉及民事责任、行政责任甚至刑事责任。为了有效预防和依法打击这类违法犯罪行为，近年来人民法院坚持最严格的制度、最严密的法治，改革创新、多措并举，准确适用刑事、民事、行政等不同类型的法律责任，综合运用环境公益诉讼、生态环境损害赔偿、环境保护禁止令、环境侵权惩罚性赔偿等制度措施，加大对破坏森林资源违法行为的惩治追责力度，在生态环境保护和修复方面取得了显著成效，积累了有益经验。

（一）修复保证金的定义及类型

修复保证金是实践中常见的一种确保义务人履行义务的有效手段，指

为确保生态环境修复义务的履行，由义务人事先交纳一定数量的金钱作为担保，当义务人未履行或者未完全履行所担保之义务时，法院或者行政主管部门可以将该保证金用于替代履行。保证金根据不同的标准，可以划分为多种类型。

根据保证金是否具有强制性，可以分为强制缴纳的保证金和自愿交纳的保证金。本条解释规定的修复保证金是一种自愿性交纳的保证金，条文采用的是“交纳”的表述，而非“缴纳”，强调系侵权人在诉讼过程中自愿向法院交纳，作为履行森林生态环境修复义务的担保。在侵权人不履行修复义务时，人民法院可以将该保证金用于支付森林生态环境修复费用；在其按照相关要求履行修复义务后，人民法院应将其交纳的保证金予以退还。

根据保证金的作用，可以分为备用金型、预付款型、定金型等不同类别。本条解释规定的修复保证金是一种备用金型的保证金，只有当侵权人不履行修复义务时，人民法院才可以将其用于支付森林生态环境修复费用。

根据保证金是否附加特殊权利，可以分为有返还请求权、有双倍返还效力、无双倍返还效力等不同类型。本条解释规定的修复保证金是一种有返还请求权但无双倍返还效力的保证金，当侵权人已经按照相关要求履行了森林生态环境修复义务时，其有权要求人民法院返还事先交纳的保证金。

根据保证金适用的领域不同，可以分为行政管理领域的修复保证金和司法诉讼活动中的修复保证金。本条解释规定的森林生态环境修复保证金是适用于司法诉讼活动中的保证金。

（二）修复保证金制度的产生与发展

保证金制度适用于生态环境修复始于 1977 年《美国露天采矿控制与复垦法》（Surface Mining Control and Reclamation Act，SMCRA）该法规定，新建矿山企业在提交开采、土地使用、矿山修复等计划，且复垦许可证申请得到批准但尚未正式颁发时，须交纳一定数额的复垦保证金；在采矿企业按计划完成矿区生态修复并经验收合格后，保证金本金及利息全部归还；若采矿企业没有完成矿区生态修复或修复不合格，则由政府使用保证金委托专业性公司替代修复治理，超过保证金部分的修复费用仍须由矿业企业补交。这一法案标志着美国保证金制度的建立。[①] 此后加拿大、澳大利亚、法国等国家的相关立法均肯定和借鉴了保证金制度，以确保采矿企业履行矿山修复义务。[②]

我国将保证金制度适用于生态环境保护和修复，最初发轫于行政管理领域。2009 年 3 月，原国土资源部发布《矿山地质环境保护规定》，确立矿山地质环境治理恢复保证金制度。该规定以多个条款，分别规定了矿山修复保证金的缴存、管理、返还、变更、使用和处罚等内容。此处的矿山修复保证金属于强制性保证金，采矿权申请人申请办理采矿许可证时，即应当编制矿山地质环境保护与治理恢复方案，报有批准权的国土资源行政主管部门批准。矿山地质环境保护与治理恢复方案当中，就包括了缴存矿山地质环境保护与治理恢复保证金承诺书这一项内容。有学者将保证金理解为对我国担保法律体系的创新和发展，其性质十分类似于权利移转型担保物权中的让与担保，也具备担保共有的从属性特征，包括成立、消灭和处分等环节的从属性。[③] 2017 年 11 月，财政部、原国土资源部、原环境保护部联合发布《关于取消矿山地质环境治理恢复保证金 建立矿山地质环境治理恢复基金的指导意见》，取消保证金制度，落实企业矿山地质环境治理恢复责任，通过建立基金的方式筹集治理恢复资金。对此有学者认为，生态环境修复基金并不能完全替代修复保证金的功效，存在缺乏事先保护及容易出现资金被挪用等问题。[④] 尽管行政管理领域的修复保证金制度已经被取消，但在其近十年的运行过程中积累了许多可资借鉴的经验和做法。

司法诉讼领域，生态环境修复保证金被越来越多地使用。许多认罪认罚的侵权人愿意交纳一定数量的保证金，作为履行生态环境修复义务的担保，以争取减轻行政处罚或者刑罚。而人民法院也愿意通过统筹刑事责

---

① 宋蕾：《美国矿山修复治理保证金的构建和启示》，载《资源与产业》2011 年第 1 期。

② 左玉辉：《环境社会学》，高等教育出版社 2003 年版，第 88~89 页。

③ 徐英倩：《矿山地质环境保证金性质综述》，载《中国矿业》2011 年第 2 期。

④ 宁清同：《生态修复责任之保障制度初探》，载《法治研究》2019 年第 2 期。

任、民事责任和行政责任，将侵权人对承担生态修复责任的态度和交纳保证金等行为作为其具有悔过表现的认定依据，在处罚、量刑时予以考虑。这种保证金实质为一种保全措施，有利于确保补植复绿等修复责任得到落实，保障生态环境及时有效恢复。最高人民法院发布的指导案例172号秦某学滥伐林木刑事附带民事公益诉讼案的裁判要点明确，被告人自愿交纳保证金作为履行生态环境修复义务担保的，人民法院可以将该情形作为从轻量刑情节。最高人民检察院发布的第二批检察机关服务保障长江经济带发展典型案例中的上海市奉贤区卞某某等四人污染环境案中，亦适用了生态环境修复保证金这一举措。从司法实践情况来看，生态环境修复保证金制度能够促使侵权人从生态环境的“破坏者”转变为“修复者”，切实发挥环境资源审判的惩罚教育和示范引领功能。本司法解释在总结归纳和充分借鉴实践经验的基础上，于本条规定了森林生态环境修复保证金，将这一司法措施固定下来，引导其向规范化、制度化方向发展。

二、修复保证金的适用范围与条件

（一）修复保证金的适用范围

本条解释规定的修复保证金适用于森林生态环境侵权案件，具体而言，有民事公益诉讼案件、刑事附带民事公益诉讼案件及行政、民事交叉案件等不同类型。

1. 民事公益诉讼案件

涉及森林资源的民事公益诉讼案件中，侵权人出于维护企业形象、避免受到严厉处罚或者其他原因考虑，自愿交纳保证金作为履行森林生态环境修复义务担保的，人民法院可以依法予以准许。依据《环境侵权司法解释》第14条、《环境民事公益诉讼司法解释》第20条、《生态环境损害赔偿若干规定》第12条的规定，侵权人不履行修复义务时，人民法院可以将该保证金用于支付森林生态环境修复费用。

2. 刑事附带民事公益诉讼案件

我国实行最严格的制度、最严密的法治保护森林等自然资源，因破坏森林资源而引发的刑事诉讼在环境犯罪中占相当比重。刑事附带民事公益诉讼中的附带诉讼，本质上仍为民事案件，在侵权人生态环境修复责任的承担中有修复保证金适用的空间。特别是将修复保证金制度与认罪认罚从宽制度的适用结合起来，能够更加充分发挥两者“1+1>2”的整体效能，切实发挥环境资源刑事审判保护优先和恢复性司法理念的积极作用。

比如，在前述最高人民法院指导案例172号秦某学滥伐林木刑事附带民事公益诉讼一案中，一审法院认为被告人秦某学违反森林法规定，未经林业主管部门许可，无证滥伐白云山国家级自然保护区核心区内的公益林，数量巨大，构成滥伐林木罪。同时，对辩护人提出的被告人系初犯、认罪，积极交纳补植补绿的保证金66 025元到法院的执行账户，有悔罪表现，应当从轻判处的辩护意见，予以采信。又如，最高人民法院发布的森林资源民事纠纷典型案例中的江苏省连云港经济技术开发区人民检察院诉仰某梅等三人森林失火刑事附带民事公益诉讼一案中，一审法院认为被告人仰某梅因疏忽大意引发火灾，已构成失火罪，但犯罪后主动投案，如实供述，主动交纳生态环境效益损失费用，愿意通过补植等方式修复受损环境，故依法从轻处罚，判决侵权人承担修复责任，同时确定在其不履行修复义务时，所交纳的补植修复保证金用于支付修复费用。

3. 行政、民事交叉案件

《森林法》就擅自改变林地用途、违法造成林木毁坏或林地污染、盗伐或滥伐林木等行为规定了不同的行政处罚，并于第71条规定：“违反本法规定，侵害森林、林木、林地的所有者或者使用者的合法权益的，依法承担侵权责任。”破坏森林生态环境的行政责任与民事责任功能不同，两种责任形式并行不悖。从某种程度上说，刑事附带民事公益诉讼属于刑、民交叉案件，修复保证金依据上述分析可以适用于涉森林资源的刑、民交叉案件。同理，出于对生态环境的优先保护和恢复性司法理念考虑，修复保证金也可以适用于涉森林资源的行、民交叉案件。对于违法行为人积极履行生态环境修复义务或者自愿交纳修复保证金的行为，可以作为相关行政处罚中的从轻情节，以调动侵权人主动悔过和改过自新的积极性，保障实现受损生态环境的修复。

（二）修复保证金的适用条件

本条解释规定的修复保证金适用于森林生态环境受到损害，需要进行修复的公益诉讼案件。《民法典》第1234条明确，违反国家规定造成生态环境损害，生态环境能够修复的，国家规定的机关或者法律规定的组织有权请求侵权人在合理期限内承担修复责任。侵权人在期限内未修复的，国家规定的机关或者法律规定的组织可以自行或者委托他人进行修复，所需费用由侵权人负担。修复保证金正是对该条规定的生态环境修复责任的履行担保，其具体适用条件有以下三个方面。

1. 侵权人违反国家规定造成森林生态环境损害

修复保证金的出发点和立足点是为了确保受损的森林生态环境能够得到及时有效恢复，为森林生态环境的修复提供资金方面的保障。故此，适用生态修复保证金的前提，是存在森林生态环境受损的事实。生态环境损害具有明显的公共属性，侵权人污染环境、破坏生态的行为，首先损害的便是森林、土壤、空气、水、动植物种群等生态环境，再以这些受损生态系统为媒介侵害个体权益。同时，不同于一般环境侵权，生态环境侵权实行过错责任，违反国家规定是侵权人承担生态环境损害赔偿责任的要件之一。在破坏森林资源引发的公益诉讼案件中适用修复保证金，违反国家规定和造成生态环境损害，两者缺一不可。

2. 侵权人应当依法承担生态环境修复责任

破坏森林资源造成生态环境损害，在生态环境能够修复的情况下，对侵权人应当首先适用生态环境修复责任，确实无法修复的则适用损害赔偿责任。生态环境修复是传统侵权法上的恢复原状责任在生态环境侵权领域的具体形式。森林生态环境的修复，绝不仅仅是种树，更重要的是森林生态服务功能的恢复，使受损的生态环境恢复至基线水平。修复责任既可以由侵权人亲自履行，也可以由其出资请他人代为完成修复工程。生态环境修复具有专业性、技术性、复杂性和长期性，这使得多数侵权人并不具备修复生态环境的专业能力。修复工程完成后，需要进行修复效果评估，未达到预定修复效果的还需要继续进行修复。尤其在侵权人自行履行的场合，需要对其履行情况进行监督。这就使司法实践中产生了适用修复保证金的客观需求，在侵权人不履行、不能履行或者不完全履行修复义务时，由人民法院委托他人代为修复。

3. 侵权人自愿交纳保证金作为履行森林生态环境修复义务的担保

本条解释规定的修复保证金是一种自愿性保证金，这与行政管理领域中的强制性修复保证金有所不同。行政管理领域中的保证金通常适用于自然资源开发利用合同的担保，因为自然资源的开发利用通常会造成一定程度的生态环境破坏，为确保自然资源的可持续利用及之后的生态系统服务功能恢复，法律在赋予当事人自然资源开发使用权的同时，对其课以生态环境修复义务，强制其事先缴纳一定数量的修复保证金。因此，许多学者主张在行政管理领域中，任何权利主体在依法负担生态修复义务之时，原则上皆须缴纳相当于履行该生态修复义务所需费用的保证金。而在司法诉讼活动中，立法对此并无明确要求，适用修复保证金的初衷是充分考虑侵权人修复生态环境的主观意愿和积极性，并以此确保受损生态环境的有效修复。

三、修复保证金的交纳与管理使用

本条解释规定侵权人可以自愿向人民法院交纳森林生态环境修复保证金，作为其履行修复义务的担保。适用中，还有许多具体问题需要进一步明确。

（一）修复保证金的交纳

1. 关于由谁交纳的问题

依据《民法典》第1234条及第1235条的规定，生态环境侵权遵循损害担责和全面赔偿原则。修复保证金的交纳主体当为依法需要承担生态环境修复义务的侵权责任人。侵权责任人既可能是侵权行为人，也可能是依法需要对该侵权行为承担责任的人。适用中，应当从修复保证金制度的设立初衷出发，采取相对宽松的把握和处理。在侵权人是未成年人时，其父母等监护人代为交纳修复保证金的，可以认定为侵权人自愿交纳。在侵权人自身无能力交纳修复保证金时，由其亲戚朋友代为交纳的，亦可认定为自愿交纳。

2. 关于向谁交纳的问题

行政管理领域的生态环境修复保证金通常要求向生态环境行政主管机关缴纳。而在司法诉讼活动中，则根据侵权人交纳修复保证金时间节点的不同而有所区别。在法院审理阶段，侵权人自愿交纳生态环境修复保证金的，应向人民法院保全账户交纳，并由人民法院出具相应收款凭证。在案件侦查、审查起诉等尚未进入诉讼的阶段，侵权人即自愿交纳保证金的，则涉及相关保证金的收取、移送、使用等衔接问题，需要人民法院与公安机关、行政主管机关、检察机关共同做好协调配合。各地法院可根据当地生态环境修复需要及工作实际，与有关部门制定相关的环境资源审判协同机制，推动修复保证金适用的规范化、制度化。

3. 关于交纳多少的问题

生态环境修复保证金的具体数额，在行政管理领域通常采用全成本计算法，因修复义务的具体情况而有所不同，最终由生态环境行政主管部门决定。[①] 保证金的数额应当基本相当于修复义务人履行生态修复义务所实际需要的全部费用金额。2009 年《矿山地质环境保护规定》第 18 条第 2 款即规定，矿山地质环境治理恢复保证金的缴存数额，不得低于矿山地质环境治理恢复所需费用。司法实践中，人民法院也主要依据生态环境修复费用来确定修复保证金的数额。比如在秦某学滥伐林木刑事附带民事公益诉讼一案中，经鉴定，秦某学共砍伐林木 1010 株，林木蓄积为 153.3675 立方米。保靖县林业勘测规划设计队出具补植补造作业设计说明证明，受损公益林补植复绿的人工苗等费用为 66 025 元。人民法院审理期间，保靖县林业勘测规划设计队及保靖县林业局、白云山国家级自然保护区又对受损公益林补植复绿提出了具体建议和专业要求。秦某学预交补植复绿保证金 66 025 元，保证履行补植复绿义务。我们认为，根据修复生态环境所需费用来确定保证金的交纳标准是科学和合理的。依据《环境民事公益诉讼司法解释》第 20 条及《生态环境损害赔偿若干规定》第 12 条的规定，生态环境修复费用包括制定、实施修复方案的费用，修复期间的监测、监管

---

① 胡炜、魏本宁、赵江涛：《国外矿山环境治理管理制度研究及对我国的启示》，载《中国矿业》2011 年第 20 卷增刊。

费用，以及修复完成后的验收费用、修复效果后评估费用等。对此，需要进行司法鉴定或者参考专家意见具体确定。如果修复方案及费用发生变化和调整的，保证金数额也应当随之调整。

4. 关于如何交纳的问题

对于修复保证金是一次性交纳，还是允许分期交纳，有观点认为应根据具体情况区别对待。如保证金数额较小、距修复义务履行期届满时间较短，可一次性收取；如保证金数额巨大、距修复义务履行期届满时间较长，则可分期交纳。① 还有观点认为，诉讼中不宜采用分期交纳的方式来收取生态环境修复保证金，主要理由在于不同于行政管理领域预先收取的修复保证金，司法诉讼活动中的保证金系在生态环境已经遭受损害的情形下发生，侵权人的修复义务和费用可以具体确定，生态环境修复也十分急迫，故修复保证金应由侵权人一次性足额交纳。本条解释对该问题并未予以具体规定，由审理法院根据案件具体情况予以决定。因本司法解释规定的保证金是自愿性，可以倡导原则上一次性交纳，但不宜强制。

（二）修复保证金的管理使用

1. 关于保证金的专款专用问题

2009 年《矿山地质环境保护规定》第 19 条第 3 款规定，矿山地质环境治理恢复保证金遵循企业所有、政府监管、专户储存、专款专用的原则。这对于人民法院在司法诉讼活动中管理、使用侵权人交纳的修复保证金具有借鉴意义。《环境侵权司法解释》第 14 条规定，被侵权人请求修复原状的，人民法院可以依法裁判侵权人承担环境修复责任，并同时确定其不履行环境修复义务时应当承担的环境修复费用；侵权人在生效裁判确定的期限内未履行环境修复义务的，人民法院可以委托其他人进行环境修复，所需费用由侵权人承担。《环境民事公益诉讼司法解释》第 20 条、《生态环境损害赔偿若干规定》第 12 条均有类似规定。本条解释规定的修复保证金作为侵权人履行森林生态环境修复义务的担保，应当汇入人民法院的专门账户；在侵权人不履行或者不完全履行生效裁判确定的修复义务

① 蔡荫恩：《商事法概要》，我国台湾地区三民书局 1972 年版，第 403 页。

时，由人民法院专门用于支付委托第三方代为修复的费用，不得挪作他用。

2. 关于保证金的权利归属问题

修复保证金的法律属性为担保金，人民法院对侵权人交纳的保证金仅享有依法管理和使用的权利，修复保证金的所有权仍属于交纳保证金的侵权人。人民法院在依法管理和使用保证金时，不得侵犯侵权人对保证金的所有权。正是基于所有权，利息作为修复保证金的法定孳息，侵权人对保证金的利息也有着一定条件下的返还请求权。在侵权人完全履行生效裁判确定的修复义务，经评估受损生态环境已经复原至基线水平的，人民法院应当依职权或者依申请退还专户中的保证金以及银行就此支付的利息。

3. 关于保证金的退还退补问题

如前所述，本条解释规定的修复保证金属于一种有返还请求权的保证金。当侵权人已经依法履行了森林生态环境修复义务，则其有权利要求人民法院返还所交纳的修复保证金及利息；人民法院也须及时、全额退还保证金本息，不得截留或拒不返还。2009 年《矿山地质环境保护规定》对此有着类似规定，该规定第 19 条明确，采矿权人按照矿山地质环境保护与治理恢复方案的要求履行了矿山地质环境治理恢复义务，经有关国土资源行政主管部门组织验收合格的，按义务履行情况返还相应额度的矿山地质环境治理恢复保证金及利息；第 23 条第 1 款规定，采矿权人在申请办理闭坑手续时，应当经国土资源行政主管部门验收合格，并提交验收合格文件，经审定后，返还矿山地质环境治理恢复保证金；第 23 条第 2 款还明确，逾期不履行治理恢复义务或者治理恢复仍达不到要求的，国土资源行政主管部门使用该采矿权人缴存的矿山地质环境治理恢复保证金组织治理，治理资金不足部分由采矿权人承担。同理，生态环境修复保证金亦存在退补问题。当侵权人没有依法履行修复义务或者履行不符合要求时，人民法院可以委托第三方进行森林生态环境修复，所需修复费用从侵权人交纳的保证金中支付。第三方代为修复时，保证金不足以支付的部分，应当由侵权人根据生效裁判确定的修复费用金额进行补缴；修复完成后，保证金剩余的部分退还侵权人。人民法院应当在确保受损的森林生态环境得到及时有效修复的同时，依法保障侵权人的合法权益。

【法条链接】

1.《中华人民共和国民法典》（2020 年 5 月 28 日）

第三百二十一条 天然孳息，由所有权人取得；既有所有权人又有用益物权人的，由用益物权人取得。当事人另有约定的，按照其约定。

法定孳息，当事人有约定的，按照约定取得；没有约定或者约定不明确的，按照交易习惯取得。

第一千二百三十四条 违反国家规定造成生态环境损害，生态环境能够修复的，国家规定的机关或者法律规定的组织有权请求侵权人在合理期限内承担修复责任。侵权人在期限内未修复的，国家规定的机关或者法律规定的组织可以自行或者委托他人进行修复，所需费用由侵权人负担。

2.《中华人民共和国环境保护法》（2017 年 11 月 4 日修正）

第五条 环境保护坚持保护优先、预防为主、综合治理、公众参与、损害担责的原则。

3.《中华人民共和国民事诉讼法》（2021 年 12 月 24 日修正）

第一百零三条 人民法院对于可能因当事人一方的行为或者其他原因，使判决难以执行或者造成当事人其他损害的案件，根据对方当事人的申请，可以裁定对其财产进行保全、责令其作出一定行为或者禁止其作出一定行为；当事人没有提出申请的，人民法院在必要时也可以裁定采取保全措施。

人民法院采取保全措施，可以责令申请人提供担保，申请人不提供担保的，裁定驳回申请。

人民法院接受申请后，对情况紧急的，必须在四十八小时内作出裁定；裁定采取保全措施的，应当立即开始执行。

4.《最高人民法院关于审理环境侵权责任纠纷案件适用法律若干问题的解释》（2020 年 12 月 29 日修正）

第十四条 被侵权人请求修复生态环境的，人民法院可以依法裁判侵权人承担环境修复责任，并同时确定其不履行环境修复义务时应当承担的环境修复费用。

侵权人在生效裁判确定的期限内未履行环境修复义务的，人民法院可以委托其他人进行环境修复，所需费用由侵权人承担。

5.《最高人民法院关于审理环境民事公益诉讼案件适用法律若干问题的解释》（2020年12月29日修正）

第二十条 原告请求修复生态环境的，人民法院可以依法判决被告将生态环境修复到损害发生之前的状态和功能。无法完全修复的，可以准许采用替代性修复方式。

人民法院可以在判决被告修复生态环境的同时，确定被告不履行修复义务时应承担的生态环境修复费用；也可以直接判决被告承担生态环境修复费用。

生态环境修复费用包括制定、实施修复方案的费用，修复期间的监测、监管费用，以及修复完成后的验收费用、修复效果后评估费用等。

6.《最高人民法院关于审理生态环境损害赔偿案件的若干规定（试行）》（2020年12月29日修正）

第十二条 受损生态环境能够修复的，人民法院应当依法判决被告承担修复责任，并同时确定被告不履行修复义务时应承担的生态环境修复费用。

生态环境修复费用包括制定、实施修复方案的费用，修复期间的监测、监管费用，以及修复完成后的验收费用、修复效果后评估费用等。

原告请求被告赔偿生态环境受到损害至修复完成期间服务功能损失的，人民法院根据具体案情予以判决。

第二十三条　本解释自 2022 年 6 月 15 日起施行。施行前本院公布的司法解释与本解释不一致的，以本解释为准。

【条文主旨】

本条是关于司法解释的生效日期及本解释与最高人民法院之前作出的司法解释的关系的规定。

【条文理解】

本司法解释的颁布，对于保障人民法院依法审理涉及森林资源的民事纠纷案件，统一人民法院审理此类案件的裁判尺度，将产生重要影响。其中涉及的审判实践中对本司法解释适用的时间效力的不同理解，直接影响案件裁判的结果和效果，有必要加以明确。为了充分保障当事人合法权益，做好相关诉讼程序衔接适用工作，本条对于本解释的时间效力问题作出了规定。

一、本解释的生效时间

任何法律和司法解释都有生效日期，即法律和司法解释的施行时间。正确地理解法律和司法解释关于施行时间的规定，是适用法律和司法解释的前提条件。根据最高人民法院关于司法解释施行日期问题的相关规定，本条明确规定了本解释开始施行的时间。

（一）法律的时间效力

法律的时间效力是指法律何时生效、何时终止效力，以及法律对其公布以前的事件和行为是否具有溯及力的问题。只要有法律的存在，就有法律施行日期的规定。否则，这部法律是不完整的，也难以执行。关于法律的时间效力，《立法法》第 57 条明确："法律应当明确规定施行日期。"第

58 条规定："签署公布法律的主席令载明该法律的制定机关、通过和施行日期。法律签署公布后，及时在全国人民代表大会常务委员会公报和中国人大网以及在全国范围内发行的报纸上刊载。在常务委员会公报上刊登的法律文本为标准文本。"

我国法律生效时间的规定，通常采用以下三种方式：一是法律规定自公布之日起施行。如"本法自公布之日起施行"的规定。采取这种一经公布立即生效的做法多适用于急需尽快出台且施行时机比较成熟的情况，以便使法律能够立刻发挥规范相关法律关系的准绳作用。例如，1991 年 4 月 9 日通过的《民事诉讼法》第 270 条规定："本法自公布之日起施行，《中华人民共和国民事诉讼法（试行）》同时废止。"二是法律在公布后，并不立即生效施行，而是经过一定时期后才开始施行。例如，《民法典》于 2020 年 5 月 28 日通过，该法第 1260 条规定："本法自 2021 年 1 月 1 日起施行。"三是特别规定。例如，1986 年《企业破产法（试行）》第 43 条规定："本法自全民所有制工业企业法实施三个月之日起试行，试行的具体部署和步骤由国务院规定。"近年来，上述第三种方式很少被采用，且 1986 年《企业破产法（试行）》被《企业破产法》取代后，对于《企业破产法》的生效日期也采取了前述第二种方式进行规定。

（二）司法解释的时间效力

最高人民法院制定司法解释是依据 1955 年《全国人民代表大会常务委员会关于解释法律问题的决议》[①] 和 1981 年《全国人民代表大会常务委员会关于加强法律解释工作的决议》的规定。但是关于司法解释何时生效的具体规定，上述立法授权决议中并未涉及。

最高人民法院通过系列文件，对司法解释的生效时间予以规范。1997 年 6 月 23 日印发的《最高人民法院关于司法解释工作的若干规定》（法发〔1997〕15 号）第 11 条规定："司法解释以在《人民法院报》上公开发布的日期为生效时间，但司法解释另有规定的除外。"2007 年 3 月 9 日印发

① 该决议已经被《全国人民代表大会常务委员会关于批准法制工作委员会关于对 1978 年底以前颁布的法律进行清理情况和意见报告的决定》宣布失效。

的《最高人民法院关于司法解释工作的规定》第25条规定：“司法解释以最高人民法院公告形式发布。司法解释应当在《最高人民法院公报》和《人民法院报》刊登。司法解释自公告发布之日起施行，但司法解释另有规定的除外。”2007年8月23日最高人民法院办公厅印发的《关于规范司法解释施行日期有关问题的通知》（法办〔2007〕396号）规定：“一、今后各部门起草的司法解释对施行日期没有特别要求的，司法解释条文中不再规定‘本解释（规定）自公布之日起施行’的条款，施行时间一律以发布司法解释的最高人民法院公告中明确的日期为准。二、司法解释对施行日期有特别要求的，应当在司法解释条文中规定相应条款，明确具体施行时间，我院公告的施行日期应当与司法解释的规定相一致。”2019年2月，最高人民法院办公厅印发的《关于司法解释施行日期问题的通知》（法办发〔2019〕2号）第1条规定：“司法解释的施行日期是司法解释时间效力的重要内容，司法解释应当在主文作出明确规定：‘本解释（规定或者决定）自×年×月×日起施行’。”

司法解释的生效时间通常采取两种方式：一种是司法解释明确规定施行的具体日期，另一种是司法解释对此不明确规定，而是以发布司法解释的最高人民法院公告中明确的日期为准。2021年6月16日施行的《最高人民法院关于司法解释工作的规定》（2021年修正）第25条第3款规定：“司法解释自公告发布之日起施行，但司法解释另有规定的除外。”本司法解释于2022年4月25日由最高人民法院审判委员会第1869次会议通过，于2022年6月13日公布。根据最新司法解释工作要求，参照其他解释的格式，本条明确本司法解释的施行日期为2022年6月15日。

二、本解释的溯及力

（一）法律的溯及力

法律溯及力与法律生效时间相关。法的溯及力，又称法的溯及既往的效力，是指新的法律颁布后，对其生效以前发生的事件和行为是否适用新法的问题。[①] 若适用，新的法律就具有溯及力；若不适用，则新的法律不具有溯及力。法律一般没有溯及力，这种法不溯及既往的原则已成为各国立法所共同遵循的通例。如在欧洲，法国、瑞士、意大利和俄罗斯等国家的民法典中均有涉及法的溯及力方面的规定；在亚洲，《日本民法典》《日本民法施行法》也规定了关于溯及力的相关条款。这些国家的共同点，都是将法不溯及既往这一原则性规定写入了法律之中。

对于我国法律的溯及力问题，《立法法》第 93 条规定："法律、行政法规、地方性法规、自治条例和单行条例、规章不溯及既往，但为了更好地保护公民、法人和其他组织的权利和利益而作的特别规定除外。"该规定明确了我国法律原则上不溯及既往，但如果新的法律是"为了更好地保护公民、法人和其他组织的权利和利益"，则具有溯及力。且新的法律要溯及既往，必须在新法中明确规定适用原则。如我国《刑法》第 12 条规定："中华人民共和国成立以后本法施行以前的行为，如果当时的法律不认为是犯罪的，适用当时的法律；如果当时的法律认为是犯罪的，依照本法总则第四章第八节的规定应当追诉的，按照当时的法律追究刑事责任，但是如果本法不认为是犯罪或者处刑较轻的，适用本法。本法施行以前，依照当时的法律已经作出的生效判决，继续有效。"该条是关于刑法溯及力的规定，且采用的是从旧兼从轻的溯及原则。因此，法不溯及既往原则作为源于信赖利益保护原则的制度，只限制"不利溯及"，不限制"有利溯及"。[②]《立法法》第 93 条后半部分的但书关于"但为了更好地保护公民、法人和其他组织的权利和利益而作的特别规定除外"的规定，就是该精神的体现。

在民事法律领域，由于法律调整的是平等主体之间财产或人身关系，主体均为私权利主体，原则上也是法不溯及既往，而例外追溯应表现为"对当事人都有利或至少对无过错方及弱势一方有利"。[③] 如《最高人民法

① 刘金国、舒国滢主编：《法理学教科书》，中国政法大学出版社 1999 年版，第 87 页。

② 参见胡建淼、杨登峰：《有利法律溯及原则及其适用中的若干问题》，载《北京大学学报（哲学社会科学版）》2006 年第 6 期。

③ 朱力宇、孙晓红：《论法的溯及力的若干问题》，载《河南省政法管理干部学院报》2008 年第 1 期。

院关于适用〈中华人民共和国民法典〉时间效力的若干规定》第1条明确："民法典施行后的法律事实引起的民事纠纷案件，适用民法典的规定。民法典施行前的法律事实引起的民事纠纷案件，适用当时的法律、司法解释的规定，但是法律、司法解释另有规定的除外。民法典施行前的法律事实持续至民法典施行后，该法律事实引起的民事纠纷案件，适用民法典的规定，但是法律、司法解释另有规定的除外。"第2条规定："民法典施行前的法律事实引起的民事纠纷案件，当时的法律、司法解释有规定，适用当时的法律、司法解释的规定，但是适用民法典的规定更有利于保护民事主体合法权益，更有利于维护社会和经济秩序，更有利于弘扬社会主义核心价值观的除外。"第3条规定："民法典施行前的法律事实引起的民事纠纷案件，当时的法律、司法解释没有规定而民法典有规定的，可以适用民法典的规定，但是明显减损当事人合法权益、增加当事人法定义务或者背离当事人合理预期的除外。"

（二）司法解释的溯及力

对于司法解释的溯及力问题，目前除2001年12月17日施行的《最高人民法院、最高人民检察院关于适用刑事司法解释时间效力问题的规定》对溯及力问题有规定外，对于民事司法解释的溯及力问题，因缺乏统一的规范，导致不同的司法解释有不同的做法。

有学者就民事司法解释的适用问题总结了以下原则：一是有明确解释对象的，效力及于被解释法律生效之时。二是没有明确的解释对象的，应区分两种情形：（1）旧法（包括司法解释）没有规定的，适用补缺例外规则，或称"空白追溯"规则，即"如果对某法律事实，旧法没有规定而新法有规定的，可以适用新法的规定对该法律事实进行规范"。（2）旧法（包括司法解释）有规定的，采取从旧兼有利规则。三是对于连续性事实或持续性法律关系，采用即行适用原则。需注意的是，如果涉及合同关系，应与从旧兼有利规则相协调。四是如果对明确的法律规定作出直接修改，则不得具有溯及力。五是已经生效的裁判当然不宜依据新的司法解释而被推翻，这是既判力优于溯及力的体现。六是如果司法解释一时不能做到分情况规定溯及力，也应统一规定适用于一审、二审案件，而不应区分新受理的一审案件与审理中的案件或只规定一个实施日期。[①]

对于民事司法解释的溯及力问题，主要有以下三种规范模式：一是适用于司法解释实施后的民事行为产生的纠纷。例如，《最高人民法院关于审理人身损害赔偿案件适用法律若干问题的解释》第 24 条第 1 款规定："本解释自 2022 年 5 月 1 日起施行。施行后发生的侵权行为引起的人身损害赔偿案件适用本解释。"二是适用于司法解释公布后新受理的一审案件。例如，《最高人民法院关于审理消费民事公益诉讼案件适用法律若干问题的解释》第 19 条规定："本解释自 2016 年 5 月 1 日起施行。本解释施行后人民法院新受理的一审案件，适用本解释……"三是适用于解释施行后尚未终审的案件。例如，《最高人民法院关于审理融资租赁合同纠纷案件适用法律问题的解释》第 15 条第 2 款规定："本解释施行后尚未终审的融资租赁合同纠纷案件，适用本解释；本解释施行前已经终审，当事人申请再审或者按照审判监督程序决定再审的，不适用本解释。"

（三）本解释的溯及力

对于司法解释有无溯及力的问题，就前述第一种模式而言并不存在争议。对于剩余的两种模式，则有较大争议。支持第二种模式的观点认为，司法解释虽然是对既有法律的解释，但我国的司法解释在一定程度上起到了填补空白甚至创设规则的作用，根据法不溯及既往原则，司法解释同样不应具有溯及力，只能适用于施行后人民法院新受理的一审案件。支持第三种模式的意见则认为，司法解释是对现行法律的解释，自其施行之日起，对人民法院已经受理、尚未审结的一审、二审案件均应加以适用，这实际上是赋予了司法解释一定的溯及力。这种观点的主要理由是司法解释是对法律的释明，应将其看作被解释法律的一部分。如果以制定法为解释对象，司法解释一般与被解释法律同步发生效力，被解释法律如果能够适用于某一纠纷，该司法解释同样也应适用于该纠纷。

我们认为，两种观点都有其道理。第二种模式保证了法律的安定性和

① 参见张新宝、王伟国：《最高人民法院民商事司法解释溯及力问题探讨》，载《法律科学（西北政法大学学报）》2010 年第 6 期。

预期性以及“法不溯及既往”的基本原则。但在制定本司法解释的过程中，结合司法审判实践情况来看，如施行前人民法院已经受理、施行后尚未审结的一审、二审案件不能适用本解释，可能存在明知案件裁判适用法律错误而无法纠正的现实问题。同时，考虑到本解释是针对森林资源民事纠纷案件司法实践中亟待统一裁判尺度的现实问题而制定，且条文表述多系对较为成熟的、行之有效的审判经验的总结，故本解释采用了第三种模式，即适用于施行前已经受理、施行后尚未审结的一审、二审案件。

【审判实践中应注意的问题】

本司法解释适用于施行后尚未终审的森林资源民事纠纷案件，包括尚未审结的一审和二审案件。对于施行前已经作出生效裁判的案件，当事人申请再审或是按照审判监督程序决定再审的，则不能适用本解释。通常情况下，司法解释的溯及力应当尊重案件裁判结果的既判力，这是保证法的安定性的要求。如果再审案件可以适用新的司法解释，将会导致实践中大量的裁判结果被推翻，不仅不利于维护裁判的稳定性，也会严重损害司法权威。

与此相关的问题是，对于本司法解释施行前再审发回重审，施行后尚未审结的一审、二审案件能否适用，存在两种不同的观点。第一种观点认为再审发回重审的一审、二审案件，是司法解释施行前已经作出生效裁判的案件，不应适用本解释。第二种观点认为再审发回重审的一审、二审案件也是尚未审结的一审、二审案件，应适用本解释。我们倾向于第一种观点，根据前文所述，司法解释对于其施行之前已经终审的案件不再适用。虽然本司法解释施行前再审发回重审，本解释施行后尚未审结的一审、二审案件，处于一审或二审的审理阶段，就审理程序而言与普通的一审、二审案件没有本质区别，但这部分案件依然属于按照审判监督程序决定再审的案件范畴，具有“本解释施行前已经作出生效裁判的案件”这一前提。因此，对于本司法解释施行前再审发回重审，施行后尚未审结的一审、二审的案件也不适用本解释。

【法条链接】

1.**《中华人民共和国立法法》**（2015 年 3 月 15 日修正）

第五十七条　法律应当明确规定施行日期。

第五十八条　签署公布法律的主席令载明该法律的制定机关、通过和施行日期。

法律签署公布后，及时在全国人民代表大会常务委员会公报和中国人大网以及在全国范围内发行的报纸上刊载。

在常务委员会公报上刊登的法律文本为标准文本。

第九十三条　法律、行政法规、地方性法规、自治条例和单行条例、规章不溯及既往，但为了更好地保护公民、法人和其他组织的权利和利益而作的特别规定除外。

2.**《中华人民共和国刑法》**（2020 年 12 月 26 日修正）

第十二条　中华人民共和国成立以后本法施行以前的行为，如果当时的法律不认为是犯罪的，适用当时的法律；如果当时的法律认为是犯罪的，依照本法总则第四章第八节的规定应当追诉的，按照当时的法律追究刑事责任，但是如果本法不认为是犯罪或者处刑较轻的，适用本法。

本法施行以前，依照当时的法律已经作出的生效判决，继续有效。

3.**《最高人民法院关于司法解释工作的规定》**（2021 年 6 月 9 日修正）

第二条　人民法院在审判工作中具体应用法律的问题，由最高人民法院作出司法解释。

第三条　司法解释应当根据法律和有关立法精神，结合审判工作实际需要制定。

第四条　最高人民法院发布的司法解释，应当经审判委员会讨论通过。

第五条　最高人民法院发布的司法解释，具有法律效力。

第七条　最高人民法院与最高人民检察院共同制定司法解释的工作，应当按照法律规定和双方协商一致的意见办理。

第二十五条 司法解释以最高人民法院公告形式发布。

司法解释应当在《最高人民法院公报》和《人民法院报》刊登。

司法解释自公告发布之日起施行，但司法解释另有规定的除外。

4.**《最高人民法院关于适用〈中华人民共和国民法典〉时间效力的若干规定》**（2020 年 12 月 29 日）

第一条 民法典施行后的法律事实引起的民事纠纷案件，适用民法典的规定。民法典施行前的法律事实引起的民事纠纷案件，适用当时的法律、司法解释的规定，但是法律、司法解释另有规定的除外。民法典施行前的法律事实持续至民法典施行后，该法律事实引起的民事纠纷案件，适用民法典的规定，但是法律、司法解释另有规定的除外。

第二条 民法典施行前的法律事实引起的民事纠纷案件，当时的法律、司法解释有规定，适用当时的法律、司法解释的规定，但是适用民法典的规定更有利于保护民事主体合法权益，更有利于维护社会和经济秩序，更有利于弘扬社会主义核心价值观的除外。

第三条 民法典施行前的法律事实引起的民事纠纷案件，当时的法律、司法解释没有规定而民法典有规定的，可以适用民法典的规定，但是明显减损当事人合法权益、增加当事人法定义务或者背离当事人合理预期的除外。

5.**《最高人民法院关于生态环境侵权案件适用禁止令保全措施的若干规定》**（2021 年 12 月 27 日）

第十四条 本规定自 2022 年 1 月 1 日起施行。

6.**《最高人民法院关于审理生态环境侵权纠纷案件适用惩罚性赔偿的解释》**（2022 年 1 月 12 日）

第十四条 本规定自 2022 年 1 月 20 日起施行。

7.**《最高人民法院关于审理涉执行司法赔偿案件适用法律若干问题的解释》**（2022 年 2 月 8 日）

第二十条 本解释自 2022 年 3 月 1 日起施行。施行前本院公布的司法解释与本解释不一致的，以本解释为准。

8.《最高人民法院、最高人民检察院关于办理破坏野生动物资源刑事案件适用法律若干问题的解释》（2022年4月6日）

第二十条　本解释自2022年4月9日起施行。本解释公布施行后，《最高人民法院关于审理破坏野生动物资源刑事案件具体应用法律若干问题的解释》（法释〔2000〕37号）同时废止；之前发布的司法解释与本解释不一致的，以本解释为准。

第四部分　指导性案例和典型案例

指导性案例

1. 指导案例 137 号：云南省剑川县人民检察院诉剑川县森林公安局怠于履行法定职责环境行政公益诉讼案

（最高人民法院审判委员会讨论通过　2019 年 12 月 26 日发布）

【关键词】

行政/环境行政公益诉讼/怠于履行法定职责/审查标准

【裁判要点】

环境行政公益诉讼中，人民法院应当以相对人的违法行为是否得到有效制止，行政机关是否充分、及时、有效采取法定监管措施，以及国家利益或者社会公共利益是否得到有效保护，作为审查行政机关是否履行法定职责的标准。

【相关法条】

1.《中华人民共和国森林法》第 13 条、第 20 条

2.《中华人民共和国森林法实施条例》第 43 条

3.《中华人民共和国行政诉讼法》第 70 条、第 74 条

【基本案情】

2013 年 1 月，剑川县居民王某全受玉鑫公司的委托在国有林区开挖公路，被剑川县红旗林业局护林人员发现并制止，剑川县林业局接报后交剑川县森林公安局进行查处。剑川县森林公安局于 2013 年 2 月 20 日向王某

全送达了林业行政处罚听证权利告知书，并于同年2月27日向王某全送达了剑川县林业局剑林罚书字（2013）第（288）号林业行政处罚决定书。行政处罚决定书载明：玉鑫公司在未取得合法的林地征占用手续的情况下，委托王某全于2013年1月13日至19日期间，在13林班21、22小班之间用挖掘机开挖公路长度为494.8米、平均宽度为4.5米、面积为2226.6平方米，共计3.34亩。根据《中华人民共和国森林法实施条例》第43条第1款规定，决定对王某全及玉鑫公司给予如下行政处罚：（1）责令限期恢复原状；（2）处非法改变用途林地每平方米10元的罚款，即22 266.00元。2013年3月29日玉鑫公司交纳了罚款后，剑川县森林公安局即对该案予以结案。其后直到2016年11月9日，剑川县森林公安局没有督促玉鑫公司和王某全履行"限期恢复原状"的行政义务，所破坏的森林植被至今没有得到恢复。

2016年11月9日，剑川县人民检察院向剑川县森林公安局发出检察建议，建议依法履行职责，认真落实行政处罚决定，采取有效措施，恢复森林植被。2016年12月8日，剑川县森林公安局回复称自接到《检察建议书》后，即刻进行认真研究，采取了积极的措施，并派民警到王某全家对剑林罚书字（2013）第（288）号处罚决定第一项责令限期恢复原状进行催告，鉴于王某全死亡，执行终止。对玉鑫公司，剑川县森林公安局没有向其发出催告书。

另查明，剑川县森林公安局为剑川县林业局所属的正科级机构，2013年年初，剑川县林业局向其授权委托办理本县境内的所有涉及林业、林地处罚的林政处罚案件。2013年9月27日，云南省人民政府《关于云南省林业部门相对集中林业行政处罚权工作方案的批复》，授权各级森林公安机关在全省范围内开展相对集中林业行政处罚权工作，同年11月20日，经云南省人民政府授权，云南省人民政府法制办公室对森林公安机关行政执法主体资格单位及执法权限进行了公告，剑川县森林公安局也是具有行政执法主体资格和执法权限的单位之一，同年12月11日，云南省林业厅发出通知，决定自2014年1月1日起，各级森林公安机关依法行使省政府批准的62项林业行政处罚权和11项行政强制权。

【裁判结果】

云南省剑川县人民法院于2017年6月19日作出（2017）云2931行初1号行政判决：（1）确认被告剑川县森林公安局怠于履行剑林罚书字（2013）第（288）号处罚决定第一项内容的行为违法；（2）责令被告剑川县森林公安局继续履行法定职责。宣判后，当事人服判息诉，均未提起上诉，判决已发生法律效力，剑川县森林公安局也积极履行了判决。

【裁判理由】

法院生效裁判认为，公益诉讼人提起本案诉讼符合最高人民法院《人民法院审理人民检察院提起公益诉讼试点工作实施办法》及最高人民检察院《人民检察院提起公益诉讼试点工作实施办法》规定的行政公益诉讼受案范围，符合起诉条件。《行政诉讼法》第26条第6款规定："行政机关被撤销或者职权变更的，继续行使其职权的行政机关是被告。"2013年9月27日，《云南省人民政府关于云南省林业部门相对集中林业行政处罚权工作方案的批复》授权各级森林公安机关相对集中行使林业行政部门的部分行政处罚权，因此，根据规定剑川县森林公安局行使原来由剑川县林业局行使的林业行政处罚权，是适格的被告主体。本案中，剑川县森林公安局在查明玉鑫公司及王某全擅自改变林地的事实后，以剑川县林业局名义作出对玉鑫公司和王某全责令限期恢复原状和罚款22 266.00元的行政处罚决定符合法律规定，但在玉鑫公司缴纳罚款后3年多时间里没有督促玉鑫公司和王某全对破坏的林地恢复原状，也没有代为履行，致使玉鑫公司和王某全擅自改变的林地至今没有恢复原状，且未提供证据证明有相关合法、合理的事由，其行为显然不当，是怠于履行法定职责的行为。行政处罚决定没有执行完毕，剑川县森林公安局依法应该继续履行法定职责，采取有效措施，督促行政相对人限期恢复被改变林地的原状。

（生效裁判审判人员：赵新科、白灿山、张吉元）

2. 指导案例 172 号：秦某学滥伐林木刑事附带民事公益诉讼案

（最高人民法院审判委员会讨论通过　2021 年 12 月 1 日发布）

【关键词】

刑事/滥伐林木罪/生态修复/补植复绿/专家意见/保证金

【裁判要点】

1. 人民法院确定被告人森林生态环境修复义务时，可以参考专家意见及林业规划设计单位、自然保护区主管部门等出具的专业意见，明确履行修复义务的树种、树龄、地点、数量、存活率及完成时间等具体要求。

2. 被告人自愿交纳保证金作为履行生态环境修复义务担保的，人民法院可以将该情形作为从轻量刑情节。

【相关法条】

《中华人民共和国民法典》第 179 条（本案适用的是自 2010 年 7 月 1 日起实施的《中华人民共和国侵权责任法》第 15 条）

《中华人民共和国森林法》第 56 条、第 57 条、第 76 条（本案适用的是 2009 年 8 月 27 日修正的《中华人民共和国森林法》第 32 条、第 39 条）

【基本案情】

湖南省保靖县人民检察院指控被告人秦某学犯滥伐林木罪向保靖县人民法院提起公诉，在诉讼过程中，保靖县人民检察院以社会公共利益受到损害为由，又向保靖县人民法院提起附带民事公益诉讼。

保靖县人民检察院认为，应当以滥伐林木罪追究被告人秦某学刑事责任。同时，被告人行为严重破坏了生态环境，致使社会公共利益遭受损害，根据侵权责任法的相关规定，应当补植复绿，向公众赔礼道歉。被告人秦某学对公诉机关的指控无异议。但辩称，其是林木的实际经营者和所有权人，且积极交纳补植复绿的保证金，请求从轻判处。

保靖县人民法院经审理查明，湖南省保靖县以 1958 年成立的保靖县国营白云山林场为核心，于 1998 年成立白云山县级自然保护区。后该保护区于 2005 年评定为白云山省级自然保护区，并完成了公益林区划界定；又于 2013 年评定为湖南白云山国家级自然保护区。其间，被告人秦某学于 1998 年承包了位于该县毛沟镇卧当村白云山自然保护区核心区内“土地坳”（地名）的山林，次年起开始有计划地植造杉木林，该林地位于公益林范围内，属于公益林地。2016 年 9 月至 2017 年 1 月，秦某学在没有办理《林木采伐许可证》情况下，违反森林法相关规定，擅自采伐其承包该林地上的杉木林并销售，所采伐区域位于该保护区核心区域内面积为 117.5 亩，核心区外面积为 15.46 亩。经鉴定，秦某学共砍伐林木 1010 株，林木蓄积为 153.3675 立方米。后保靖县林业勘测规划设计队出具补植补造作业设计说明证明，该受损公益林补植复绿的人工苗等费用为人民币 66 025 元。

人民法院审理期间，保靖县林业勘测规划设计队及保靖县林业局、白云山国家级自然保护区又对该受损公益林补植复绿提出了具体建议和专业要求。秦某学预交补植复绿保证金 66 025 元，保证履行补植复绿义务。

【裁判结果】

湖南省保靖县人民法院于 2018 年 8 月 3 日作出（2018）湘 3125 刑初 5 号刑事附带民事判决，认定被告人秦某学犯滥伐林木罪，判处有期徒刑三年，缓刑四年，并处罚金人民币 1 万元，并于判决生效后两年内在湖南白云山国家级自然保护区内“土地坳”栽植一年生杉树苗 5050 株，存活率达到 90%以上。宣判后，没有上诉、抗诉，一审判决已发生法律效力。被告人依照判决，在原砍伐林地等处栽植一年生杉树苗 5050 株，且存活率达到 100%。

【裁判理由】

法院生效裁判认为：被告人秦某学违反森林法规定，未经林业主管部门许可，无证滥伐白云山国家级自然保护区核心区内的公益林，数量巨大，构成滥伐林木罪。辩护人提出的被告人系初犯、认罪，积极交纳补植补绿的保证金 66 025 元到法院的执行账户，有悔罪表现，应当从轻判处的辩护意见，予以采信。白云山国家级自然保护区位于中国十七个生物多样性关键地区之一的武陵山区及酉水流域，是云贵高原、四川盆地至雪峰山区、湘中丘陵之间动植物资源自然流动通道的重要节点，是长江流域洞庭湖支流沅江的重要水源涵养区，其森林资源具有保持水土、维护生物多样性等多方面重要作用。被告人所承包、栽植并管理的树木，已经成为白云山国家级自然保护区森林资源的不可分割的有机组成部分。被告人无证滥伐该树木且数量巨大，其行为严重破坏了白云山国家级自然保护区生态环境，危及生物多样性保护，使社会公共利益遭受严重损害，性质上属于一种侵权行为。附带民事公益诉讼不是传统意义上的民事诉讼，公益诉讼起诉人也不是一般意义上的受害人。公益诉讼起诉人要求被告人承担恢复原状法律责任的诉讼请求，于法有据，予以支持。根据保靖县林业勘测规划设计队出具的“土地坳”补植补造作业设计说明以及白云山自然保护区管理局、保靖县林业局等部门专家提供的专业资料和建议，参照《森林法》第 39 条第 2 款规定，对公益诉讼起诉人提出的被告人应补种树木的诉讼请求，应认为有科学、合理的根据和法律依据，予以支持。辩护人提出被告人作为林地承包者的经营权利也应当依法保护的意见，有其合理之处，在具体确定被告人法律责任时予以考虑。遂作出上述判决。

（生效裁判审判人员：龙鸥玲、徐岩松、向福生、彭菲、彭举忠、彭大江、贾长金）

3. 指导案例173号：北京市朝阳区自然之友环境研究所诉中国水电顾问集团新平开发有限公司、中国电建集团昆明勘测设计研究院有限公司生态环境保护民事公益诉讼案

（最高人民法院审判委员会讨论通过　2021年12月1日发布）

【关键词】

民事/生态环境保护民事公益诉讼/损害社会公共利益/重大风险/濒危野生动植物

【裁判要点】

人民法院审理环境民事公益诉讼案件，应当贯彻保护优先、预防为主原则。原告提供证据证明项目建设将对濒危野生动植物栖息地及生态系统造成毁灭性、不可逆转的损害后果，人民法院应当从被保护对象的独有价值、损害结果发生的可能性、损害后果的严重性及不可逆性等方面，综合判断被告的行为是否具有《最高人民法院关于审理环境民事公益诉讼案件适用法律若干问题的解释》第1条规定的"损害社会公共利益重大风险"。

【相关法条】

《中华人民共和国环境保护法》（2014年4月24日修订）第5条

【基本案情】

戛洒江一级水电站工程由中国水电顾问集团新平开发有限公司（以下

简称新平公司）开发建设，中国电建集团昆明勘测设计研究院有限公司（以下简称昆明设计院）是该工程总承包方及受托编制《云南省红河（元江）干流戛洒江一级水电站环境影响报告书》（以下简称《环境影响报告书》）的技术单位。戛洒江一级水电站坝址位于云南省新平县境内，下游距新平县水塘镇约6.5千米，电站采用堤坝式开发，坝型为混凝土面板堆石坝，最大坝高175.5米，水库正常蓄水位675米，淹没区域涉及红河上游的戛洒江、石羊江及支流绿汁江、小江河。水库淹没影响和建设征地涉及新平县和双柏县8个乡（镇）。戛洒江一级水电站项目建设自2011年至2014年分别取得了国家发展改革委、原国土资源部、生态环境部等多个相关主管部门关于用地、环评、建设等批复和同意。2017年7月21日，生态环境部办公厅向新平公司发出《关于责成开展云南省红河（元江）干流戛洒江一级水电站环境影响后评价的函》（以下简称《责成后评价函》），责成新平公司就该项目建设开展环境影响后评价，采取改进措施，并报生态环境部备案。后评价工作完成前，不得蓄水发电。2017年8月至今，新平公司主动停止对戛洒江一级水电站建设项目的施工。按工程进度，戛洒江一级水电站建设项目现已完成“三通一平”工程并修建了导流洞。

绿孔雀为典型热带、亚热带林栖鸟类，主要在河谷地带的常绿阔叶林、落叶阔叶林及针阔混合林中活动，杂食类，为稀有种类，属国家一级保护动物，在中国濒危动物红皮书中列为“濒危”物种。就绿孔雀相关问题，昆明市中级人民法院发函云南省林业和草原局，2019年4月4日云南省林业和草原局进行了函复。此后，昆明市中级人民法院又向该局调取了其编制的《元江中上游绿孔雀种群现状调查报告》，该报告载明戛洒江一级水电站建成后，蓄水水库将淹没海拔680米以下河谷地区，将对绿孔雀目前利用的沙浴地、河滩求偶场等适宜栖息地产生较大影响。同时，由于戛洒江一级水电站的建设，淹没区公路将改造重修，也会破坏绿孔雀等野生动物适宜栖息地。对暂停建设的戛洒江一级水电站，应评估停建影响，保护和恢复绿孔雀栖息地措施等。2018年6月29日，云南省人民政府下发《关于发布云南省生态保护红线的通知》，对外发布《云南省生态保护红线》。根据《云南省生态保护红线》附件1《云南省生态保护红线分布图》所示，戛洒江一级水电站淹没区大部分被划入红河（元江）干热河谷及山原水土保持生态保护红线范围，在该区域内，绿孔雀为其中一种重点保护物种。

陈氏苏铁为国家一级保护植物。2015 年后被列入《云南省生物物种红色名录（2017 版）》，为极危物种。原告北京市朝阳区自然之友环境研究所（以下简称自然之友研究所）提交了其在绿汁江、石羊江河谷等戛洒江一级水电站淹没区拍摄到的陈氏苏铁照片。证人刘某（中国科学院助理研究员）出庭作证，陈氏苏铁仅在我国红河流域分布。按照世界自然保护联盟的评价标准，陈氏苏铁应为濒危。

自然之友研究所向昆明市中级人民法院起诉，请求人民法院判令新平公司及昆明设计院共同消除戛洒江一级水电站建设对绿孔雀、陈氏苏铁等珍稀濒危野生动植物以及热带季雨林和热带雨林侵害危险，立即停止水电站建设，不得截留蓄水，不得对该水电站淹没区内植被进行砍伐。

【裁判结果】

云南省昆明市中级人民法院于 2020 年 3 月 16 日作出（2017）云 01 民初 2299 号民事判决：（1）新平公司立即停止基于现有环境影响评价下的戛洒江一级水电站建设项目，不得截流蓄水，不得对该水电站淹没区内植被进行砍伐。对戛洒江一级水电站的后续处理，待新平公司按生态环境部要求完成环境影响后评价，采取改进措施并报生态环境部备案后，由相关行政主管部门视具体情况依法作出决定。（2）由新平公司于本判决生效后 30 日内向自然之友研究所支付因诉讼发生的合理费用 8 万元。（3）驳回自然之友研究所的其他诉讼请求。宣判后，自然之友研究所以戛洒江一级水电站应当永久性停建为由，新平公司以水电站已经停建且划入生态红线，应当驳回自然之友研究所诉讼请求为由，分别提起上诉。云南省高级人民法院于 2020 年 12 月 22 日作出（2020）云民终 824 号民事判决：驳回上诉，维持原判。

【裁判理由】

法院生效裁判认为：本案符合《最高人民法院关于审理环境民事公益诉讼案件适用法律若干问题的解释》第 1 条“对已经损害社会公共利益或

者具有损害社会公共利益重大风险的污染环境、破坏生态的行为提起诉讼”规定中“具有损害社会公共利益重大风险”的法定情形，属于预防性环境公益诉讼。预防性环境公益诉讼突破了“无损害即无救济”的诉讼救济理念，是环境保护法“保护优先，预防为主”原则在环境司法中的具体落实与体现。预防性环境公益诉讼的核心要素是具有重大风险，重大风险是指对“环境”可能造成重大损害危险的一系列行为。本案中，自然之友研究所已举证证明戛洒江一级水电站如果继续建设，则案涉工程淹没区势必导致国家一级保护动物绿孔雀的栖息地及国家一级保护植物陈氏苏铁的生境被淹没，生物生境面临重大风险的可能性毋庸置疑。此外，从损害后果的严重性来看，戛洒江一级水电站下游淹没区动植物种类丰富，生物多样性价值及遗传资源价值可观，该区域不仅是绿孔雀及陈氏苏铁等珍稀物种赖以生存的栖息地，也是各类生物与大面积原始雨林、热带雨林片段共同构成的一个完整生态系统，若水电站继续建设所产生的损害将是可以直观估计预测且不可逆转的。而针对该现实上的重大风险，新平公司并未就其不存在的主张加以有效证实，而仅以《环境影响报告书》加以反驳，缺乏足够证明力。因此，结合生态环境部责成新平公司对项目开展后评价工作的情况及戛洒江一级水电站未对绿孔雀采取任何保护措施等事实，可以认定戛洒江一级水电站继续建设将对绿孔雀栖息地、陈氏苏铁生境以及整个生态系统生物多样性和生物安全构成重大风险。

根据《环境影响评价法》第 27 条“在项目建设、运行过程中产生不符合经审批的环境影响评价文件的情形的，建设单位应当组织环境影响后评价，采取改进措施，并报原环境影响评价文件审批部门和建设项目审批部门备案；原环境影响评价文件审批部门也可以责成建设单位进行环境影响后评价，采取改进措施”的规定，2017 年 7 月 21 日，生态环境部办公厅针对本案建设项目，向新平公司发出《责成后评价函》，责成新平公司就该项目建设开展环境影响后评价，采取改进措施，并报生态环境部备案，后评价完成前不得蓄水发电符合上述法律规定。目前，案涉电站已经处于停建状态，新平公司业已向其上级主管单位申请停建案涉项目并获批复同意，绿孔雀生态栖息地存在的重大风险已经得到了有效的控制。在新平公司对案涉项目申请停建但未向相关行政部门备案并通过审批的情况下，鉴于生态环境部已经责成新平公司开展环境影响后评价，且对于尚不明确的事实状态的重大风险程度，案涉水电站是否继续建设等一系列问题，也需经环境主管部门审批备案决定后，才能确定案涉项目今后能否继续建设或是永久性停建，因此，案涉项目应在新平公司作出环境影响后评价后由行政主管机关视具体情况依法作出决定。

（生效裁判审判人员：向凯、苏静巍、田奇慧）

4. 指导案例 174 号：中国生物多样性保护与绿色发展基金会诉雅砻江流域水电开发有限公司生态环境保护民事公益诉讼案

（最高人民法院审判委员会讨论通过　2021 年 12 月 1 日发布）

【关键词】

民事/生态环境保护民事公益诉讼/潜在风险/预防性措施/濒危野生植物

【裁判要点】

人民法院审理环境民事公益诉讼案件，应当贯彻绿色发展理念和风险预防原则，根据现有证据和科学技术认为项目建成后可能对案涉地濒危野生植物生存环境造成破坏，存在影响其生存的潜在风险，从而损害生态环境公共利益的，可以判决被告采取预防性措施，将对濒危野生植物生存的影响纳入建设项目的环境影响评价，促进环境保护和经济发展的协调。

【相关法条】

《中华人民共和国环境保护法》（2014 年 4 月 24 日修订）第 5 条

【基本案情】

雅砻江上的牙根梯级水电站由雅砻江流域水电开发有限公司（以下简称雅砻江公司）负责建设和管理，现处于项目预可研阶段，水电站及其辅助工程（公路等）尚未开工建设。

2013 年 9 月 2 日发布的中国生物多样性红色名录中五小叶槭被评定为“极危”。2016 年 2 月 9 日，五小叶槭列入《四川省重点保护植物名录》。2018 年 8 月 10 日，世界自然保护联盟在其红色名录中将五小叶槭评估为“极度濒危”。当时我国《国家重点保护野生植物名录》中无五小叶槭。2016 年 9 月 26 日，四川省质量技术监督局发布《五小叶槭播种育苗技术规程》。案涉五小叶槭种群位于四川省雅江县麻郎措乡沃洛希村，当地林业部门已在就近的通乡公路堡坎上设立保护牌。

2006 年 6 月，中国水电顾问集团成都勘测设计研究院（以下简称成勘院）完成《四川省雅砻江中游（两河口至卡拉河段）水电规划报告》，报告中将牙根梯级水电站列入规划，该规划报告于 2006 年 8 月通过了水电水利规划设计总院会同四川省发展改革委组织的审查。2008 年 12 月，四川省人民政府以川府函〔2008〕368 号文批复同意该规划。2010 年 3 月，成勘院根据牙根梯级水库淹没区最新情况将原规划的牙根梯级调整为牙根一级（正常蓄水位 2602m）、牙根二级（正常蓄水位 2560m）两级开发，形成《四川省雅砻江两河口至牙根河段水电开发方案研究报告》，该报告于 2010 年 8 月经水电水利规划设计总院会同四川省发展改革委审查通过。

2013 年 1 月 6 日、4 月 13 日国家发展改革委办公厅批复：同意牙根二级水电站、牙根一级水电站开展前期工作。由雅砻江公司负责建设和管理，按照项目核准的有关规定，组织开展水电站的各项前期工作。待有关前期工作落实、具备核准条件后，再分别将牙根梯级水电站项目申请报告上报我委。对项目建设的意见，以我委对项目申请报告的核准意见为准。未经核准不得开工建设。

中国生物多样性保护与绿色发展基金会（以下简称绿发会）认为，雅江县麻郎措乡沃洛希村附近的五小叶槭种群是当今世界上残存最大的五小叶槭种群，是唯一还有自然繁衍能力的种群。牙根梯级水电站即将修建，根据五小叶槭雅江种群的分布区海拔高度和水电站水位高度对比数值，牙根梯级水电站以及配套的公路建设将直接威胁到五小叶槭的生存，对社会公共利益构成直接威胁，绿发会遂提起本案预防性公益诉讼。

【裁判结果】

四川省甘孜藏族自治州中级人民法院于2020年12月17日作出（2015）甘民初字第45号民事判决：（1）被告雅砻江公司应当将五小叶槭的生存作为牙根梯级水电站项目可研阶段环境评价工作的重要内容，环境影响报告书经环境保护行政主管部门审批通过后，才能继续开展下一步的工作；（2）原告绿发会为本案诉讼产生的必要费用4万元、合理的律师费1万元，合计5万元，上述款项在本院其他环境民事公益诉讼案件中判决被告承担的生态环境修复费用、生态环境受到损害至恢复原状期间服务功能损失费用等费用（环境公益诉讼资金）中支付（待本院有其他环境公益诉讼资金后执行）；（3）驳回原告绿发会的其他诉讼请求。一审宣判后当事人未上诉，判决已发生法律效力。

【裁判理由】

法院生效裁判认为：我国是联合国《生物多样性公约》缔约国，应该遵守其约定。《生物多样性公约》中规定，我们在注意到生物多样性遭受严重减少或损失的威胁时，不应以缺乏充分的科学定论为理由，而推迟采取旨在避免或尽量减轻此种威胁的措施；各国有责任保护它自己的生物多样性并以可持久的方式使用它自己的生物资源；每一缔约国应尽可能并酌情采取适当程序，要求就其可能对生物多样性产生严重不利影响的拟议项目进行环境影响评估，以期避免或尽量减轻这种影响。因此，我国有保护生物多样性的义务。同时，根据《生物多样性公约》相关规定，认识到经济和社会发展以及根除贫困是发展中国家第一和压倒一切的优先事务。按照《节约能源法》第4条“节约资源是我国的基本国策。国家实施节约与开发并举、把节约放在首位的能源发展战略”的规定和《可再生能源法》第2条第1款“本法所称可再生能源，是指风能、太阳能、水能、生物质能、地热能、海洋能等非化石能源”的规定，可再生能源是我国重要的能源资源，在满足能源要求，改善能源结构，减少环境污染，促进经济发展等方面具有重要作用。而水能资源是最具规模开发效益、技术最成熟的可再生能源。因此开发建设水电站，将水能资源优势转化为经济优势，在国家有关部门的监管下，利用丰富的水能资源，合理开发水电符合我国国情。但是，我国水能资源蕴藏丰富的地区，往往也是自然环境良好、生态功能重要、生物物种丰富和地质条件脆弱的地区。根据《环境保护法》《最高人民法院关于审理环境民事公益诉讼案件适用法律若干问题的解释》的相关规定，环境保护是我国的基本国策，并且环境保护应当坚持保护优先、预防为主的原则。预防原则要求在环境资源利用行为实施之前和实施之中，采取政治、法律、经济和行政等手段，防止环境利用行为导致环境污染或者生态破坏现象发生。它包括两层含义：一是运用已有的知识和经验，对开发和利用环境行为带来的可能的环境危害采取措施以避免危害的发生；二是在科学技术水平不确定的条件下，基于现实的科学知识评价风险，即对开发和利用环境的行为可能带来的尚未明确或者无法具体确定的环境危害进行事前预测、分析和评价，以促使开发决策避免可能造成的环境危害及其风险出现。因此，环境保护与经济发展的关系并不是完全对立的，而是相辅相成的，正确处理好保护与发展的关系，将生态优先的原则贯穿到水电规划开发的全过程，二者可以相互促进，达到经济和环境的协调发展。利用环境资源的行为如果造成环境污染、生态资源破坏，往往具有不可逆性，被污染的环境、被破坏的生态资源很多时候难以恢复，单纯事后的经济补偿不足以弥补对生态环境造成的损失，故对环境污染、生态破坏行为应注重防患于未然，才能真正实现环境保护的目的。

具体到本案中，鉴于五小叶槭在生物多样性红色名录中的等级及案涉牙根梯级水电站建成后可能存在对案涉地五小叶槭原生存环境造成破坏、影响其生存的潜在风险，可能损害社会公共利益。根据我国水电项目核准流程的规定，水电项目分为项目规划、项目预可研、项目可研、项目核准四个阶段，考虑到案涉牙根梯级水电站现处在项目预可研阶段，因此责令被告在项目可研阶段，加强对案涉五小叶槭的环境影响评价并履行法定审批手续后才能进行下一步的工作，尽可能避免出现危及野生五小叶槭生存的风险是必要和合理的。故绿发会作为符合条件的社会组织在牙根梯级水电站建设可能存在损害环境公共利益重大风险的情况下，提出“依法判令被告立即采取适当措施，确保不因雅砻江水电梯级开发计划的实施而破坏珍贵濒危野生植物五小叶槭的生存”的诉讼请求，于法有据，人民法院予以支持。

鉴于案涉水电站尚未开工建设，故绿发会提出“依法判令被告在采取的措施不足以消除对五小叶槭的生存威胁之前，暂停牙根梯级水电站及其辅助设施（含配套道路）的一切建设工程”的诉讼请求，无事实基础，人民法院不予支持。

（生效裁判审判人员：张犁、王彤、吴杰、姜莉、魏康清、薛斌、龚先彬）

森林资源民事纠纷典型案例

1. 云南省澜沧县人民检察院诉歪某毁林种茶刑事附带民事公益诉讼案

（最高人民法院2022年6月14日发布）

【基本案情】

2008年6月至2019年6月，被告人歪某在未办理林地占用手续及林木采伐许可证的情况下，擅自将位于云南省澜沧县某村的国有公益林砍伐、围割，用于种植茶树。其非法占用林地10.6亩，砍伐、围割林木142株，造成林地大量毁坏。犯罪后，歪某投案自首。云南省澜沧县人民检察院就其行为提起刑事附带民事公益诉讼。

【裁判结果】

云南省澜沧县人民法院审理中，就附带民事公益诉讼部分组织双方达成调解，由歪某赔偿森林植被恢复费用3392元，并已当庭履行。就刑事部分，该院一审认为，被告人歪某违反土地管理法规，擅自砍伐林木，改变林地用途，面积达10.6亩，其行为已构成非法占用农用地罪。歪某犯罪后自动投案且如实供述，可以从轻处罚。遂判处歪某拘役四个月，并处罚金3000元。宣判后，各方未上诉、抗诉，一审判决已发生法律效力。

【典型意义】

森林是水库、钱库、粮库、碳库，对国家生态安全具有基础性、战略性作用。林地以及依托于林地生存的森林、野生动植物和微生物是地球表面最重要的生态资源之一，也是维护生态平衡的基本保障。本案所涉的云南澜沧江畔景迈山，是中国著名古茶山之一，迄今已有1828年历史，被誉为“世界茶文化自然博物馆”“人类农耕文明奇观”。近年来，部分村民受利益驱使，非法侵占周边林地，毁林种茶，把茶树种植演变为对森林的疯狂蚕食。然而，古茶树喜湿好肥，对生长环境的洁净度要求极高，需要纯天然的森林环境。破坏森林资源，不仅破坏了野生古茶树的生长环境，也打破了古茶山的生态平衡，最终损害的是当地群众及其子孙后代的长远利益。人民法院依法惩处破坏森林资源犯罪行为，对附带民事公益诉讼积极促成调解，通过“刑罚+修复”的责任方式，有效保护了景迈山古茶林的生存环境。本案体现了人民法院完整准确全面贯彻新发展理念，引导公众保护和可持续利用自然资源，努力让人与自然和谐共生的生态文明生生不息、代代传承。

2.江苏省连云港经济技术开发区人民检察院诉仰某梅等三人森林失火刑事附带民事公益诉讼案

（最高人民法院2022年6月14日发布）

【基本案情】

2019年9月，仰某梅兄妹三人携带火种、纸钱至江苏省连云港市某山上上坟烧纸。仰某梅引火时不慎点燃周围落叶、灌木，三人扑灭了明火，但未继续观察也未向有关部门报告即离去。后暗火复燃导致大面积山林被烧，过火林地面积2.4693公顷，烧死树木1138株，过火杂竹林面积1.4公顷，受灾树木材积23.78立方米。火烧迹地林种为水土保持林，属于国家级重点生态公益林。经林业部门出具评估报告和修复方案，认定失火行为导致的森林生态效益期间损失为39.3万元，主要包括涵养水源、保育土壤、固碳释氧、积累营养物质、净化大气环境、森林防护、保护野生动物功能价值等；修复方案为栽植黑松1500株和朴树500株，营造混交林方式，验收时苗木保存率应达到90%以上，修复所需替代费用为39.3万元。案发后，仰某梅于当日主动投案，三人共计交纳43万元作为生态环境效益损失赔偿金，并表示超出损失部分作为补植修复保证金。连云港经济技术开发区人民检察院以失火罪对仰某梅提起公诉，同时对仰某梅等三人提起附带民事公益诉讼。

【裁判结果】

江苏省灌南县人民法院一审认为，被告人仰某梅因疏忽大意引发火灾，已构成失火罪，但犯罪后主动投案，如实供述，主动交纳生态环境效益损失费用，愿意通过补植等方式修复受损环境，依法从轻处罚。附带民事公益诉讼被告仰某梅等三人作为完全民事行为能力人，应当知道使用明火祭拜可能引发森林火灾，其疏忽大意致使林地原有植被遭到严重破坏，应当对所造成的森林生态环境损害承担连带赔偿及修复责任。遂判处仰某梅有期徒刑一年，缓刑二年；仰某梅等三人连带赔偿生态环境效益损失39.3万元，于2021年10月31日前按照修复方案要求补植复种；如逾期未履行，连带赔偿生态修复费用39.3万元（已交纳的保证金予以抵扣）。宣判后，各方未上诉、抗诉，一审判决已发生法律效力。

【典型意义】

森林火灾对森林资源的危害极大，不仅在短时间内破坏大面积森林，造成严重财产损失和人身伤亡，还导致森林生态系统服务功能丧失。破坏森林资源案件的审理，除依法追究行为人法律责任外，核心是受损生态环境的修复。本案中，人民法院依据林业部门出具的专业意见，制定详细修复方案作为判决附件，明确被告在原地补植复绿的栽植品种、规格、数量、时间、养护期限和要求等，采取自然恢复和人工修复相结合措施，确保了森林修复的科学性、合理性和可操作性。被告在本案中自愿交纳生态环境损失赔偿金和补植修复保证金，人民法院将该情形作为从轻量刑情节，并确定在其不履行修复义务时将保证金用于支付森林生态环境修复费用，有效保障生态环境及时修复。本案巡回审判由上百家媒体报道，并经全国消防系统微信公众平台转载，通过“线上直播+线下补植”方式，引导公众形成生态祭祀、安全用火的良好社会风尚。

3. 中国生物多样性保护与绿色发展基金会诉河南省新郑市某镇人民政府、新郑市某庄村民委员会等生态破坏民事公益诉讼案

（最高人民法院 2022 年 6 月 14 日发布）

【基本案情】

被告河南省新郑市某镇人民政府（以下简称某镇政府）经批准作为建设单位，建设新型社区及附属学校项目。因该项目所需占用的某庄村集体土地上栽种有树龄在百年以上的枣树，某镇政府于 2014 年 1 月组织、协调新郑市某庄村民委员会（以下简称某庄村委会）相关人员，在未依法办理采伐和移栽手续的情况下，将枣树移栽至该镇辖区内另一村的中华古枣园内。森林公安部门认定，移栽枣树共 1870 棵，涉及面积 198.5 亩。经现场勘查，移入地仅有少量枣树存活。中国生物多样性保护与绿色发展基金会于 2016 年 5 月提起民事公益诉讼，请求判令某镇政府、某庄村委会等承担生态环境侵权责任。

【裁判结果】

河南省郑州市中级人民法院一审认为，某镇政府、某庄村委会违法移栽案涉枣树，导致被移栽枣树大面积死亡，应当承担破坏生态的侵权责任。经咨询专家，依据相关森林资源清查成果及报告，河南省 2016 年平均每亩林地的森林生态价值为 3644.15 元，具体包括涵养水源、保育土壤、固碳释氧、积累营养物质、净化环境、保护生物多样性、农田防护、森林休憩等价值。参照这一数据及案件具体情况，酌定案涉 198.5 亩枣林地生

态环境受到损害至恢复原状期间的服务功能损失为361万余元。遂判决：某镇政府、某庄村委会停止违法移栽或采伐行为；于判决生效后十个月内补种被移栽致死的枣树数目五倍的林木，并抚育管护三年；赔偿生态环境服务功能期间损失361万余元；在枣树移入地现场展示因移栽致死的枣树，作为生态环境保护宣传、教育和警示基地；在国家级媒体上赔礼道歉等。宣判后，某镇政府、某庄村委会提出上诉。河南省高级人民法院二审明确现场展示移栽致死枣树的时间为一年，维持原审其他判项。

【典型意义】

习近平总书记深刻指出，经济发展不能以破坏生态为代价，生态本身就是经济，保护生态就是发展生产力。本案所涉的河南省新郑市是中国红枣之乡，被违法移栽的枣树树龄较长，承载着当地群众的记忆和乡愁。被告未能正确处理保护与发展、人与自然的关系，为建设工程项目违法移栽枣树造成其大面积死亡。人民法院根据专家意见和相关调查报告，综合考虑林木破坏的范围，生态环境恢复的难易程度，受损森林资源在固碳增汇、保护生物多样性、保持水土等方面的生态环境服务功能，合理确定被告应承担的生态环境服务功能期间损失，对森林生态环境损害的认定规则进行了有益探索。本案充分彰显了人民法院推动实现更高质量、更可持续发展的坚定决心，努力让绿色成为高质量发展的鲜明底色。

4.浙江省遂昌县人民检察院诉叶某成生态破坏环境民事公益诉讼先予执行案

（最高人民法院2022年6月14日发布）

【基本案情】

2018年11月，被告叶某成在位于浙江省遂昌县的国家三级公益林山场中清理枯死松木时，滥伐活松树 89 株，立木蓄积量为 22.9964 立方米，折合材积 13.798 立方米。案发后，叶某成投案自首且认罪认罚。浙江省遂昌县人民检察院认为不需要追究其刑事责任，遂于 2019 年 7 月作出不起诉决定。根据林业专家出具的修复意见，叶某成应在案涉山场补植二年至三年生木荷、枫香等阔叶树容器苗 1075 株。浙江省遂昌县人民检察院于 2020 年 3 月 27 日提起民事公益诉讼，并在案件审理中提出先予执行申请，要求叶某成按照修复意见先行在案涉山场补植复绿。由于种植木荷、枫香等阔叶树的时间节点已过，公益诉讼起诉人变更诉讼请求，要求叶某成根据林业专家重新出具的修复意见，补植一年至二年生杉木苗 1288 株，并进行抚育以保证存活率，否则需承担生态修复费用。

【裁判结果】

浙江省丽水市中级人民法院认为，叶某成破坏生态环境的行为清楚明确，鉴于当前正是植树造林的有利时机，先予执行有利于生态环境得到及时有效恢复，故裁定予以准许，责令叶某成在 30 日内履行补植复绿义务。叶某成于 2020 年 4 月 7 日履行完毕，浙江省遂昌县自然资源和规划局于当日验收。一审法院经审理认为，叶某成违法在公益林山场滥伐林木，破坏了林业资源和生态环境，应当承担环境侵权责任，判决其对补植的树苗抚育三年，种植当年成活率不低于 95%，三年后成活率不低于 90%，否则需承担生态功能修复费用 9658.4 元。宣判后，当事人均未上诉，一审判决已发生法律效力。

【典型意义】

尊重自然、顺应自然、保护自然的和谐共生理念，既传承了天地人和的中华民族优秀文化传统，又体现了当前中国所采取的绿色、可持续发展战略，具有鲜明的时代特征。《森林法》第 1 条立法目的、第 3 条基本原则充分肯定了尊重自然理念。森林资源民事纠纷案件的处理，在专业事实认定、责任承担方式、修复方案履行等方面，均应当尊重森林生长发育的自然规律。本案中，人民法院判令被告采用补种复植方式恢复森林生态环境，明确修复义务的具体要求，并确定了其在期限内未履行补植、抚育义务所应承担的修复费用。同时，考虑到补植树苗的季节性要求和修复生态环境的紧迫性，认定本案符合法律规定的因情况紧急需要先予执行的情形，责令被告根据专业修复意见，在适宜种植时间及时履行补植义务，最大限度保障了树苗存活率和生长率。本案体现了人民法院贯彻《民法典》绿色原则，创新环境资源裁判执行方式，有效避免因诉讼程序导致生态环境修复延迟，促使森林生态环境功能及时有效恢复。

5. 重庆市人民检察院第二分院诉张某奉、赵某辉破坏长江防护林环境民事公益诉讼案

（最高人民法院 2022 年 6 月 14 日发布）

【基本案情】

2015 年 11 月至 2016 年 4 月，被告张某奉、赵某辉为种植药材销售获利，未办理相关手续，在重庆市奉节县云雾乡采用挖掘机作业方式，损毁重点公益防护林地 118.43 亩。2017 年 4 月，重庆市万州区人民法院以张某奉、赵某辉构成非法占用农用地罪，分别判处有期徒刑二年十个月缓刑四年、有期徒刑三年缓刑四年，并各处罚金 40 万元。该案审理期间，张某奉、赵某辉主动补植树苗，恢复植被。重庆市人民检察院第二分院于 2019 年 9 月委托西南大学司法鉴定所鉴定后，认为张某奉、赵某辉 2017 年补植的林地，部分不符合验收标准，需继续履行补植义务，遂提起民事公益诉讼，请求二被告就地进行生态修复或者承担修复费用，支付鉴定费，并公开向社会赔礼道歉。

【裁判结果】

重庆市第二中级人民法院一审认为，张某奉、赵某辉虽然已经承担了刑事责任，但其刑事责任的承担未吸收或覆盖民事责任。从现场勘查和司

法鉴定情况看，受损生态环境并没有基于二被告的修复行为得到有效恢复。遂判决：张某奉、赵某辉按照鉴定意见书所载修复方案，在 2021 年 12 月 31 日前完成补植补造，并管护至 2024 年 12 月 31 日；如在上述期限内未履行该义务，则应承担生态环境修复费用 86 453.9 元；二被告在重庆市级媒体上向社会公众赔礼道歉，并支付鉴定费 5500 元。宣判后，当事人均未上诉，一审判决已发生法律效力。

【典型意义】

长江三峡库区是我国重要的淡水资源储备库和生态功能区，也是农村人口众多、发展相对落后的大山区。为改善生态环境，涵养水源，库区沿江区域种植了大量长江防护林。部分农户法律意识不强，受利益驱动，毁损林地种植经济作物。本案中，被告在刑事案件审理期间主动补植树苗，但经鉴定，其补植有部分不符合验收标准，原受损林地并未得到有效修复。人民法院贯彻落实《长江保护法》要求，秉持恢复性司法理念，限期被告按照林地修复方案就地继续履行补植复绿、管护抚育义务，明确了受损森林生态环境的修复验收标准。宣判后，被告均表示愿意自行补植、管护林木，当地林业主管部门为当事人提供技术指导并组织验收。本案通过引导行为人从生态环境的“破坏者”转变为“修复者”，依法保障长江流域生态环境修复，实现了司法审判的法律效果、社会效果和生态效果相统一。

6. 黑龙江省穆棱市某村民委员会诉常某春黑土区荒山治理承包合同纠纷案

（最高人民法院 2022 年 6 月 14 日发布）

【基本案情】

黑龙江省穆棱市属于东北黑土区的低山丘陵地区。1998 年 4 月，为防治水土流失，加快荒山绿化，改善生态环境，原告穆棱市某村民委员会（以下简称某村委会）与被告常某春签订《荒山承包合同》，经营年限30年，至2028年4月止。合同履行期间，常某春未依约履行果树栽植、改造嫁接、刨鱼鳞坑及造压谷坊等主要合同义务，未能达到防治水土流失、防止山洪水灾的效果，且擅自非法开垦某村委会的八块土地耕种。某村委会于2019年7月提起诉讼，请求解除合同，返还承包地及违法侵占土地，并赔偿三年经济损失13 578元。

【裁判结果】

黑龙江省穆棱市人民法院一审认为，某村委会与常某春签订《荒山承包合同》的主要目的是加快水土流失防治，加速绿化荒山，改善农业生态环境。常某春虽交纳了承包费，但未履行合同主要义务，致使承包地区域大面积水土流失，合同目的不能实现。后其又擅自非法开垦某村委会的其他土地耕种，给某村委会造成经济损失。遂判决解除《荒山承包合同》，由常某春限期返还承包地及违法侵占土地，赔偿三年损失13 578元。宣判后，当事人均未上诉，一审判决已发生法律效力。

【典型意义】

黑土高产丰产且稀有，被誉为“耕地中的大熊猫”。黑龙江拥有广袤的黑土地，是我国重要农业生产基地。案涉低山丘陵区黑土层厚度薄、土质疏松、抗蚀能力差，水土流失对耕地有机质含量、地力、粮食产量有较大影响。被告虽然交纳了承包费，但未履行防治水土流失、加快荒山绿化等主要合同义务，未能实现改善农业生态环境的合同目的。《农村土地承包法》明确，对于擅自改变土地的农业用途、弃耕抛荒连续两年以上、给土地造成严重损害或者严重破坏土地生态环境等严重违约行为，承包方有权解除土地经营权流转合同。人民法院依法判令解除合同，由被告返还承包地及违法侵占土地并赔偿损失，有效避免了生态环境损害进一步扩大。本案对于全面加强黑土地保护，推进黑土区周边荒山治理，防治水土流失，具有示范意义，同时有利于引导广大群众增强生态环境保护意识，营造珍惜保护黑土资源的良好社会氛围。

7. 杨某家诉贵州省安龙县某村民委员会、某村二组林业承包合同纠纷案

（最高人民法院 2022 年 6 月 14 日发布）

【基本案情】

2004 年 2 月，被告贵州省安龙县某村二组（以下简称某村二组）举行公开招标会议，对该组一处集体林地的承包经营权进行拍卖，该组村民原告杨某家中标。双方于同年 4 月签订《拍卖（租赁）山林合同书》，约定：某村二组将集体山林租赁给杨某家，期限 15 年，价款 4500 元；15 年期限届满后，直径 10 厘米以上的树木由杨某家自行处理；15 年内如杨某家出售林木，某村二组给予出证，手续由杨某家自行办理。合同签订当日，杨某家付清租赁费用，之后对林地进行管理。2009 年 12 月，杨某家取得该片林地的《林权证》，载明：林地所有权人为某村二组，林地使用权人、林木所有权人为杨某家，林地面积 176. 93 亩，林种为用材林，林地使用期 15 年，终止日期为 2019 年 3 月 31 日。合同约定期限届满后，杨某家要求某村二组出具办理林木采伐许可证的手续。某村二组以其负责人发生变更、对合同不知情为由，拒绝出具相关手续。双方产生争议，杨某家诉至法院。

【裁判结果】

贵州省安龙县人民法院一审认为，双方签订的《拍卖（租赁）山林合同书》合法有效，某村二组负责人变更不影响该合同的效力与履行。杨某家取得的《林权证》上登记林种为用材林，用材林经申请采伐许可证后允许限额采伐。杨某家订立案涉合同，支付招标价款并付出管理劳务，目的

在于出售木材以实现其利益。而某村二组在杨某家履行合同义务后，拒绝为杨某家出具办理地上林木采伐许可的手续，违反合同约定，应承担继续履行的违约责任，判决某村二组限期为杨某家申请办理采伐许可证出具相关手续。宣判后，当事人均未上诉，一审判决已发生法律效力。

【典型意义】

根据《森林法》第20条确立的“谁造谁有”规则，植树造林为林木所有权原始取得的方式之一。但林木附着于土地之上，林地承包、经营合同终止时，需要妥善处理地上林木，依法保护当事人合法权益，避免森林资源的损失和浪费。本案中，原告作为林业经营者，通过竞标、经营并经依法登记，取得案涉林地使用权及地上林木所有权，其合法权益受法律保护。双方对合同终止时地上林木的处理有明确约定，该约定未违反公益林保护、林木采伐等法律、行政法规的强制性规定。被告作为林地所有权人，应当按照合同约定为原告申请办理采伐许可证出具相关手续。人民法院判决被告继续履行合同约定的出证义务，依法保护林业经营者的合法权益，倡导了诚实守信的社会主义核心价值观。

8.安某堂等五十四人诉山西省五台县某界村民委员会及第三人郭某华、张某如确认林地承包合同效力纠纷案

（最高人民法院2022年6月14日发布）

【基本案情】

2009年，被告山西省五台县某界村民委员会（以下简称某界村委会）与第三人张某如、郭某华签订《林权买卖合同》约定：因硬化通村路工程

项目资金短缺，经村支两委村民代表会议决定，将登记在村集体名下的220亩林地作价2.5万元，转让给张某如、郭某华经营，经营期为30年。案涉合同签订时，该村约有村民一百人，未选举村民代表。而根据张某如、郭某华提供的2008年5月出卖案涉林地时的干群会议记录显示，仅有十人参加会议并签字按印。该村现有人口八十八人。原告安某堂等五十四人系该村村民，于2020年4月提起本案诉讼，以某界村委会未召开村民会议，未经村民代表同意，未依法公示并报当地政府批准，擅自将集体林地承包给他人，严重损害村民集体利益为由，请求确认《林权买卖合同》无效。

【裁判结果】

山西省五台县人民法院一审认为，农村土地承包依法必须经本集体经济组织成员的村民会议2/3以上成员或者2/3以上村民代表的同意。某界村委会与张某如、郭某华订立的《林权买卖合同》实为林地承包合同，但未按法定的土地承包程序进行，违反《农村土地承包法》的强制性规定，判决确认案涉《林权买卖合同》无效。宣判后，张某如、郭某华提出上诉，山西省忻州市中级人民法院二审判决驳回上诉，维持原判。

【典型意义】

对于涉及村民利益的重大事项须经村民会议或者村民代表会议讨论决定的民主议定程序规则，是《农村土地承包法》的强制性规定，当事人对此当属明知。交易相对人在承包时，应当按照法律规定，对村民会议或者村民代表会议决议进行合理审查。本案中，承包方提供的会议记录显示，订立合同时仅召开了干群会议，且只有1/10的村民参加会议并签字按印，明显不符合法律规定的民主议定程序。其未尽合理审查义务，不能认定为善意交易相对人。人民法院依法确认林地承包合同无效，教育引导交易主体杜绝侥幸心理，审慎履行对法定特别程序的注意义务，依法订立和履行涉及集体林地的合同。本案对于保护村集体合法权益，规范集体林地交易规则，促进森林资源的依法有序利用具有示范意义。

9. 江西某农村商业银行股份有限公司诉陈某珍等五人森林资源借款担保合同纠纷案

（最高人民法院 2022 年 6 月 14 日发布）

【基本案情】

2017 年 5 月，被告陈某珍与原告江西某农村商业银行股份有限公司（以下简称某农商行）签订《个人借款合同》，贷款 260 万元，贷款期限为两年。被告黄某海、邹某云、辛某华、陈某红与某农商行签订《抵押合同》，用其名下坐落于江西省宜黄县的林地经营权、林木所有权作抵押担保，并依法办理了抵押登记手续。某农商行依约发放贷款后，陈某珍在还款期限届满时未能清偿借款本息。某农商行提起诉讼，要求借款人和担保人承担还款责任和担保责任。

【裁判结果】

江西省宜黄县人民法院一审认为，陈某珍与某农商行之间的借款合同合法有效。黄某海等四人用名下的林地经营权、林木所有权作抵押担保且依法办理了抵押登记手续，抵押合法有效。某农商行对黄某海等四人抵押的森林资源资产在担保范围内享有优先受偿的权利。遂判决陈某珍向某农商行归还借款本金和利息 300 万余元，某农商行对黄某海等四人提供担保的抵押物在上述借款本息范围内具有优先受偿权等。宣判后，当事人均未上诉，一审判决已发生法律效力。

【典型意义】

森林资源担保贷款能够切实解决林业经营企业和农户融资难、担保难问题，建立金融资源与生态资源的转化连接桥梁，盘活林企、林农手中的森林资源资产，是生态产品价值实现的重要载体。本案所涉的江西省宜黄县位于全国生态产品价值实现机制试点地区。作为担保物的森林资源资产依法办理了抵押登记，金融机构认可抵押财产的价值并依约发放贷款，将林农手中的林地经营权和林木所有权通过抵押变为信贷资本，真正将“绿水青山”转变成“金山银山”。人民法院努力探索司法推动生态产品价值实现路径，对借款合同、抵押登记的效力予以确认，依法保护债权人的优先受偿权，有效促进了生态产业化和产业生态化。本案对于打通森林资源生态价值转化渠道，鼓励金融机构有序开展绿色信贷业务，加强对气候变化适应和减缓的金融支持，服务保障绿色低碳循环经济发展具有积极意义。

10.湖北某林业科技有限公司诉中国某财产保险股份有限公司森林保险合同纠纷案

（最高人民法院 2022 年 6 月 14 日发布）

【基本案情】

2015 年 10 月 21 日，原告湖北某林业科技有限公司（以下简称某林业公司）在被告中国某财产保险股份有限公司（以下简称某保险公司）投保林木火灾保险，某保险公司向某林业公司出具保单一份。双方约定，总保险金额 7582 万余元，保险期间自 2015 年 10 月 23 日至 2016 年 10 月 22 日，对因火灾直接造成保险林木死亡产生的财产损失承担保险责任等。2016 年 1 月 1 日至 2016 年 9 月 5 日，案涉投保林地发生保险范围内的山林火灾多起。经调查鉴定，森林火灾涉及 3 个县、11 个乡镇、20 个村，总受灾面积 3410. 95 亩。某林业公司向某保险公司申请理赔，双方就赔偿问题产生纠纷，形成本案诉讼。

【判决结果】

湖北省蕲春县人民法院一审认为，当事人之间的保险合同已成立并生效，某林业公司投保的林木在保险期间发生火灾事故，某保险公司应当按照约定赔偿火灾损失。根据保险条款一般规定及保单特别约定的赔偿金额计算方式，某林业公司的火灾损失为232万余元。遂判决由某保险公司赔偿损失，并承担鉴定费用2万元。某保险公司提出上诉，湖北省黄冈市中级人民法院二审调解结案，某保险公司支付火灾损失及鉴定费共计180万元。

【典型意义】

林业经营受自然气候条件影响较大，且容易因火灾、病虫害等自然灾害遭受损失。森林保险作为增强林业风险抵御能力的重要机制，对于减少林业投融资风险、保障林业持续稳定经营具有重要意义。《森林法》第63条规定："国家支持发展森林保险。"本案中，人民法院落实绿色金融政策要求，在查明森林火灾面积、损失程度及赔偿金额的基础上，依法支持林业生产经营者的索赔请求，及时弥补其受灾损失，保障经营者在灾后迅速恢复生产。本案体现了人民法院发挥审判职能、助推绿色金融的鲜明导向，既增强市场主体的投资信心，也促进林业与保险业的互惠共赢，为发挥市场机制作用、服务生态文明建设提供了有益司法样本。

其他相关典型案例

1. 被告人白某碧失火案

（最高人民法院 2018 年 6 月 4 日发布的人民法院服务保障新时代生态文明建设典型案例）

【基本案情】

2016 年 3 月 1 日 14 时许，被告人白某碧与杨某在宣汉县樊哙镇古凤村 2 组石渣湾干农活时，白某碧欲将树枝和杂草烧灰作肥，遂从杨某处借来打火机点燃树枝和杂草，后由于风大引燃山林。白某碧和杨某见状，边灭火边打电话报警，后在樊哙镇人民政府的组织下于当晚 11 时将山火扑灭。案发后，白某碧主动到公安机关投案自首。经林业工程技术人员现场勘验，本次火灾共造成了 17 户村民山林受损，过火面积 9.21 公顷，烧毁林木 5526 株（其中幼树 2210 株），蓄积 74.601 立方米。

【裁判结果】

四川省宣汉县人民法院一审认为，被告人白某碧过失引发火灾，并造成公民财产损失，危害了公共安全，应予惩处。案发后，白某碧能主动投案自首，并取得了受灾村民的谅解，可从轻处罚。一审法院以失火罪判处白某碧有期徒刑一年六个月，缓刑二年。一审判决已发生法律效力。

【典型意义】

本案系因野外焚烧树枝杂草引发的失火刑事案件。案发地位于西南地区的大巴山山区，由于山区群众法律意识淡薄，对森林火灾警惕性不高，防火观念不强，在林区农业耕作时常常野外用火焚烧秸秆、杂草等。与发生在城乡聚居区的失火案件不同，案发地森林资源丰富，珍稀野生动植物种类繁多，具有重要的生态价值和经济价值，一旦发生森林火灾，既威胁人民群众的生命财产安全，危害公共安全，又严重破坏森林资源和生态环境。本案判决警醒广大群众，不仅滥采滥伐、滥捕滥猎是破坏环境资源的违法行为，野外焚烧树枝杂草等行为导致森林火灾也可能构成犯罪。本案的依法审理有利于促使广大群众提高森林防火、安全用火意识，自觉做好生态资源保护和护林防火工作，维护森林资源安全。

2. 被告人张某长非法采伐国家重点保护植物案

（最高人民法院 2020 年 5 月 8 日发布的
2019 年度人民法院环境资源典型案例）

【基本案情】

2017 年 3 月初，被告人张某长以 400 元的价格购买重庆市梁平区明达镇某园场内的红豆杉 1 株。后，张某长上山采挖并雇请他人将该株红豆杉搬运并栽种在自家花园内。3 月 19 日，张某长采挖重庆市梁平区竹山镇猎神村某处的红豆杉 1 株，过程中被发现。当日，张某长被公安机关抓获归案。案涉 2 株红豆杉均已死亡。经鉴定，案涉 2 株红豆杉系国家一级重点保护野生植物。

【裁判结果】

重庆市万州区人民法院一审认为，张某长违反《野生植物保护条例》等规定，非法采挖 2 株野生红豆杉，移植或准备移植至自家花园，构成非法采伐国家重点保护植物罪。以非法采伐国家重点保护植物罪判处张某长有期徒刑三年三个月，并处罚金 2 万元。重庆市第二中级人民法院二审认为，二审中，张某长主动申请并积极履行生态修复协议约定的修山抚育和补植复绿义务，主动缴纳罚金 2 万元，认罪、悔罪态度较好，可以从轻处罚。以非法采伐国家重点保护植物罪改判张长久有期徒刑三年，缓刑三年，并处罚金 2 万元。

【典型意义】

本案系非法采伐国家重点保护植物的刑事案件。案涉红豆杉是我国国家一级重点保护植物，具有重要的科学、经济和观赏价值，属于我国《刑法》第 344 条规定的“珍贵树木或者国家重点保护的其他植物”。2020 年 3 月 21 日起施行的《最高人民法院、最高人民检察院关于适用〈中华人民共和国刑法〉第三百四十四条有关问题的批复》第 3 条规定：“对于非法移栽珍贵树木或者国家重点保护的其他植物，依法应当追究刑事责任的，依照刑法第三百四十四条的规定，以非法采伐国家重点保护植物罪定罪处罚。鉴于移栽在社会危害程度上与砍伐存在一定差异，对非法移栽珍贵树木或者国家重点保护的其他植物的行为，在认定是否构成犯罪以及裁量刑罚时，应当考虑植物的珍贵程度、移栽目的、移栽手段、移栽数量、对生态环境的损害程度等情节，综合评估社会危害性，确保罪责刑相适应。”本案判决发生于上述批复施行之前，人民法院综合全案，以非法采伐国家重点保护植物罪改判被告人有期徒刑三年，缓刑三年，并处罚金，对正确理解上述批复，规范采挖、移栽珍贵野生植物的行为定性，具有重要的指导意义。同时，对警示引导社会公众树立法律意识，杜绝非法采挖、移栽珍贵野生植物，保护生物多样性，具有较好的教育示范作用。

3. 被告人伍某华等 15 人盗伐林木、滥伐林木、故意毁坏财物、妨害作证、强迫交易案

（最高人民法院 2020 年 5 月 8 日发布的
2019 年度人民法院环境资源典型案例）

【基本案情】

2003 年至 2018 年，被告人伍某华纠集被告人伍某威、周某春，并与被告人江某等人，形成垄断林业资源、称霸乡村山场、扰乱市场秩序的恶势力犯罪团伙。该团伙成员多次结伙实施故意毁坏财物、盗伐林木、滥伐林木、强迫交易、妨害作证等一系列犯罪行为，共计盗伐林木 117.07 立方米、滥伐林木 2541.39 立方米、故意毁坏林木 256.04 立方米。此外，团伙成员伍某威还在团伙外分别伙同被告人伍某春等人盗伐林木 115.56 立方米、滥伐林木 37.05 立方米、故意毁坏林木 12.75 立方米。

【裁判结果】

福建省武夷山市人民法院一审认为，被告人伍某华等人应定性为恶势力犯罪团伙。伍某华系主犯，以盗伐林木罪、滥伐林木罪、故意毁坏财物罪、强迫交易罪、妨害作证罪，数罪并罚，判处有期徒刑二十年，并处罚金 25 万元。案涉的其他 14 名被告人亦被分别以不同罪名，判处有期徒刑十年至六个月不等，并处罚金 5.5 万元至 0.5 万元不等。福建省南平市中级人民法院二审，对周某春的部分犯罪、江某福的量刑处理和胡某才的执行方式作出改判，对其他原审被告人的定罪量刑，予以维持。

【典型意义】

本案系在武夷山国家公园园区内盗伐、滥伐林木的刑事案件。武夷山

国家公园是我国唯一一个既是世界人与生物圈保护区，又是世界文化和自然双遗产地的风景名胜区，属全国主体功能区规划中的禁止开发区域，已纳入全国生态保护红线区域管控范围。近年来，福建武夷山茶叶的经济效益凸显，少数人为了私利铤而走险。本案就是一起典型的以“毁林种茶”严重破坏生态资源方式来达到敛财目的的恶势力团伙犯罪案，各被告人多次结伙实施毁坏、盗伐、滥伐国有或集体林木的违法犯罪行为，先后破坏林地600余亩、林木蓄积量达3100立方米，影响极为恶劣。人民法院统筹运用刑事责任和经济制裁手段，用最严格司法保护武夷山国家公园的森林资源和生态环境。

4. 被告单位福州市源顺石材有限公司、被告人黄某游非法占用农用地案

（最高人民法院2020年5月8日发布的
2019年度人民法院环境资源典型案例）

【基本案情】

2012年、2013年及2017年四五月间，被告单位福州市源顺石材有限公司（以下简称源顺公司）、被告人黄某游未经林业主管部门审批，擅自在闽侯县鸿尾乡大模村“际岭”山场占用林地138.51亩，用作超范围采矿、石料加工区等。案发后，源顺公司根据司法机关的要求向闽侯县南屿镇政府缴交生态修复款62.33万元，聘请专家编制了矿区及周边生态环境恢复治理方案，并依方案开展相应生态修复工作。同时，黄某游自愿承诺在位于闽江湿地公园的闽江水资源生态保护司法示范点暨生态司法保护宣传长廊进行异地特色苗木公益修复，与专业园林公司签订合同，种植指定树木150棵，承诺管护一年，确保成活。被害方闽侯县鸿尾乡大模村村民委员会及鸿尾农场出具谅解书。

【裁判结果】

福建省闽侯县人民法院一审认为，被告单位源顺公司、被告人黄某游违反国家林业管理法规，未经审批占用农用地138.51亩，其行为已构成非法占用农用地罪。鉴于被告单位、被告人黄某游有自首情节，积极进行生态修复，依法从轻处罚。以非法占用农用地罪判处被告单位源顺公司罚金40万元，判处被告人黄某游有期徒刑二年九个月，缓刑四年，并处罚金20万元；责令被告人黄某游在闽江湿地公园的闽江水资源生态保护司法示范点进行异地公益修复种植指定规格的特色苗木150棵。

【典型意义】

本案系非法占用农用地的刑事案件。林地、耕地等农用地是重要的土地资源。本案中，源顺公司及其法定代表人黄某游未经审批擅自占用林地堆放矿石渣土，对农用地用途及其周边生态环境造成破坏。人民法院在审理中，注重惩治犯罪和生态环境治理修复的有机结合，将生态环境修复义务的履行纳入量刑情节，有效融合了生态司法的警示教育、环境治理和法治宣传等诸多功能，取得了良好的法律效果和社会效果。

5.被告人甲某周盗伐林木刑事附带民事公益诉讼案

（最高人民法院2020年6月5日发布的
黄河流域生态环境司法保护典型案例）

【基本案情】

被告人甲某周为自建房屋申请砍伐木材50立方米。2018年7月底，在尚未取得林木采伐许可证情况下，甲某周谎称已取得砍树指标，请人在崇尔乡列更山上砍伐云杉树木39棵、蓄积为44.87立方米。同年9月10日，甲某周主动到若尔盖县森林公安局投案，如实供述犯罪事实，后签署认罪认罚具结书。四川省若尔盖县人民检察院依法提起刑事附带民事公益诉讼。

【裁判结果】

四川省若尔盖县人民法院一审认为，甲某周在未取得林木采伐许可证的情况下，以非法占有为目的，擅自砍伐国家所有林木云杉，蓄积44.87立方米，数量巨大，已构成盗伐林木罪。鉴于甲某周构成自首，其盗伐林木目的是用于自建房且能认罪认罚，故对其减轻处罚。若尔盖县人民检察院依法提起附带民事公益诉讼，主体适格，程序合法，对其公益诉讼请求予以支持。一审法院判决甲某周犯盗伐林木罪，判处有期徒刑二年、缓刑三年，并处罚金2000元；甲某周在判决生效后六个月内，补种云杉树390株。

【典型意义】

本案系盗伐林木引发的刑事附带民事公益诉讼案件。若尔盖县地处黄河上游，是重要的水源涵养区。该区域的森林资源具有保持水土、维护生物多样性等重要作用。通过案件审理，人民法院统筹运用刑事、民事责任方式，落实恢复性司法理念，在判决甲某周负刑事责任的同时承担补植复绿的生态环境修复责任，构建惩处和复绿并举的责任追究机制，对于有效树立“伐树要许可、毁树须担责”的生态保护意识，推动形成人与自然和谐共生的绿色生活方式，具有积极的促进作用。

6. 刘某龙、张某君等十五人盗伐林木案

（最高人民法院 2021 年 11 月 25 日发布的
黄河流域生态环境司法保护典型案例）

【基本案情】

2016 年 5 月至 2017 年 9 月，被告人刘某龙、张某君等十五人在位于子午岭腹地的连家砭林区内实施盗伐柏树、盗挖柏树根牟利等犯罪行为。被告人刘某龙、王某喜先后盗伐 66 棵柏树，合立木材积为 9.7709 立方米；被告人张某君等八人先后盗挖柏树根 40 次，价值共计 116.36 万元；被告人袁某平帮助转移他人盗窃的柏树根 11 次，价值共计 32.04 万元；被告人丁某保、齐某云先后购买他人盗挖的柏树根 7 次，价值共计 20.04 万元。

【裁判结果】

甘肃省子午岭林区法院一审认为，被告人刘某龙、张某君等十五人的行为分别构成盗伐林木罪、盗窃罪、掩饰、隐瞒犯罪所得罪等，分别被判处有期徒刑六个月到八年及缓刑一年到三年六个月不等，并处罚金 2000 元到 30000 元不等。一审判决后，各被告人没有提起上诉。

【典型意义】

本案系盗伐林木引发的一起严重破坏生物资源和水土资源的刑事案件。子午岭被誉为黄土高原上的天然物种“基因库”，子午岭林区是黄土高原中部最大的天然次生林区，是黄河流域重要水源涵养和水土保持林区，该区域的森林资源对于稳定黄河水质和水量，保持水土稳定和维护生物多样性具有重要意义。盗伐林木是严重破坏林区生态资源的犯罪行为，

本案的公开审理，有力地打击了破坏林区资源的犯罪行为，严厉惩治犯罪分子，亦增强了公众对林区生态环境重要性的认识，激发公众保护林区生态环境资源的责任感。

7. 中华环保联合会与无锡市蠡湖惠山景区管理委员会生态环境损害赔偿纠纷案

（最高人民法院 2014 年 7 月 3 日发布的环境资源审判典型案例）

【基本案情】

无锡市蠡湖惠山景区管理委员会（以下简称景区管委会）在负责开发建设动植物园和儿童乐园项目的过程中，擅自占用 2 万平方米左右的林地。涉案项目尚有 2500 平方米山体土壤裸露宕口地块，系 20 世纪 80 年代开采山石遗留状态，景区管委会未在该地块进行任何建设。中华环保联合会提起诉讼，请求判令景区管委会将非法占用的林地恢复用途并赔偿损失，立即将项目区域内裸露的部分土地进行复绿固土。

【裁判结果】

无锡市滨湖区人民法院一审认为，景区管委会未经审批占用 17 477 平方米林地是事实，但动植物园项目系城市绿地系统的组成部分，后期景区管委会又恢复和新增了一定数量的林地，未造成显著损害。本案审理中，景区管委会已缴纳了植被恢复费 114 万余元，应当视为已经弥补了生态损害。景区管委会擅自改变 3677 平方米林地用途，应当恢复原状。鉴于该地块建设已经被纳入立项规划范围，且建设项目中的观光电梯具有逃生、急救通道的功能，涉及较大公共利益，不宜恢复原状。在审理中，景区管委会提出了异地补植方案，得到了主管单位和中华环保联合会的认可，并经咨询相关专业机构确定了杨湾异地补植恢复生态的方案。景区管委会等单位作为宕口裸露地块的使用人，有义务对该地块的状况进行持续整治，消除水土进一步流失的危险。在案件审理中，景区管委会自愿提出的复绿方案具有可行性，法院予以确认与准许。一审法院于2012年12月作出判决，判令景区管委会一个月内完成17 477平方米林地改变用途的申报程序，将异地补植费用人民币79.44万元汇至指定账户并在六个月内完成杨湾地块4500平方米的异地补植，景区管委会及其他地块使用人六个月内完成2500平方米宕口地块复绿固土工作。

【典型意义】

建设单位景区管委会在建设工程中未经批准占用并改变林地用途对生态环境造成损害，理应承担恢复生态环境的民事责任。本案的特殊之处在于，涉案工程所占用土地已经纳入立项规划范围，且工程对于整个项目具有重要作用，涉及公共利益，直接恢复原状不具可行性。在此情况下，一审法院经咨询专业机构意见，采纳了异地补植的方案进行生态恢复，探索了环境污染者、生态破坏者承担民事责任的方式，避免了社会财富的浪费，又在整个区域范围内恢复了生态容量的水平，可资借鉴。

8.北京市朝阳区自然之友环境研究所、福建省绿家园环境友好中心诉谢某锦等四人破坏林地民事公益诉讼案

（最高人民法院2015年12月29日发布的环境侵权典型案例）

【基本案情】

2008年7月29日，谢某锦等四人未经行政主管部门审批，擅自扩大采矿范围，采取从山顶往下剥山皮、将采矿产生的弃石往山下倾倒、在矿

山塘口下方兴建工棚的方式，严重毁坏了28.33亩林地植被。2014年7月28日，谢某锦等人因犯非法占用农用地罪分别被判处刑罚。2015年1月1日，北京市朝阳区自然之友环境研究所（以下简称自然之友）、福建省绿家园环境友好中心（以下简称绿家园）提起诉讼，请求判令四被告承担在一定期限内恢复林地植被的责任，赔偿生态环境服务功能损失134万元；如不能在一定期限内恢复林地植被，则应赔偿生态环境修复费用110万余元；共同偿付原告为诉讼支出的评估费、律师费及其他合理费用。

【裁判结果】

福建省南平市中级人民法院一审认为，谢某锦等四人为采矿占用林地，不仅严重破坏了28.33亩林地的原有植被，还造成了林地植被受损至恢复原状期间生态服务功能的损失，依法应共同承担恢复林地植被、赔偿生态功能损失的侵权责任。遂判令谢某锦等四人在判决生效之日起五个月内恢复被破坏的28.33亩林地功能，在该林地上补种林木并抚育管护三年，如不能在指定期限内恢复林地植被，则共同赔偿生态环境修复费用110万余元；共同赔偿生态环境服务功能损失127万元，用于原地或异地生态修复；共同支付原告支出的评估费、律师费、为诉讼支出的其他合理费用16.5万余元。福建省高级人民法院二审维持了一审判决。

【典型意义】

本案系新环境保护法实施后全国首例环境民事公益诉讼，涉及原告主体资格的审查、环境修复责任的承担以及生态环境服务功能损失的赔偿等问题。本案判决依照《环境保护法》第58条和《最高人民法院关于审理环境民事公益诉讼案件适用法律若干问题的解释》的规定，确认了自然之友、绿家园作为公益诉讼原告的主体资格；以生态环境修复为着眼点，判令被告限期恢复被破坏林地功能，在该林地上补种林木并抚育管护三年，进而实现尽快恢复林地植被、修复生态环境的目的；首次通过判决明确支持了生态环境受到损害至恢复原状期间服务功能损失的赔偿请求，提高了破坏生态行为的违法成本，体现了保护生态环境的价值理念，判决具有很好的评价、指引和示范作用。

9. 贵州省清镇市流长苗族乡人民政府诉黄某发等确认合同无效纠纷案

（最高人民法院2018年6月4日发布的人民法院服务保障新时代生态文明建设典型案例）

【基本案情】

2009年2月15日，贵州省清镇市人民政府颁发林权证，确定清镇市流长苗族乡对冒井村木叶高坡115.4亩防护林林地、森林或林木享有所有权和使用权。2013年12月6日，流长乡政府与黄某发签订《贵州省清镇市流长苗族乡木叶高坡林场经营权转包合同》，约定“流长乡政府将前述林地、林木发包给黄某发从事农业项目（特色经果林）种植生产经营，转包经营权期限为65年，转包价格20万元”。黄某发与王某合伙共同经营，将转包林地中约14亩用于栽种折耳根，其余大部分用于栽种天麻。2016年2月5日，王某将部分林木卖与周某，周某砍伐林木78株，被林业部门处以罚款并被责令补种林木。2017年1月9日，流长乡政府向法院提起诉讼，请求确认其与黄某发签订的林场经营权转包合同无效，黄某发、王某返还林场。黄某发、王某提起反诉，请求判令流长乡政府返还转包费20万元及资金占用损失138 493.13元，补偿损失753 644元。

【裁判结果】

贵州省清镇市人民法院一审认为，流长乡政府与黄某发签订合同，约定将作为防护林的木叶高坡林场转包与黄某发从事农业项目种植生产经营，将防护林的用途更改为商品林，违反了《森林法》第15条第3款的强制性规定，依法应认定为无效合同。流长乡政府主张该合同无效的诉讼请求依法应予支持。流长乡政府与黄某发签订合同后，从黄某发处取得的转包款扣除已经履行的部分后应当返还。黄某发因该合同取得案涉林地使用权应当返还流长乡政府。鉴于黄某发、王某在该地上栽种的经济作物尚未收获，综合考虑生态保护与当事人损失之间的关系，以及黄某发、王某栽种的经济作物收获问题，酌定返还期限为2017年12月31日前。黄某发、王某在返还之前应当对林地内的植被妥善保护，在收获天麻和折耳根作物时应当采取最有利于生态保护的收获方法，流长乡政府应当对此进行监督。流长乡政府与黄某发所签合同无效，流长乡政府作为国家机关，对相关法律规定的掌握程度明显高于黄某发，确定流长乡政府对合同无效承担70%的过错责任，黄某发承担30%的过错责任。一审法院判决：确认案涉转包合同无效，黄某发、王某返还防护林，流长乡政府返还转包款并赔偿70%资金占用损失和经济损失。一审判决已发生法律效力。

【典型意义】

本案系林地转包合同纠纷。依据《森林法》第15条的规定，除用材林、经济林、薪炭林及其林地使用权、采伐迹地、火烧迹地的林地使用权，国务院规定的其他森林、林木和其他林地使用权可以依法转让或者作价入股外，其他森林、林木和林地使用权不得转让。本案中，合同当事人约定转包防护林林木、林地，将防护林地用于从事农业项目种植生产经营，更改了防护林的性质。本案判决认定转包合同违反法律的强制性规定，既符合《森林法》“发挥森林蓄水保土、调节气候、改善环境和提供林产品的作用”的立法目的，亦符合《森林法》关于防护林为“以防护为主要目的的森林、林木和灌木丛”的分类界定，对于同类案件认定林木、林地发包、承包、转包等合同的法律效力具有参考意义。本案判决在认定合同无效的同时，考虑到案涉林地已栽种经济作物的实际情况，判令承包人收获后返还，在返还林地前对林地内的植被妥善保护，在收获时应当采取最有利于生态保护的收获方法，兼顾了保护当事人利益与保护生态环境的关系，对处理类似案件具有较好的借鉴意义。

10. 广东省广州市人民检察院诉广州市花都区卫洁垃圾综合处理厂、李某强固体废物污染环境民事公益诉讼案

（最高人民法院 2021 年 6 月 4 日发布的
2020 年度人民法院环境资源典型案例）

【基本案情】

2007 年 1 月开始，李某强担任广州市花都区卫洁垃圾综合处理厂（以下简称卫洁垃圾厂）的实际投资人及经营者。2007 年 5 月，李某强代表卫洁垃圾厂与广州市花都区炭步镇三联竹湖经济合作社先后签订土地租用协议，合作种植树木合同及补充协议，租用竹湖大岭北约 400 亩土地合作种植树木，卫洁垃圾厂可运送经筛选的垃圾上山开坑填埋、覆盖后种树。后李某强组织工人将未经处理的垃圾、垃圾焚烧后产生的炉渣堆放在后山，时间长达十年。经检测，卫洁垃圾厂倾倒垃圾的方量为 407 390. 10 立方米，质量为 24. 78 万吨。经鉴定，服务功能损失费用为 1714. 35 万元。广州市花都区人民政府成立工作小组对垃圾场进行前期整治，工程费用约 348. 60 万元。在整治处理阶段，当地政府以政府采购的方式委托中标企业联合体于 2020 年 9 月底前完成清理整治主要工作，于 2020 年 12 月 20 日前完成全部清理整治工作并通过验收，工程费用为 10 995. 57 万元。生态环境修复费用合计 11 344. 19 万元，监测、鉴定、勘测费用合计 44. 89 万元。广东省广州市人民检察院提起民事公益诉讼，请求卫洁垃圾厂赔偿上述费用，其实际投资人李某强在企业对上述费用不能清偿时承担赔偿责任。

【裁判结果】

广东省广州市中级人民法院一审认为，作为经营生态保护和环境治理的卫洁垃圾厂受利益驱使，无视社会公共利益，恣意丢弃原生垃圾，造成生态环境在近十年时间里持续受损，受损的生态环境已无法在短期内恢复。一审判决卫洁垃圾厂支付案涉场地生态环境修复费用、服务功能损失费用、鉴定费及其他合理费用共计约1.31亿元，李某强对上述债务时承担补充清偿责任，卫洁垃圾厂、李某强在省级媒体上公开赔礼道歉。该案一审判决已经发生法律效力。

【典型意义】

本案系涉农村固体废物污染的环境民事公益诉讼案件。近年来，生活垃圾处理问题日益凸显，社会广泛关注。尤其是生活垃圾作为固体废弃物由于可运输、可填埋，其污染行为更具隐蔽性，难以被发现查处。本案中，行为人向农村土地大量倾倒未经处理的垃圾、垃圾焚烧后产生的炉渣，时间长达十年，对农村生态环境以及农产品安全造成严重危害，影响极其恶劣。人民法院判令垃圾厂除承担修复费用外，还承担服务功能损失、鉴定费和其他合理费用，其经营者亦要承担补充责任，为落实最严格制度最严密法治理念保护生态环境提供了司法范例。本案的处理还极大地震慑了向农村偷运、偷埋生活垃圾行为，委托第三方机构进行清理整治工作的方式亦为解决农村面临的生态环境治理问题、贯彻绿色发展理念、服务乡村振兴提供了司法经验，也为进一步规范城市生活垃圾的处置，增强人民群众环保意识，为解决“垃圾围城”之困发出了司法警示。

11. 贵州省江口县人民检察院诉铜仁市国土资源局、贵州梵净山国家级自然保护区管理局行政公益诉讼案

（最高人民法院与最高人民检察院
2018 年 3 月 2 日共同发布的检察公益诉讼典型案例）

【基本案情】

2005 年，铜仁市国土局向紫玉公司颁发采矿许可证，许可其在梵净山国家级自然保护区进行采矿，梵净山保护区管理局亦对紫玉公司的采矿行为予以认可。紫玉公司在没有办理环境影响评价、安全生产许可、占用林地许可、生物多样性影响评价的情况下，边建设边生产，置报批的开采方案不顾，采取爆破方式破坏性开采，资源毁坏率达 80%、产生 90%以上的废渣碎石，还将部分矿洞转让给当地村民组，造成资源巨大浪费、生态环境严重破坏，保护区内堆积长数百米、宽数十米、深度难以测算的尾矿废渣，压覆植被，形成地质灾害隐患。2016 年 6 月采矿权期限届满，铜仁市国土局接收了紫玉公司延续采矿权申请并收取了相应费用。

【诉前程序】

2016 年 10 月 26 日，江口县检察院向铜仁市国土局发出检察建议书，要求依法撤销向紫玉公司颁发的证号为 5222×××××0002 的采矿许可证。2016 年 11 月 25 日，铜仁市国土局回复称："江口县德旺乡坝梅村杨家屯-上堰沟紫袍玉带石矿采矿权行政行为合法，依法不应当撤销。已暂停办理紫玉公司的江口县德旺乡杨家屯-上堰沟紫袍玉带石采矿许可证延续登记

手续。”

2016年10月26日，江口县检察院向梵净山保护区管理局发出检察建议书，要求该局根据《自然保护区条例》第35条的规定依法对紫玉公司作出处理。2016年11月29日，梵管局回复称：该局所属闵孝总站于2007年7月24日向紫玉公司下达停工通知，2009年该局责令紫玉公司恢复被占林地，2011年12月至2014年12月该局在保护区设三个点监守值班。2016年11月29日，江口县检察院工作人员到江口县德旺乡坝梅村大火堰组杨家屯-上堰沟紫袍玉带石矿区实地查看，发现该公司未拆除土地上建筑物和对矿区进行恢复原状，导致国家和社会公共利益仍处于受侵害状态。

【裁判结果】

江口县人民检察院遂向遵义市播州区人民法院提起行政公益诉讼，请求：（1）确认采矿许可行为违法；（2）确认铜仁市国土局、梵净山保护区管理局怠于履行监督管理法定职责的行为违法；（3）责令铜仁市国土局、梵净山保护区管理局履行环境治理监管职责。诉讼中，铜仁市国土局编制了环境治理方案并责令紫玉公司限期治理，但治理工程尚未开工。

遵义市播州区人民法院审理认为：铜仁市国土局作为铜仁市人民政府地质矿产行政主管部门，应当依法履行其权限范围内的矿业权设置、审批登记、矿山运营及停用后治理等监督管理职责。梵净山保护区管理局作为梵净山国家级自然保护区管理机构，应当在法律法规授权及相应行政主管机关委托的权限范围内正确履行自然保护区管理职责。梵净山保护区管理局、铜仁市国土局在未取得国务院授权的行政主管部门同意，未办理环境影响评价的情况下在自然保护区设置采矿权并许可紫玉公司采矿的行为违法。对紫玉公司破坏性开采，浪费矿产资源、破坏生态环境等行为，铜仁市国土局和梵净山保护区管理局均怠于履行监督管理法定职责，并有滥用职权许可其违法开采的行为，应确认违法。遂判决：（1）确认铜仁市国土局为紫玉公司颁发许可证行为违法；（2）确认铜仁市国土局和梵净山保护区管理局在对紫玉公司违法开采行为怠于履行监督管理法定职责的行为违法；（3）由铜仁市国土局对紫玉公司矿山环境修复治理工程履行监督管理职责至环境修复治理工程验收合格；由梵净山保护区管理局对环境修复治理工程进行全程监督管理。

宣判后，第三人紫玉公司不服提起上诉。二审判决驳回上诉，维持原判。

【典型意义】

本案涉及国家级自然保护区矿产资源和生态环境的保护。紫玉公司所开采矿区处于自然保护区内。铜仁市国土局、梵净山保护区管理局违法发放采矿许可证并怠于履行监管职责，致使自然保护区生态环境遭到严重破坏，矿产资源遭到极大浪费。本案判决确认铜仁市国土局、梵净山保护区管理局违法并要求其依法履行职责，监督紫玉公司修复受损生态环境，对于加强自然保护区生态环境和自然资源保护，矫正“靠山吃山”“牺牲环境谋发展”的错误发展观，树立绿色发展理念，坚守生态红线，还自然以宁静、和谐、美丽具有重要意义。

12.湖北省宜昌市西陵区人民检察院诉湖北省利川市林业局不履行法定职责行政公益诉讼案

（最高人民法院2018年6月4日发布的人民法院服务保障新时代生态文明建设典型案例）

【基本案情】

溜子湾公司在申请续办使用林地手续尚未获得审批期间，违法占用林地进行矿石开采作业。利川市林业局在专项清查中发现溜子湾公司违法占用林地，遂作出林业行政执法行为，督促溜子湾公司停止露天焚烧煤矸石，并将所占林地恢复林业生产条件和植被。2015年12月14日，利川市人民法院针对溜子湾公司法定代表人朱某刚非法占用林地犯罪作出刑事判决。在办理刑事案件过程中，利川市人民检察院发现溜子湾公司除非法占用林地进行开采外，还违反《建设项目环境影响报告表》和利川市环境保护局审批意见的要求，采用露天焚烧煤矸石的生产工艺，直接向空气中排放大量气体污染物，导致开采区及周边影响区林木死亡及受损。但利川市林业局实施的行政执法行为和对朱某刚的刑事处罚均仅限于溜子湾公司违法占用林地的开采区内，并未针对因煤矸石露天焚烧熏死的影响区林木采取任何行政执法措施。利川市人民检察院于 2016 年 10 月 14 日向利川市林业局发出《检察建议书》。利川市林业局收到检察建议后虽多次组织相关单位和人员到开采区检查、督办煤矸石熄灭和植被恢复等工作，但对影响区林木的损毁问题仍未依法履行职责。由于溜子湾公司开采区燃烧的煤矸石未熄灭且持续向周边林木散发有害气体，58 419 平方米（87.7 亩）影响区内仍有大片被有害气体熏死的林木，2016 年 12 月 28 日，宜昌市西陵区人民检察院经指定管辖提起行政公益诉讼。

【裁判结果】

湖北省宜昌市西陵区人民法院一审认为，溜子湾公司露天烧矿的行为致使影响区森林资源受到毁坏，涉及生态环境和林业资源保护，应属于国家利益和社会公共利益受到侵害；利川市人民检察院发出《检察建议书》履行诉前程序后，利川市林业局未履行监管职责，焚烧煤矸石的火源仍未熄灭，并持续向空中散发有害气体，导致国家利益和社会公共利益持续处于受侵害的状态。据此，宜昌市西陵区人民检察院经指定管辖提起行政公益诉讼符合相关法律法规的规定。根据《森林法》和《大气污染防治法》相关规定，因露天焚烧煤矸石分别造成大气污染和森林、林木受到毁坏的，系违反不同法律规定，造成不同损害后果，理应由林业主管部门和环境保护主管部门各司其职，依法履行其相应的管理和监督职责。本案影响区的森林属于利川市林业局的管辖范围，监管该片被毁林地及督促植被恢复系利川市林业局的职责。溜子湾公司焚烧煤矸石产生的物质与影响区林木的死亡存在因果关系，利川市林业局仅就开采区作出处理，却未针对被毁坏的影响区林木作出林业行政管理和监督的行为，而仅仅将之移送环境保护主管部门查处，构成怠于履行监管职责。一审法院判决：责令利川市林业局对溜子湾公司非法烧矿毁坏森林的行为依法履行职责。一审判决已发生法律效力。

【典型意义】

本案系跨行政区划审理的环境行政公益诉讼案件，对于污染行为涉及多个行政主管部门职责情况下督促行政机关依法履行各自监管职责具有示范意义。本案依据《森林法》和《大气污染防治法》相关规定，明确了当同一违法行为对不同性质的环境、资源造成损害时，不同行政部门应在各自的管辖范围内承担监管之责，对特定资源负有监管职责的行政机关推诿塞责、简单将案件移送其他部门处理的行为亦属于行政不作为的范畴。尽管利川市林业局曾经针对案涉开采区作出过行政执法行为，但因其未继续、全面地履行监管职责，致使影响区的森林环境仍持续受到侵害，本案判决认定其未完全履行法定职责并判令其继续履职，对促进行政机关依法、及时、全面履行行政职责，切实保护国家利益和社会公共利益具有积极作用。

13. 岳西县美丽水电站诉岳西县环境保护局环境保护行政决定案

（最高人民法院 2018 年 11 月 28 日发布的人民法院环境资源审判保障长江经济带高质量发展典型案例）

【基本案情】

1994 年国务院确定鹞落坪自然保护区为国家级自然保护区。2001 年原国家环保总局批准了《国家级鹞落坪自然保护区总体规划（2001－2015）》。2005 年美丽水电站在位于鹞落坪自然保护区核心区的包家乡鹞落坪村开工建设。2006 年岳西县水利局批复同意建设。2009 年岳西县环境保护局以美丽水电站位于自然保护区实验区为由，补办环评批准手续。2017 年安徽省第五环境保护督察组等先后对鹞落坪自然保护区内的违法建设进行督察，要求迅速查处。岳西县环境保护局经立案调查，认定美丽水电站是在设立国家级自然保护区后建设，机房、明渠和涵洞位于鹞落坪自然保护区的缓冲区，蓄水坝位于保护区的核心区。岳西县环境保护局作出岳环责停字［2017］15 号《责令停产整治决定书》，责令美丽水电站立即停止生产；作出岳环限拆字［2017］04 号《责令限期拆除设施设备通知书》，责令美丽水电站限期自行拆除电站上网断路器，移除主变压器。美丽水电站不服，诉至法院，请求撤销《责令停产整治决定书》，确认《责令限期拆除设施设备通知书》违法。

【裁判结果】

安徽省潜山县人民法院一审认为，美丽水电站在鹞落坪自然保护区的核心区和缓冲区建设水电站的行为违反《自然保护区条例》规定，依法应予关闭、拆除。水电站建成后，虽然经过岳西县水利局补办了批准手续，但并不影响岳西县环境保护局对违法建设事实的认定。岳西县环境保护局依法享有行政执法权。一审法院判决驳回美丽水电站诉讼请求。安庆市中级人民法院二审维持原判。

【典型意义】

本案系在自然保护区内开发利用自然资源引发的行政案件。长江流域重点生态功能区、生态环境脆弱区及自然保护区较多，人民法院在审理上述区域的环境污染、生态破坏及自然资源开发利用案件时，需要坚持保护优先的理念，正确处理好生态环境保护和经济发展的关系，将构建生态功能保障基线、环境质量安全底线、自然资源利用上线三大红线作为重要因素加以考量，保障重点区域实现扩大环境容量和生态空间的重要目标。鹞落坪自然保护区内有大别山区现存面积最大的天然次生林，植物区系复杂，生态系统完整，在保护生物多样性及涵养水源方面具有极为重要的价值。鹞落坪自然保护区设立在先，美丽水电站建立时虽然取得了相关部门的批复，但该水电站机房建设在自然保护区的缓冲区，蓄水坝建设在保护区核心区，违反了《自然保护区条例》的规定。人民法院支持行政机关依法行政，依法认定美丽水电站应予关闭和拆除，为保护长江流域自然保护区提供了坚强的司法后盾。

14. 江苏省宿迁市宿城区人民检察院诉沭阳县农业委员会不履行林业监督管理法定职责行政公益诉讼案

（最高人民法院2019年3月2日发布的生态环境保护典型案例）

【基本案情】

2016年1月至3月，仲某年于沭阳县七处地点盗伐林木444棵，立木蓄积122余立方米。其中在沭阳县林地保护利用规划范围内盗伐杨树合计253棵。2017年3月7日，沭阳县人民法院以盗伐林木罪判处仲某年有期徒刑七年六个月，并处罚金3万元，追缴违法所得2.4万元。2017年9月29日，江苏省宿迁市宿城区人民检察院（以下简称宿城区检察院）向沭阳县农业委员会（以下简称沭阳农委）发送检察建议，督促沭阳农委对仲某年盗伐林木行为依法处理，确保受侵害林业生态得以恢复。沭阳农委于2017年10月16日、12月15日两次电话反映该委无权对仲某年履行行政职责，未就仲某年盗伐林木行为进行行政处理，案涉地点林地生态环境未得到恢复。2018年3月27日，沭阳农委仅在盗伐地点补植白蜡树苗180棵。

【裁判结果】

江苏省宿迁市宿城区人民法院一审认为，沭阳农委作为沭阳县林业主管部门，对案涉盗伐林木等违法行为负有监督和管理职责。仲某年在林地保护利用规划范围内盗伐林木，不仅侵害了他人林木所有权，也损害了林木的生态效益和功能。宿城区检察院经依法向沭阳农委发送检察建议，督促沭阳农委依法履职无果后，提起行政公益诉讼，符合法律规定。仲某年因盗伐林木行为已被追究的刑事责任为有期徒刑、罚金、追缴违法所得，不能涵盖补种盗伐株数十倍树木的行政责任。沭阳农委收到检察建议书后未责令仲某年补种树木，其嗣后补种的株数和代履行程序亦不符合法律规定，未能及时、正确、完全履行法定职责。一审法院判决确认沭阳农委不履行林业监督管理法定职责的行为违法，应依法对仲某年作出责令补种盗伐 253 棵杨树十倍树木的行政处理决定。

【典型意义】

本案是检察机关提起的涉林业行政公益诉讼。林木除具有经济价值外，还具有涵养水源、防风固沙、调节气候以及为野生动物提供栖息场所等生态价值。任何组织和个人均有义务保护林业生态环境安全。林业行政主管部门更应恪尽职守，依法履职。《森林法》第 39 条规定："盗伐森林或者其他林木的，依法赔偿损失；由林业主管部门责令补种盗伐株数十倍的树木，没收盗伐的林木或者变卖所得，并处盗伐林木价值三倍以上十倍以下的罚款。滥伐森林或者其他林木，由林业主管部门责令补种滥伐株数五倍的树木，并处滥伐林木价值二倍以上五倍以下的罚款。拒不补种树木或者补种不符合国家有关规定的，由林业主管部门代为补种，所需费用由违法者支付。盗伐、滥伐森林或者其他林木，构成犯罪的，依法追究刑事责任。"林业纠纷案件多具融合性，同一违法行为往往涉及刑事、民事和行政不同法律责任。本案的正确审理，有助于进一步厘清涉林业检察公益诉讼中刑事责任、行政责任以及民事责任的关系和界限，依法全面保护林业生态环境安全。本案审理法院还组织省市县三级 120 余家行政执法机关的 150 余名工作人员以及 10 位人大代表、政协委员旁听庭审，起到了宣传教育的良好效果。

15. 吉林省珲春林业局诉珲春市牧业管理局草原行政登记案

（最高人民法院2020年5月8日发布的
2019年度人民法院环境资源典型案例）

【基本案情】

案涉草地为岩山沟247.50公顷草原，位于吉林省珲春市板石镇湖龙村。1992年11月，原国家林业部向吉林省珲春林业局（以下简称珲春林业局）颁发《国有林权证》，将包括案涉草原在内的林地交由其管理、占有、使用。1989年10月，珲春林业局与珲春市政府签订《牧业用地委托经营书》，同年12月，与板石乡政府签订《牧业用地委托经营书》，并依据上述两份合同给珲春市板石镇湖龙村村民委员会（以下简称湖龙村）颁发草原证，1996年换发《牧业用地使用权证》。2008年6月，珲春市牧业管理局（以下简称珲春牧业局）向湖龙村颁发面积为416.50公顷（包含案涉争议草地）的《吉林省草原使用权证》，用地范围与1996年权证一致，使用期限15+30年。2005年7月，《国务院办公厅关于发布河北柳江盆地地质遗迹等17处新建国家级自然保护区的通知》，将案涉岩山沟草地中162公顷纳入珲春东北虎国家级自然保护区范围。珲春林业局提起行政诉讼，请求依法撤销珲春牧业局颁发给湖龙村的面积为416.50公顷的《吉林省草原使用权证》。

【裁判结果】

吉林省珲春市人民法院一审认为，珲春林业局作为案涉林地的合法经营权人，是本案适格原告。珲春牧业局为湖龙村颁发《吉林省草原使用权证》的行为，是基于《牧业用地委托经营书》而实施的行政许可，因该经营书已于2004年11月终止，颁证行为无事实依据，程序违法。一审判决撤销上述草原使用权证。吉林省延边朝鲜族自治州中级人民法院二审维持原判。吉林省高级人民法院再审认为，珲春牧业局的颁证行为无事实依据，且案涉草地中162公顷已被纳入珲春东北虎国家级自然保护区范围，无论牧业局颁证行为是否合法，依法都应予撤销，裁定驳回再审申请。

【典型意义】

本案系涉自然保护区的国有林地、草原的委托经营及确权登记纠纷。本案中，湖龙村系基于委托经营合同对案涉草地享有经营使用权，其权利性质不同于依据家庭承包方式取得的土地使用权，不得依据政策或者法律规定径行延长期限。本案的典型意义还在于，案涉草地已被划入珲春东北虎国家级自然保护区范围。自然保护区是维护生态多样性，构建国家生态安全屏障，建设美丽中国的重要载体。现行法律对自然保护区实行最严格的保护措施，人民法院在审理相关案件时，应注意发挥环境资源行政审判的监督和预防功能，对涉及环境公共利益的行政许可进行审查。本案判决基于委托经营合同性质效力以及自然保护区生态环境保护的双重考量，对案涉行政机关颁证行为予以撤销，符合保障自然保护区生态文明安全的理念和要求。

16. 江西省安义县人民检察院诉安义县国土资源局不履行矿山地质环境保护职责案

（最高人民法院2020年5月8日发布的
2019年度人民法院环境资源典型案例）

【基本案情】

2016年2月至2017年6月，徐某明在没有办理采矿许可证和占用林地手续的情况下，雇佣他人擅自对犁头山山体进行采矿。安义县国土资源局先后六次向其下达《制止违反矿产资源法规行为通知书》，要求其停止违法开采行为。2017 年 11 月，江西省安义县人民检察院向安义县国土资源局发出检察建议。嗣后，安义县国土资源局虽陆续采取措施，但徐某明未完全按照恢复治理方案进行恢复治理。所涉地区矿山地质环境状况仍未得到根本改善。江西省安义县人民检察院提起行政公益诉讼，要求安义县国土资源局全面履行矿山地质环境保护的法定职责。

【裁判结果】

南昌铁路运输法院一审认为，安义县国土资源局负有保护和监管案涉地区矿山地质环境的法定职责。其虽先后对徐某明非法采矿行为履行了一定的监管职能，但在公益诉讼起诉人提起本案诉讼前，未督促徐某明按照恢复治理方案进行恢复治理，亦未责令徐某明缴纳土地复垦费用、代为组织复垦，案涉矿山地区至今仍土层、矿石裸露，地质环境状况未得到根本改善影响，给周边环境及居民生活带来安全隐患，国家利益和社会公共利益仍处于受侵害状态。一审判决，责令安义县国土资源局履行矿山地质环境保护职责，按照恢复治理方案恢复安义县犁头山地区的生态环境。

【典型意义】

本案系对非法采矿行为监管不力导致矿山地质环境破坏引发的环境行政公益诉讼案件。非法采矿行为不仅严重侵害国家对矿产资源的所有权，造成矿业权税费流失，而且极易造成矿产资源的乱采滥挖，导致环境污染和生态破坏。安义县国土资源局作为行政主管部门，对矿山地质环境遭受破坏后的修复治理具有监督、管理义务。尽管其已经针对案涉非法采矿行为采取相关措施，但因未继续、全面地履行监管职责，矿山地质环境仍持续受到侵害。本案判决认定行政机关未完全履行法定职责并判令其继续履职，对促进行政机关依法、及时、全面履行职责，维护矿山生态环境安全，切实保护国家利益和社会公共利益具有积极作用。

17. 重庆市九龙坡区人民检察院诉重庆市九龙坡区某局不履行保护古树法定职责行政公益诉讼案

（最高人民法院2022年6月5日发布的
2021年度人民法院环境资源审判典型案例）

【基本案情】

重庆市九龙坡区人民检察院发现杨家坪步行街4株古树上设置有夜景灯饰，以损害树木健康方式直接钉于树木本体，影响了古树健康生长，侵害了国家利益和社会公共利益。检察院向九龙坡区某局发出检察建议，该局书面回复整改情况。经复勘现场，发现4株古树上又直接使用钉长钉、卡卡钉的形式设置夜景灯饰。重庆市中正司法鉴定中心出具评估意见认为，上述行为违反了《城市古树名木保护管理办法》等相关规定，应补挂古树标志牌，加强管理与养护。九龙坡区人民检察院提起诉讼，请求确认九龙坡区某局怠于履行古树保护管理职责违法，判令该局全面充分履职，对4株古树采取有效保护管理措施。九龙坡区某局收到起诉状副本后，履行了监督管理职责。公益诉讼起诉人将诉讼请求变更为确认被告未依法全面履行监管职责违法。

【裁判结果】

重庆市江津区人民法院一审认为，杨家坪步行街内4株古树存在以损害树体的方式设置夜景灯饰的情形，古树资源受到损害。被告作为辖区内城市园林绿化管理机关，怠于履行法定监管职责，致使国家利益和社会公共利益持续受到侵害。判决确认被告九龙坡区某局对杨家坪步行街 4 株古树的保护管理未及时依法全面履行监管职责违法。该案一审判决已发生法律效力。

【典型意义】

本案是因行政机关不履行古树保护职责引发的行政公益诉讼案件。古树是当地悠久历史与绿色文化的见证者，是历史变迁和亲情记忆的重要标志，具有重要的生态、经济、历史文化、社会和遗传学价值。古树上设置有夜景灯饰在日常生活中较为常见，但装饰设置不应损害古树健康生长。本案查明夜景灯饰损害树体的情形存在，被告怠于履行古树保护监管职责，未及时对城市古树采取有效保护措施。人民法院依法充分发挥司法职能，以司法手段推动行政机关履职尽责，守护国家和社会公共利益，有利于引导公众提升古树名木保护意识，科学合理开展装饰活动，留住城市名片，营造人与自然和谐的美好家园。

第五部分　相关法律、行政法规与司法解释

中华人民共和国宪法（节录）

（1982 年 12 月 4 日第五届全国人民代表大会第五次会议通过
1982 年 12 月 4 日全国人民代表大会公告公布施行
根据 1988 年 4 月 12 日第七届全国人民代表大会第一次会议
通过的《中华人民共和国宪法修正案》、1993 年 3 月 29 日
第八届全国人民代表大会第一次会议通过的《中华人民
共和国宪法修正案》、1999 年 3 月 15 日第九届全国人民
代表大会第二次会议通过的《中华人民共和国宪法
修正案》、2004 年 3 月 14 日第十届全国人民代表
大会第二次会议通过的《中华人民共和国宪法
修正案》和 2018 年 3 月 11 日第十三届全国
人民代表大会第一次会议通过的《中华
人民共和国宪法修正案》修正）

第九条 矿藏、水流、森林、山岭、草原、荒地、滩涂等自然资源，都属于国家所有，即全民所有；由法律规定属于集体所有的森林和山岭、草原、荒地、滩涂除外。

国家保障自然资源的合理利用，保护珍贵的动物和植物。禁止任何组织或者个人用任何手段侵占或者破坏自然资源。

第十条 城市的土地属于国家所有。

农村和城市郊区的土地，除由法律规定属于国家所有的以外，属于集体所有；宅基地和自留地、自留山，也属于集体所有。

国家为了公共利益的需要，可以依照法律规定对土地实行征收或者征用并给予补偿。

任何组织或者个人不得侵占、买卖或者以其他形式非法转让土地。土

地的使用权可以依照法律的规定转让。

一切使用土地的组织和个人必须合理地利用土地。

第十七条 集体经济组织在遵守有关法律的前提下，有独立进行经济活动的自主权。

集体经济组织实行民主管理，依照法律规定选举和罢免管理人员，决定经营管理的重大问题。

第二十六条 国家保护和改善生活环境和生态环境，防治污染和其他公害。

国家组织和鼓励植树造林，保护林木。

中华人民共和国民法典（节录）

（2020 年 5 月 28 日第十三届全国人民代表大会第三次会议通过
自 2021 年 1 月 1 日起施行）

第九条 【绿色原则】民事主体从事民事活动，应当有利于节约资源、保护生态环境。

第十条 【法律适用】处理民事纠纷，应当依照法律；法律没有规定的，可以适用习惯，但是不得违背公序良俗。

第一百五十三条 【违反强制性规定及违背公序良俗的民事法律行为的效力】违反法律、行政法规的强制性规定的民事法律行为无效。但是，该强制性规定不导致该民事法律行为无效的除外。

违背公序良俗的民事法律行为无效。

第一百七十九条 【承担民事责任的方式】承担民事责任的方式主要有：

（一）停止侵害；

（二）排除妨碍；

（三）消除危险；

（四）返还财产；

（五）恢复原状；

（六）修理、重作、更换；

（七）继续履行；

（八）赔偿损失；

（九）支付违约金；

（十）消除影响、恢复名誉；

（十一）赔礼道歉。

法律规定惩罚性赔偿的，依照其规定。

本条规定的承担民事责任的方式，可以单独适用，也可以合并适用。

第二百零九条　【不动产物权登记的效力】不动产物权的设立、变更、转让和消灭，经依法登记，发生效力；未经登记，不发生效力，但是法律另有规定的除外。

依法属于国家所有的自然资源，所有权可以不登记。

第二百一十五条　【合同效力与物权变动区分】当事人之间订立有关设立、变更、转让和消灭不动产物权的合同，除法律另有规定或者当事人另有约定外，自合同成立时生效；未办理物权登记的，不影响合同效力。

第二百二十条　【更正登记与异议登记】权利人、利害关系人认为不动产登记簿记载的事项错误的，可以申请更正登记。不动产登记簿记载的权利人书面同意更正或者有证据证明登记确有错误的，登记机构应当予以更正。

不动产登记簿记载的权利人不同意更正的，利害关系人可以申请异议登记。登记机构予以异议登记，申请人自异议登记之日起十五日内不提起诉讼的，异议登记失效。异议登记不当，造成权利人损害的，权利人可以向申请人请求损害赔偿。

第二百三十四条　【物权确认请求权】因物权的归属、内容发生争议的，利害关系人可以请求确认权利。

第二百三十七条　【物权复原请求权】造成不动产或者动产毁损的，权利人可以依法请求修理、重作、更换或者恢复原状。

第二百五十条　【自然资源的国家所有权】森林、山岭、草原、荒地、滩涂等自然资源，属于国家所有，但是法律规定属于集体所有的除外。

第三百零一条 【共有物的处分、重大修缮和性质、用途变更】处分共有的不动产或者动产以及对共有的不动产或者动产作重大修缮、变更性质或者用途的，应当经占份额三分之二以上的按份共有人或者全体共同共有人同意，但是共有人之间另有约定的除外。

第三百一十一条 【善意取得】无处分权人将不动产或者动产转让给受让人的，所有权人有权追回；除法律另有规定外，符合下列情形的，受让人取得该不动产或者动产的所有权：

（一）受让人受让该不动产或者动产时是善意；

（二）以合理的价格转让；

（三）转让的不动产或者动产依照法律规定应当登记的已经登记，不需要登记的已经交付给受让人。

受让人依据前款规定取得不动产或者动产的所有权的，原所有权人有权向无处分权人请求损害赔偿。

当事人善意取得其他物权的，参照适用前两款规定。

第三百二十三条 【用益物权的定义】用益物权人对他人所有的不动产或者动产，依法享有占有、使用和收益的权利。

第三百二十四条 【国有和集体所有自然资源的用益物权】国家所有或者国家所有由集体使用以及法律规定属于集体所有的自然资源，组织、个人依法可以占有、使用和收益。

第三百二十五条 【自然资源使用制度】国家实行自然资源有偿使用制度，但是法律另有规定的除外。

第三百二十六条 【用益物权人权利的行使】用益物权人行使权利，应当遵守法律有关保护和合理开发利用资源、保护生态环境的规定。所有权人不得干涉用益物权人行使权利。

第三百二十七条 【用益物权人因征收、征用有权获得补偿】因不动产或者动产被征收、征用致使用益物权消灭或者影响用益物权行使的，用益物权人有权依据本法第二百四十三条、第二百四十五条的规定获得相应补偿。

第三百三十条 【双层经营体制与土地承包经营制度】农村集体经济组织实行家庭承包经营为基础、统分结合的双层经营体制。

农民集体所有和国家所有由农民集体使用的耕地、林地、草地以及其他用于农业的土地，依法实行土地承包经营制度。

第三百三十一条 【土地承包经营权的定义】土地承包经营权人依法对其承包经营的耕地、林地、草地等享有占有、使用和收益的权利，有权从事种植业、林业、畜牧业等农业生产。

第三百三十二条 【土地承包期】耕地的承包期为三十年。草地的承包期为三十年至五十年。林地的承包期为三十年至七十年。

前款规定的承包期限届满，由土地承包经营权人依照农村土地承包的法律规定继续承包。

第三百三十三条 【土地承包经营权的设立和登记】土地承包经营权自土地承包经营权合同生效时设立。

登记机构应当向土地承包经营权人发放土地承包经营权证、林权证等证书，并登记造册，确认土地承包经营权。

第三百三十四条 【土地承包经营权的互换、转让】土地承包经营权人依照法律规定，有权将土地承包经营权互换、转让。未经依法批准，不得将承包地用于非农建设。

第三百三十五条 【土地承包经营权互换、转让的登记】土地承包经营权互换、转让的，当事人可以向登记机构申请登记；未经登记，不得对抗善意第三人。

第三百三十六条 【承包地的调整】承包期内发包人不得调整承包地。

因自然灾害严重毁损承包地等特殊情形，需要适当调整承包的耕地和草地的，应当依照农村土地承包的法律规定办理。

第三百三十七条 【承包地的收回】承包期内发包人不得收回承包地。法律另有规定的，依照其规定。

第三百三十八条 【承包地的征收补偿】承包地被征收的，土地承包经营权人有权依据本法第二百四十三条的规定获得相应补偿。

第三百三十九条 【土地经营权的流转】土地承包经营权人可以自主

决定依法采取出租、入股或者其他方式向他人流转土地经营权。

第三百四十条 【土地经营权的定义】土地经营权人有权在合同约定的期限内占有农村土地，自主开展农业生产经营并取得收益。

第三百四十一条 【土地经营权的设立及登记】流转期限为五年以上的土地经营权，自流转合同生效时设立。当事人可以向登记机构申请土地经营权登记；未经登记，不得对抗善意第三人。

第三百四十二条 【其他方式承包的土地经营权流转】通过招标、拍卖、公开协商等方式承包农村土地，经依法登记取得权属证书的，可以依法采取出租、入股、抵押或者其他方式流转土地经营权。

第三百四十三条 【国有农用地实行承包经营的参照适用】国家所有的农用地实行承包经营的，参照适用本编的有关规定。

第三百八十六条 【担保物权的定义】担保物权人在债务人不履行到期债务或者发生当事人约定的实现担保物权的情形，依法享有就担保财产优先受偿的权利，但是法律另有规定的除外。

第三百九十四条 【抵押权的定义】为担保债务的履行，债务人或者第三人不转移财产的占有，将该财产抵押给债权人的，债务人不履行到期债务或者发生当事人约定的实现抵押权的情形，债权人有权就该财产优先受偿。

前款规定的债务人或者第三人为抵押人，债权人为抵押权人，提供担保的财产为抵押财产。

第三百九十五条 【抵押财产的范围】债务人或者第三人有权处分的下列财产可以抵押：

（一）建筑物和其他土地附着物；

（二）建设用地使用权；

（三）海域使用权；

（四）生产设备、原材料、半成品、产品；

（五）正在建造的建筑物、船舶、航空器；

（六）交通运输工具；

（七）法律、行政法规未禁止抵押的其他财产。

抵押人可以将前款所列财产一并抵押。

第三百九十九条 【禁止抵押的财产范围】下列财产不得抵押：

（一）土地所有权；

（二）宅基地、自留地、自留山等集体所有土地的使用权，但是法律规定可以抵押的除外；

（三）学校、幼儿园、医疗机构等为公益目的成立的非营利法人的教育设施、医疗卫生设施和其他公益设施；

（四）所有权、使用权不明或者有争议的财产；

（五）依法被查封、扣押、监管的财产；

（六）法律、行政法规规定不得抵押的其他财产。

第四百零一条 【流押】抵押权人在债务履行期限届满前，与抵押人约定债务人不履行到期债务时抵押财产归债权人所有的，只能依法就抵押财产优先受偿。

第四百一十条 【抵押权的实现】债务人不履行到期债务或者发生当事人约定的实现抵押权的情形，抵押权人可以与抵押人协议以抵押财产折价或者以拍卖、变卖该抵押财产所得的价款优先受偿。协议损害其他债权人利益的，其他债权人可以请求人民法院撤销该协议。

抵押权人与抵押人未就抵押权实现方式达成协议的，抵押权人可以请求人民法院拍卖、变卖抵押财产。

抵押财产折价或者变卖的，应当参照市场价格。

第四百三十六条 【质物返还及质权实现】债务人履行债务或者出质人提前清偿所担保的债权的，质权人应当返还质押财产。

债务人不履行到期债务或者发生当事人约定的实现质权的情形，质权人可以与出质人协议以质押财产折价，也可以就拍卖、变卖质押财产所得的价款优先受偿。

质押财产折价或者变卖的，应当参照市场价格。

第四百四十条 【权利质权的范围】债务人或者第三人有权处分的下列权利可以出质：

（一）汇票、本票、支票；

（二）债券、存款单；

（三）仓单、提单；

（四）可以转让的基金份额、股权；

（五）可以转让的注册商标专用权、专利权、著作权等知识产权中的财产权；

（六）现有的以及将有的应收账款；

（七）法律、行政法规规定可以出质的其他财产权利。

第四百四十五条 【以应收账款出质的质权的设立及转让限制】以应收账款出质的，质权自办理出质登记时设立。

应收账款出质后，不得转让，但是出质人与质权人协商同意的除外。出质人转让应收账款所得的价款，应当向质权人提前清偿债务或者提存。

第五百零二条 【合同生效时间】依法成立的合同，自成立时生效，但是法律另有规定或者当事人另有约定的除外。

依照法律、行政法规的规定，合同应当办理批准等手续的，依照其规定。未办理批准等手续影响合同生效的，不影响合同中履行报批等义务条款以及相关条款的效力。应当办理申请批准等手续的当事人未履行义务的，对方可以请求其承担违反该义务的责任。

依照法律、行政法规的规定，合同的变更、转让、解除等情形应当办理批准等手续的，适用前款规定。

第五百零四条 【越权订立的合同效力】法人的法定代表人或者非法人组织的负责人超越权限订立的合同，除相对人知道或者应当知道其超越权限外，该代表行为有效，订立的合同对法人或者非法人组织发生效力。

第五百五十七条 【债权债务终止情形】有下列情形之一的，债权债务终止：

（一）债务已经履行；

（二）债务相互抵销；

（三）债务人依法将标的物提存；

（四）债权人免除债务；

（五）债权债务同归于一人；

（六）法律规定或者当事人约定终止的其他情形。

合同解除的，该合同的权利义务关系终止。

第五百六十六条 【合同解除的效力】合同解除后，尚未履行的，终止履行；已经履行的，根据履行情况和合同性质，当事人可以请求恢复原状或者采取其他补救措施，并有权请求赔偿损失。

合同因违约解除的，解除权人可以请求违约方承担违约责任，但是当事人另有约定的除外。

主合同解除后，担保人对债务人应当承担的民事责任仍应当承担担保责任，但是担保合同另有约定的除外。

第五百七十七条 【违约责任】当事人一方不履行合同义务或者履行合同义务不符合约定的，应当承担继续履行、采取补救措施或者赔偿损失等违约责任。

第五百九十七条 【无权处分效力】因出卖人未取得处分权致使标的物所有权不能转移的，买受人可以解除合同并请求出卖人承担违约责任。

法律、行政法规禁止或者限制转让的标的物，依照其规定。

第七百零五条 【租赁最长期限】租赁期限不得超过二十年。超过二十年的，超过部分无效。

租赁期限届满，当事人可以续订租赁合同；但是，约定的租赁期限自续订之日起不得超过二十年。

第七百一十六条 【承租人对租赁物转租】承租人经出租人同意，可以将租赁物转租给第三人。承租人转租的，承租人与出租人之间的租赁合同继续有效；第三人造成租赁物损失的，承租人应当赔偿损失。

承租人未经出租人同意转租的，出租人可以解除合同。

第七百一十七条 【超过承租人剩余租赁期限的转租期间效力】承租人经出租人同意将租赁物转租给第三人，转租期限超过承租人剩余租赁期限的，超过部分的约定对出租人不具有法律约束力，但是出租人与承租人另有约定的除外。

第七百二十五条 【所有权变动不破租赁】租赁物在承租人按照租赁合同占有期限内发生所有权变动的，不影响租赁合同的效力。

第七百二十八条 【房屋承租人优先购买权受到侵害的法律后果】出租人未通知承租人或者有其他妨害承租人行使优先购买权情形的，承租人可以请求出租人承担赔偿责任。但是，出租人与第三人订立的房屋买卖合同的效力不受影响。

第七百三十条 【租赁期限没有约定或约定不明确时的法律后果】当事人对租赁期限没有约定或者约定不明确，依据本法第五百一十条的规定仍不能确定的，视为不定期租赁；当事人可以随时解除合同，但是应当在合理期限之前通知对方。

第一千二百二十九条 【污染环境、破坏生态致损的侵权责任】因污染环境、破坏生态造成他人损害的，侵权人应当承担侵权责任。

第一千二百三十四条 【生态环境修复责任】违反国家规定造成生态环境损害，生态环境能够修复的，国家规定的机关或者法律规定的组织有权请求侵权人在合理期限内承担修复责任。侵权人在期限内未修复的，国家规定的机关或者法律规定的组织可以自行或者委托他人进行修复，所需费用由侵权人负担。

第一千二百三十五条 【公益诉讼的赔偿范围】违反国家规定造成生态环境损害的，国家规定的机关或者法律规定的组织有权请求侵权人赔偿下列损失和费用：

（一）生态环境受到损害至修复完成期间服务功能丧失导致的损失；

（二）生态环境功能永久性损害造成的损失；

（三）生态环境损害调查、鉴定评估等费用；

（四）清除污染、修复生态环境费用；

（五）防止损害的发生和扩大所支出的合理费用。

中华人民共和国环境保护法（节录）

（1989 年 12 月 26 日第七届全国人民代表大会常务委员会第十一次会议通过 2014 年 4 月 24 日第十二届全国人民代表大会常务委员会第八次会议修订 自 2015 年 1 月 1 日起施行）

第二条 本法所称环境，是指影响人类生存和发展的各种天然的和经过人工改造的自然因素的总体，包括大气、水、海洋、土地、矿藏、森林、草原、湿地、野生生物、自然遗迹、人文遗迹、自然保护区、风景名胜区、城市和乡村等。

第四条 保护环境是国家的基本国策。

国家采取有利于节约和循环利用资源、保护和改善环境、促进人与自然和谐的经济、技术政策和措施，使经济社会发展与环境保护相协调。

第五条 环境保护坚持保护优先、预防为主、综合治理、公众参与、损害担责的原则。

第六条 一切单位和个人都有保护环境的义务。

地方各级人民政府应当对本行政区域的环境质量负责。

企业事业单位和其他生产经营者应当防止、减少环境污染和生态破坏，对所造成的损害依法承担责任。

公民应当增强环境保护意识，采取低碳、节俭的生活方式，自觉履行环境保护义务。

第二十九条 国家在重点生态功能区、生态环境敏感区和脆弱区等区域划定生态保护红线，实行严格保护。

各级人民政府对具有代表性的各种类型的自然生态系统区域，珍稀、濒危的野生动植物自然分布区域，重要的水源涵养区域，具有重大科学文化价值的地质构造、著名溶洞和化石分布区、冰川、火山、温泉等自然遗迹，以及人文遗迹、古树名木，应当采取措施予以保护，严禁破坏。

第三十条 开发利用自然资源，应当合理开发，保护生物多样性，保障生态安全，依法制定有关生态保护和恢复治理方案并予以实施。

引进外来物种以及研究、开发和利用生物技术，应当采取措施，防止对生物多样性的破坏。

第三十一条 国家建立、健全生态保护补偿制度。

国家加大对生态保护地区的财政转移支付力度。有关地方人民政府应当落实生态保护补偿资金，确保其用于生态保护补偿。

国家指导受益地区和生态保护地区人民政府通过协商或者按照市场规则进行生态保护补偿。

第三十三条 各级人民政府应当加强对农业环境的保护，促进农业环境保护新技术的使用，加强对农业污染源的监测预警，统筹有关部门采取措施，防治土壤污染和土地沙化、盐渍化、贫瘠化、石漠化、地面沉降以及防治植被破坏、水土流失、水体富营养化、水源枯竭、种源灭绝等生态失调现象，推广植物病虫害的综合防治。

县级、乡级人民政府应当提高农村环境保护公共服务水平，推动农村环境综合整治。

第三十五条 城乡建设应当结合当地自然环境的特点，保护植被、水域和自然景观，加强城市园林、绿地和风景名胜区的建设与管理。

第六十六条 提起环境损害赔偿诉讼的时效期间为三年，从当事人知道或者应当知道其受到损害时起计算。

中华人民共和国森林法

（1984 年 9 月 20 日第六届全国人民代表大会常务委员会第七次会议通过
根据 1998 年 4 月 29 日第九届全国人民代表大会常务委员会第二次会议
《关于修改〈中华人民共和国森林法〉的决定》第一次修正
根据 2009 年 8 月 27 日第十一届全国人民代表大会常务委员会
第十次会议《关于修改部分法律的决定》第二次修正
2019 年 12 月 28 日第十三届全国人民代表大会常务委员会
第十五次会议修订）

第一章　总　　则

第一条 为了践行绿水青山就是金山银山理念，保护、培育和合理利用森林资源，加快国土绿化，保障森林生态安全，建设生态文明，实现人与自然和谐共生，制定本法。

第二条 在中华人民共和国领域内从事森林、林木的保护、培育、利用和森林、林木、林地的经营管理活动，适用本法。

第三条 保护、培育、利用森林资源应当尊重自然、顺应自然，坚持生态优先、保护优先、保育结合、可持续发展的原则。

第四条 国家实行森林资源保护发展目标责任制和考核评价制度。上级人民政府对下级人民政府完成森林资源保护发展目标和森林防火、重大林业有害生物防治工作的情况进行考核，并公开考核结果。

地方人民政府可以根据本行政区域森林资源保护发展的需要，建立林长制。

第五条 国家采取财政、税收、金融等方面的措施，支持森林资源保护发展。各级人民政府应当保障森林生态保护修复的投入，促进林业发展。

第六条 国家以培育稳定、健康、优质、高效的森林生态系统为目标，对公益林和商品林实行分类经营管理，突出主导功能，发挥多种功能，实现森林资源永续利用。

第七条 国家建立森林生态效益补偿制度，加大公益林保护支持力度，完善重点生态功能区转移支付政策，指导受益地区和森林生态保护地区人民政府通过协商等方式进行生态效益补偿。

第八条 国务院和省、自治区、直辖市人民政府可以依照国家对民族自治地方自治权的规定，对民族自治地方的森林保护和林业发展实行更加优惠的政策。

第九条 国务院林业主管部门主管全国林业工作。县级以上地方人民政府林业主管部门，主管本行政区域的林业工作。

乡镇人民政府可以确定相关机构或者设置专职、兼职人员承担林业相关工作。

第十条 植树造林、保护森林，是公民应尽的义务。各级人民政府应当组织开展全民义务植树活动。

每年三月十二日为植树节。

第十一条 国家采取措施，鼓励和支持林业科学研究，推广先进适用的林业技术，提高林业科学技术水平。

第十二条 各级人民政府应当加强森林资源保护的宣传教育和知识普及工作，鼓励和支持基层群众性自治组织、新闻媒体、林业企业事业单位、志愿者等开展森林资源保护宣传活动。

教育行政部门、学校应当对学生进行森林资源保护教育。

第十三条 对在造林绿化、森林保护、森林经营管理以及林业科学研究等方面成绩显著的组织或者个人，按照国家有关规定给予表彰、奖励。

第二章 森林权属

第十四条 森林资源属于国家所有，由法律规定属于集体所有的除外。

国家所有的森林资源的所有权由国务院代表国家行使。国务院可以授权国务院自然资源主管部门统一履行国有森林资源所有者职责。

第十五条 林地和林地上的森林、林木的所有权、使用权，由不动产登记机构统一登记造册，核发证书。国务院确定的国家重点林区（以下简称重点林区）的森林、林木和林地，由国务院自然资源主管部门负责登记。

森林、林木、林地的所有者和使用者的合法权益受法律保护，任何组织和个人不得侵犯。

森林、林木、林地的所有者和使用者应当依法保护和合理利用森林、林木、林地，不得非法改变林地用途和毁坏森林、林木、林地。

第十六条 国家所有的林地和林地上的森林、林木可以依法确定给林业经营者使用。林业经营者依法取得的国有林地和林地上的森林、林木的使用权，经批准可以转让、出租、作价出资等。具体办法由国务院制定。

林业经营者应当履行保护、培育森林资源的义务，保证国有森林资源稳定增长，提高森林生态功能。

第十七条 集体所有和国家所有依法由农民集体使用的林地（以下简称集体林地）实行承包经营的，承包方享有林地承包经营权和承包林地上的林木所有权，合同另有约定的从其约定。承包方可以依法采取出租（转包）、入股、转让等方式流转林地经营权、林木所有权和使用权。

第十八条 未实行承包经营的集体林地以及林地上的林木，由农村集体经济组织统一经营。经本集体经济组织成员的村民会议三分之二以上成员或者三分之二以上村民代表同意并公示，可以通过招标、拍卖、公开协商等方式依法流转林地经营权、林木所有权和使用权。

第十九条　集体林地经营权流转应当签订书面合同。林地经营权流转合同一般包括流转双方的权利义务、流转期限、流转价款及支付方式、流转期限届满林地上的林木和固定生产设施的处置、违约责任等内容。

受让方违反法律规定或者合同约定造成森林、林木、林地严重毁坏的，发包方或者承包方有权收回林地经营权。

第二十条　国有企业事业单位、机关、团体、部队营造的林木，由营造单位管护并按照国家规定支配林木收益。

农村居民在房前屋后、自留地、自留山种植的林木，归个人所有。城镇居民在自有房屋的庭院内种植的林木，归个人所有。

集体或者个人承包国家所有和集体所有的宜林荒山荒地荒滩营造的林木，归承包的集体或者个人所有；合同另有约定的从其约定。

其他组织或者个人营造的林木，依法由营造者所有并享有林木收益；合同另有约定的从其约定。

第二十一条　为了生态保护、基础设施建设等公共利益的需要，确需征收、征用林地、林木的，应当依照《中华人民共和国土地管理法》等法律、行政法规的规定办理审批手续，并给予公平、合理的补偿。

第二十二条　单位之间发生的林木、林地所有权和使用权争议，由县级以上人民政府依法处理。

个人之间、个人与单位之间发生的林木所有权和林地使用权争议，由乡镇人民政府或者县级以上人民政府依法处理。

当事人对有关人民政府的处理决定不服的，可以自接到处理决定通知之日起三十日内，向人民法院起诉。

在林木、林地权属争议解决前，除因森林防火、林业有害生物防治、国家重大基础设施建设等需要外，当事人任何一方不得砍伐有争议的林木或者改变林地现状。

第三章　发展规划

第二十三条　县级以上人民政府应当将森林资源保护和林业发展纳入国民经济和社会发展规划。

第二十四条　县级以上人民政府应当落实国土空间开发保护要求，合理规划森林资源保护利用结构和布局，制定森林资源保护发展目标，提高森林覆盖率、森林蓄积量，提升森林生态系统质量和稳定性。

第二十五条 县级以上人民政府林业主管部门应当根据森林资源保护发展目标，编制林业发展规划。下级林业发展规划依据上级林业发展规划编制。

第二十六条 县级以上人民政府林业主管部门可以结合本地实际，编制林地保护利用、造林绿化、森林经营、天然林保护等相关专项规划。

第二十七条 国家建立森林资源调查监测制度，对全国森林资源现状及变化情况进行调查、监测和评价，并定期公布。

第四章 森林保护

第二十八条 国家加强森林资源保护，发挥森林蓄水保土、调节气候、改善环境、维护生物多样性和提供林产品等多种功能。

第二十九条 中央和地方财政分别安排资金，用于公益林的营造、抚育、保护、管理和非国有公益林权利人的经济补偿等，实行专款专用。具体办法由国务院财政部门会同林业主管部门制定。

第三十条 国家支持重点林区的转型发展和森林资源保护修复，改善生产生活条件，促进所在地区经济社会发展。重点林区按照规定享受国家重点生态功能区转移支付等政策。

第三十一条 国家在不同自然地带的典型森林生态地区、珍贵动物和植物生长繁殖的林区、天然热带雨林区和具有特殊保护价值的其他天然林区，建立以国家公园为主体的自然保护地体系，加强保护管理。

国家支持生态脆弱地区森林资源的保护修复。

县级以上人民政府应当采取措施对具有特殊价值的野生植物资源予以保护。

第三十二条 国家实行天然林全面保护制度，严格限制天然林采伐，加强天然林管护能力建设，保护和修复天然林资源，逐步提高天然林生态功能。具体办法由国务院规定。

第三十三条 地方各级人民政府应当组织有关部门建立护林组织，负责护林工作；根据实际需要建设护林设施，加强森林资源保护；督促相关组织订立护林公约、组织群众护林、划定护林责任区、配备专职或者兼职护林员。

县级或者乡镇人民政府可以聘用护林员，其主要职责是巡护森林，发现火情、林业有害生物以及破坏森林资源的行为，应当及时处理并向当地林业等有关部门报告。

第三十四条 地方各级人民政府负责本行政区域的森林防火工作，发挥群防作用；县级以上人民政府组织领导应急管理、林业、公安等部门按照职责分工密切配合做好森林火灾的科学预防、扑救和处置工作：

（一）组织开展森林防火宣传活动，普及森林防火知识；

（二）划定森林防火区，规定森林防火期；

（三）设置防火设施，配备防灭火装备和物资；

（四）建立森林火灾监测预警体系，及时消除隐患；

（五）制定森林火灾应急预案，发生森林火灾，立即组织扑救；

（六）保障预防和扑救森林火灾所需费用。

国家综合性消防救援队伍承担国家规定的森林火灾扑救任务和预防相关工作。

第三十五条 县级以上人民政府林业主管部门负责本行政区域的林业有害生物的监测、检疫和防治。

省级以上人民政府林业主管部门负责确定林业植物及其产品的检疫性有害生物，划定疫区和保护区。

重大林业有害生物灾害防治实行地方人民政府负责制。发生暴发性、危险性等重大林业有害生物灾害时，当地人民政府应当及时组织除治。

林业经营者在政府支持引导下，对其经营管理范围内的林业有害生物进行防治。

第三十六条 国家保护林地，严格控制林地转为非林地，实行占用林地总量控制，确保林地保有量不减少。各类建设项目占用林地不得超过本行政区域的占用林地总量控制指标。

第三十七条 矿藏勘查、开采以及其他各类工程建设，应当不占或者少占林地；确需占用林地的，应当经县级以上人民政府林业主管部门审核同意，依法办理建设用地审批手续。

占用林地的单位应当缴纳森林植被恢复费。森林植被恢复费征收使用管理办法由国务院财政部门会同林业主管部门制定。

县级以上人民政府林业主管部门应当按照规定安排植树造林，恢复森林植被，植树造林面积不得少于因占用林地而减少的森林植被面积。上级林业主管部门应当定期督促下级林业主管部门组织植树造林、恢复森林植被，并进行检查。

第三十八条 需要临时使用林地的，应当经县级以上人民政府林业主管部门批准；临时使用林地的期限一般不超过二年，并不得在临时使用的林地上修建永久性建筑物。

临时使用林地期满后一年内，用地单位或者个人应当恢复植被和林业生产条件。

第三十九条 禁止毁林开垦、采石、采砂、采土以及其他毁坏林木和林地的行为。

禁止向林地排放重金属或者其他有毒有害物质含量超标的污水、污泥，以及可能造成林地污染的清淤底泥、尾矿、矿渣等。

禁止在幼林地砍柴、毁苗、放牧。

禁止擅自移动或者损坏森林保护标志。

第四十条 国家保护古树名木和珍贵树木。禁止破坏古树名木和珍贵树木及其生存的自然环境。

第四十一条 各级人民政府应当加强林业基础设施建设，应用先进适用的科技手段，提高森林防火、林业有害生物防治等森林管护能力。

各有关单位应当加强森林管护。国有林业企业事业单位应当加大投入，加强森林防火、林业有害生物防治，预防和制止破坏森林资源的行为。

第五章 造林绿化

第四十二条 国家统筹城乡造林绿化，开展大规模国土绿化行动，绿化美化城乡，推动森林城市建设，促进乡村振兴，建设美丽家园。

第四十三条 各级人民政府应当组织各行各业和城乡居民造林绿化。

宜林荒山荒地荒滩，属于国家所有的，由县级以上人民政府林业主管部门和其他有关主管部门组织开展造林绿化；属于集体所有的，由集体经济组织组织开展造林绿化。

城市规划区内、铁路公路两侧、江河两侧、湖泊水库周围，由各有关主管部门按照有关规定因地制宜组织开展造林绿化；工矿区、工业园区、机关、学校用地，部队营区以及农场、牧场、渔场经营地区，由各该单位负责造林绿化。组织开展城市造林绿化的具体办法由国务院制定。

国家所有和集体所有的宜林荒山荒地荒滩可以由单位或者个人承包造林绿化。

第四十四条 国家鼓励公民通过植树造林、抚育管护、认建认养等方式参与造林绿化。

第四十五条 各级人民政府组织造林绿化，应当科学规划、因地制宜，优化林种、树种结构，鼓励使用乡土树种和林木良种、营造混交林，提高造林绿化质量。

国家投资或者以国家投资为主的造林绿化项目，应当按照国家规定使用林木良种。

第四十六条 各级人民政府应当采取以自然恢复为主、自然恢复和人工修复相结合的措施，科学保护修复森林生态系统。新造幼林地和其他应当封山育林的地方，由当地人民政府组织封山育林。

各级人民政府应当对国务院确定的坡耕地、严重沙化耕地、严重石漠化耕地、严重污染耕地等需要生态修复的耕地，有计划地组织实施退耕还林还草。

各级人民政府应当对自然因素等导致的荒废和受损山体、退化林地以及宜林荒山荒地荒滩，因地制宜实施森林生态修复工程，恢复植被。

第六章 经营管理

第四十七条 国家根据生态保护的需要，将森林生态区位重要或者生态状况脆弱，以发挥生态效益为主要目的的林地和林地上的森林划定为公益林。未划定为公益林的林地和林地上的森林属于商品林。

第四十八条 公益林由国务院和省、自治区、直辖市人民政府划定并公布。

下列区域的林地和林地上的森林，应当划定为公益林：

（一）重要江河源头汇水区域；

（二）重要江河干流及支流两岸、饮用水水源地保护区；

（三）重要湿地和重要水库周围；

（四）森林和陆生野生动物类型的自然保护区；

（五）荒漠化和水土流失严重地区的防风固沙林基干林带；

（六）沿海防护林基干林带；

（七）未开发利用的原始林地区；

（八）需要划定的其他区域。

公益林划定涉及非国有林地的，应当与权利人签订书面协议，并给予合理补偿。

公益林进行调整的，应当经原划定机关同意，并予以公布。

国家级公益林划定和管理的办法由国务院制定；地方级公益林划定和管理的办法由省、自治区、直辖市人民政府制定。

第四十九条 国家对公益林实施严格保护。

县级以上人民政府林业主管部门应当有计划地组织公益林经营者对公益林中生态功能低下的疏林、残次林等低质低效林，采取林分改造、森林抚育等措施，提高公益林的质量和生态保护功能。

在符合公益林生态区位保护要求和不影响公益林生态功能的前提下，经科学论证，可以合理利用公益林林地资源和森林景观资源，适度开展林下经济、森林旅游等。利用公益林开展上述活动应当严格遵守国家有关规定。

第五十条 国家鼓励发展下列商品林：

（一）以生产木材为主要目的的森林；

（二）以生产果品、油料、饮料、调料、工业原料和药材等林产品为主要目的的森林；

（三）以生产燃料和其他生物质能源为主要目的的森林；

（四）其他以发挥经济效益为主要目的的森林。

在保障生态安全的前提下，国家鼓励建设速生丰产、珍贵树种和大径级用材林，增加林木储备，保障木材供给安全。

第五十一条 商品林由林业经营者依法自主经营。在不破坏生态的前提下，可以采取集约化经营措施，合理利用森林、林木、林地，提高商品林经济效益。

第五十二条 在林地上修筑下列直接为林业生产经营服务的工程设施，符合国家有关部门规定的标准的，由县级以上人民政府林业主管部门批准，不需要办理建设用地审批手续；超出标准需要占用林地的，应当依法办理建设用地审批手续：

（一）培育、生产种子、苗木的设施；

（二）贮存种子、苗木、木材的设施；

（三）集材道、运材道、防火巡护道、森林步道；

（四）林业科研、科普教育设施；

（五）野生动植物保护、护林、林业有害生物防治、森林防火、木材检疫的设施；

（六）供水、供电、供热、供气、通讯基础设施；

（七）其他直接为林业生产服务的工程设施。

第五十三条 国有林业企业事业单位应当编制森林经营方案，明确森林培育和管护的经营措施，报县级以上人民政府林业主管部门批准后实施。重点林区的森林经营方案由国务院林业主管部门批准后实施。

国家支持、引导其他林业经营者编制森林经营方案。

编制森林经营方案的具体办法由国务院林业主管部门制定。

第五十四条 国家严格控制森林年采伐量。省、自治区、直辖市人民政府林业主管部门根据消耗量低于生长量和森林分类经营管理的原则，编制本行政区域的年采伐限额，经征求国务院林业主管部门意见，报本级人民政府批准后公布实施，并报国务院备案。重点林区的年采伐限额，由国务院林业主管部门编制，报国务院批准后公布实施。

第五十五条 采伐森林、林木应当遵守下列规定：

（一）公益林只能进行抚育、更新和低质低效林改造性质的采伐。但是，因科研或者实验、防治林业有害生物、建设护林防火设施、营造生物防火隔离带、遭受自然灾害等需要采伐的除外。

（二）商品林应当根据不同情况，采取不同采伐方式，严格控制皆伐面积，伐育同步规划实施。

（三）自然保护区的林木，禁止采伐。但是，因防治林业有害生物、森林防火、维护主要保护对象生存环境、遭受自然灾害等特殊情况必须采伐的和实验区的竹林除外。

省级以上人民政府林业主管部门应当根据前款规定，按照森林分类经营管理、保护优先、注重效率和效益等原则，制定相应的林木采伐技术规程。

第五十六条 采伐林地上的林木应当申请采伐许可证，并按照采伐许可证的规定进行采伐；采伐自然保护区以外的竹林，不需要申请采伐许可证，但应当符合林木采伐技术规程。

农村居民采伐自留地和房前屋后个人所有的零星林木，不需要申请采伐许可证。

非林地上的农田防护林、防风固沙林、护路林、护岸护堤林和城镇林木等的更新采伐，由有关主管部门按照有关规定管理。

采挖移植林木按照采伐林木管理。具体办法由国务院林业主管部门制定。

禁止伪造、变造、买卖、租借采伐许可证。

第五十七条 采伐许可证由县级以上人民政府林业主管部门核发。

县级以上人民政府林业主管部门应当采取措施，方便申请人办理采伐许可证。

农村居民采伐自留山和个人承包集体林地上的林木，由县级人民政府林业主管部门或者其委托的乡镇人民政府核发采伐许可证。

第五十八条 申请采伐许可证，应当提交有关采伐的地点、林种、树种、面积、蓄积、方式、更新措施和林木权属等内容的材料。超过省级以上人民政府林业主管部门规定面积或者蓄积量的，还应当提交伐区调查设计材料。

第五十九条 符合林木采伐技术规程的，审核发放采伐许可证的部门应当及时核发采伐许可证。但是，审核发放采伐许可证的部门不得超过年采伐限额发放采伐许可证。

第六十条 有下列情形之一的，不得核发采伐许可证：

（一）采伐封山育林期、封山育林区内的林木；

（二）上年度采伐后未按照规定完成更新造林任务；

（三）上年度发生重大滥伐案件、森林火灾或者林业有害生物灾害，未采取预防和改进措施；

（四）法律法规和国务院林业主管部门规定的禁止采伐的其他情形。

第六十一条　采伐林木的组织和个人应当按照有关规定完成更新造林。更新造林的面积不得少于采伐的面积，更新造林应当达到相关技术规程规定的标准。

第六十二条　国家通过贴息、林权收储担保补助等措施，鼓励和引导金融机构开展涉林抵押贷款、林农信用贷款等符合林业特点的信贷业务，扶持林权收储机构进行市场化收储担保。

第六十三条　国家支持发展森林保险。县级以上人民政府依法对森林保险提供保险费补贴。

第六十四条　林业经营者可以自愿申请森林认证，促进森林经营水平提高和可持续经营。

第六十五条　木材经营加工企业应当建立原料和产品出入库台账。任何单位和个人不得收购、加工、运输明知是盗伐、滥伐等非法来源的林木。

第七章　监督检查

第六十六条　县级以上人民政府林业主管部门依照本法规定，对森林资源的保护、修复、利用、更新等进行监督检查，依法查处破坏森林资源等违法行为。

第六十七条　县级以上人民政府林业主管部门履行森林资源保护监督检查职责，有权采取下列措施：

（一）进入生产经营场所进行现场检查；

（二）查阅、复制有关文件、资料，对可能被转移、销毁、隐匿或者篡改的文件、资料予以封存；

（三）查封、扣押有证据证明来源非法的林木以及从事破坏森林资源活动的工具、设备或者财物；

（四）查封与破坏森林资源活动有关的场所。

省级以上人民政府林业主管部门对森林资源保护发展工作不力、问题突出、群众反映强烈的地区，可以约谈所在地区县级以上地方人民政府及其有关部门主要负责人，要求其采取措施及时整改。约谈整改情况应当向社会公开。

第六十八条 破坏森林资源造成生态环境损害的，县级以上人民政府自然资源主管部门、林业主管部门可以依法向人民法院提起诉讼，对侵权人提出损害赔偿要求。

第六十九条 审计机关按照国家有关规定对国有森林资源资产进行审计监督。

第八章 法律责任

第七十条 县级以上人民政府林业主管部门或者其他有关国家机关未依照本法规定履行职责的，对直接负责的主管人员和其他直接责任人员依法给予处分。

依照本法规定应当作出行政处罚决定而未作出的，上级主管部门有权责令下级主管部门作出行政处罚决定或者直接给予行政处罚。

第七十一条 违反本法规定，侵害森林、林木、林地的所有者或者使用者的合法权益的，依法承担侵权责任。

第七十二条 违反本法规定，国有林业企业事业单位未履行保护培育森林资源义务、未编制森林经营方案或者未按照批准的森林经营方案开展森林经营活动的，由县级以上人民政府林业主管部门责令限期改正，对直接负责的主管人员和其他直接责任人员依法给予处分。

第七十三条 违反本法规定，未经县级以上人民政府林业主管部门审核同意，擅自改变林地用途的，由县级以上人民政府林业主管部门责令限期恢复植被和林业生产条件，可以处恢复植被和林业生产条件所需费用三倍以下的罚款。

虽经县级以上人民政府林业主管部门审核同意，但未办理建设用地审批手续擅自占用林地的，依照《中华人民共和国土地管理法》的有关规定处罚。

在临时使用的林地上修建永久性建筑物，或者临时使用林地期满后一年内未恢复植被或者林业生产条件的，依照本条第一款规定处罚。

第七十四条　违反本法规定，进行开垦、采石、采砂、采土或者其他活动，造成林木毁坏的，由县级以上人民政府林业主管部门责令停止违法行为，限期在原地或者异地补种毁坏株数一倍以上三倍以下的树木，可以处毁坏林木价值五倍以下的罚款；造成林地毁坏的，由县级以上人民政府林业主管部门责令停止违法行为，限期恢复植被和林业生产条件，可以处恢复植被和林业生产条件所需费用三倍以下的罚款。

违反本法规定，在幼林地砍柴、毁苗、放牧造成林木毁坏的，由县级以上人民政府林业主管部门责令停止违法行为，限期在原地或者异地补种毁坏株数一倍以上三倍以下的树木。

向林地排放重金属或者其他有毒有害物质含量超标的污水、污泥，以及可能造成林地污染的清淤底泥、尾矿、矿渣等的，依照《中华人民共和国土壤污染防治法》的有关规定处罚。

第七十五条　违反本法规定，擅自移动或者毁坏森林保护标志的，由县级以上人民政府林业主管部门恢复森林保护标志，所需费用由违法者承担。

第七十六条　盗伐林木的，由县级以上人民政府林业主管部门责令限期在原地或者异地补种盗伐株数一倍以上五倍以下的树木，并处盗伐林木价值五倍以上十倍以下的罚款。

滥伐林木的，由县级以上人民政府林业主管部门责令限期在原地或者异地补种滥伐株数一倍以上三倍以下的树木，可以处滥伐林木价值三倍以上五倍以下的罚款。

第七十七条　违反本法规定，伪造、变造、买卖、租借采伐许可证的，由县级以上人民政府林业主管部门没收证件和违法所得，并处违法所得一倍以上三倍以下的罚款；没有违法所得的，可以处二万元以下的罚款。

第七十八条　违反本法规定，收购、加工、运输明知是盗伐、滥伐等非法来源的林木的，由县级以上人民政府林业主管部门责令停止违法行为，没收违法收购、加工、运输的林木或者变卖所得，可以处违法收购、加工、运输林木价款三倍以下的罚款。

第七十九条 违反本法规定，未完成更新造林任务的，由县级以上人民政府林业主管部门责令限期完成；逾期未完成的，可以处未完成造林任务所需费用二倍以下的罚款；对直接负责的主管人员和其他直接责任人员，依法给予处分。

第八十条 违反本法规定，拒绝、阻碍县级以上人民政府林业主管部门依法实施监督检查的，可以处五万元以下的罚款，情节严重的，可以责令停产停业整顿。

第八十一条 违反本法规定，有下列情形之一的，由县级以上人民政府林业主管部门依法组织代为履行，代为履行所需费用由违法者承担：

（一）拒不恢复植被和林业生产条件，或者恢复植被和林业生产条件不符合国家有关规定；

（二）拒不补种树木，或者补种不符合国家有关规定。

恢复植被和林业生产条件、树木补种的标准，由省级以上人民政府林业主管部门制定。

第八十二条 公安机关按照国家有关规定，可以依法行使本法第七十四条第一款、第七十六条、第七十七条、第七十八条规定的行政处罚权。

违反本法规定，构成违反治安管理行为的，依法给予治安管理处罚；构成犯罪的，依法追究刑事责任。

第九章　附　　则

第八十三条 本法下列用语的含义是：

（一）森林，包括乔木林、竹林和国家特别规定的灌木林。按照用途可以分为防护林、特种用途林、用材林、经济林和能源林。

（二）林木，包括树木和竹子。

（三）林地，是指县级以上人民政府规划确定的用于发展林业的土地。包括郁闭度 0.2 以上的乔木林地以及竹林地、灌木林地、疏林地、采伐迹地、火烧迹地、未成林造林地、苗圃地等。

第八十四条 本法自 2020 年 7 月 1 日起施行。

中华人民共和国农村土地承包法

（2002年8月29日第九届全国人民代表大会常务委员会第二十九次会议通过
2002年8月29日中华人民共和国主席令第七十三号公布
根据2009年8月27日第十一届全国人民代表大会常务委员会第十次
会议《关于修改部分法律的决定》第一次修正
根据2018年12月29日第十三届全国人民代表大会常务委员会
第七次会议《关于修改〈中华人民共和国农村土地承包法〉
的决定》第二次修正）

第一章　总　则

第一条　为了巩固和完善以家庭承包经营为基础、统分结合的双层经营体制，保持农村土地承包关系稳定并长久不变，维护农村土地承包经营当事人的合法权益，促进农业、农村经济发展和农村社会和谐稳定，根据宪法，制定本法。

第二条　本法所称农村土地，是指农民集体所有和国家所有依法由农民集体使用的耕地、林地、草地，以及其他依法用于农业的土地。

第三条　国家实行农村土地承包经营制度。

农村土地承包采取农村集体经济组织内部的家庭承包方式，不宜采取家庭承包方式的荒山、荒沟、荒丘、荒滩等农村土地，可以采取招标、拍卖、公开协商等方式承包。

第四条　农村土地承包后，土地的所有权性质不变。承包地不得买卖。

第五条　农村集体经济组织成员有权依法承包由本集体经济组织发包的农村土地。

任何组织和个人不得剥夺和非法限制农村集体经济组织成员承包土地的权利。

第六条 农村土地承包，妇女与男子享有平等的权利。承包中应当保护妇女的合法权益，任何组织和个人不得剥夺、侵害妇女应当享有的土地承包经营权。

第七条 农村土地承包应当坚持公开、公平、公正的原则，正确处理国家、集体、个人三者的利益关系。

第八条 国家保护集体土地所有者的合法权益，保护承包方的土地承包经营权，任何组织和个人不得侵犯。

第九条 承包方承包土地后，享有土地承包经营权，可以自己经营，也可以保留土地承包权，流转其承包地的土地经营权，由他人经营。

第十条 国家保护承包方依法、自愿、有偿流转土地经营权，保护土地经营权人的合法权益，任何组织和个人不得侵犯。

第十一条 农村土地承包经营应当遵守法律、法规，保护土地资源的合理开发和可持续利用。未经依法批准不得将承包地用于非农建设。

国家鼓励增加对土地的投入，培肥地力，提高农业生产能力。

第十二条 国务院农业农村、林业和草原主管部门分别依照国务院规定的职责负责全国农村土地承包经营及承包经营合同管理的指导。

县级以上地方人民政府农业农村、林业和草原等主管部门分别依照各自职责，负责本行政区域内农村土地承包经营及承包经营合同管理。

乡（镇）人民政府负责本行政区域内农村土地承包经营及承包经营合同管理。

第二章　家庭承包

第一节　发包方和承包方的权利和义务

第十三条 农民集体所有的土地依法属于村农民集体所有的，由村集体经济组织或者村民委员会发包；已经分别属于村内两个以上农村集体经济组织的农民集体所有的，由村内各该农村集体经济组织或者村民小组发包。村集体经济组织或者村民委员会发包的，不得改变村内各集体经济组织农民集体所有的土地的所有权。

国家所有依法由农民集体使用的农村土地，由使用该土地的农村集体经济组织、村民委员会或者村民小组发包。

第十四条　发包方享有下列权利：

（一）发包本集体所有的或者国家所有依法由本集体使用的农村土地；

（二）监督承包方依照承包合同约定的用途合理利用和保护土地；

（三）制止承包方损害承包地和农业资源的行为；

（四）法律、行政法规规定的其他权利。

第十五条　发包方承担下列义务：

（一）维护承包方的土地承包经营权，不得非法变更、解除承包合同；

（二）尊重承包方的生产经营自主权，不得干涉承包方依法进行正常的生产经营活动；

（三）依照承包合同约定为承包方提供生产、技术、信息等服务；

（四）执行县、乡（镇）土地利用总体规划，组织本集体经济组织内的农业基础设施建设；

（五）法律、行政法规规定的其他义务。

第十六条　家庭承包的承包方是本集体经济组织的农户。

农户内家庭成员依法平等享有承包土地的各项权益。

第十七条　承包方享有下列权利：

（一）依法享有承包地使用、收益的权利，有权自主组织生产经营和处置产品；

（二）依法互换、转让土地承包经营权；

（三）依法流转土地经营权；

（四）承包地被依法征收、征用、占用的，有权依法获得相应的补偿；

（五）法律、行政法规规定的其他权利。

第十八条　承包方承担下列义务：

（一）维持土地的农业用途，未经依法批准不得用于非农建设；

（二）依法保护和合理利用土地，不得给土地造成永久性损害；

（三）法律、行政法规规定的其他义务。

第二节　承包的原则和程序

第十九条　土地承包应当遵循以下原则：

（一）按照规定统一组织承包时，本集体经济组织成员依法平等地行使承包土地的权利，也可以自愿放弃承包土地的权利；

（二）民主协商，公平合理；

（三）承包方案应当按照本法第十三条的规定，依法经本集体经济组织成员的村民会议三分之二以上成员或者三分之二以上村民代表的同意；

（四）承包程序合法。

第二十条　土地承包应当按照以下程序进行：

（一）本集体经济组织成员的村民会议选举产生承包工作小组；

（二）承包工作小组依照法律、法规的规定拟订并公布承包方案；

（三）依法召开本集体经济组织成员的村民会议，讨论通过承包方案；

（四）公开组织实施承包方案；

（五）签订承包合同。

第三节　承包期限和承包合同

第二十一条　耕地的承包期为三十年。草地的承包期为三十年至五十年。林地的承包期为三十年至七十年。

前款规定的耕地承包期届满后再延长三十年，草地、林地承包期届满后依照前款规定相应延长。

第二十二条　发包方应当与承包方签订书面承包合同。

承包合同一般包括以下条款：

（一）发包方、承包方的名称，发包方负责人和承包方代表的姓名、住所；

（二）承包土地的名称、坐落、面积、质量等级；

（三）承包期限和起止日期；

（四）承包土地的用途；

（五）发包方和承包方的权利和义务；

（六）违约责任。

第二十三条 承包合同自成立之日起生效。承包方自承包合同生效时取得土地承包经营权。

第二十四条 国家对耕地、林地和草地等实行统一登记，登记机构应当向承包方颁发土地承包经营权证或者林权证等证书，并登记造册，确认土地承包经营权。

土地承包经营权证或者林权证等证书应当将具有土地承包经营权的全部家庭成员列入。

登记机构除按规定收取证书工本费外，不得收取其他费用。

第二十五条 承包合同生效后，发包方不得因承办人或者负责人的变动而变更或者解除，也不得因集体经济组织的分立或者合并而变更或者解除。

第二十六条 国家机关及其工作人员不得利用职权干涉农村土地承包或者变更、解除承包合同。

第四节 土地承包经营权的保护和互换、转让

第二十七条 承包期内，发包方不得收回承包地。

国家保护进城农户的土地承包经营权。不得以退出土地承包经营权作为农户进城落户的条件。

承包期内，承包农户进城落户的，引导支持其按照自愿有偿原则依法在本集体经济组织内转让土地承包经营权或者将承包地交回发包方，也可以鼓励其流转土地经营权。

承包期内，承包方交回承包地或者发包方依法收回承包地时，承包方对其在承包地上投入而提高土地生产能力的，有权获得相应的补偿。

第二十八条 承包期内，发包方不得调整承包地。

承包期内，因自然灾害严重毁损承包地等特殊情形对个别农户之间承包的耕地和草地需要适当调整的，必须经本集体经济组织成员的村民会议三分之二以上成员或者三分之二以上村民代表的同意，并报乡（镇）人民

政府和县级人民政府农业农村、林业和草原等主管部门批准。承包合同中约定不得调整的，按照其约定。

第二十九条 下列土地应当用于调整承包土地或者承包给新增人口：

（一）集体经济组织依法预留的机动地；

（二）通过依法开垦等方式增加的；

（三）发包方依法收回和承包方依法、自愿交回的。

第三十条 承包期内，承包方可以自愿将承包地交回发包方。承包方自愿交回承包地的，可以获得合理补偿，但是应当提前半年以书面形式通知发包方。承包方在承包期内交回承包地的，在承包期内不得再要求承包土地。

第三十一条 承包期内，妇女结婚，在新居住地未取得承包地的，发包方不得收回其原承包地；妇女离婚或者丧偶，仍在原居住地生活或者不在原居住地生活但在新居住地未取得承包地的，发包方不得收回其原承包地。

第三十二条 承包人应得的承包收益，依照继承法的规定继承。

林地承包的承包人死亡，其继承人可以在承包期内继续承包。

第三十三条 承包方之间为方便耕种或者各自需要，可以对属于同一集体经济组织的土地的土地承包经营权进行互换，并向发包方备案。

第三十四条 经发包方同意，承包方可以将全部或者部分的土地承包经营权转让给本集体经济组织的其他农户，由该农户同发包方确立新的承包关系，原承包方与发包方在该土地上的承包关系即行终止。

第三十五条 土地承包经营权互换、转让的，当事人可以向登记机构申请登记。未经登记，不得对抗善意第三人。

第五节 土地经营权

第三十六条 承包方可以自主决定依法采取出租（转包）、入股或者其他方式向他人流转土地经营权，并向发包方备案。

第三十七条 土地经营权人有权在合同约定的期限内占有农村土地，自主开展农业生产经营并取得收益。

第三十八条 土地经营权流转应当遵循以下原则：

（一）依法、自愿、有偿，任何组织和个人不得强迫或者阻碍土地经营权流转；

（二）不得改变土地所有权的性质和土地的农业用途，不得破坏农业综合生产能力和农业生态环境；

（三）流转期限不得超过承包期的剩余期限；

（四）受让方须有农业经营能力或者资质；

（五）在同等条件下，本集体经济组织成员享有优先权。

第三十九条 土地经营权流转的价款，应当由当事人双方协商确定。流转的收益归承包方所有，任何组织和个人不得擅自截留、扣缴。

第四十条 土地经营权流转，当事人双方应当签订书面流转合同。

土地经营权流转合同一般包括以下条款：

（一）双方当事人的姓名、住所；

（二）流转土地的名称、坐落、面积、质量等级；

（三）流转期限和起止日期；

（四）流转土地的用途；

（五）双方当事人的权利和义务；

（六）流转价款及支付方式；

（七）土地被依法征收、征用、占用时有关补偿费的归属；

（八）违约责任。

承包方将土地交由他人代耕不超过一年的，可以不签订书面合同。

第四十一条 土地经营权流转期限为五年以上的，当事人可以向登记机构申请土地经营权登记。未经登记，不得对抗善意第三人。

第四十二条 承包方不得单方解除土地经营权流转合同，但受让方有下列情形之一的除外：

（一）擅自改变土地的农业用途；

（二）弃耕抛荒连续两年以上；

（三）给土地造成严重损害或者严重破坏土地生态环境；

（四）其他严重违约行为。

第四十三条 经承包方同意，受让方可以依法投资改良土壤，建设农业生产附属、配套设施，并按照合同约定对其投资部分获得合理补偿。

第四十四条 承包方流转土地经营权的，其与发包方的承包关系不变。

第四十五条 县级以上地方人民政府应当建立工商企业等社会资本通过流转取得土地经营权的资格审查、项目审核和风险防范制度。

工商企业等社会资本通过流转取得土地经营权的，本集体经济组织可以收取适量管理费用。

具体办法由国务院农业农村、林业和草原主管部门规定。

第四十六条 经承包方书面同意，并向本集体经济组织备案，受让方可以再流转土地经营权。

第四十七条 承包方可以用承包地的土地经营权向金融机构融资担保，并向发包方备案。受让方通过流转取得的土地经营权，经承包方书面同意并向发包方备案，可以向金融机构融资担保。

担保物权自融资担保合同生效时设立。当事人可以向登记机构申请登记；未经登记，不得对抗善意第三人。

实现担保物权时，担保物权人有权就土地经营权优先受偿。

土地经营权融资担保办法由国务院有关部门规定。

第三章 其他方式的承包

第四十八条 不宜采取家庭承包方式的荒山、荒沟、荒丘、荒滩等农村土地，通过招标、拍卖、公开协商等方式承包的，适用本章规定。

第四十九条 以其他方式承包农村土地的，应当签订承包合同，承包方取得土地经营权。当事人的权利和义务、承包期限等，由双方协商确定。以招标、拍卖方式承包的，承包费通过公开竞标、竞价确定；以公开协商等方式承包的，承包费由双方议定。

第五十条 荒山、荒沟、荒丘、荒滩等可以直接通过招标、拍卖、公开协商等方式实行承包经营，也可以将土地经营权折股分给本集体经济组织成员后，再实行承包经营或者股份合作经营。

承包荒山、荒沟、荒丘、荒滩的，应当遵守有关法律、行政法规的规定，防止水土流失，保护生态环境。

第五十一条　以其他方式承包农村土地，在同等条件下，本集体经济组织成员有权优先承包。

第五十二条　发包方将农村土地发包给本集体经济组织以外的单位或者个人承包，应当事先经本集体经济组织成员的村民会议三分之二以上成员或者三分之二以上村民代表的同意，并报乡（镇）人民政府批准。

由本集体经济组织以外的单位或者个人承包的，应当对承包方的资信情况和经营能力进行审查后，再签订承包合同。

第五十三条　通过招标、拍卖、公开协商等方式承包农村土地，经依法登记取得权属证书的，可以依法采取出租、入股、抵押或者其他方式流转土地经营权。

第五十四条　依照本章规定通过招标、拍卖、公开协商等方式取得土地经营权的，该承包人死亡，其应得的承包收益，依照继承法的规定继承；在承包期内，其继承人可以继续承包。

第四章　争议的解决和法律责任

第五十五条　因土地承包经营发生纠纷的，双方当事人可以通过协商解决，也可以请求村民委员会、乡（镇）人民政府等调解解决。

当事人不愿协商、调解或者协商、调解不成的，可以向农村土地承包仲裁机构申请仲裁，也可以直接向人民法院起诉。

第五十六条　任何组织和个人侵害土地承包经营权、土地经营权的，应当承担民事责任。

第五十七条　发包方有下列行为之一的，应当承担停止侵害、排除妨碍、消除危险、返还财产、恢复原状、赔偿损失等民事责任：

（一）干涉承包方依法享有的生产经营自主权；

（二）违反本法规定收回、调整承包地；

（三）强迫或者阻碍承包方进行土地承包经营权的互换、转让或者土地经营权流转；

（四）假借少数服从多数强迫承包方放弃或者变更土地承包经营权；

（五）以划分“口粮田”和“责任田”等为由收回承包地搞招标承包；

（六）将承包地收回抵顶欠款；

（七）剥夺、侵害妇女依法享有的土地承包经营权；

（八）其他侵害土地承包经营权的行为。

第五十八条　承包合同中违背承包方意愿或者违反法律、行政法规有关不得收回、调整承包地等强制性规定的约定无效。

第五十九条　当事人一方不履行合同义务或者履行义务不符合约定的，应当依法承担违约责任。

第六十条　任何组织和个人强迫进行土地承包经营权互换、转让或者土地经营权流转的，该互换、转让或者流转无效。

第六十一条　任何组织和个人擅自截留、扣缴土地承包经营权互换、转让或者土地经营权流转收益的，应当退还。

第六十二条　违反土地管理法规，非法征收、征用、占用土地或者贪污、挪用土地征收、征用补偿费用，构成犯罪的，依法追究刑事责任；造成他人损害的，应当承担损害赔偿等责任。

第六十三条　承包方、土地经营权人违法将承包地用于非农建设的，由县级以上地方人民政府有关主管部门依法予以处罚。

承包方给承包地造成永久性损害的，发包方有权制止，并有权要求赔偿由此造成的损失。

第六十四条　土地经营权人擅自改变土地的农业用途、弃耕抛荒连续两年以上、给土地造成严重损害或者严重破坏土地生态环境，承包方在合理期限内不解除土地经营权流转合同的，发包方有权要求终止土地经营权流转合同。土地经营权人对土地和土地生态环境造成的损害应当予以赔偿。

第六十五条　国家机关及其工作人员有利用职权干涉农村土地承包经营，变更、解除承包经营合同，干涉承包经营当事人依法享有的生产经营自主权，强迫、阻碍承包经营当事人进行土地承包经营权互换、转让或者土地经营权流转等侵害土地承包经营权、土地经营权的行为，给承包经营当事人造成损失的，应当承担损害赔偿等责任；情节严重的，由上级机关或者所在单位给予直接责任人员处分；构成犯罪的，依法追究刑事责任。

第五章　附　　则

第六十六条　本法实施前已经按照国家有关农村土地承包的规定承包，包括承包期限长于本法规定的，本法实施后继续有效，不得重新承包土地。未向承包方颁发土地承包经营权证或者林权证等证书的，应当补发证书。

第六十七条　本法实施前已经预留机动地的，机动地面积不得超过本集体经济组织耕地总面积的百分之五。不足百分之五的，不得再增加机动地。

本法实施前未留机动地的，本法实施后不得再留机动地。

第六十八条　各省、自治区、直辖市人民代表大会常务委员会可以根据本法，结合本行政区域的实际情况，制定实施办法。

第六十九条　确认农村集体经济组织成员身份的原则、程序等，由法律、法规规定。

第七十条　本法自2003年3月1日起施行。

中华人民共和国村民委员会组织法（节录）

（1998年11月4日第九届全国人民代表大会常务委员会第五次会议通过
2010年10月28日第十一届全国人民代表大会常务委员会第十七次会议修订
根据2018年12月29日第十三届全国人民代表大会常务委员会第七次会议
《关于修改〈中华人民共和国村民委员会组织法〉〈中华人民共和国
城市居民委员会组织法〉的决定》修正）

第二十一条　村民会议由本村十八周岁以上的村民组成。

村民会议由村民委员会召集。有十分之一以上的村民或者三分之一以上的村民代表提议，应当召集村民会议。召集村民会议，应当提前十天通知村民。

第二十二条 召开村民会议，应当有本村十八周岁以上村民的过半数，或者本村三分之二以上的户的代表参加，村民会议所作决定应当经到会人员的过半数通过。法律对召开村民会议及作出决定另有规定的，依照其规定。

召开村民会议，根据需要可以邀请驻本村的企业、事业单位和群众组织派代表列席。

第二十三条 村民会议审议村民委员会的年度工作报告，评议村民委员会成员的工作；有权撤销或者变更村民委员会不适当的决定；有权撤销或者变更村民代表会议不适当的决定。

村民会议可以授权村民代表会议审议村民委员会的年度工作报告，评议村民委员会成员的工作，撤销或者变更村民委员会不适当的决定。

第二十四条 涉及村民利益的下列事项，经村民会议讨论决定方可办理：

（一）本村享受误工补贴的人员及补贴标准；

（二）从村集体经济所得收益的使用；

（三）本村公益事业的兴办和筹资筹劳方案及建设承包方案；

（四）土地承包经营方案；

（五）村集体经济项目的立项、承包方案；

（六）宅基地的使用方案；

（七）征地补偿费的使用、分配方案；

（八）以借贷、租赁或者其他方式处分村集体财产；

（九）村民会议认为应当由村民会议讨论决定的涉及村民利益的其他事项。

村民会议可以授权村民代表会议讨论决定前款规定的事项。

法律对讨论决定村集体经济组织财产和成员权益的事项另有规定的，依照其规定。

第二十五条 人数较多或者居住分散的村，可以设立村民代表会议，讨论决定村民会议授权的事项。村民代表会议由村民委员会成员和村民代表组成，村民代表应当占村民代表会议组成人员的五分之四以上，妇女村民代表应当占村民代表会议组成人员的三分之一以上。

村民代表由村民按每五户至十五户推选一人，或者由各村民小组推选若干人。村民代表的任期与村民委员会的任期相同。村民代表可以连选连任。

村民代表应当向其推选户或者村民小组负责，接受村民监督。

第二十六条 村民代表会议由村民委员会召集。村民代表会议每季度召开一次。有五分之一以上的村民代表提议，应当召集村民代表会议。

村民代表会议有三分之二以上的组成人员参加方可召开，所作决定应当经到会人员的过半数同意。

第二十七条 村民会议可以制定和修改村民自治章程、村规民约，并报乡、民族乡、镇的人民政府备案。

村民自治章程、村规民约以及村民会议或者村民代表会议的决定不得与宪法、法律、法规和国家的政策相抵触，不得有侵犯村民的人身权利、民主权利和合法财产权利的内容。

村民自治章程、村规民约以及村民会议或者村民代表会议的决定违反前款规定的，由乡、民族乡、镇的人民政府责令改正。

第二十八条 召开村民小组会议，应当有本村民小组十八周岁以上的村民三分之二以上，或者本村民小组三分之二以上的户的代表参加，所作决定应当经到会人员的过半数同意。

村民小组组长由村民小组会议推选。村民小组组长任期与村民委员会的任期相同，可以连选连任。

属于村民小组的集体所有的土地、企业和其他财产的经营管理以及公益事项的办理，由村民小组会议依照有关法律的规定讨论决定，所作决定及实施情况应当及时向本村民小组的村民公布。

中华人民共和国土地管理法（节录）

（1986年6月25日第六届全国人民代表大会常务委员会第十六次会议通过
根据1988年12月29日第七届全国人民代表大会常务委员会第五次会议
《关于修改〈中华人民共和国土地管理法〉的决定》第一次修正
1998年8月29日第九届全国人民代表大会常务委员会第四次会议修订
根据2004年8月28日第十届全国人民代表大会常务委员会第十一次
会议《关于修改〈中华人民共和国土地管理法〉的决定》第二次修正
根据2019年8月26日第十三届全国人民代表大会常务委员会第十二次
会议《关于修改〈中华人民共和国土地管理法〉、〈中华人民共和国
城市房地产管理法〉的决定》第三次修正）

第四条 国家实行土地用途管制制度。

国家编制土地利用总体规划，规定土地用途，将土地分为农用地、建设用地和未利用地。严格限制农用地转为建设用地，控制建设用地总量，对耕地实行特殊保护。

前款所称农用地是指直接用于农业生产的土地，包括耕地、林地、草地、农田水利用地、养殖水面等；建设用地是指建造建筑物、构筑物的土地，包括城乡住宅和公共设施用地、工矿用地、交通水利设施用地、旅游用地、军事设施用地等；未利用地是指农用地和建设用地以外的土地。

使用土地的单位和个人必须严格按照土地利用总体规划确定的用途使用土地。

第十一条 农民集体所有的土地依法属于村农民集体所有的，由村集体经济组织或者村民委员会经营、管理；已经分别属于村内两个以上农村集体经济组织的农民集体所有的，由村内各该农村集体经济组织或者村民小组经营、管理；已经属于乡（镇）农民集体所有的，由乡（镇）农村集

体经济组织经营、管理。

第十二条　土地的所有权和使用权的登记，依照有关不动产登记的法律、行政法规执行。

依法登记的土地的所有权和使用权受法律保护，任何单位和个人不得侵犯。

第十三条　农民集体所有和国家所有依法由农民集体使用的耕地、林地、草地，以及其他依法用于农业的土地，采取农村集体经济组织内部的家庭承包方式承包，不宜采取家庭承包方式的荒山、荒沟、荒丘、荒滩等，可以采取招标、拍卖、公开协商等方式承包，从事种植业、林业、畜牧业、渔业生产。家庭承包的耕地的承包期为三十年，草地的承包期为三十年至五十年，林地的承包期为三十年至七十年；耕地承包期届满后再延长三十年，草地、林地承包期届满后依法相应延长。

国家所有依法用于农业的土地可以由单位或者个人承包经营，从事种植业、林业、畜牧业、渔业生产。

发包方和承包方应当依法订立承包合同，约定双方的权利和义务。承包经营土地的单位和个人，有保护和按照承包合同约定的用途合理利用土地的义务。

第十四条　土地所有权和使用权争议，由当事人协商解决；协商不成的，由人民政府处理。

单位之间的争议，由县级以上人民政府处理；个人之间、个人与单位之间的争议，由乡级人民政府或者县级以上人民政府处理。

当事人对有关人民政府的处理决定不服的，可以自接到处理决定通知之日起三十日内，向人民法院起诉。

在土地所有权和使用权争议解决前，任何一方不得改变土地利用现状。

中华人民共和国长江保护法（节录）

（2020年12月26日第十三届全国人民代表大会常务委员会第二十四次会议通过 自2021年3月1日起施行）

第八条 国务院自然资源主管部门会同国务院有关部门定期组织长江流域土地、矿产、水流、森林、草原、湿地等自然资源状况调查，建立资源基础数据库，开展资源环境承载能力评价，并向社会公布长江流域自然资源状况。

国务院野生动物保护主管部门应当每十年组织一次野生动物及其栖息地状况普查，或者根据需要组织开展专项调查，建立野生动物资源档案，并向社会公布长江流域野生动物资源状况。

长江流域县级以上地方人民政府农业农村主管部门会同本级人民政府有关部门对水生生物产卵场、索饵场、越冬场和洄游通道等重要栖息地开展生物多样性调查。

第十一条 国家加强长江流域洪涝干旱、森林草原火灾、地质灾害、地震等灾害的监测预报预警、防御、应急处置与恢复重建体系建设，提高防灾、减灾、抗灾、救灾能力。

第三十六条 丹江口库区及其上游所在地县级以上地方人民政府应当按照饮用水水源地安全保障区、水质影响控制区、水源涵养生态建设区管理要求，加强山水林田湖草整体保护，增强水源涵养能力，保障水质稳定达标。

第三十九条 国家统筹长江流域自然保护地体系建设。国务院和长江流域省级人民政府在长江流域重要典型生态系统的完整分布区、生态环境敏感区以及珍贵野生动植物天然集中分布区和重要栖息地、重要自然遗迹分布区等区域，依法设立国家公园、自然保护区、自然公园等自然保护地。

第四十条 国务院和长江流域省级人民政府应当依法在长江流域重要生态区、生态状况脆弱区划定公益林，实施严格管理。国家对长江流域天然林实施严格保护，科学划定天然林保护重点区域。

长江流域县级以上地方人民政府应当加强对长江流域草原资源的保护，对具有调节气候、涵养水源、保持水土、防风固沙等特殊作用的基本草原实施严格管理。

国务院林业和草原主管部门和长江流域省级人民政府林业和草原主管部门会同本级人民政府有关部门，根据不同生态区位、生态系统功能和生物多样性保护的需要，发布长江流域国家重要湿地、地方重要湿地名录及保护范围，加强对长江流域湿地的保护和管理，维护湿地生态功能和生物多样性。

第五十七条 长江流域县级以上地方人民政府林业和草原主管部门负责组织实施长江流域森林、草原、湿地修复计划，科学推进森林、草原、湿地修复工作，加大退化天然林、草原和受损湿地修复力度。

第五十九条 国务院林业和草原、农业农村主管部门应当对长江流域数量急剧下降或者极度濒危的野生动植物和受到严重破坏的栖息地、天然集中分布区、破碎化的典型生态系统制定修复方案和行动计划，修建迁地保护设施，建立野生动植物遗传资源基因库，进行抢救性修复。

在长江流域水生生物产卵场、索饵场、越冬场和洄游通道等重要栖息地应当实施生态环境修复和其他保护措施。对鱼类等水生生物洄游产生阻隔的涉水工程应当结合实际采取建设过鱼设施、河湖连通、生态调度、灌江纳苗、基因保存、增殖放流、人工繁育等多种措施，充分满足水生生物的生态需求。

中华人民共和国水土保持法（节录）

（1991年6月29日第七届全国人民代表大会常务委员会第二十次会议通过
2010年12月25日第十一届全国人民代表大会常务委员会第十八次会议修订
自2011年3月1日起施行）

第十六条 地方各级人民政府应当按照水土保持规划，采取封育保护、自然修复等措施，组织单位和个人植树种草，扩大林草覆盖面积，涵养水源，预防和减轻水土流失。

第十八条 水土流失严重、生态脆弱的地区，应当限制或者禁止可能造成水土流失的生产建设活动，严格保护植物、沙壳、结皮、地衣等。

在侵蚀沟的沟坡和沟岸、河流的两岸以及湖泊和水库的周边，土地所有权人、使用权人或者有关管理单位应当营造植物保护带。禁止开垦、开发植物保护带。

第二十条 禁止在二十五度以上陡坡地开垦种植农作物。在二十五度以上陡坡地种植经济林的，应当科学选择树种，合理确定规模，采取水土保持措施，防止造成水土流失。

省、自治区、直辖市根据本行政区域的实际情况，可以规定小于二十五度的禁止开垦坡度。禁止开垦的陡坡地的范围由当地县级人民政府划定并公告。

第二十一条 禁止毁林、毁草开垦和采集发菜。禁止在水土流失重点预防区和重点治理区铲草皮、挖树兜或者滥挖虫草、甘草、麻黄等。

第二十二条 林木采伐应当采用合理方式，严格控制皆伐；对水源涵养林、水土保持林、防风固沙林等防护林只能进行抚育和更新性质的采伐；对采伐区和集材道应当采取防止水土流失的措施，并在采伐后及时更新造林。

在林区采伐林木的，采伐方案中应当有水土保持措施。采伐方案经林业主管部门批准后，由林业主管部门和水行政主管部门监督实施。

第二十三条 在五度以上坡地植树造林、抚育幼林、种植中药材等，应当采取水土保持措施。

在禁止开垦坡度以下、五度以上的荒坡地开垦种植农作物，应当采取水土保持措施。具体办法由省、自治区、直辖市根据本行政区域的实际情况规定。

第二十四条 生产建设项目选址、选线应当避让水土流失重点预防区和重点治理区；无法避让的，应当提高防治标准，优化施工工艺，减少地表扰动和植被损坏范围，有效控制可能造成的水土流失。

第三十四条 国家鼓励和支持承包治理荒山、荒沟、荒丘、荒滩，防治水土流失，保护和改善生态环境，促进土地资源的合理开发和可持续利用，并依法保护土地承包合同当事人的合法权益。

承包治理荒山、荒沟、荒丘、荒滩和承包水土流失严重地区农村土地的，在依法签订的土地承包合同中应当包括预防和治理水土流失责任的内容。

第三十五条 在水力侵蚀地区，地方各级人民政府及其有关部门应当组织单位和个人，以天然沟壑及其两侧山坡地形成的小流域为单元，因地制宜地采取工程措施、植物措施和保护性耕作等措施，进行坡耕地和沟道水土流失综合治理。

在风力侵蚀地区，地方各级人民政府及其有关部门应当组织单位和个人，因地制宜地采取轮封轮牧、植树种草、设置人工沙障和网格林带等措施，建立防风固沙防护体系。

在重力侵蚀地区，地方各级人民政府及其有关部门应当组织单位和个人，采取监测、径流排导、削坡减载、支挡固坡、修建拦挡工程等措施，建立监测、预报、预警体系。

第三十六条 在饮用水水源保护区，地方各级人民政府及其有关部门应当组织单位和个人，采取预防保护、自然修复和综合治理措施，配套建设植物过滤带，积极推广沼气，开展清洁小流域建设，严格控制化肥和农药的使用，减少水土流失引起的面源污染，保护饮用水水源。

第三十七条 已在禁止开垦的陡坡地上开垦种植农作物的，应当按照国家有关规定退耕，植树种草；耕地短缺、退耕确有困难的，应当修建梯田或者采取其他水土保持措施。

在禁止开垦坡度以下的坡耕地上开垦种植农作物的，应当根据不同情况，采取修建梯田、坡面水系整治、蓄水保土耕作或者退耕等措施。

第三十八条 对生产建设活动所占用土地的地表土应当进行分层剥离、保存和利用，做到土石方挖填平衡，减少地表扰动范围；对废弃的砂、石、土、矸石、尾矿、废渣等存放地，应当采取拦挡、坡面防护、防洪排导等措施。生产建设活动结束后，应当及时在取土场、开挖面和存放地的裸露土地上植树种草、恢复植被，对闭库的尾矿库进行复垦。

在干旱缺水地区从事生产建设活动，应当采取防止风力侵蚀措施，设置降水蓄渗设施，充分利用降水资源。

中华人民共和国防沙治沙法（节录）

（2001年8月31日第九届全国人民代表大会常务委员会第二十三次会议通过 根据2018年10月26日第十三届全国人民代表大会常务委员会第六次会议《关于修改〈中华人民共和国野生动物保护法〉等十五部法律的决定》修正）

第十六条 沙化土地所在地区的县级以上地方人民政府应当按照防沙治沙规划，划出一定比例的土地，因地制宜地营造防风固沙林网、林带，种植多年生灌木和草本植物。由林业草原行政主管部门负责确定植树造林的成活率、保存率的标准和具体任务，并逐片组织实施，明确责任，确保完成。

除了抚育更新性质的采伐外，不得批准对防风固沙林网、林带进行采伐。在对防风固沙林网、林带进行抚育更新性质的采伐之前，必须在其附近预先形成接替林网和林带。

对林木更新困难地区已有的防风固沙林网、林带，不得批准采伐。

第十七条 禁止在沙化土地上砍挖灌木、药材及其他固沙植物。

沙化土地所在地区的县级人民政府，应当制定植被管护制度，严格保护植被，并根据需要在乡（镇）、村建立植被管护组织，确定管护人员。

在沙化土地范围内，各类土地承包合同应当包括植被保护责任的内容。

第二十条 沙化土地所在地区的县级以上地方人民政府，不得批准在沙漠边缘地带和林地、草原开垦耕地；已经开垦并对生态产生不良影响的，应当有计划地组织退耕还林还草。

第二十三条 沙化土地所在地区的地方各级人民政府，应当按照防沙治沙规划，组织有关部门、单位和个人，因地制宜地采取人工造林种草、飞机播种造林种草、封沙育林育草和合理调配生态用水等措施，恢复和增加植被，治理已经沙化的土地。

第二十四条 国家鼓励单位和个人在自愿的前提下，捐资或者以其他形式开展公益性的治沙活动。

县级以上地方人民政府林业草原或者其他有关行政主管部门，应当为公益性治沙活动提供治理地点和无偿技术指导。

从事公益性治沙的单位和个人，应当按照县级以上地方人民政府林业草原或者其他有关行政主管部门的技术要求进行治理，并可以将所种植的林、草委托他人管护或者交由当地人民政府有关行政主管部门管护。

第二十五条 使用已经沙化的国有土地的使用权人和农民集体所有土地的承包经营权人，必须采取治理措施，改善土地质量；确实无能力完成治理任务的，可以委托他人治理或者与他人合作治理。委托或者合作治理的，应当签订协议，明确各方的权利和义务。

沙化土地所在地区的地方各级人民政府及其有关行政主管部门、技术推广单位，应当为土地使用权人和承包经营权人的治沙活动提供技术指导。

采取退耕还林还草、植树种草或者封育措施治沙的土地使用权人和承包经营权人，按照国家有关规定，享受人民政府提供的政策优惠。

第二十六条 不具有土地所有权或者使用权的单位和个人从事营利性治沙活动的，应当先与土地所有权人或者使用权人签订协议，依法取得土地使用权。

在治理活动开始之前，从事营利性治沙活动的单位和个人应当向治理项目所在地的县级以上地方人民政府林业草原行政主管部门或者县级以上地方人民政府指定的其他行政主管部门提出治理申请，并附具下列文件：

（一）被治理土地权属的合法证明文件和治理协议；

（二）符合防沙治沙规划的治理方案；

（三）治理所需的资金证明。

第三十四条 使用已经沙化的国有土地从事治沙活动的，经县级以上人民政府依法批准，可以享有不超过七十年的土地使用权。具体年限和管理办法，由国务院规定。

使用已经沙化的集体所有土地从事治沙活动的，治理者应当与土地所有人签订土地承包合同。具体承包期限和当事人的其他权利、义务由承包合同双方依法在土地承包合同中约定。县级人民政府依法根据土地承包合同向治理者颁发土地使用权证书，保护集体所有沙化土地治理者的土地使用权。

第三十五条 因保护生态的特殊要求，将治理后的土地批准划为自然保护区或者沙化土地封禁保护区的，批准机关应当给予治理者合理的经济补偿。

中华人民共和国刑法（节录）

(1979年7月1日第五届全国人民代表大会第二次会议通过
1997年3月14日第八届全国人民代表大会第五次会议修订
根据1999年12月25日《中华人民共和国刑法修正案》、
2001年8月31日《中华人民共和国刑法修正案（二）》、
2001年12月29日《中华人民共和国刑法修正案（三）》、
2002年12月28日《中华人民共和国刑法修正案（四）》、
2005年2月28日《中华人民共和国刑法修正案（五）》、
2006年6月29日《中华人民共和国刑法修正案（六）》、
2009年2月28日《中华人民共和国刑法修正案（七）》、
2011年2月25日《中华人民共和国刑法修正案（八）》、
2015年8月29日《中华人民共和国刑法修正案（九）》、
2017年11月4日《中华人民共和国刑法修正案（十）》、
2020年12月26日《中华人民共和国刑法
修正案（十一）》修正)

第三百四十二条 【非法占用农用地罪】违反土地管理法规，非法占用耕地、林地等农用地，改变被占用土地用途，数量较大，造成耕地、林地等农用地大量毁坏的，处五年以下有期徒刑或者拘役，并处或者单处罚金。

第三百四十二条之一 【破坏自然保护地罪】违反自然保护地管理法规，在国家公园、国家级自然保护区进行开垦、开发活动或者修建建筑物，造成严重后果或者有其他恶劣情节的，处五年以下有期徒刑或者拘役，并处或者单处罚金。

有前款行为，同时构成其他犯罪的，依照处罚较重的规定定罪处罚。

第三百四十三条 【非法采矿罪】违反矿产资源法的规定，未取得采矿许可证擅自采矿，擅自进入国家规划矿区、对国民经济具有重要价值的矿区和他人矿区范围采矿，或者擅自开采国家规定实行保护性开采的特定矿种，情节严重的，处三年以下有期徒刑、拘役或者管制，并处或者单处罚金；情节特别严重的，处三年以上七年以下有期徒刑，并处罚金。

【破坏性采矿罪】违反矿产资源法的规定，采取破坏性的开采方法开采矿产资源，造成矿产资源严重破坏的，处五年以下有期徒刑或者拘役，并处罚金。

第三百四十四条 【危害国家重点保护植物罪】违反国家规定，非法采伐、毁坏珍贵树木或者国家重点保护的其他植物的，或者非法收购、运输、加工、出售珍贵树木或者国家重点保护的其他植物及其制品的，处三年以下有期徒刑、拘役或者管制，并处罚金；情节严重的，处三年以上七年以下有期徒刑，并处罚金。

第三百四十四条之一 【非法引进、释放、丢弃外来入侵物种罪】违反国家规定，非法引进、释放或者丢弃外来入侵物种，情节严重的，处三年以下有期徒刑或者拘役，并处或者单处罚金。

第三百四十五条 【盗伐林木罪】盗伐森林或者其他林木，数量较大的，处三年以下有期徒刑、拘役或者管制，并处或者单处罚金；数量巨大的，处三年以上七年以下有期徒刑，并处罚金；数量特别巨大的，处七年以上有期徒刑，并处罚金。

【滥伐林木罪】违反森林法的规定，滥伐森林或者其他林木，数量较大的，处三年以下有期徒刑、拘役或者管制，并处或者单处罚金；数量巨大的，处三年以上七年以下有期徒刑，并处罚金。

【非法收购、运输盗伐、滥伐的林木罪】非法收购、运输明知是盗伐、滥伐的林木，情节严重的，处三年以下有期徒刑、拘役或者管制，并处或者单处罚金；情节特别严重的，处三年以上七年以下有期徒刑，并处罚金。

盗伐、滥伐国家级自然保护区内的森林或者其他林木的，从重处罚。

第三百四十六条 【单位犯破坏环境资源罪的处罚规定】单位犯本节第三百三十八条至第三百四十五条规定之罪的，对单位判处罚金，并对其直接负责的主管人员和其他直接责任人员，依照本节各该条的规定处罚。

中华人民共和国民事诉讼法（节录）

（1991年4月9日第七届全国人民代表大会第四次会议通过
根据2007年10月28日第十届全国人民代表大会常务委员会第三十次会议《关于修改〈中华人民共和国民事诉讼法〉的决定》第一次修正
根据2012年8月31日第十一届全国人民代表大会常务委员会第二十八次会议《关于修改〈中华人民共和国民事诉讼法〉的决定》第二次修正
根据2017年6月27日第十二届全国人民代表大会常务委员会第二十八次会议《关于修改〈中华人民共和国民事诉讼法〉和〈中华人民共和国行政诉讼法〉的决定》第三次修正
根据2021年12月24日第十三届全国人民代表大会常务委员会第三十二次会议《关于修改〈中华人民共和国民事诉讼法〉的决定》第四次修正）

第三条　人民法院受理公民之间、法人之间、其他组织之间以及他们相互之间因财产关系和人身关系提起的民事诉讼，适用本法的规定。

第五十八条　对污染环境、侵害众多消费者合法权益等损害社会公共利益的行为，法律规定的机关和有关组织可以向人民法院提起诉讼。

人民检察院在履行职责中发现破坏生态环境和资源保护、食品药品安全领域侵害众多消费者合法权益等损害社会公共利益的行为，在没有前款规定的机关和组织或者前款规定的机关和组织不提起诉讼的情况下，可以向人民法院提起诉讼。前款规定的机关或者组织提起诉讼的，人民检察院可以支持起诉。

第一百零三条　人民法院对于可能因当事人一方的行为或者其他原因，使判决难以执行或者造成当事人其他损害的案件，根据对方当事人的申请，可以裁定对其财产进行保全、责令其作出一定行为或者禁止其作出一定行为；当事人没有提出申请的，人民法院在必要时也可以裁定采取保全措施。

人民法院采取保全措施，可以责令申请人提供担保，申请人不提供担保的，裁定驳回申请。

人民法院接受申请后，对情况紧急的，必须在四十八小时内作出裁定；裁定采取保全措施的，应当立即开始执行。

第二百零三条 申请实现担保物权，由担保物权人以及其他有权请求实现担保物权的人依照民法典等法律，向担保财产所在地或者担保物权登记地基层人民法院提出。

第二百零四条 人民法院受理申请后，经审查，符合法律规定的，裁定拍卖、变卖担保财产，当事人依据该裁定可以向人民法院申请执行；不符合法律规定的，裁定驳回申请，当事人可以向人民法院提起诉讼。

中华人民共和国农村土地承包经营纠纷调解仲裁法（节录）

（2009年6月27日第十一届全国人民代表大会常务委员会第九次会议通过 自2010年1月1日起施行）

第二条 农村土地承包经营纠纷调解和仲裁，适用本法。

农村土地承包经营纠纷包括：

（一）因订立、履行、变更、解除和终止农村土地承包合同发生的纠纷；

（二）因农村土地承包经营权转包、出租、互换、转让、入股等流转发生的纠纷；

（三）因收回、调整承包地发生的纠纷；

（四）因确认农村土地承包经营权发生的纠纷；

（五）因侵害农村土地承包经营权发生的纠纷；

（六）法律、法规规定的其他农村土地承包经营纠纷。

因征收集体所有的土地及其补偿发生的纠纷，不属于农村土地承包仲裁委员会的受理范围，可以通过行政复议或者诉讼等方式解决。

第三条　发生农村土地承包经营纠纷的，当事人可以自行和解，也可以请求村民委员会、乡（镇）人民政府等调解。

第四条　当事人和解、调解不成或者不愿和解、调解的，可以向农村土地承包仲裁委员会申请仲裁，也可以直接向人民法院起诉。

第五条　农村土地承包经营纠纷调解和仲裁，应当公开、公平、公正，便民高效，根据事实，符合法律，尊重社会公德。

第六条　县级以上人民政府应当加强对农村土地承包经营纠纷调解和仲裁工作的指导。

县级以上人民政府农村土地承包管理部门及其他有关部门应当依照职责分工，支持有关调解组织和农村土地承包仲裁委员会依法开展工作。

第七条　村民委员会、乡（镇）人民政府应当加强农村土地承包经营纠纷的调解工作，帮助当事人达成协议解决纠纷。

第八条　当事人申请农村土地承包经营纠纷调解可以书面申请，也可以口头申请。口头申请的，由村民委员会或者乡（镇）人民政府当场记录申请人的基本情况、申请调解的纠纷事项、理由和时间。

第九条　调解农村土地承包经营纠纷，村民委员会或者乡（镇）人民政府应当充分听取当事人对事实和理由的陈述，讲解有关法律以及国家政策，耐心疏导，帮助当事人达成协议。

第十条　经调解达成协议的，村民委员会或者乡（镇）人民政府应当制作调解协议书。

调解协议书由双方当事人签名、盖章或者按指印，经调解人员签名并加盖调解组织印章后生效。

第十一条　仲裁庭对农村土地承包经营纠纷应当进行调解。调解达成协议的，仲裁庭应当制作调解书；调解不成的，应当及时作出裁决。

调解书应当写明仲裁请求和当事人协议的结果。调解书由仲裁员签名，加盖农村土地承包仲裁委员会印章，送达双方当事人。

调解书经双方当事人签收后，即发生法律效力。在调解书签收前当事人反悔的，仲裁庭应当及时作出裁决。

第四十八条　当事人不服仲裁裁决的，可以自收到裁决书之日起三十日内向人民法院起诉。逾期不起诉的，裁决书即发生法律效力。

第四十九条　当事人对发生法律效力的调解书、裁决书，应当依照规定的期限履行。一方当事人逾期不履行的，另一方当事人可以向被申请人住所地或者财产所在地的基层人民法院申请执行。受理申请的人民法院应当依法执行。

第五十条　本法所称农村土地，是指农民集体所有和国家所有依法由农民集体使用的耕地、林地、草地，以及其他依法用于农业的土地。

中华人民共和国行政复议法（节录）

（1999年4月29日第九届全国人民代表大会常务委员会第九次会议通过
根据2009年8月27日第十一届全国人民代表大会常务委员会第十次会议《关于修改部分法律的决定》第一次修正
根据2017年9月1日第十二届全国人民代表大会常务委员会第二十九次会议《关于修改〈中华人民共和国法官法〉等八部法律的决定》第二次修正）

第六条　有下列情形之一的，公民、法人或者其他组织可以依照本法申请行政复议：

（一）对行政机关作出的警告、罚款、没收违法所得、没收非法财物、责令停产停业、暂扣或者吊销许可证、暂扣或者吊销执照、行政拘留等行政处罚决定不服的；

（二）对行政机关作出的限制人身自由或者查封、扣押、冻结财产等行政强制措施决定不服的；

（三）对行政机关作出的有关许可证、执照、资质证、资格证等证书变更、中止、撤销的决定不服的；

（四）对行政机关作出的关于确认土地、矿藏、水流、森林、山岭、草原、荒地、滩涂、海域等自然资源的所有权或者使用权的决定不服的；

（五）认为行政机关侵犯合法的经营自主权的；

（六）认为行政机关变更或者废止农业承包合同，侵犯其合法权益的；

（七）认为行政机关违法集资、征收财物、摊派费用或者违法要求履行其他义务的；

（八）认为符合法定条件，申请行政机关颁发许可证、执照、资质证、资格证等证书，或者申请行政机关审批、登记有关事项，行政机关没有依法办理的；

（九）申请行政机关履行保护人身权利、财产权利、受教育权利的法定职责，行政机关没有依法履行的；

（十）申请行政机关依法发放抚恤金、社会保险金或者最低生活保障费，行政机关没有依法发放的；

（十一）认为行政机关的其他具体行政行为侵犯其合法权益的。

第九条 公民、法人或者其他组织认为具体行政行为侵犯其合法权益的，可以自知道该具体行政行为之日起六十日内提出行政复议申请；但是法律规定的申请期限超过六十日的除外。

因不可抗力或者其他正当理由耽误法定申请期限的，申请期限自障碍消除之日起继续计算。

第十六条 公民、法人或者其他组织申请行政复议，行政复议机关已经依法受理的，或者法律、法规规定应当先向行政复议机关申请行政复议、对行政复议决定不服再向人民法院提起行政诉讼的，在法定行政复议期限内不得向人民法院提起行政诉讼。

公民、法人或者其他组织向人民法院提起行政诉讼，人民法院已经依法受理的，不得申请行政复议。

第三十条 公民、法人或者其他组织认为行政机关的具体行政行为侵犯其已经依法取得的土地、矿藏、水流、森林、山岭、草原、荒地、滩涂、海域等自然资源的所有权或者使用权的，应当先申请行政复议；对行政复议决定不服的，可以依法向人民法院提起行政诉讼。

根据国务院或者省、自治区、直辖市人民政府对行政区划的勘定、调整或者征收土地的决定，省、自治区、直辖市人民政府确认土地、矿藏、水流、森林、山岭、草原、荒地、滩涂、海域等自然资源的所有权或者使用权的行政复议决定为最终裁决。

中华人民共和国行政诉讼法（节录）

（1989年4月4日第七届全国人民代表大会第二次会议通过
根据2014年11月1日第十二届全国人民代表大会常务
委员会第十一次会议《关于修改〈中华人民共和国
行政诉讼法〉的决定》第一次修正
根据2017年6月27日第十二届全国人民代表大会
常务委员会第二十八次会议《关于修改〈中华
人民共和国民事诉讼法〉和〈中华人民共和国
行政诉讼法〉的决定》第二次修正）

第十二条 人民法院受理公民、法人或者其他组织提起的下列诉讼：

（一）对行政拘留、暂扣或者吊销许可证和执照、责令停产停业、没收违法所得、没收非法财物、罚款、警告等行政处罚不服的；

（二）对限制人身自由或者对财产的查封、扣押、冻结等行政强制措施和行政强制执行不服的；

（三）申请行政许可，行政机关拒绝或者在法定期限内不予答复，或者对行政机关作出的有关行政许可的其他决定不服的；

（四）对行政机关作出的关于确认土地、矿藏、水流、森林、山岭、草原、荒地、滩涂、海域等自然资源的所有权或者使用权的决定不服的；

（五）对征收、征用决定及其补偿决定不服的；

（六）申请行政机关履行保护人身权、财产权等合法权益的法定职责，行政机关拒绝履行或者不予答复的；

（七）认为行政机关侵犯其经营自主权或者农村土地承包经营权、农村土地经营权的；

（八）认为行政机关滥用行政权力排除或者限制竞争的；

（九）认为行政机关违法集资、摊派费用或者违法要求履行其他义务的；

（十）认为行政机关没有依法支付抚恤金、最低生活保障待遇或者社会保险待遇的；

（十一）认为行政机关不依法履行、未按照约定履行或者违法变更、解除政府特许经营协议、土地房屋征收补偿协议等协议的；

（十二）认为行政机关侵犯其他人身权、财产权等合法权益的。

除前款规定外，人民法院受理法律、法规规定可以提起诉讼的其他行政案件。

第二十五条　行政行为的相对人以及其他与行政行为有利害关系的公民、法人或者其他组织，有权提起诉讼。

有权提起诉讼的公民死亡，其近亲属可以提起诉讼。

有权提起诉讼的法人或者其他组织终止，承受其权利的法人或者其他组织可以提起诉讼。

人民检察院在履行职责中发现生态环境和资源保护、食品药品安全、国有财产保护、国有土地使用权出让等领域负有监督管理职责的行政机关违法行使职权或者不作为，致使国家利益或者社会公共利益受到侵害的，应当向行政机关提出检察建议，督促其依法履行职责。行政机关不依法履行职责的，人民检察院依法向人民法院提起诉讼。

第六十一条　在涉及行政许可、登记、征收、征用和行政机关对民事争议所作的裁决的行政诉讼中，当事人申请一并解决相关民事争议的，人民法院可以一并审理。

在行政诉讼中，人民法院认为行政案件的审理需以民事诉讼的裁判为依据的，可以裁定中止行政诉讼。

中华人民共和国森林法实施条例

（2000年1月29日中华人民共和国国务院令第278号发布
根据2011年1月8日《国务院关于废止和修改部分行政法规的决定》第一次修订
根据2016年2月6日《国务院关于修改部分行政法规的决定》第二次修订
根据2018年3月19日《国务院关于修改和废止
部分行政法规的决定》第三次修订）

第一章 总 则

第一条 根据《中华人民共和国森林法》（以下简称森林法），制定本条例。

第二条 森林资源，包括森林、林木、林地以及依托森林、林木、林地生存的野生动物、植物和微生物。

森林，包括乔木林和竹林。

林木，包括树木和竹子。

林地，包括郁闭度0.2以上的乔木林地以及竹林地、灌木林地、疏林地、采伐迹地、火烧迹地、未成林造林地、苗圃地和县级以上人民政府规划的宜林地。

第三条 国家依法实行森林、林木和林地登记发证制度。依法登记的森林、林木和林地的所有权、使用权受法律保护，任何单位和个人不得侵犯。

森林、林木和林地的权属证书式样由国务院林业主管部门规定。

第四条 依法使用的国家所有的森林、林木和林地，按照下列规定登记：

（一）使用国务院确定的国家所有的重点林区（以下简称重点林区）

的森林、林木和林地的单位，应当向国务院林业主管部门提出登记申请，由国务院林业主管部门登记造册，核发证书，确认森林、林木和林地使用权以及由使用者所有的林木所有权；

（二）使用国家所有的跨行政区域的森林、林木和林地的单位和个人，应当向共同的上一级人民政府林业主管部门提出登记申请，由该人民政府登记造册，核发证书，确认森林、林木和林地使用权以及由使用者所有的林木所有权；

（三）使用国家所有的其他森林、林木和林地的单位和个人，应当向县级以上地方人民政府林业主管部门提出登记申请，由县级以上地方人民政府登记造册，核发证书，确认森林、林木和林地使用权以及由使用者所有的林木所有权。

未确定使用权的国家所有的森林、林木和林地，由县级以上人民政府登记造册，负责保护管理。

第五条　集体所有的森林、林木和林地，由所有者向所在地的县级人民政府林业主管部门提出登记申请，由该县级人民政府登记造册，核发证书，确认所有权。

单位和个人所有的林木，由所有者向所在地的县级人民政府林业主管部门提出登记申请，由该县级人民政府登记造册，核发证书，确认林木所有权。

使用集体所有的森林、林木和林地的单位和个人，应当向所在地的县级人民政府林业主管部门提出登记申请，由该县级人民政府登记造册，核发证书，确认森林、林木和林地使用权。

第六条　改变森林、林木和林地所有权、使用权的，应当依法办理变更登记手续。

第七条　县级以上人民政府林业主管部门应当建立森林、林木和林地权属管理档案。

第八条　国家重点防护林和特种用途林，由国务院林业主管部门提出意见，报国务院批准公布；地方重点防护林和特种用途林，由省、自治区、直辖市人民政府林业主管部门提出意见，报本级人民政府批准公布；其他防护林、用材林、特种用途林以及经济林、薪炭林，由县级人民政府林业主管部门根据国家关于林种划分的规定和本级人民政府的部署组织划定，报本级人民政府批准公布。

省、自治区、直辖市行政区域内的重点防护林和特种用途林的面积，不得少于本行政区域森林总面积的30%。

经批准公布的林种改变为其他林种的，应当报原批准公布机关批准。

第九条 依照森林法第八条第一款第（五）项规定提取的资金，必须专门用于营造坑木、造纸等用材林，不得挪作他用。审计机关和林业主管部门应当加强监督。

第十条 国务院林业主管部门向重点林区派驻的森林资源监督机构，应当加强对重点林区内森林资源保护管理的监督检查。

第二章 森林经营管理

第十一条 国务院林业主管部门应当定期监测全国森林资源消长和森林生态环境变化的情况。

重点林区森林资源调查、建立档案和编制森林经营方案等项工作，由国务院林业主管部门组织实施；其他森林资源调查、建立档案和编制森林经营方案等项工作，由县级以上地方人民政府林业主管部门组织实施。

第十二条 制定林业长远规划，应当遵循下列原则：

（一）保护生态环境和促进经济的可持续发展；

（二）以现有的森林资源为基础；

（三）与土地利用总体规划、水土保持规划、城市规划、村庄和集镇规划相协调。

第十三条 林业长远规划应当包括下列内容：

（一）林业发展目标；

（二）林种比例；

（三）林地保护利用规划；

（四）植树造林规划。

第十四条 全国林业长远规划由国务院林业主管部门会同其他有关部门编制，报国务院批准后施行。

地方各级林业长远规划由县级以上地方人民政府林业主管部门会同其

他有关部门编制，报本级人民政府批准后施行。

下级林业长远规划应当根据上一级林业长远规划编制。

林业长远规划的调整、修改，应当报经原批准机关批准。

第十五条 国家依法保护森林、林木和林地经营者的合法权益。任何单位和个人不得侵占经营者依法所有的林木和使用的林地。

用材林、经济林和薪炭林的经营者，依法享有经营权、收益权和其他合法权益。

防护林和特种用途林的经营者，有获得森林生态效益补偿的权利。

第十六条 勘查、开采矿藏和修建道路、水利、电力、通讯等工程，需要占用或者征收、征用林地的，必须遵守下列规定：

（一）用地单位应当向县级以上人民政府林业主管部门提出用地申请，经审核同意后，按照国家规定的标准预交森林植被恢复费，领取使用林地审核同意书。用地单位凭使用林地审核同意书依法办理建设用地审批手续。占用或者征收、征用林地未经林业主管部门审核同意的，土地行政主管部门不得受理建设用地申请。

（二）占用或者征收、征用防护林林地或者特种用途林林地面积 10 公顷以上的，用材林、经济林、薪炭林林地及其采伐迹地面积 35 公顷以上的，其他林地面积 70 公顷以上的，由国务院林业主管部门审核；占用或者征收、征用林地面积低于上述规定数量的，由省、自治区、直辖市人民政府林业主管部门审核。占用或者征收、征用重点林区的林地的，由国务院林业主管部门审核。

（三）用地单位需要采伐已经批准占用或者征收、征用的林地上的林木时，应当向林地所在地的县级以上地方人民政府林业主管部门或者国务院林业主管部门申请林木采伐许可证。

（四）占用或者征收、征用林地未被批准的，有关林业主管部门应当自接到不予批准通知之日起 7 日内将收取的森林植被恢复费如数退还。

第十七条 需要临时占用林地的，应当经县级以上人民政府林业主管部门批准。

临时占用林地的期限不得超过两年，并不得在临时占用的林地上修筑永久性建筑物；占用期满后，用地单位必须恢复林业生产条件。

第十八条 森林经营单位在所经营的林地范围内修筑直接为林业生产服务的工程设施，需要占用林地的，由县级以上人民政府林业主管部门批准；修筑其他工程设施，需要将林地转为非林业建设用地的，必须依法办理建设用地审批手续。

前款所称直接为林业生产服务的工程设施是指：

（一）培育、生产种子、苗木的设施；

（二）贮存种子、苗木、木材的设施；

（三）集材道、运材道；

（四）林业科研、试验、示范基地；

（五）野生动植物保护、护林、森林病虫害防治、森林防火、木材检疫的设施；

（六）供水、供电、供热、供气、通讯基础设施。

第三章 森林保护

第十九条 县级以上人民政府林业主管部门应当根据森林病虫害测报中心和测报点对测报对象的调查和监测情况，定期发布长期、中期、短期森林病虫害预报，并及时提出防治方案。

森林经营者应当选用良种，营造混交林，实行科学育林，提高防御森林病虫害的能力。

发生森林病虫害时，有关部门、森林经营者应当采取综合防治措施，及时进行除治。

发生严重森林病虫害时，当地人民政府应当采取紧急除治措施，防止蔓延，消除隐患。

第二十条 国务院林业主管部门负责确定全国林木种苗检疫对象。省、自治区、直辖市人民政府林业主管部门根据本地区的需要，可以确定本省、自治区、直辖市的林木种苗补充检疫对象，报国务院林业主管部门备案。

第二十一条 禁止毁林开垦、毁林采种和违反操作技术规程采脂、挖笋、掘根、剥树皮及过度修枝的毁林行为。

第二十二条 25 度以上的坡地应当用于植树、种草。25 度以上的坡耕地应当按照当地人民政府制定的规划，逐步退耕，植树和种草。

第二十三条　发生森林火灾时，当地人民政府必须立即组织军民扑救；有关部门应当积极做好扑救火灾物资的供应、运输和通讯、医疗等工作。

第四章　植树造林

第二十四条　森林法所称森林覆盖率，是指以行政区域为单位森林面积与土地面积的百分比。森林面积，包括郁闭度 0.2 以上的乔木林地面积和竹林地面积、国家特别规定的灌木林地面积、农田林网以及村旁、路旁、水旁、宅旁林木的覆盖面积。

县级以上地方人民政府应当按照国务院确定的森林覆盖率奋斗目标，确定本行政区域森林覆盖率的奋斗目标，并组织实施。

第二十五条　植树造林应当遵守造林技术规程，实行科学造林，提高林木的成活率。

县级人民政府对本行政区域内当年造林的情况应当组织检查验收，除国家特别规定的干旱、半干旱地区外，成活率不足85%的，不得计入年度造林完成面积。

第二十六条　国家对造林绿化实行部门和单位负责制。

铁路公路两旁、江河两岸、湖泊水库周围，各有关主管单位是造林绿化的责任单位。工矿区，机关、学校用地，部队营区以及农场、牧场、渔场经营地区，各该单位是造林绿化的责任单位。

责任单位的造林绿化任务，由所在地的县级人民政府下达责任通知书，予以确认。

第二十七条　国家保护承包造林者依法享有的林木所有权和其他合法权益。未经发包方和承包方协商一致，不得随意变更或者解除承包造林合同。

第五章　森林采伐

第二十八条　国家所有的森林和林木以国有林业企业事业单位、农场、厂矿为单位，集体所有的森林和林木、个人所有的林木以县为单位，制定年森林采伐限额，由省、自治区、直辖市人民政府林业主管部门汇总、平衡，经本级人民政府审核后，报国务院批准；其中，重点林区的年森林采伐限额，由国务院林业主管部门报国务院批准。

国务院批准的年森林采伐限额，每5年核定一次。

第二十九条 采伐森林、林木作为商品销售的，必须纳入国家年度木材生产计划；但是，农村居民采伐自留山上个人所有的薪炭林和自留地、房前屋后个人所有的零星林木除外。

第三十条 申请林木采伐许可证，除应当提交申请采伐林木的所有权证书或者使用权证书外，还应当按照下列规定提交其他有关证明文件：

（一）国有林业企业事业单位还应当提交采伐区调查设计文件和上年度采伐更新验收证明；

（二）其他单位还应当提交包括采伐林木的目的、地点、林种、林况、面积、蓄积量、方式和更新措施等内容的文件；

（三）个人还应当提交包括采伐林木的地点、面积、树种、株数、蓄积量、更新时间等内容的文件。

因扑救森林火灾、防洪抢险等紧急情况需要采伐林木的，组织抢险的单位或者部门应当自紧急情况结束之日起30日内，将采伐林木的情况报告当地县级以上人民政府林业主管部门。

第三十一条 有下列情形之一的，不得核发林木采伐许可证：

（一）防护林和特种用途林进行非抚育或者非更新性质的采伐的，或者采伐封山育林期、封山育林区内的林木的；

（二）上年度采伐后未完成更新造林任务的；

（三）上年度发生重大滥伐案件、森林火灾或者大面积严重森林病虫害，未采取预防和改进措施的。

林木采伐许可证的式样由国务院林业主管部门规定，由省、自治区、直辖市人民政府林业主管部门印制。

第三十二条 除森林法已有明确规定的外，林木采伐许可证按照下列规定权限核发：

（一）县属国有林场，由所在地的县级人民政府林业主管部门核发；

（二）省、自治区、直辖市和设区的市、自治州所属的国有林业企业事业单位、其他国有企业事业单位，由所在地的省、自治区、直辖市人民政府林业主管部门核发；

（三）重点林区的国有林业企业事业单位，由国务院林业主管部门核发。

第三十三条 利用外资营造的用材林达到一定规模需要采伐的，应当在国务院批准的年森林采伐限额内，由省、自治区、直辖市人民政府林业主管部门批准，实行采伐限额单列。

第三十四条 木材收购单位和个人不得收购没有林木采伐许可证或者其他合法来源证明的木材。

前款所称木材，是指原木、锯材、竹材、木片和省、自治区、直辖市规定的其他木材。

第三十五条 从林区运出非国家统一调拨的木材，必须持有县级以上人民政府林业主管部门核发的木材运输证。

重点林区的木材运输证，由省、自治区、直辖市人民政府林业主管部门核发；其他木材运输证，由县级以上地方人民政府林业主管部门核发。

木材运输证自木材起运点到终点全程有效，必须随货同行。没有木材运输证的，承运单位和个人不得承运。

木材运输证的式样由国务院林业主管部门规定。

第三十六条 申请木材运输证，应当提交下列证明文件：

（一）林木采伐许可证或者其他合法来源证明；

（二）检疫证明；

（三）省、自治区、直辖市人民政府林业主管部门规定的其他文件。

符合前款条件的，受理木材运输证申请的县级以上人民政府林业主管部门应当自接到申请之日起3日内发给木材运输证。

依法发放的木材运输证所准运的木材运输总量，不得超过当地年度木材生产计划规定可以运出销售的木材总量。

第三十七条 经省、自治区、直辖市人民政府批准在林区设立的木材检查站，负责检查木材运输；无证运输木材的，木材检查站应当予以制止，可以暂扣无证运输的木材，并立即报请县级以上人民政府林业主管部门依法处理。

第六章　法律责任

第三十八条　盗伐森林或者其他林木，以立木材积计算不足0.5立方米或者幼树不足20株的，由县级以上人民政府林业主管部门责令补种盗伐株数10倍的树木，没收盗伐的林木或者变卖所得，并处盗伐林木价值3倍至5倍的罚款。

盗伐森林或者其他林木，以立木材积计算0.5立方米以上或者幼树20株以上的，由县级以上人民政府林业主管部门责令补种盗伐株数10倍的树木，没收盗伐的林木或者变卖所得，并处盗伐林木价值5倍至10倍的罚款。

第三十九条　滥伐森林或者其他林木，以立木材积计算不足2立方米或者幼树不足50株的，由县级以上人民政府林业主管部门责令补种滥伐株数5倍的树木，并处滥伐林木价值2倍至3倍的罚款。

滥伐森林或者其他林木，以立木材积计算2立方米以上或者幼树50株以上的，由县级以上人民政府林业主管部门责令补种滥伐株数5倍的树木，并处滥伐林木价值3倍至5倍的罚款。

超过木材生产计划采伐森林或者其他林木的，依照前两款规定处罚。

第四十条　违反本条例规定，收购没有林木采伐许可证或者其他合法来源证明的木材的，由县级以上人民政府林业主管部门没收非法经营的木材和违法所得，并处违法所得2倍以下的罚款。

第四十一条　违反本条例规定，毁林采种或者违反操作技术规程采脂、挖笋、掘根、剥树皮及过度修枝，致使森林、林木受到毁坏的，依法赔偿损失，由县级以上人民政府林业主管部门责令停止违法行为，补种毁坏株数1倍至3倍的树木，可以处毁坏林木价值1倍至5倍的罚款；拒不补种树木或者补种不符合国家有关规定的，由县级以上人民政府林业主管部门组织代为补种，所需费用由违法者支付。

违反森林法和本条例规定，擅自开垦林地，致使森林、林木受到毁坏的，依照森林法第四十四条的规定予以处罚；对森林、林木未造成毁坏或者被开垦的林地上没有森林、林木的，由县级以上人民政府林业主管部门责令停止违法行为，限期恢复原状，可以处非法开垦林地每平方米10元以下的罚款。

第四十二条 有下列情形之一的，由县级以上人民政府林业主管部门责令限期完成造林任务；逾期未完成的，可以处应完成而未完成造林任务所需费用2倍以下的罚款；对直接负责的主管人员和其他直接责任人员，依法给予行政处分：

（一）连续两年未完成更新造林任务的；

（二）当年更新造林面积未达到应更新造林面积50%的；

（三）除国家特别规定的干旱、半干旱地区外，更新造林当年成活率未达到85%的；

（四）植树造林责任单位未按照所在地县级人民政府的要求按时完成造林任务的。

第四十三条 未经县级以上人民政府林业主管部门审核同意，擅自改变林地用途的，由县级以上人民政府林业主管部门责令限期恢复原状，并处非法改变用途林地每平方米10元至30元的罚款。

临时占用林地，逾期不归还的，依照前款规定处罚。

第四十四条 无木材运输证运输木材的，由县级以上人民政府林业主管部门没收非法运输的木材，对货主可以并处非法运输木材价款30%以下的罚款。

运输的木材数量超出木材运输证所准运的运输数量的，由县级以上人民政府林业主管部门没收超出部分的木材；运输的木材树种、材种、规格与木材运输证规定不符又无正当理由的，没收其不相符部分的木材。

使用伪造、涂改的木材运输证运输木材的，由县级以上人民政府林业主管部门没收非法运输的木材，并处没收木材价款10%至50%的罚款。

承运无木材运输证的木材的，由县级以上人民政府林业主管部门没收运费，并处运费1倍至3倍的罚款。

第四十五条 擅自移动或者毁坏林业服务标志的，由县级以上人民政府林业主管部门责令限期恢复原状；逾期不恢复原状的，由县级以上人民政府林业主管部门代为恢复，所需费用由违法者支付。

第四十六条 违反本条例规定，未经批准，擅自将防护林和特种用途林改变为其他林种的，由县级以上人民政府林业主管部门收回经营者所获取的森林生态效益补偿，并处所获取森林生态效益补偿3倍以下的罚款。

第七章 附 则

第四十七条 本条例中县级以上地方人民政府林业主管部门职责权限的划分，由国务院林业主管部门具体规定。

第四十八条 本条例自发布之日起施行。1986年4月28日国务院批准、1986年5月10日林业部发布的《中华人民共和国森林法实施细则》同时废止。

中华人民共和国自然保护区条例（节录）

（1994年10月9日中华人民共和国国务院令第167号发布
根据2011年1月8日《国务院关于废止和修改部分行政法规的决定》第一次修订
根据2017年10月7日《国务院关于修改部分行政法规的决定》第二次修订）

第十条 凡具有下列条件之一的，应当建立自然保护区：

（一）典型的自然地理区域、有代表性的自然生态系统区域以及已经遭受破坏但经保护能够恢复的同类自然生态系统区域；

（二）珍稀、濒危野生动植物物种的天然集中分布区域；

（三）具有特殊保护价值的海域、海岸、岛屿、湿地、内陆水域、森林、草原和荒漠；

（四）具有重大科学文化价值的地质构造、著名溶洞、化石分布区、冰川、火山、温泉等自然遗迹；

（五）经国务院或者省、自治区、直辖市人民政府批准，需要予以特殊保护的其他自然区域。

第十八条 自然保护区可以分为核心区、缓冲区和实验区。

自然保护区内保存完好的天然状态的生态系统以及珍稀、濒危动植物的集中分布地，应当划为核心区，禁止任何单位和个人进入；除依照本条例第二十七条的规定经批准外，也不允许进入从事科学研究活动。

核心区外围可以划定一定面积的缓冲区，只准进入从事科学研究观测活动。

缓冲区外围划为实验区，可以进入从事科学试验、教学实习、参观考察、旅游以及驯化、繁殖珍稀、濒危野生动植物等活动。

原批准建立自然保护区的人民政府认为必要时，可以在自然保护区的外围划定一定面积的外围保护地带。

第二十六条 禁止在自然保护区内进行砍伐、放牧、狩猎、捕捞、采药、开垦、烧荒、开矿、采石、挖沙等活动；但是，法律、行政法规另有规定的除外。

第二十七条 禁止任何人进入自然保护区的核心区。因科学研究的需要，必须进入核心区从事科学研究观测、调查活动的，应当事先向自然保护区管理机构提交申请和活动计划，并经自然保护区管理机构批准；其中，进入国家级自然保护区核心区的，应当经省、自治区、直辖市人民政府有关自然保护区行政主管部门批准。

自然保护区核心区内原有居民确有必要迁出的，由自然保护区所在地的地方人民政府予以妥善安置。

第二十八条 禁止在自然保护区的缓冲区开展旅游和生产经营活动。因教学科研的目的，需要进入自然保护区的缓冲区从事非破坏性的科学研究、教学实习和标本采集活动的，应当事先向自然保护区管理机构提交申请和活动计划，经自然保护区管理机构批准。

从事前款活动的单位和个人，应当将其活动成果的副本提交自然保护区管理机构。

第二十九条 在自然保护区的实验区内开展参观、旅游活动的，由自然保护区管理机构编制方案，方案应当符合自然保护区管理目标。

在自然保护区组织参观、旅游活动的，应当严格按照前款规定的方案进行，并加强管理；进入自然保护区参观、旅游的单位和个人，应当服从自然保护区管理机构的管理。

严禁开设与自然保护区保护方向不一致的参观、旅游项目。

第三十条 自然保护区的内部未分区的，依照本条例有关核心区和缓冲区的规定管理。

第三十二条 在自然保护区的核心区和缓冲区内，不得建设任何生产设施。在自然保护区的实验区内，不得建设污染环境、破坏资源或者景观的生产设施；建设其他项目，其污染物排放不得超过国家和地方规定的污染物排放标准。在自然保护区的实验区内已经建成的设施，其污染物排放超过国家和地方规定的排放标准的，应当限期治理；造成损害的，必须采取补救措施。

在自然保护区的外围保护地带建设的项目，不得损害自然保护区内的环境质量；已造成损害的，应当限期治理。

限期治理决定由法律、法规规定的机关作出，被限期治理的企业事业单位必须按期完成治理任务。

第三十五条 违反本条例规定，在自然保护区进行砍伐、放牧、狩猎、捕捞、采药、开垦、烧荒、开矿、采石、挖沙等活动的单位和个人，除可以依照有关法律、行政法规规定给予处罚的以外，由县级以上人民政府有关自然保护区行政主管部门或者其授权的自然保护区管理机构没收违法所得，责令停止违法行为，限期恢复原状或者采取其他补救措施；对自然保护区造成破坏的，可以处以300元以上1万元以下的罚款。

中华人民共和国土地管理法实施条例（节录）

（1998年12月27日中华人民共和国国务院令第256号发布
根据2011年1月8日《国务院关于废止和修改部分行政法规的决定》第一次修订
根据2014年7月29日《国务院关于修改部分行政法规的决定》第二次修订
2021年7月2日中华人民共和国国务院令第743号第三次修订）

第二条 下列土地属于全民所有即国家所有：

（一）城市市区的土地；

（二）农村和城市郊区中已经依法没收、征收、征购为国有的土地；

（三）国家依法征收的土地；

（四）依法不属于集体所有的林地、草地、荒地、滩涂及其他土地；

（五）农村集体经济组织全部成员转为城镇居民的，原属于其成员集体所有的土地；

（六）因国家组织移民、自然灾害等原因，农民成建制地集体迁移后不再使用的原属于迁移农民集体所有的土地。

第三条 国家依法实行土地登记发证制度。依法登记的土地所有权和土地使用权受法律保护，任何单位和个人不得侵犯。

土地登记内容和土地权属证书式样由国务院土地行政主管部门统一规定。

土地登记资料可以公开查询。

确认林地、草原的所有权或者使用权，确认水面、滩涂的养殖使用权，分别依照《森林法》、《草原法》和《渔业法》的有关规定办理。

第六条 依法改变土地所有权、使用权的，因依法转让地上建筑物、构筑物等附着物导致土地使用权转移的，必须向土地所在地的县级以上人民政府土地行政主管部门提出土地变更登记申请，由原土地登记机关依法进行土地所有权、使用权变更登记。土地所有权、使用权的变更，自变更登记之日起生效。

依法改变土地用途的，必须持批准文件，向土地所在地的县级以上人民政府土地行政主管部门提出土地变更登记申请，由原土地登记机关依法进行变更登记。

第七条 依照《土地管理法》的有关规定，收回用地单位的土地使用权的，由原土地登记机关注销土地登记。

土地使用权有偿使用合同约定的使用期限届满，土地使用者未申请续期或者虽申请续期未获批准的，由原土地登记机关注销土地登记。

第十七条 禁止单位和个人在土地利用总体规划确定的禁止开垦区内从事土地开发活动。

在土地利用总体规划确定的土地开垦区内，开发未确定土地使用权的国有荒山、荒地、荒滩从事种植业、林业、畜牧业、渔业生产的，应当向土地所在地的县级以上人民政府土地行政主管部门提出申请，报有批准权的人民政府批准。

一次性开发未确定土地使用权的国有荒山、荒地、荒滩600公顷以下的，按照省、自治区、直辖市规定的权限，由县级以上地方人民政府批准；开发600公顷以上的，报国务院批准。

开发未确定土地使用权的国有荒山、荒地、荒滩从事种植业、林业、畜牧业或者渔业生产的，经县级以上人民政府依法批准，可以确定给开发单位或者个人长期使用，使用期限最长不得超过50年。

第二十五条 征收土地方案经依法批准后，由被征收土地所在地的市、县人民政府组织实施，并将批准征地机关、批准文号、征收土地的用途、范围、面积以及征地补偿标准、农业人员安置办法和办理征地补偿的期限等，在被征收土地所在地的乡（镇）、村予以公告。

被征收土地的所有权人、使用权人应当在公告规定的期限内，持土地权属证书到公告指定的人民政府土地行政主管部门办理征地补偿登记。

市、县人民政府土地行政主管部门根据经批准的征收土地方案，会同有关部门拟订征地补偿、安置方案，在被征收土地所在地的乡（镇）、村予以公告，听取被征收土地的农村集体经济组织和农民的意见。征地补偿、安置方案报市、县人民政府批准后，由市、县人民政府土地行政主管部门组织实施。对补偿标准有争议的，由县级以上地方人民政府协调；协调不成的，由批准征收土地的人民政府裁决。征地补偿、安置争议不影响征收土地方案的实施。

征收土地的各项费用应当自征地补偿、安置方案批准之日起3个月内全额支付。

不动产登记暂行条例（节录）

（2014年11月24日中华人民共和国国务院令第656号公布
根据2019年3月24日《国务院关于修改部分行政法规的决定》修订）

第二条　本条例所称不动产登记，是指不动产登记机构依法将不动产权利归属和其他法定事项记载于不动产登记簿的行为。

本条例所称不动产，是指土地、海域以及房屋、林木等定着物。

第三条　不动产首次登记、变更登记、转移登记、注销登记、更正登记、异议登记、预告登记、查封登记等，适用本条例。

第五条　下列不动产权利，依照本条例的规定办理登记：

（一）集体土地所有权；

（二）房屋等建筑物、构筑物所有权；

（三）森林、林木所有权；

（四）耕地、林地、草地等土地承包经营权；

（五）建设用地使用权；

（六）宅基地使用权；

（七）海域使用权；

（八）地役权；

（九）抵押权；

（十）法律规定需要登记的其他不动产权利。

第十四条　因买卖、设定抵押权等申请不动产登记的，应当由当事人双方共同申请。

属于下列情形之一的，可以由当事人单方申请：

（一）尚未登记的不动产首次申请登记的；

（二）继承、接受遗赠取得不动产权利的；

（三）人民法院、仲裁委员会生效的法律文书或者人民政府生效的决定等设立、变更、转让、消灭不动产权利的；

（四）权利人姓名、名称或者自然状况发生变化，申请变更登记的；

（五）不动产灭失或者权利人放弃不动产权利，申请注销登记的；

（六）申请更正登记或者异议登记的；

（七）法律、行政法规规定可以由当事人单方申请的其他情形。

风景名胜区条例（节录）

（2006年9月19日中华人民共和国国务院令第474号公布
根据2016年2月6日《国务院关于修改部分行政法规的决定》修订）

第十一条 风景名胜区内的土地、森林等自然资源和房屋等财产的所有权人、使用权人的合法权益受法律保护。

申请设立风景名胜区的人民政府应当在报请审批前，与风景名胜区内的土地、森林等自然资源和房屋等财产的所有权人、使用权人充分协商。

因设立风景名胜区对风景名胜区内的土地、森林等自然资源和房屋等财产的所有权人、使用权人造成损失的，应当依法给予补偿。

第二十二条 经批准的风景名胜区规划不得擅自修改。确需对风景名胜区总体规划中的风景名胜区范围、性质、保护目标、生态资源保护措施、重大建设项目布局、开发利用强度以及风景名胜区的功能结构、空间布局、游客容量进行修改的，应当报原审批机关批准；对其他内容进行修改的，应当报原审批机关备案。

风景名胜区详细规划确需修改的，应当报原审批机关批准。

政府或者政府部门修改风景名胜区规划对公民、法人或者其他组织造成财产损失的，应当依法给予补偿。

第二十四条 风景名胜区内的景观和自然环境，应当根据可持续发展的原则，严格保护，不得破坏或者随意改变。

风景名胜区管理机构应当建立健全风景名胜资源保护的各项管理制度。

风景名胜区内的居民和游览者应当保护风景名胜区的景物、水体、林草植被、野生动物和各项设施。

第二十五条 风景名胜区管理机构应当对风景名胜区内的重要景观进行调查、鉴定，并制定相应的保护措施。

第二十六条 在风景名胜区内禁止进行下列活动：

（一）开山、采石、开矿、开荒、修坟立碑等破坏景观、植被和地形地貌的活动；

（二）修建储存爆炸性、易燃性、放射性、毒害性、腐蚀性物品的设施；

（三）在景物或者设施上刻划、涂污；

（四）乱扔垃圾。

第二十七条 禁止违反风景名胜区规划，在风景名胜区内设立各类开发区和在核心景区内建设宾馆、招待所、培训中心、疗养院以及与风景名胜资源保护无关的其他建筑物；已经建设的，应当按照风景名胜区规划，逐步迁出。

第三十条 风景名胜区内的建设项目应当符合风景名胜区规划，并与景观相协调，不得破坏景观、污染环境、妨碍游览。

在风景名胜区内进行建设活动的，建设单位、施工单位应当制定污染防治和水土保持方案，并采取有效措施，保护好周围景物、水体、林草植被、野生动物资源和地形地貌。

第三十一条 国家建立风景名胜区管理信息系统，对风景名胜区规划实施和资源保护情况进行动态监测。

国家级风景名胜区所在地的风景名胜区管理机构应当每年向国务院建设主管部门报送风景名胜区规划实施和土地、森林等自然资源保护的情况；国务院建设主管部门应当将土地、森林等自然资源保护的情况，及时抄送国务院有关部门。

第四十条 违反本条例的规定，有下列行为之一的，由风景名胜区管理机构责令停止违法行为、恢复原状或者限期拆除，没收违法所得，并处

50 万元以上 100 万元以下的罚款：

（一）在风景名胜区内进行开山、采石、开矿等破坏景观、植被、地形地貌的活动的；

（二）在风景名胜区内修建储存爆炸性、易燃性、放射性、毒害性、腐蚀性物品的设施的；

（三）在核心景区内建设宾馆、招待所、培训中心、疗养院以及与风景名胜资源保护无关的其他建筑物的。

县级以上地方人民政府及其有关主管部门批准实施本条第一款规定的行为的，对直接负责的主管人员和其他直接责任人员依法给予降级或者撤职的处分；构成犯罪的，依法追究刑事责任。

第四十六条 违反本条例的规定，施工单位在施工过程中，对周围景物、水体、林草植被、野生动物资源和地形地貌造成破坏的，由风景名胜区管理机构责令停止违法行为、限期恢复原状或者采取其他补救措施，并处 2 万元以上 10 万元以下的罚款；逾期未恢复原状或者采取有效措施的，由风景名胜区管理机构责令停止施工。

退耕还林条例（节录）

（2002 年 12 月 14 日中华人民共和国国务院令第 367 号公布
根据 2016 年 2 月 6 日《国务院关于修改部分行政法规的决定》修改）

第一条 为了规范退耕还林活动，保护退耕还林者的合法权益，巩固退耕还林成果，优化农村产业结构，改善生态环境，制定本条例。

第二条 国务院批准规划范围内的退耕还林活动，适用本条例。

第三条 各级人民政府应当严格执行“退耕还林、封山绿化、以粮代赈、个体承包”的政策措施。

第四条 退耕还林必须坚持生态优先。退耕还林应当与调整农村产业结构、发展农村经济，防治水土流失、保护和建设基本农田、提高粮食单产，加强农村能源建设，实施生态移民相结合。

第五条　退耕还林应当遵循下列原则：

（一）统筹规划、分步实施、突出重点、注重实效；

（二）政策引导和农民自愿退耕相结合，谁退耕、谁造林、谁经营、谁受益；

（三）遵循自然规律，因地制宜，宜林则林，宜草则草，综合治理；

（四）建设与保护并重，防止边治理边破坏；

（五）逐步改善退耕还林者的生活条件。

第十五条　下列耕地应当纳入退耕还林规划，并根据生态建设需要和国家财力有计划地实施退耕还林：

（一）水土流失严重的；

（二）沙化、盐碱化、石漠化严重的；

（三）生态地位重要、粮食产量低而不稳的。

江河源头及其两侧、湖库周围的陡坡耕地以及水土流失和风沙危害严重等生态地位重要区域的耕地，应当在退耕还林规划中优先安排。

第十六条　基本农田保护范围内的耕地和生产条件较好、实际粮食产量超过国家退耕还林补助粮食标准并且不会造成水土流失的耕地，不得纳入退耕还林规划；但是，因生态建设特殊需要，经国务院批准并依照有关法律、行政法规规定的程序调整基本农田保护范围后，可以纳入退耕还林规划。

制定退耕还林规划时，应当考虑退耕农民长期的生计需要。

第十七条　退耕还林规划应当与国民经济和社会发展规划、农村经济发展总体规划、土地利用总体规划相衔接，与环境保护、水土保持、防沙治沙等规划相协调。

第十八条　退耕还林必须依照经批准的规划进行。未经原批准机关同意，不得擅自调整退耕还林规划。

第二十一条　年度退耕还林实施方案，应当包括下列主要内容：

（一）退耕还林的具体范围；

（二）生态林与经济林比例；

（三）树种选择和植被配置方式；

（四）造林模式；

（五）种苗供应方式；

（六）植被管护和配套保障措施；

（七）项目和技术负责人。

第二十二条 县级人民政府林业行政主管部门应当根据年度退耕还林实施方案组织专业人员或者有资质的设计单位编制乡镇作业设计，把实施方案确定的内容落实到具体地块和土地承包经营权人。

编制作业设计时，干旱、半干旱地区应当以种植耐旱灌木（草）、恢复原有植被为主；以间作方式植树种草的，应当间作多年生植物，主要林木的初植密度应当符合国家规定的标准。

第二十三条 退耕土地还林营造的生态林面积，以县为单位核算，不得低于退耕土地还林面积的80%。

退耕还林营造的生态林，由县级以上地方人民政府林业行政主管部门根据国务院林业行政主管部门制定的标准认定。

第二十四条 县级人民政府或者其委托的乡级人民政府应当与有退耕还林任务的土地承包经营权人签订退耕还林合同。

退耕还林合同应当包括下列主要内容：

（一）退耕土地还林范围、面积和宜林荒山荒地造林范围、面积；

（二）按照作业设计确定的退耕还林方式；

（三）造林成活率及其保存率；

（四）管护责任；

（五）资金和粮食的补助标准、期限和给付方式；

（六）技术指导、技术服务的方式和内容；

（七）种苗来源和供应方式；

（八）违约责任；

（九）合同履行期限。

退耕还林合同的内容不得与本条例以及国家其他有关退耕还林的规定相抵触。

第二十五条 退耕还林需要的种苗，可以由县级人民政府根据本地区实际组织集中采购，也可以由退耕还林者自行采购。集中采购的，应当征求退耕还林者的意见，并采用公开竞价方式，签订书面合同，超过国家种苗造林补助费标准的，不得向退耕还林者强行收取超出部分的费用。

任何单位和个人不得为退耕还林者指定种苗供应商。

禁止垄断经营种苗和哄抬种苗价格。

第二十九条　退耕还林者应当按照作业设计和合同的要求植树种草。

禁止林粮间作和破坏原有林草植被的行为。

第三十条　退耕还林者在享受资金和粮食补助期间，应当按照作业设计和合同的要求在宜林荒山荒地造林。

第三十一条　县级人民政府应当建立退耕还林植被管护制度，落实管护责任。

退耕还林者应当履行管护义务。

禁止在退耕还林项目实施范围内复耕和从事滥采、乱挖等破坏地表植被的活动。

第三十五条　国家按照核定的退耕还林实际面积，向土地承包经营权人提供补助粮食、种苗造林补助费和生活补助费。具体补助标准和补助年限按照国务院有关规定执行。

第三十六条　尚未承包到户和休耕的坡耕地退耕还林的，以及纳入退耕还林规划的宜林荒山荒地造林，只享受种苗造林补助费。

第三十七条　种苗造林补助费和生活补助费由国务院计划、财政、林业部门按照有关规定及时下达、核拨。

第三十八条　补助粮食应当就近调运，减少供应环节，降低供应成本。粮食补助费按照国家有关政策处理。

粮食调运费用由地方财政承担，不得向供应补助粮食的企业和退耕还林者分摊。

第三十九条　省、自治区、直辖市人民政府应当根据当地口粮消费习惯和农作物种植习惯以及当地粮食库存实际情况合理确定补助粮食的品种。

补助粮食必须达到国家规定的质量标准。不符合国家质量标准的，不得供应给退耕还林者。

第四十条　退耕土地还林的第一年，该年度补助粮食可以分两次兑付，每次兑付的数量由省、自治区、直辖市人民政府确定。

从退耕土地还林第二年起，在规定的补助期限内，县级人民政府应当组织有关部门和单位及时向持有验收合格证明的退耕还林者一次兑付该年度补助粮食。

第四十一条 兑付的补助粮食，不得折算成现金或者代金券。供应补助粮食的企业不得回购退耕还林补助粮食。

第四十二条 种苗造林补助费应当用于种苗采购，节余部分可以用于造林补助和封育管护。

退耕还林者自行采购种苗的，县级人民政府或者其委托的乡级人民政府应当在退耕还林合同生效时一次付清种苗造林补助费。

集中采购种苗的，退耕还林验收合格后，种苗采购单位应当与退耕还林者结算种苗造林补助费。

第四十三条 退耕土地还林后，在规定的补助期限内，县级人民政府应当组织有关部门及时向持有验收合格证明的退耕还林者一次付清该年度生活补助费。

第四十六条 实施退耕还林的乡（镇）、村应当建立退耕还林公示制度，将退耕还林者的退耕还林面积、造林树种、成活率以及资金和粮食补助发放等情况进行公示。

第四十七条 国家保护退耕还林者享有退耕土地上的林木（草）所有权。自行退耕还林的，土地承包经营权人享有退耕土地上的林木（草）所有权；委托他人还林或者与他人合作还林的，退耕土地上的林木（草）所有权由合同约定。

退耕土地还林后，由县级以上人民政府依照森林法、草原法的有关规定发放林（草）权属证书，确认所有权和使用权，并依法办理土地变更登记手续。土地承包经营合同应当作相应调整。

第四十八条 退耕土地还林后的承包经营权期限可以延长到70年。承包经营权到期后，土地承包经营权人可以依照有关法律、法规的规定继续承包。

退耕还林土地和荒山荒地造林后的承包经营权可以依法继承、转让。

第四十九条 退耕还林者按照国家有关规定享受税收优惠，其中退耕还林（草）所取得的农业特产收入，依照国家规定免征农业特产税。

退耕还林的县（市）农业税收因灾减收部分，由上级财政以转移支付的方式给予适当补助；确有困难的，经国务院批准，由中央财政以转移支付的方式给予适当补助。

第五十条　资金和粮食补助期满后，在不破坏整体生态功能的前提下，经有关主管部门批准，退耕还林者可以依法对其所有的林木进行采伐。

第五十一条　地方各级人民政府应当加强基本农田和农业基础设施建设，增加投入，改良土壤，改造坡耕地，提高地力和单位粮食产量，解决退耕还林者的长期口粮需求。

第五十四条　国家鼓励在退耕还林过程中实行生态移民，并对生态移民农户的生产、生活设施给予适当补助。

第五十五条　退耕还林后，有关地方人民政府应当采取封山禁牧、舍饲圈养等措施，保护退耕还林成果。

第五十六条　退耕还林应当与扶贫开发、农业综合开发和水土保持等政策措施相结合，对不同性质的项目资金应当在专款专用的前提下统筹安排，提高资金使用效益。

最高人民法院
关于适用《中华人民共和国民法典》物权编的解释（一）

法释〔2020〕24号

（2020年12月25日最高人民法院审判委员会第1825次会议通过　自2021年1月1日起施行）

为正确审理物权纠纷案件，根据《中华人民共和国民法典》等相关法律规定，结合审判实践，制定本解释。

第一条 因不动产物权的归属，以及作为不动产物权登记基础的买卖、赠与、抵押等产生争议，当事人提起民事诉讼的，应当依法受理。当事人已经在行政诉讼中申请一并解决上述民事争议，且人民法院一并审理的除外。

第二条 当事人有证据证明不动产登记簿的记载与真实权利状态不符、其为该不动产物权的真实权利人，请求确认其享有物权的，应予支持。

第三条 异议登记因民法典第二百二十条第二款规定的事由失效后，当事人提起民事诉讼，请求确认物权归属的，应当依法受理。异议登记失效不影响人民法院对案件的实体审理。

第四条 未经预告登记的权利人同意，转让不动产所有权等物权，或者设立建设用地使用权、居住权、地役权、抵押权等其他物权的，应当依照民法典第二百二十一条第一款的规定，认定其不发生物权效力。

第五条 预告登记的买卖不动产物权的协议被认定无效、被撤销，或者预告登记的权利人放弃债权的，应当认定为民法典第二百二十一条第二款所称的“债权消灭”。

第六条 转让人转让船舶、航空器和机动车等所有权，受让人已经支付合理价款并取得占有，虽未经登记，但转让人的债权人主张其为民法典第二百二十五条所称的“善意第三人”的，不予支持，法律另有规定的除外。

第七条 人民法院、仲裁机构在分割共有不动产或者动产等案件中作出并依法生效的改变原有物权关系的判决书、裁决书、调解书，以及人民法院在执行程序中作出的拍卖成交裁定书、变卖成交裁定书、以物抵债裁定书，应当认定为民法典第二百二十九条所称导致物权设立、变更、转让或者消灭的人民法院、仲裁机构的法律文书。

第八条 依据民法典第二百二十九条至第二百三十一条规定享有物权，但尚未完成动产交付或者不动产登记的权利人，依据民法典第二百三十五条至第二百三十八条的规定，请求保护其物权的，应予支持。

第九条 共有份额的权利主体因继承、遗赠等原因发生变化时，其他按份共有人主张优先购买的，不予支持，但按份共有人之间另有约定的除外。

第十条 民法典第三百零五条所称的“同等条件”，应当综合共有份额的转让价格、价款履行方式及期限等因素确定。

第十一条 优先购买权的行使期间，按份共有人之间有约定的，按照约定处理；没有约定或者约定不明的，按照下列情形确定：

（一）转让人向其他按份共有人发出的包含同等条件内容的通知中载明行使期间的，以该期间为准；

（二）通知中未载明行使期间，或者载明的期间短于通知送达之日起十五日的，为十五日；

（三）转让人未通知的，为其他按份共有人知道或者应当知道最终确定的同等条件之日起十五日；

（四）转让人未通知，且无法确定其他按份共有人知道或者应当知道最终确定的同等条件的，为共有份额权属转移之日起六个月。

第十二条 按份共有人向共有人之外的人转让其份额，其他按份共有人根据法律、司法解释规定，请求按照同等条件优先购买该共有份额的，应予支持。其他按份共有人的请求具有下列情形之一的，不予支持：

（一）未在本解释第十一条规定的期间内主张优先购买，或者虽主张优先购买，但提出减少转让价款、增加转让人负担等实质性变更要求；

（二）以其优先购买权受到侵害为由，仅请求撤销共有份额转让合同或者认定该合同无效。

第十三条 按份共有人之间转让共有份额，其他按份共有人主张依据民法典第三百零五条规定优先购买的，不予支持，但按份共有人之间另有约定的除外。

第十四条 受让人受让不动产或者动产时，不知道转让人无处分权，且无重大过失的，应当认定受让人为善意。

真实权利人主张受让人不构成善意的，应当承担举证证明责任。

第十五条 具有下列情形之一的，应当认定不动产受让人知道转让人无处分权：

（一）登记簿上存在有效的异议登记；

（二）预告登记有效期内，未经预告登记的权利人同意；

（三）登记簿上已经记载司法机关或者行政机关依法裁定、决定查封或者以其他形式限制不动产权利的有关事项；

（四）受让人知道登记簿上记载的权利主体错误；

（五）受让人知道他人已经依法享有不动产物权。

真实权利人有证据证明不动产受让人应当知道转让人无处分权的，应当认定受让人具有重大过失。

第十六条 受让人受让动产时，交易的对象、场所或者时机等不符合交易习惯的，应当认定受让人具有重大过失。

第十七条 民法典第三百一十一条第一款第一项所称的“受让人受让该不动产或者动产时”，是指依法完成不动产物权转移登记或者动产交付之时。

当事人以民法典第二百二十六条规定的方式交付动产的，转让动产民事法律行为生效时为动产交付之时；当事人以民法典第二百二十七条规定的方式交付动产的，转让人与受让人之间有关转让返还原物请求权的协议生效时为动产交付之时。

法律对不动产、动产物权的设立另有规定的，应当按照法律规定的时间认定权利人是否为善意。

第十八条 民法典第三百一十一条第一款第二项所称“合理的价格”，应当根据转让标的物的性质、数量以及付款方式等具体情况，参考转让时交易地市场价格以及交易习惯等因素综合认定。

第十九条 转让人将民法典第二百二十五条规定的船舶、航空器和机动车等交付给受让人的，应当认定符合民法典第三百一十一条第一款第三项规定的善意取得的条件。

第二十条 具有下列情形之一，受让人主张依据民法典第三百一十一条规定取得所有权的，不予支持：

（一）转让合同被认定无效；

（二）转让合同被撤销。

第二十一条 本解释自 2021 年 1 月 1 日起施行。

最高人民法院
关于适用《中华人民共和国民法典》有关担保制度的解释（节录）

法释〔2020〕28号

（2020年12月25日最高人民法院审判委员会第1824次会议通过
自2021年1月1日起施行）

第五条　机关法人提供担保的，人民法院应当认定担保合同无效，但是经国务院批准为使用外国政府或者国际经济组织贷款进行转贷的除外。

居民委员会、村民委员会提供担保的，人民法院应当认定担保合同无效，但是依法代行村集体经济组织职能的村民委员会，依照村民委员会组织法规定的讨论决定程序对外提供担保的除外。

第七条　公司的法定代表人违反公司法关于公司对外担保决议程序的规定，超越权限代表公司与相对人订立担保合同，人民法院应当依照民法典第六十一条和第五百零四条等规定处理：

（一）相对人善意的，担保合同对公司发生效力；相对人请求公司承担担保责任的，人民法院应予支持。

（二）相对人非善意的，担保合同对公司不发生效力；相对人请求公司承担赔偿责任的，参照适用本解释第十七条的有关规定。

法定代表人超越权限提供担保造成公司损失，公司请求法定代表人承担赔偿责任的，人民法院应予支持。

第一款所称善意，是指相对人在订立担保合同时不知道且不应当知道法定代表人超越权限。相对人有证据证明已对公司决议进行了合理审查，人民法院应当认定其构成善意，但是公司有证据证明相对人知道或者应当知道决议系伪造、变造的除外。

第三十七条 当事人以所有权、使用权不明或者有争议的财产抵押，经审查构成无权处分的，人民法院应当依照民法典第三百一十一条的规定处理。

当事人以依法被查封或者扣押的财产抵押，抵押权人请求行使抵押权，经审查查封或者扣押措施已经解除的，人民法院应予支持。抵押人以抵押权设立时财产被查封或者扣押为由主张抵押合同无效的，人民法院不予支持。

以依法被监管的财产抵押的，适用前款规定。

第四十条 从物产生于抵押权依法设立前，抵押权人主张抵押权的效力及于从物的，人民法院应予支持，但是当事人另有约定的除外。

从物产生于抵押权依法设立后，抵押权人主张抵押权的效力及于从物的，人民法院不予支持，但是在抵押权实现时可以一并处分。

第四十一条 抵押权依法设立后，抵押财产被添附，添附物归第三人所有，抵押权人主张抵押权效力及于补偿金的，人民法院应予支持。

抵押权依法设立后，抵押财产被添附，抵押人对添附物享有所有权，抵押权人主张抵押权的效力及于添附物的，人民法院应予支持，但是添附导致抵押财产价值增加的，抵押权的效力不及于增加的价值部分。

抵押权依法设立后，抵押人与第三人因添附成为添附物的共有人，抵押权人主张抵押权的效力及于抵押人对共有物享有的份额的，人民法院应予支持。

本条所称添附，包括附合、混合与加工。

第四十五条 当事人约定当债务人不履行到期债务或者发生当事人约定的实现担保物权的情形，担保物权人有权将担保财产自行拍卖、变卖并就所得的价款优先受偿的，该约定有效。因担保人的原因导致担保物权人无法自行对担保财产进行拍卖、变卖，担保物权人请求担保人承担因此增加的费用的，人民法院应予支持。

当事人依照民事诉讼法有关“实现担保物权案件”的规定，申请拍卖、变卖担保财产，被申请人以担保合同约定仲裁条款为由主张驳回申请的，人民法院经审查后，应当按照以下情形分别处理：

（一）当事人对担保物权无实质性争议且实现担保物权条件已经成就的，应当裁定准许拍卖、变卖担保财产；

（二）当事人对实现担保物权有部分实质性争议的，可以就无争议的部分裁定准许拍卖、变卖担保财产，并告知可以就有争议的部分申请仲裁；

（三）当事人对实现担保物权有实质性争议的，裁定驳回申请，并告知可以向仲裁机构申请仲裁。

债权人以诉讼方式行使担保物权的，应当以债务人和担保人作为共同被告。

第四十六条 不动产抵押合同生效后未办理抵押登记手续，债权人请求抵押人办理抵押登记手续的，人民法院应予支持。

抵押财产因不可归责于抵押人自身的原因灭失或者被征收等导致不能办理抵押登记，债权人请求抵押人在约定的担保范围内承担责任的，人民法院不予支持；但是抵押人已经获得保险金、赔偿金或者补偿金等，债权人请求抵押人在其所获金额范围内承担赔偿责任的，人民法院依法予以支持。

因抵押人转让抵押财产或者其他可归责于抵押人自身的原因导致不能办理抵押登记，债权人请求抵押人在约定的担保范围内承担责任的，人民法院依法予以支持，但是不得超过抵押权能够设立时抵押人应当承担的责任范围。

第四十七条 不动产登记簿就抵押财产、被担保的债权范围等所作的记载与抵押合同约定不一致的，人民法院应当根据登记簿的记载确定抵押财产、被担保的债权范围等事项。

第四十八条 当事人申请办理抵押登记手续时，因登记机构的过错致使其不能办理抵押登记，当事人请求登记机构承担赔偿责任的，人民法院依法予以支持。

第六十一条 以现有的应收账款出质，应收账款债务人向质权人确认应收账款的真实性后，又以应收账款不存在或者已经消灭为由主张不承担责任的，人民法院不予支持。

以现有的应收账款出质，应收账款债务人未确认应收账款的真实性，质权人以应收账款债务人为被告，请求就应收账款优先受偿，能够举证证明办理出质登记时应收账款真实存在的，人民法院应予支持；质权人不能举证证明办理出质登记时应收账款真实存在，仅以已经办理出质登记为由，请求就应收账款优先受偿的，人民法院不予支持。

以现有的应收账款出质，应收账款债务人已经向应收账款债权人履行了债务，质权人请求应收账款债务人履行债务的，人民法院不予支持，但是应收账款债务人接到质权人要求向其履行的通知后，仍然向应收账款债权人履行的除外。

以基础设施和公用事业项目收益权、提供服务或者劳务产生的债权以及其他将有的应收账款出质，当事人为应收账款设立特定账户，发生法定或者约定的质权实现事由时，质权人请求就该特定账户内的款项优先受偿的，人民法院应予支持；特定账户内的款项不足以清偿债务或者未设立特定账户，质权人请求折价或者拍卖、变卖项目收益权等将有的应收账款，并以所得的价款优先受偿的，人民法院依法予以支持。

最高人民法院
关于审理涉及农村土地承包纠纷案件适用法律问题的解释

（2005 年 3 月 29 日最高人民法院审判委员会第 1346 次会议通过　根据 2020 年 12 月 23 日最高人民法院审判委员会第 1823 次会议通过的《最高人民法院关于修改〈最高人民法院关于在民事审判工作中适用《中华人民共和国工会法》若干问题的解释〉等二十七件民事类司法解释的决定》修正）

为正确审理农村土地承包纠纷案件，依法保护当事人的合法权益，根据《中华人民共和国民法典》《中华人民共和国农村土地承包法》《中华人民共和国土地管理法》《中华人民共和国民事诉讼法》等法律的规定，结合民事审判实践，制定本解释。

一、受理与诉讼主体

第一条 下列涉及农村土地承包民事纠纷，人民法院应当依法受理：

（一）承包合同纠纷；

（二）承包经营权侵权纠纷；

（三）土地经营权侵权纠纷；

（四）承包经营权互换、转让纠纷；

（五）土地经营权流转纠纷；

（六）承包地征收补偿费用分配纠纷；

（七）承包经营权继承纠纷；

（八）土地经营权继承纠纷。

农村集体经济组织成员因未实际取得土地承包经营权提起民事诉讼的，人民法院应当告知其向有关行政主管部门申请解决。

农村集体经济组织成员就用于分配的土地补偿费数额提起民事诉讼的，人民法院不予受理。

第二条 当事人自愿达成书面仲裁协议的，受诉人民法院应当参照《最高人民法院关于适用〈中华人民共和国民事诉讼法〉的解释》第二百一十五条、第二百一十六条的规定处理。

当事人未达成书面仲裁协议，一方当事人向农村土地承包仲裁机构申请仲裁，另一方当事人提起诉讼的，人民法院应予受理，并书面通知仲裁机构。但另一方当事人接受仲裁管辖后又起诉的，人民法院不予受理。

当事人对仲裁裁决不服并在收到裁决书之日起三十日内提起诉讼的，人民法院应予受理。

第三条 承包合同纠纷，以发包方和承包方为当事人。

前款所称承包方是指以家庭承包方式承包本集体经济组织农村土地的农户，以及以其他方式承包农村土地的组织或者个人。

第四条 农户成员为多人的，由其代表人进行诉讼。

农户代表人按照下列情形确定：

（一）土地承包经营权证等证书上记载的人；

（二）未依法登记取得土地承包经营权证等证书的，为在承包合同上签名的人；

（三）前两项规定的人死亡、丧失民事行为能力或者因其他原因无法进行诉讼的，为农户成员推选的人。

二、家庭承包纠纷案件的处理

第五条 承包合同中有关收回、调整承包地的约定违反农村土地承包法第二十七条、第二十八条、第三十一条规定的，应当认定该约定无效。

第六条 因发包方违法收回、调整承包地，或者因发包方收回承包方弃耕、撂荒的承包地产生的纠纷，按照下列情形，分别处理：

（一）发包方未将承包地另行发包，承包方请求返还承包地的，应予支持；

（二）发包方已将承包地另行发包给第三人，承包方以发包方和第三人为共同被告，请求确认其所签订的承包合同无效、返还承包地并赔偿损失的，应予支持。但属于承包方弃耕、撂荒情形的，对其赔偿损失的诉讼请求，不予支持。

前款第（二）项所称的第三人，请求受益方补偿其在承包地上的合理投入的，应予支持。

第七条 承包合同约定或者土地承包经营权证等证书记载的承包期限短于农村土地承包法规定的期限，承包方请求延长的，应予支持。

第八条 承包方违反农村土地承包法第十八条规定，未经依法批准将承包地用于非农建设或者对承包地造成永久性损害，发包方请求承包方停止侵害、恢复原状或者赔偿损失的，应予支持。

第九条 发包方根据农村土地承包法第二十七条规定收回承包地前，承包方已经以出租、入股或者其他形式将其土地经营权流转给第三人，且流转期限尚未届满，因流转价款收取产生的纠纷，按照下列情形，分别处理：

（一）承包方已经一次性收取了流转价款，发包方请求承包方返还剩余流转期限的流转价款的，应予支持；

（二）流转价款为分期支付，发包方请求第三人按照流转合同的约定支付流转价款的，应予支持。

第十条 承包方交回承包地不符合农村土地承包法第三十条规定程序的，不得认定其为自愿交回。

第十一条 土地经营权流转中，本集体经济组织成员在流转价款、流转期限等主要内容相同的条件下主张优先权的，应予支持。但下列情形除外：

（一）在书面公示的合理期限内未提出优先权主张的；

（二）未经书面公示，在本集体经济组织以外的人开始使用承包地两个月内未提出优先权主张的。

第十二条 发包方胁迫承包方将土地经营权流转给第三人，承包方请求撤销其与第三人签订的流转合同的，应予支持。

发包方阻碍承包方依法流转土地经营权，承包方请求排除妨碍、赔偿损失的，应予支持。

第十三条 承包方未经发包方同意，转让其土地承包经营权的，转让合同无效。但发包方无法定理由不同意或者拖延表态的除外。

第十四条 承包方依法采取出租、入股或者其他方式流转土地经营权，发包方仅以该土地经营权流转合同未报其备案为由，请求确认合同无效的，不予支持。

第十五条 因承包方不收取流转价款或者向对方支付费用的约定产生纠纷，当事人协商变更无法达成一致，且继续履行又显失公平的，人民法院可以根据发生变更的客观情况，按照公平原则处理。

第十六条 当事人对出租地流转期限没有约定或者约定不明的，参照民法典第七百三十条规定处理。除当事人另有约定或者属于林地承包经营外，承包地交回的时间应当在农作物收获期结束后或者下一耕种期开始前。

对提高土地生产能力的投入，对方当事人请求承包方给予相应补偿的，应予支持。

第十七条 发包方或者其他组织、个人擅自截留、扣缴承包收益或者土地经营权流转收益，承包方请求返还的，应予支持。

发包方或者其他组织、个人主张抵销的，不予支持。

三、其他方式承包纠纷的处理

第十八条 本集体经济组织成员在承包费、承包期限等主要内容相同的条件下主张优先承包的，应予支持。但在发包方将农村土地发包给本集体经济组织以外的组织或者个人，已经法律规定的民主议定程序通过，并由乡（镇）人民政府批准后主张优先承包的，不予支持。

第十九条 发包方就同一土地签订两个以上承包合同，承包方均主张取得土地经营权的，按照下列情形，分别处理：

（一）已经依法登记的承包方，取得土地经营权；

（二）均未依法登记的，生效在先合同的承包方取得土地经营权；

（三）依前两项规定无法确定的，已经根据承包合同合法占有使用承包地的人取得土地经营权，但争议发生后一方强行先占承包地的行为和事实，不得作为确定土地经营权的依据。

四、土地征收补偿费用分配及土地承包经营权继承纠纷的处理

第二十条 承包地被依法征收，承包方请求发包方给付已经收到的地上附着物和青苗的补偿费的，应予支持。

承包方已将土地经营权以出租、入股或者其他方式流转给第三人的，除当事人另有约定外，青苗补偿费归实际投入人所有，地上附着物补偿费归附着物所有人所有。

第二十一条 承包地被依法征收，放弃统一安置的家庭承包方，请求发包方给付已经收到的安置补助费的，应予支持。

第二十二条 农村集体经济组织或者村民委员会、村民小组，可以依照法律规定的民主议定程序，决定在本集体经济组织内部分配已经收到的土地补偿费。征地补偿安置方案确定时已经具有本集体经济组织成员资格的人，请求支付相应份额的，应予支持。但已报全国人大常委会、国务院备案的地方性法规、自治条例和单行条例、地方政府规章对土地补偿费在农村集体经济组织内部的分配办法另有规定的除外。

第二十三条 林地家庭承包中，承包方的继承人请求在承包期内继续承包的，应予支持。

其他方式承包中，承包方的继承人或者权利义务承受者请求在承包期内继续承包的，应予支持。

五、其他规定

第二十四条 人民法院在审理涉及本解释第五条、第六条第一款第（二）项及第二款、第十五条的纠纷案件时，应当着重进行调解。必要时可以委托人民调解组织进行调解。

第二十五条 本解释自2005年9月1日起施行。施行后受理的第一审案件，适用本解释的规定。

施行前已经生效的司法解释与本解释不一致的，以本解释为准。

最高人民法院
关于审理涉及国有土地使用权合同纠纷案件适用法律问题的解释（节录）

（2004年11月23日最高人民法院审判委员会第1334次会议通过 根据2020年12月23日最高人民法院审判委员会第1823次会议通过的《最高人民法院关于修改〈最高人民法院关于在民事审判工作中适用《中华人民共和国工会法》若干问题的解释〉等二十七件民事类司法解释的决定》修正）

第四条 土地使用权出让合同的出让方因未办理土地使用权出让批准手续而不能交付土地，受让方请求解除合同的，应予支持。

第六条 受让方擅自改变土地使用权出让合同约定的土地用途，出让方请求解除合同的，应予支持。

第八条 土地使用权人作为转让方与受让方订立土地使用权转让合同后，当事人一方以双方之间未办理土地使用权变更登记手续为由，请求确认合同无效的，不予支持。

第九条 土地使用权人作为转让方就同一出让土地使用权订立数个转让合同，在转让合同有效的情况下，受让方均要求履行合同的，按照以下情形分别处理：

（一）已经办理土地使用权变更登记手续的受让方，请求转让方履行交付土地等合同义务的，应予支持；

（二）均未办理土地使用权变更登记手续，已先行合法占有投资开发土地的受让方请求转让方履行土地使用权变更登记等合同义务的，应予支持；

（三）均未办理土地使用权变更登记手续，又未合法占有投资开发土地，先行支付土地转让款的受让方请求转让方履行交付土地和办理土地使用权变更登记等合同义务的，应予支持；

（四）合同均未履行，依法成立在先的合同受让方请求履行合同的，应予支持。

未能取得土地使用权的受让方请求解除合同、赔偿损失的，依照民法典的有关规定处理。

第十条 土地使用权人与受让方订立合同转让划拨土地使用权，起诉前经有批准权的人民政府同意转让，并由受让方办理土地使用权出让手续的，土地使用权人与受让方订立的合同可以按照补偿性质的合同处理。

第十一条 土地使用权人与受让方订立合同转让划拨土地使用权，起诉前经有批准权的人民政府决定不办理土地使用权出让手续，并将该划拨土地使用权直接划拨给受让方使用的，土地使用权人与受让方订立的合同可以按照补偿性质的合同处理。

最高人民法院
关于审理环境侵权责任纠纷案件适用法律若干问题的解释

（2015年2月9日最高人民法院审判委员会第1644次会议通过
根据2020年12月23日最高人民法院审判委员会第1823次
会议通过的《最高人民法院关于修改〈最高人民法院
关于在民事审判工作中适用《中华人民共和国工会法》
若干问题的解释〉等二十七件民事类
司法解释的决定》修正）

为正确审理环境侵权责任纠纷案件，根据《中华人民共和国民法典》《中华人民共和国环境保护法》《中华人民共和国民事诉讼法》等法律的规定，结合审判实践，制定本解释。

第一条　因污染环境、破坏生态造成他人损害，不论侵权人有无过错，侵权人应当承担侵权责任。

侵权人以排污符合国家或者地方污染物排放标准为由主张不承担责任的，人民法院不予支持。

侵权人不承担责任或者减轻责任的情形，适用海洋环境保护法、水污染防治法、大气污染防治法等环境保护单行法的规定；相关环境保护单行法没有规定的，适用民法典的规定。

第二条　两个以上侵权人共同实施污染环境、破坏生态行为造成损害，被侵权人根据民法典第一千一百六十八条规定请求侵权人承担连带责任的，人民法院应予支持。

第三条　两个以上侵权人分别实施污染环境、破坏生态行为造成同一损害，每一个侵权人的污染环境、破坏生态行为都足以造成全部损害，被侵权人根据民法典第一千一百七十一条规定请求侵权人承担连带责任的，人民法院应予支持。

两个以上侵权人分别实施污染环境、破坏生态行为造成同一损害，每一个侵权人的污染环境、破坏生态行为都不足以造成全部损害，被侵权人根据民法典第一千一百七十二条规定请求侵权人承担责任的，人民法院应予支持。

两个以上侵权人分别实施污染环境、破坏生态行为造成同一损害，部分侵权人的污染环境、破坏生态行为足以造成全部损害，部分侵权人的污染环境、破坏生态行为只造成部分损害，被侵权人根据民法典第一千一百七十一条规定请求足以造成全部损害的侵权人与其他侵权人就共同造成的损害部分承担连带责任，并对全部损害承担责任的，人民法院应予支持。

第四条 两个以上侵权人污染环境、破坏生态，对侵权人承担责任的大小，人民法院应当根据污染物的种类、浓度、排放量、危害性，有无排污许可证、是否超过污染物排放标准、是否超过重点污染物排放总量控制指标，破坏生态的方式、范围、程度，以及行为对损害后果所起的作用等因素确定。

第五条 被侵权人根据民法典第一千二百三十三条规定分别或者同时起诉侵权人、第三人的，人民法院应予受理。

被侵权人请求第三人承担赔偿责任的，人民法院应当根据第三人的过错程度确定其相应赔偿责任。

侵权人以第三人的过错污染环境、破坏生态造成损害为由主张不承担责任或者减轻责任的，人民法院不予支持。

第六条 被侵权人根据民法典第七编第七章的规定请求赔偿的，应当提供证明以下事实的证据材料：

（一）侵权人排放了污染物或者破坏了生态；

（二）被侵权人的损害；

（三）侵权人排放的污染物或者其次生污染物、破坏生态行为与损害之间具有关联性。

第七条 侵权人举证证明下列情形之一的，人民法院应当认定其污染环境、破坏生态行为与损害之间不存在因果关系：

（一）排放污染物、破坏生态的行为没有造成该损害可能的；

（二）排放的可造成该损害的污染物未到达该损害发生地的；

（三）该损害于排放污染物、破坏生态行为实施之前已发生的；

（四）其他可以认定污染环境、破坏生态行为与损害之间不存在因果关系的情形。

第八条　对查明环境污染、生态破坏案件事实的专门性问题，可以委托具备相关资格的司法鉴定机构出具鉴定意见或者由负有环境资源保护监督管理职责的部门推荐的机构出具检验报告、检测报告、评估报告或者监测数据。

第九条　当事人申请通知一至两名具有专门知识的人出庭，就鉴定意见或者污染物认定、损害结果、因果关系、修复措施等专业问题提出意见的，人民法院可以准许。当事人未申请，人民法院认为有必要的，可以进行释明。

具有专门知识的人在法庭上提出的意见，经当事人质证，可以作为认定案件事实的根据。

第十条　负有环境资源保护监督管理职责的部门或者其委托的机构出具的环境污染、生态破坏事件调查报告、检验报告、检测报告、评估报告或者监测数据等，经当事人质证，可以作为认定案件事实的根据。

第十一条　对于突发性或者持续时间较短的环境污染、生态破坏行为，在证据可能灭失或者以后难以取得的情况下，当事人或者利害关系人根据民事诉讼法第八十一条规定申请证据保全的，人民法院应当准许。

第十二条　被申请人具有环境保护法第六十三条规定情形之一，当事人或者利害关系人根据民事诉讼法第一百条或者第一百零一条规定申请保全的，人民法院可以裁定责令被申请人立即停止侵害行为或者采取防治措施。

第十三条　人民法院应当根据被侵权人的诉讼请求以及具体案情，合理判定侵权人承担停止侵害、排除妨碍、消除危险、修复生态环境、赔礼道歉、赔偿损失等民事责任。

第十四条　被侵权人请求修复生态环境的，人民法院可以依法裁判侵权人承担环境修复责任，并同时确定其不履行环境修复义务时应当承担的环境修复费用。

侵权人在生效裁判确定的期限内未履行环境修复义务的，人民法院可以委托其他人进行环境修复，所需费用由侵权人承担。

第十五条 被侵权人起诉请求侵权人赔偿因污染环境、破坏生态造成的财产损失、人身损害以及为防止损害发生和扩大、清除污染、修复生态环境而采取必要措施所支出的合理费用的，人民法院应予支持。

第十六条 下列情形之一，应当认定为环境保护法第六十五条规定的弄虚作假：

（一）环境影响评价机构明知委托人提供的材料虚假而出具严重失实的评价文件的；

（二）环境监测机构或者从事环境监测设备维护、运营的机构故意隐瞒委托人超过污染物排放标准或者超过重点污染物排放总量控制指标的事实的；

（三）从事防治污染设施维护、运营的机构故意不运行或者不正常运行环境监测设备或者防治污染设施的；

（四）有关机构在环境服务活动中其他弄虚作假的情形。

第十七条 本解释适用于审理因污染环境、破坏生态造成损害的民事案件，但法律和司法解释对环境民事公益诉讼案件另有规定的除外。

相邻污染侵害纠纷、劳动者在职业活动中因受污染损害发生的纠纷，不适用本解释。

第十八条 本解释施行后，人民法院尚未审结的一审、二审案件适用本解释规定。本解释施行前已经作出生效裁判的案件，本解释施行后依法再审的，不适用本解释。

本解释施行后，最高人民法院以前颁布的司法解释与本解释不一致的，不再适用。

最高人民法院
关于审理环境民事公益诉讼案件适用法律若干问题的解释

（2014年12月8日最高人民法院审判委员会第1631次会议通过
根据2020年12月23日最高人民法院审判委员会第1823次会议
通过的《最高人民法院关于修改〈最高人民法院关于人民
法院民事调解工作若干问题的规定〉等十九件
民事诉讼类司法解释的决定》修正）

为正确审理环境民事公益诉讼案件，根据《中华人民共和国民法典》《中华人民共和国环境保护法》《中华人民共和国民事诉讼法》等法律的规定，结合审判实践，制定本解释。

第一条 法律规定的机关和有关组织依据民事诉讼法第五十五条、环境保护法第五十八条等法律的规定，对已经损害社会公共利益或者具有损害社会公共利益重大风险的污染环境、破坏生态的行为提起诉讼，符合民事诉讼法第一百一十九条第二项、第三项、第四项规定的，人民法院应予受理。

第二条 依照法律、法规的规定，在设区的市级以上人民政府民政部门登记的社会团体、基金会以及社会服务机构等，可以认定为环境保护法第五十八条规定的社会组织。

第三条 设区的市，自治州、盟、地区，不设区的地级市，直辖市的区以上人民政府民政部门，可以认定为环境保护法第五十八条规定的“设区的市级以上人民政府民政部门”。

第四条 社会组织章程确定的宗旨和主要业务范围是维护社会公共利益，且从事环境保护公益活动的，可以认定为环境保护法第五十八条规定的“专门从事环境保护公益活动”。

社会组织提起的诉讼所涉及的社会公共利益，应与其宗旨和业务范围具有关联性。

第五条 社会组织在提起诉讼前五年内未因从事业务活动违反法律、法规的规定受过行政、刑事处罚的，可以认定为环境保护法第五十八条规定的“无违法记录”。

第六条 第一审环境民事公益诉讼案件由污染环境、破坏生态行为发生地、损害结果地或者被告住所地的中级以上人民法院管辖。

中级人民法院认为确有必要的，可以在报请高级人民法院批准后，裁定将本院管辖的第一审环境民事公益诉讼案件交由基层人民法院审理。

同一原告或者不同原告对同一污染环境、破坏生态行为分别向两个以上有管辖权的人民法院提起环境民事公益诉讼的，由最先立案的人民法院管辖，必要时由共同上级人民法院指定管辖。

第七条 经最高人民法院批准，高级人民法院可以根据本辖区环境和生态保护的实际情况，在辖区内确定部分中级人民法院受理第一审环境民事公益诉讼案件。

中级人民法院管辖环境民事公益诉讼案件的区域由高级人民法院确定。

第八条 提起环境民事公益诉讼应当提交下列材料：

（一）符合民事诉讼法第一百二十一条规定的起诉状，并按照被告人数提出副本；

（二）被告的行为已经损害社会公共利益或者具有损害社会公共利益重大风险的初步证明材料；

（三）社会组织提起诉讼的，应当提交社会组织登记证书、章程、起诉前连续五年的年度工作报告书或者年检报告书，以及由其法定代表人或者负责人签字并加盖公章的无违法记录的声明。

第九条 人民法院认为原告提出的诉讼请求不足以保护社会公共利益的，可以向其释明变更或者增加停止侵害、修复生态环境等诉讼请求。

第十条 人民法院受理环境民事公益诉讼后，应当在立案之日起五日内将起诉状副本发送被告，并公告案件受理情况。

有权提起诉讼的其他机关和社会组织在公告之日起三十日内申请参加诉讼，经审查符合法定条件的，人民法院应当将其列为共同原告；逾期申请的，不予准许。

公民、法人和其他组织以人身、财产受到损害为由申请参加诉讼的，告知其另行起诉。

第十一条 检察机关、负有环境资源保护监督管理职责的部门及其他机关、社会组织、企业事业单位依据民事诉讼法第十五条的规定，可以通过提供法律咨询、提交书面意见、协助调查取证等方式支持社会组织依法提起环境民事公益诉讼。

第十二条 人民法院受理环境民事公益诉讼后，应当在十日内告知对被告行为负有环境资源保护监督管理职责的部门。

第十三条 原告请求被告提供其排放的主要污染物名称、排放方式、排放浓度和总量、超标排放情况以及防治污染设施的建设和运行情况等环境信息，法律、法规、规章规定被告应当持有或者有证据证明被告持有而拒不提供，如果原告主张相关事实不利于被告的，人民法院可以推定该主张成立。

第十四条 对于审理环境民事公益诉讼案件需要的证据，人民法院认为必要的，应当调查收集。

对于应当由原告承担举证责任且为维护社会公共利益所必要的专门性问题，人民法院可以委托具备资格的鉴定人进行鉴定。

第十五条 当事人申请通知有专门知识的人出庭，就鉴定人作出的鉴定意见或者就因果关系、生态环境修复方式、生态环境修复费用以及生态环境受到损害至修复完成期间服务功能丧失导致的损失等专门性问题提出意见的，人民法院可以准许。

前款规定的专家意见经质证，可以作为认定事实的根据。

第十六条 原告在诉讼过程中承认的对己方不利的事实和认可的证据，人民法院认为损害社会公共利益的，应当不予确认。

第十七条 环境民事公益诉讼案件审理过程中，被告以反诉方式提出诉讼请求的，人民法院不予受理。

第十八条 对污染环境、破坏生态，已经损害社会公共利益或者具有损害社会公共利益重大风险的行为，原告可以请求被告承担停止侵害、排除妨碍、消除危险、修复生态环境、赔偿损失、赔礼道歉等民事责任。

第十九条 原告为防止生态环境损害的发生和扩大，请求被告停止侵害、排除妨碍、消除危险的，人民法院可以依法予以支持。

原告为停止侵害、排除妨碍、消除危险采取合理预防、处置措施而发生的费用，请求被告承担的，人民法院可以依法予以支持。

第二十条 原告请求修复生态环境的，人民法院可以依法判决被告将生态环境修复到损害发生之前的状态和功能。无法完全修复的，可以准许采用替代性修复方式。

人民法院可以在判决被告修复生态环境的同时，确定被告不履行修复义务时应承担的生态环境修复费用；也可以直接判决被告承担生态环境修复费用。

生态环境修复费用包括制定、实施修复方案的费用，修复期间的监测、监管费用，以及修复完成后的验收费用、修复效果后评估费用等。

第二十一条 原告请求被告赔偿生态环境受到损害至修复完成期间服务功能丧失导致的损失、生态环境功能永久性损害造成的损失的，人民法院可以依法予以支持。

第二十二条 原告请求被告承担以下费用的，人民法院可以依法予以支持：

（一）生态环境损害调查、鉴定评估等费用；

（二）清除污染以及防止损害的发生和扩大所支出的合理费用；

（三）合理的律师费以及为诉讼支出的其他合理费用。

第二十三条 生态环境修复费用难以确定或者确定具体数额所需鉴定费用明显过高的，人民法院可以结合污染环境、破坏生态的范围和程度，生态环境的稀缺性，生态环境恢复的难易程度，防治污染设备的运行成本，被告因侵害行为所获得的利益以及过错程度等因素，并可以参考负有环境资源保护监督管理职责的部门的意见、专家意见等，予以合理确定。

第二十四条 人民法院判决被告承担的生态环境修复费用、生态环境受到损害至修复完成期间服务功能丧失导致的损失、生态环境功能永久性损害造成的损失等款项，应当用于修复被损害的生态环境。

其他环境民事公益诉讼中败诉原告所需承担的调查取证、专家咨询、检验、鉴定等必要费用，可以酌情从上述款项中支付。

第二十五条　环境民事公益诉讼当事人达成调解协议或者自行达成和解协议后，人民法院应当将协议内容公告，公告期间不少于三十日。

公告期满后，人民法院审查认为调解协议或者和解协议的内容不损害社会公共利益的，应当出具调解书。当事人以达成和解协议为由申请撤诉的，不予准许。

调解书应当写明诉讼请求、案件的基本事实和协议内容，并应当公开。

第二十六条　负有环境资源保护监督管理职责的部门依法履行监管职责而使原告诉讼请求全部实现，原告申请撤诉的，人民法院应予准许。

第二十七条　法庭辩论终结后，原告申请撤诉的，人民法院不予准许，但本解释第二十六条规定的情形除外。

第二十八条　环境民事公益诉讼案件的裁判生效后，有权提起诉讼的其他机关和社会组织就同一污染环境、破坏生态行为另行起诉，有下列情形之一的，人民法院应予受理：

（一）前案原告的起诉被裁定驳回的；

（二）前案原告申请撤诉被裁定准许的，但本解释第二十六条规定的情形除外。

环境民事公益诉讼案件的裁判生效后，有证据证明存在前案审理时未发现的损害，有权提起诉讼的机关和社会组织另行起诉的，人民法院应予受理。

第二十九条　法律规定的机关和社会组织提起环境民事公益诉讼的，不影响因同一污染环境、破坏生态行为受到人身、财产损害的公民、法人和其他组织依据民事诉讼法第一百一十九条的规定提起诉讼。

第三十条　已为环境民事公益诉讼生效裁判认定的事实，因同一污染环境、破坏生态行为依据民事诉讼法第一百一十九条规定提起诉讼的原告、被告均无需举证证明，但原告对该事实有异议并有相反证据足以推翻的除外。

对于环境民事公益诉讼生效裁判就被告是否存在法律规定的不承担责

任或者减轻责任的情形、行为与损害之间是否存在因果关系、被告承担责任的大小等所作的认定，因同一污染环境、破坏生态行为依据民事诉讼法第一百一十九条规定提起诉讼的原告主张适用的，人民法院应予支持，但被告有相反证据足以推翻的除外。被告主张直接适用对其有利的认定的，人民法院不予支持，被告仍应举证证明。

第三十一条 被告因污染环境、破坏生态在环境民事公益诉讼和其他民事诉讼中均承担责任，其财产不足以履行全部义务的，应当先履行其他民事诉讼生效裁判所确定的义务，但法律另有规定的除外。

第三十二条 发生法律效力的环境民事公益诉讼案件的裁判，需要采取强制执行措施的，应当移送执行。

第三十三条 原告交纳诉讼费用确有困难，依法申请缓交的，人民法院应予准许。

败诉或者部分败诉的原告申请减交或者免交诉讼费用的，人民法院应当依照《诉讼费用交纳办法》的规定，视原告的经济状况和案件的审理情况决定是否准许。

第三十四条 社会组织有通过诉讼违法收受财物等牟取经济利益行为的，人民法院可以根据情节轻重依法收缴其非法所得、予以罚款；涉嫌犯罪的，依法移送有关机关处理。

社会组织通过诉讼牟取经济利益的，人民法院应当向登记管理机关或者有关机关发送司法建议，由其依法处理。

第三十五条 本解释施行前最高人民法院发布的司法解释和规范性文件，与本解释不一致的，以本解释为准。

最高人民法院
关于审理生态环境损害赔偿案件的若干规定（试行）

（2019年5月20日最高人民法院审判委员会第1769次会议通过
根据2020年12月23日最高人民法院审判委员会第1823次
会议通过的《最高人民法院关于修改〈最高人民法院
关于在民事审判工作中适用《中华人民共和国
工会法》若干问题的解释〉等二十七件
民事类司法解释的决定》修正）

为正确审理生态环境损害赔偿案件，严格保护生态环境，依法追究损害生态环境责任者的赔偿责任，依据《中华人民共和国民法典》《中华人民共和国环境保护法》《中华人民共和国民事诉讼法》等法律的规定，结合审判工作实际，制定本规定。

第一条 具有下列情形之一，省级、市地级人民政府及其指定的相关部门、机构，或者受国务院委托行使全民所有自然资源资产所有权的部门，因与造成生态环境损害的自然人、法人或者其他组织经磋商未达成一致或者无法进行磋商的，可以作为原告提起生态环境损害赔偿诉讼：

（一）发生较大、重大、特别重大突发环境事件的；

（二）在国家和省级主体功能区规划中划定的重点生态功能区、禁止开发区发生环境污染、生态破坏事件的；

（三）发生其他严重影响生态环境后果的。

前款规定的市地级人民政府包括设区的市，自治州、盟、地区，不设区的地级市，直辖市的区、县人民政府。

第二条 下列情形不适用本规定：

（一）因污染环境、破坏生态造成人身损害、个人和集体财产损失要求赔偿的；

（二）因海洋生态环境损害要求赔偿的。

第三条 第一审生态环境损害赔偿诉讼案件由生态环境损害行为实施地、损害结果发生地或者被告住所地的中级以上人民法院管辖。

经最高人民法院批准，高级人民法院可以在辖区内确定部分中级人民法院集中管辖第一审生态环境损害赔偿诉讼案件。

中级人民法院认为确有必要的，可以在报请高级人民法院批准后，裁定将本院管辖的第一审生态环境损害赔偿诉讼案件交由具备审理条件的基层人民法院审理。

生态环境损害赔偿诉讼案件由人民法院环境资源审判庭或者指定的专门法庭审理。

第四条 人民法院审理第一审生态环境损害赔偿诉讼案件，应当由法官和人民陪审员组成合议庭进行。

第五条 原告提起生态环境损害赔偿诉讼，符合民事诉讼法和本规定并提交下列材料的，人民法院应当登记立案：

（一）证明具备提起生态环境损害赔偿诉讼原告资格的材料；

（二）符合本规定第一条规定情形之一的证明材料；

（三）与被告进行磋商但未达成一致或者因客观原因无法与被告进行磋商的说明；

（四）符合法律规定的起诉状，并按照被告人数提出副本。

第六条 原告主张被告承担生态环境损害赔偿责任的，应当就以下事实承担举证责任：

（一）被告实施了污染环境、破坏生态的行为或者具有其他应当依法承担责任的情形；

（二）生态环境受到损害，以及所需修复费用、损害赔偿等具体数额；

（三）被告污染环境、破坏生态的行为与生态环境损害之间具有关联性。

第七条 被告反驳原告主张的，应当提供证据加以证明。被告主张具有法律规定的不承担责任或者减轻责任情形的，应当承担举证责任。

第八条 已为发生法律效力的刑事裁判所确认的事实，当事人在生态环境损害赔偿诉讼案件中无须举证证明，但有相反证据足以推翻的除外。

对刑事裁判未予确认的事实，当事人提供的证据达到民事诉讼证明标准的，人民法院应当予以认定。

第九条 负有相关环境资源保护监督管理职责的部门或者其委托的机构在行政执法过程中形成的事件调查报告、检验报告、检测报告、评估报告、监测数据等，经当事人质证并符合证据标准的，可以作为认定案件事实的根据。

第十条 当事人在诉前委托具备环境司法鉴定资质的鉴定机构出具的鉴定意见，以及委托国务院环境资源保护监督管理相关主管部门推荐的机构出具的检验报告、检测报告、评估报告、监测数据等，经当事人质证并符合证据标准的，可以作为认定案件事实的根据。

第十一条 被告违反国家规定造成生态环境损害的，人民法院应当根据原告的诉讼请求以及具体案情，合理判决被告承担修复生态环境、赔偿损失、停止侵害、排除妨碍、消除危险、赔礼道歉等民事责任。

第十二条 受损生态环境能够修复的，人民法院应当依法判决被告承担修复责任，并同时确定被告不履行修复义务时应承担的生态环境修复费用。

生态环境修复费用包括制定、实施修复方案的费用，修复期间的监测、监管费用，以及修复完成后的验收费用、修复效果后评估费用等。

原告请求被告赔偿生态环境受到损害至修复完成期间服务功能损失的，人民法院根据具体案情予以判决。

第十三条 受损生态环境无法修复或者无法完全修复，原告请求被告赔偿生态环境功能永久性损害造成的损失的，人民法院根据具体案情予以判决。

第十四条 原告请求被告承担下列费用的，人民法院根据具体案情予以判决：

（一）实施应急方案、清除污染以及为防止损害的发生和扩大所支出的合理费用；

（二）为生态环境损害赔偿磋商和诉讼支出的调查、检验、鉴定、评估等费用；

（三）合理的律师费以及其他为诉讼支出的合理费用。

第十五条 人民法院判决被告承担的生态环境服务功能损失赔偿资金、生态环境功能永久性损害造成的损失赔偿资金，以及被告不履行生态环境修复义务时所应承担的修复费用，应当依照法律、法规、规章予以缴纳、管理和使用。

第十六条 在生态环境损害赔偿诉讼案件审理过程中，同一损害生态环境行为又被提起民事公益诉讼，符合起诉条件的，应当由受理生态环境损害赔偿诉讼案件的人民法院受理并由同一审判组织审理。

第十七条 人民法院受理因同一损害生态环境行为提起的生态环境损害赔偿诉讼案件和民事公益诉讼案件，应先中止民事公益诉讼案件的审理，待生态环境损害赔偿诉讼案件审理完毕后，就民事公益诉讼案件未被涵盖的诉讼请求依法作出裁判。

第十八条 生态环境损害赔偿诉讼案件的裁判生效后，有权提起民事公益诉讼的国家规定的机关或者法律规定的组织就同一损害生态环境行为有证据证明存在前案审理时未发现的损害，并提起民事公益诉讼的，人民法院应予受理。

民事公益诉讼案件的裁判生效后，有权提起生态环境损害赔偿诉讼的主体就同一损害生态环境行为有证据证明存在前案审理时未发现的损害，并提起生态环境损害赔偿诉讼的，人民法院应予受理。

第十九条 实际支出应急处置费用的机关提起诉讼主张该费用的，人民法院应予受理，但人民法院已经受理就同一损害生态环境行为提起的生态环境损害赔偿诉讼案件且该案原告已经主张应急处置费用的除外。

生态环境损害赔偿诉讼案件原告未主张应急处置费用，因同一损害生态环境行为实际支出应急处置费用的机关提起诉讼主张该费用的，由受理生态环境损害赔偿诉讼案件的人民法院受理并由同一审判组织审理。

第二十条 经磋商达成生态环境损害赔偿协议的，当事人可以向人民法院申请司法确认。

人民法院受理申请后，应当公告协议内容，公告期间不少于三十日。公告期满后，人民法院经审查认为协议的内容不违反法律法规强制性规定且不损害国家利益、社会公共利益的，裁定确认协议有效。裁定书应当写明案件的基本事实和协议内容，并向社会公开。

第二十一条 一方当事人在期限内未履行或者未全部履行发生法律效力的生态环境损害赔偿诉讼案件裁判或者经司法确认的生态环境损害赔偿协议的，对方当事人可以向人民法院申请强制执行。需要修复生态环境的，依法由省级、市地级人民政府及其指定的相关部门、机构组织实施。

第二十二条 人民法院审理生态环境损害赔偿案件，本规定没有规定的，参照适用《最高人民法院关于审理环境民事公益诉讼案件适用法律若干问题的解释》《最高人民法院关于审理环境侵权责任纠纷案件适用法律若干问题的解释》等相关司法解释的规定。

第二十三条 本规定自2019年6月5日起施行。

最高人民法院
关于审理涉及农村土地承包经营纠纷调解仲裁案件适用法律若干问题的解释

（2013年12月27日最高人民法院审判委员会第1601次会议通过 根据2020年12月23日最高人民法院审判委员会第1823次会议通过的《最高人民法院关于修改〈最高人民法院关于在民事审判工作中适用《中华人民共和国工会法》若干问题的解释〉等二十七件民事类司法解释的决定》修正）

为正确审理涉及农村土地承包经营纠纷调解仲裁案件，根据《中华人民共和国农村土地承包法》《中华人民共和国农村土地承包经营纠纷调解仲裁法》《中华人民共和国民事诉讼法》等法律的规定，结合民事审判实践，就审理涉及农村土地承包经营纠纷调解仲裁案件适用法律的若干问题，制定本解释。

第一条 农村土地承包仲裁委员会根据农村土地承包经营纠纷调解仲

裁法第十八条规定，以超过申请仲裁的时效期间为由驳回申请后，当事人就同一纠纷提起诉讼的，人民法院应予受理。

第二条 当事人在收到农村土地承包仲裁委员会作出的裁决书之日起三十日后或者签收农村土地承包仲裁委员会作出的调解书后，就同一纠纷向人民法院提起诉讼的，裁定不予受理；已经受理的，裁定驳回起诉。

第三条 当事人在收到农村土地承包仲裁委员会作出的裁决书之日起三十日内，向人民法院提起诉讼，请求撤销仲裁裁决的，人民法院应当告知当事人就原纠纷提起诉讼。

第四条 农村土地承包仲裁委员会依法向人民法院提交当事人财产保全申请的，申请财产保全的当事人为申请人。

农村土地承包仲裁委员会应当提交下列材料：

（一）财产保全申请书；

（二）农村土地承包仲裁委员会发出的受理案件通知书；

（三）申请人的身份证明；

（四）申请保全财产的具体情况。

人民法院采取保全措施，可以责令申请人提供担保，申请人不提供担保的，裁定驳回申请。

第五条 人民法院对农村土地承包仲裁委员会提交的财产保全申请材料，应当进行审查。符合前条规定的，应予受理；申请材料不齐全或不符合规定的，人民法院应当告知农村土地承包仲裁委员会需要补齐的内容。

人民法院决定受理的，应当于三日内向当事人送达受理通知书并告知农村土地承包仲裁委员会。

第六条 人民法院受理财产保全申请后，应当在十日内作出裁定。因特殊情况需要延长的，经本院院长批准，可以延长五日。

人民法院接受申请后，对情况紧急的，必须在四十八小时内作出裁定；裁定采取保全措施的，应当立即开始执行。

第七条 农村土地承包经营纠纷仲裁中采取的财产保全措施，在申请保全的当事人依法提起诉讼后，自动转为诉讼中的财产保全措施，并适用《最高人民法院关于适用〈中华人民共和国民事诉讼法〉的解释》第四百八十七条关于查封、扣押、冻结期限的规定。

第八条　农村土地承包仲裁委员会依法向人民法院提交当事人证据保全申请的，应当提供下列材料：

（一）证据保全申请书；

（二）农村土地承包仲裁委员会发出的受理案件通知书；

（三）申请人的身份证明；

（四）申请保全证据的具体情况。

对证据保全的具体程序事项，适用本解释第五、六、七条关于财产保全的规定。

第九条　农村土地承包仲裁委员会作出先行裁定后，一方当事人依法向被执行人住所地或者被执行的财产所在地基层人民法院申请执行的，人民法院应予受理和执行。

申请执行先行裁定的，应当提供以下材料：

（一）申请执行书；

（二）农村土地承包仲裁委员会作出的先行裁定书；

（三）申请执行人的身份证明；

（四）申请执行人提供的担保情况；

（五）其他应当提交的文件或证件。

第十条　当事人根据农村土地承包经营纠纷调解仲裁法第四十九条规定，向人民法院申请执行调解书、裁决书，符合《最高人民法院关于人民法院执行工作若干问题的规定（试行）》第十六条规定条件的，人民法院应予受理和执行。

第十一条　当事人因不服农村土地承包仲裁委员会作出的仲裁裁决向人民法院提起诉讼的，起诉期从其收到裁决书的次日起计算。

第十二条　本解释施行后，人民法院尚未审结的一审、二审案件适用本解释规定。本解释施行前已经作出生效裁判的案件，本解释施行后依法再审的，不适用本解释规定。

最高人民法院
关于审理涉及农村集体土地行政案件若干问题的规定

（2011年5月9日由最高人民法院审判委员会第1522次会议通过
自2011年9月5日起施行）

为正确审理涉及农村集体土地的行政案件，根据《中华人民共和国物权法》、《中华人民共和国土地管理法》和《中华人民共和国行政诉讼法》等有关法律规定，结合行政审判实际，制定本规定。

第一条 农村集体土地的权利人或者利害关系人（以下简称土地权利人）认为行政机关作出的涉及农村集体土地的行政行为侵犯其合法权益，提起诉讼的，属于人民法院行政诉讼的受案范围。

第二条 土地登记机构根据人民法院生效裁判文书、协助执行通知书或者仲裁机构的法律文书办理的土地权属登记行为，土地权利人不服提起诉讼的，人民法院不予受理，但土地权利人认为登记内容与有关文书内容不一致的除外。

第三条 村民委员会或者农村集体经济组织对涉及农村集体土地的行政行为不起诉的，过半数的村民可以以集体经济组织名义提起诉讼。

农村集体经济组织成员全部转为城镇居民后，对涉及农村集体土地的行政行为不服的，过半数的原集体经济组织成员可以提起诉讼。

第四条 土地使用权人或者实际使用人对行政机关作出涉及其使用或实际使用的集体土地的行政行为不服的，可以以自己的名义提起诉讼。

第五条 土地权利人认为土地储备机构作出的行为侵犯其依法享有的农村集体土地所有权或使用权的，向人民法院提起诉讼的，应当以土地储备机构所隶属的土地管理部门为被告。

第六条　土地权利人认为乡级以上人民政府作出的土地确权决定侵犯其依法享有的农村集体土地所有权或者使用权，经复议后向人民法院提起诉讼的，人民法院应当依法受理。

法律、法规规定应当先申请行政复议的土地行政案件，复议机关作出不受理复议申请的决定或者以不符合受理条件为由驳回复议申请，复议申请人不服的，应当以复议机关为被告向人民法院提起诉讼。

第七条　土地权利人认为行政机关作出的行政处罚、行政强制措施等行政行为侵犯其依法享有的农村集体土地所有权或者使用权，直接向人民法院提起诉讼的，人民法院应当依法受理。

第八条　土地权属登记（包括土地权属证书）在生效裁判和仲裁裁决中作为定案证据，利害关系人对该登记行为提起诉讼的，人民法院应当依法受理。

第九条　涉及农村集体土地的行政决定以公告方式送达的，起诉期限自公告确定的期限届满之日起计算。

第十条　土地权利人对土地管理部门组织实施过程中确定的土地补偿有异议，直接向人民法院提起诉讼的，人民法院不予受理，但应当告知土地权利人先申请行政机关裁决。

第十一条　土地权利人以土地管理部门超过两年对非法占地行为进行处罚违法，向人民法院起诉的，人民法院应当按照行政处罚法第二十九条第二款的规定处理。

第十二条　征收农村集体土地时涉及被征收土地上的房屋及其他不动产，土地权利人可以请求依照物权法第四十二条第二款的规定给予补偿的。

征收农村集体土地时未就被征收土地上的房屋及其他不动产进行安置补偿，补偿安置时房屋所在地已纳入城市规划区，土地权利人请求参照执行国有土地上房屋征收补偿标准的，人民法院一般应予支持，但应当扣除已经取得的土地补偿费。

第十三条　在审理土地行政案件中，人民法院经当事人同意进行协调的期间，不计算在审理期限内。当事人不同意继续协商的，人民法院应当及时审理，并恢复计算审理期限。

第十四条　县级以上人民政府土地管理部门根据土地管理法实施条例

第四十五条的规定，申请人民法院执行其作出的责令交出土地决定的，应当符合下列条件：

（一）征收土地方案已经有权机关依法批准；

（二）市、县人民政府和土地管理部门已经依照土地管理法和土地管理法实施条例规定的程序实施征地行为；

（三）被征收土地所有权人、使用人已经依法得到安置补偿或者无正当理由拒绝接受安置补偿，且拒不交出土地，已经影响到征收工作的正常进行；

（四）符合《最高人民法院关于执行〈中华人民共和国行政诉讼法〉若干问题的解释》第八十六条规定的条件。

人民法院对符合条件的申请，应当裁定予以受理，并通知申请人；对不符合条件的申请，应当裁定不予受理。

第十五条 最高人民法院以前所作的司法解释与本规定不一致的，以本规定为准。

最高人民法院
关于审理破坏森林资源刑事案件具体应用法律若干问题的解释

（2000年11月17日最高人民法院审判委员会第1141次会议通过
自2000年12月11日起施行）

为依法惩处破坏森林资源的犯罪活动，根据刑法的有关规定，现就审理这类案件具体应用法律的若干问题解释如下：

第一条 刑法第三百四十四条规定的“珍贵树木”，包括由省级以上林业主管部门或者其他部门确定的具有重大历史纪念意义、科学研究价值或者年代久远的古树名木，国家禁止、限制出口的珍贵树木以及列入国家重点保护野生植物名录的树木。

第二条 具有下列情形之一的，属于非法采伐、毁坏珍贵树木行为

"情节严重":

（一）非法采伐珍贵树木二株以上或者毁坏珍贵树木致使珍贵树木死亡三株以上的；

（二）非法采伐珍贵树木二立方米以上的；

（三）为首组织、策划、指挥非法采伐或者毁坏珍贵树木的；

（四）其他情节严重的情形。

第三条 以非法占有为目的，具有下列情形之一，数量较大的，依照刑法第三百四十五条第一款的规定，以盗伐林木罪定罪处罚：

（一）擅自砍伐国家、集体、他人所有或者他人承包经营管理的森林或者其他林木的；

（二）擅自砍伐本单位或者本人承包经营管理的森林或者其他林木的；

（三）在林木采伐许可证规定的地点以外采伐国家、集体、他人所有或者他人承包经营管理的森林或者其他林木的。

第四条 盗伐林木"数量较大"，以二至五立方米或者幼树一百至二百株为起点；盗伐林木"数量巨大"，以二十至五十立方米或者幼树一千至二千株为起点；盗伐林木"数量特别巨大"，以一百至二百立方米或者幼树五千至一万株为起点。

第五条 违反森林法的规定，具有下列情形之一，数量较大的，依照刑法第三百四十五条第二款的规定，以滥伐林木罪定罪处罚：

（一）未经林业行政主管部门及法律规定的其他主管部门批准并核发林木采伐许可证，或者虽持有林木采伐许可证，但违反林木采伐许可证规定的时间、数量、树种或者方式，任意采伐本单位所有或者本人所有的森林或者其他林木的；

（二）超过林木采伐许可证规定的数量采伐他人所有的森林或者其他林木的。

林木权属争议一方在林木权属确权之前，擅自砍伐森林或者其他林木，数量较大的，以滥伐林木罪论处。

第六条 滥伐林木"数量较大"，以十至二十立方米或者幼树五百至一千株为起点；滥伐林木"数量巨大"，以五十至一百立方米或者幼树二千五百至五千株为起点。

第七条 对于一年内多次盗伐、滥伐少量林木未经处罚的，累计其盗伐、滥伐林木的数量，构成犯罪的，依法追究刑事责任。

第八条 盗伐、滥伐珍贵树木，同时触犯刑法第三百四十四条、第三百四十五条规定的，依照处罚较重的规定定罪处罚。

第九条 将国家、集体、他人所有并已经伐倒的树木窃为己有，以及偷砍他人房前屋后、自留地种植的零星树木，数额较大的，依照刑法第二百六十四条的规定，以盗窃罪定罪处罚。

第十条 刑法第三百四十五条规定的"非法收购明知是盗伐、滥伐的林木"中的"明知"，是指知道或者应当知道。具有下列情形之一的，可以视为应当知道，但是有证据证明确属被蒙骗的除外：

（一）在非法的木材交易场所或者销售单位收购木材的；

（二）收购以明显低于市场价格出售的木材的；

（三）收购违反规定出售的木材的。

第十一条 具有下列情形之一的，属于在林区非法收购盗伐、滥伐的林木"情节严重"：

（一）非法收购盗伐、滥伐的林木二十立方米以上或者幼树一千株以上的；

（二）非法收购盗伐、滥伐的珍贵树木二立方米以上或者五株以上的；

（三）其他情节严重的情形。

具有下列情形之一的，属于在林区非法收购盗伐、滥伐的林木"情节特别严重"：

（一）非法收购盗伐、滥伐的林木一百立方米以上或者幼树五千株以上的；

（二）非法收购盗伐、滥伐的珍贵树木五立方米以上或者十株以上的；

（三）其他情节特别严重的情形。

第十二条 林业主管部门的工作人员违反森林法的规定，超过批准的年采伐限额发放林木采伐许可证或者违反规定滥发林木采伐许可证，具有下列情形之一的，属于刑法第四百零七条规定的"情节严重，致使森林遭受严重破坏"，以违法发放林木采伐许可证罪定罪处罚：

（一）发放林木采伐许可证允许采伐数量累计超过批准的年采伐限额，

导致林木被采伐数量在十立方米以上的；

（二）滥发林木采伐许可证，导致林木被滥伐二十立方米以上的；

（三）滥发林木采伐许可证，导致珍贵树木被滥伐的；

（四）批准采伐国家禁止采伐的林木，情节恶劣的；

（五）其他情节严重的情形。

第十三条　对于伪造、变造、买卖林木采伐许可证、木材运输证件，森林、林木、林地权属证书，占用或者征用林地审核同意书、育林基金等缴费收据以及其他国家机关批准的林业证件构成犯罪的，依照刑法第二百八十条第一款的规定，以伪造、变造、买卖国家机关公文、证件罪定罪处罚。

对于买卖允许进出口证明书等经营许可证明，同时触犯刑法第二百二十五条、第二百八十条规定之罪的，依照处罚较重的规定定罪处罚。

第十四条　聚众哄抢林木五立方米以上的，属于聚众哄抢“数额较大”；聚众哄抢林木二十立方米以上的，属于聚众哄抢“数额巨大”，对首要分子和积极参加的，依照刑法第二百六十八条的规定，以聚众哄抢罪定罪处罚。

第十五条　非法实施采种、采脂、挖笋、掘根、剥树皮等行为，牟取经济利益数额较大的，依照刑法第二百六十四条的规定，以盗窃罪定罪处罚。同时构成其他犯罪的，依照处罚较重的规定定罪处罚。

第十六条　单位犯刑法第三百四十四条、第三百四十五条规定之罪，定罪量刑标准按照本解释的规定执行。

第十七条　本解释规定的林木数量以立木蓄积计算，计算方法为：原木材积除以该树种的出材率。

本解释所称“幼树”，是指胸径五厘米以下的树木。

滥伐林木的数量，应在伐区调查设计允许的误差额以上计算。

第十八条　盗伐、滥伐以生产竹材为主要目的的竹林的定罪量刑问题，有关省、自治区、直辖市高级人民法院可以参照上述规定的精神，规定本地区的具体标准，并报最高人民法院备案。

第十九条　各省、自治区、直辖市高级人民法院可以根据本地区的实际情况，在本解释第四条、第六条规定的数量幅度内，确定本地区执行的具体数量标准，并报最高人民法院备案。